高等学校会计类在线开放课程教材
省级精品在线开放课程教材

审计学

Auditing

王砚书 刘洪锋 武 侠 主 编

东北财经大学出版社
Dongbei University of Finance & Economics Press
大 连

图书在版编目（CIP）数据

审计学/王砚书，刘洪锋，武侠主编.—大连：东北财经大学出版社，2019.1（2020.1重印）
（高等学校会计类在线开放课程教材）
ISBN 978-7-5654-3349-8

Ⅰ.审… Ⅱ.①王… ②刘… ③武… Ⅲ.审计学-高等学校-教材 Ⅳ.F239.0

中国版本图书馆CIP数据核字（2018）第251002号

东北财经大学出版社出版
（大连市黑石礁尖山街217号 邮政编码 116025）
网 址：http://www.dufep.cn
读者信箱：dufep@dufe.edu.cn

大连永盛印业有限公司印刷 东北财经大学出版社发行

幅面尺寸：185mm×260mm 字数：546千字 印张：22.75 插页：1
2019年1月第1版 2020年1月第2次印刷

责任编辑：王 莹 高 铭 王 丽 责任校对：惠恩乐
封面设计：张智波 版式设计：原 皓

定价：45.00元

教学支持 售后服务 联系电话：（0411）84710309

如有印装质量问题，请联系营销部：（0411）84710711

前言

“审计学”课程是经济管理类专业如审计学、会计学、财务管理学、资产评估学等专业的必修课程之一。随着我国市场经济的快速发展，各类审计主体的审计准则及相关制度规范也在不断发展，这就要求《审计学》教材同步更新，以满足教学需要。本书正是在这种社会大背景下，并在优质完成河北省精品课程“审计学”建设任务和建设河北省精品在线开放课程“审计学”的基础上专门编写的。

河北省精品在线开放课程“审计学”课程

本书内容基于2011年1月1日开始执行的《中华人民共和国国家审计准则》、2014年1月1日开始执行的“中国内部审计准则”和2012年1月1日开始执行的“中国注册会计师审计准则”，以及2014年、2015年相继出台的“中国注册会计师审计准则问题解答”、2016年注册会计师审计准则的修订等相关规范组织编写，包括审计理论和审计实务两大部分。在审计理论部分，从审计的定义入手，系统阐述审计学基础概念、审计组织与审计人员、审计依据和审计准则、审计业务流程、审计报告；在审计实务部分，先概述企业财务报表审计的基本思路，再从资金运动的起点货币资金审计开始，系统阐述了采购与付款循环、生产与存货循环、销售与收款循环审计中的风险评估、控制测试和实质性程序，最后一章系统阐述与企业财务报表审计并列的企业内部控制审计的业务操作实务。通过对本书的学习，可以了解审计的基本理论与方法，熟悉不同审计主体审计活动的各个业务环节和过程，全面而系统地掌握企业财务报表审计和企业内部控制审计的实务操作技能。

在保持系统性和完整性的前提下，本书适当降低了某些内容的理论深度。在文字表述上做到详尽通畅，浅显易懂，在基本概念引入上注意提示其直观背景和实际意义，在叙述基本概念和基本方法时注意阐明其意义，着力使读者加深理解基本理论和基本方法的内容实质以及了解基本理论和基本方法是怎样用于解决实际问题的。

本书内容丰富，全面反映了当代审计理论和实务的最新发展，可作为培养应用型人才的高等学校相关专业本科学生的教材，亦可作为专科院校和审计实务工作者的教材和业务参考书。

本书由河北经贸大学会计学院王砚书和石家庄邮电职业技术学院刘洪锋、武侠担任主编。王砚书提出本书编写大纲，具体编写分工如下：王砚书编写第五章、第九章、第十章；刘洪锋编写第一章、第二章、第四章；武侠编写第三章、第六章、第八章；马珍珍编写第七章；张风全编写第十一章。河北经贸大学会计学院孙俏巍、王海棠、宋月美、梁洋杰、杜雪姣参与了资料搜集、整理、校对工作。

访王砚书教授

受时间和水平所限，书中难免会有错误和不妥之处，敬请读者批评斧正！

编者

2018年11月

目录

学习路径指导

学习“审计学”课程，必须明确该课程的性质和定位、课程体系结构、学习要求和学习方法，才能在有限的时间内收到更好的学习效果。

一、课程性质和定位

经济越发展，审计越重要。“审计学”课程属于管理学科，是审计学、会计学、财务管理学、资产评估学等本科专业的核心必修课程之一。该课程的先修课程包括“会计学”“中级财务会计”“成本管理会计”“财务管理”“税法”“经济法”“内部控制”等。“审计学”课程引导学生系统掌握审计活动中的基本理论和基本方法，教会学生国家审计、内部审计和注册会计师审计的基本理论与实务。该课程培养的人才能够系统掌握现代审计及相关领域的职业道德、专业知识和技能，如果再辅之以较好的综合素质、适应能力与解决实际问题的能力，那么就会成为能够在政府审计机关和会计中介机构中从事审计工作、会计咨询工作，在企业、行政、事业单位等各类组织中从事审计、会计核算与财务管理工作的应用型专业人才。

二、课程体系结构

本教材共安排十一章内容，从结构上看包括审计理论与审计实务两大部分。

（一）审计理论部分

审计理论，通俗地说是要回答以下五个问题：一是做审计工作要懂点什么基础知识；二是谁来做审计工作；三是依据什么做审计工作；四是怎么做审计工作；五是审计工作的最终成果是什么。本书第一章至第五章，系统阐述了涵盖国家审计、内部审计和注册会计师审计三大主体的审计业务基本理论，系统地回答了上述五个问题。

第一章是审计学基础概念，系统介绍了审计的定义、审计的职能、审计假设、审计对象、审计目标、审计重要性、审计风险，为审计实务奠定了概念基础；第二章是审计组织与审计人员，分别从不同审计主体介绍了审计组织的类型以及对从业人员的基本要求；第三章是审计依据与审计准则，系统介绍了不同审计主体的审计依据和审计准则的重点要求，为执行审计业务指明了行为规范；第四章的审计业务流程，分别从不同审计主体介绍了审计活动不同阶段所执行的主要工作；第五章是审计报告，阐述不同审计主体执行完审计业务后的最终成果。这五章审计基本理论的内容是具有内在逻辑关系的：第一章告诉学生要做审计工作必须知道的基本概念，第二章回答谁来做审计工作的问题，第三章解决依据什么做审计工作的问题，第四章解决怎么做审计工作的问题，第五章回答审计工作的最终成果是什么的问题。

（二）审计实务部分

审计实务，最常见也最具有代表性的就是企业财务报表审计，通俗地说就是为了达到财务报表审计目标，要解决以下四个问题：一是财务报表中最常见的错弊行为是什么，如何确立基本审计思路；二是财务报表中的不同项目的重大错报风险都反映在哪里，如何判断；三是如何通过不同业务循环的内部控制测试提高审计效率；四是针对不同报表项目，审计必须执行什么样的实质性程序。本书第六章至第十章，企业财务报表审计实务部分的内容系统地解决了上述四个问题。

第六章是企业财务报表审计概述，介绍了企业的主要财务报表及其内在钩稽关系、报表中反映的业务循环、企业财务报表舞弊的主要形式与审计思路；第七章货币资金审计、第八章采购与付款循环审计、第九章生产与存货循环审计、第十章销售与收款循环审计分别系统地阐述了如何识别和评估不同业务循环中的重大错报风险、如何实施不同业务循环内部控制措施，以及如何执行关键报表项目如库存现金、银行存款、应付账款、固定资产、存货、主营业务收入、应收账款等审计的实质性程序。掌握了这些内容，也就学会了企业财务报表审计的基本技能。

第十一章系统地阐述了与企业财务报表审计并列的企业内部控制审计的业务操作实务。通过本章的学习，可以了解企业内部控制审计的基本理论与方法，全面而系统地掌握企业内部控制审计的实务操作技能。

三、学习要求

“审计学”课程内容具有不同层次的能力要求，要处理好理解、掌握和应用的关系。理解是最低层次的要求，指能够明白有关概念原则和方法的基本含义，并能表述和判断是非；掌握是较高层次的要求，指在理解的基础上把握有关概念原则和方法的基本含义，并能表述其基本内容和道理，分析相关的区别和联系；应用是最高层次的要求，指应用已经掌握的知识分析理论问题，解决审计实务问题。

本教材各章能力层次要求一览表

章	节	能力要求		
		理解	掌握	应用
一	一	(1) 审计定义的国内外发展 (2) 审计的演进过程	(1) 审计的定义 (2) 审计的职能 (3) 审计假设	正确认识不同审计主体在现实中的作用
	二	(1) 认定与具体审计目标的关系 (2) 审计的不同类别	(1) 审计对象 (2) 不同主体的审计目标 (3) 注册会计师审计的总目标和具体目标	正确认识不同审计主体的审计对象和目标；不同类别审计的应用条件
	三	重要性的含义	(1) 如何从性质和数量两方面衡量重要性 (2) 审计过程中如何应用重要性	重要性在不同主体审计业务中的应用
	四	审计风险的含义	(1) 审计风险的模型 (2) 重大错报风险、检查风险的内涵 (3) 审计风险与重要性和审计证据的关系	能够应用恰当的程序进行审计风险评估

续表

章	节	能力要求		
		理解	掌握	应用
二	一	国家审计机关的职责和任务	（1）国家审计机关的不同组织形式及其特点 （2）国家审计人员的职业道德	根据现实需要参加不同的审计职称考试
	二	内部审计机构的主要职责	（1）内部审计机构的组织形式和特点 （2）内部审计人员的职业道德	能够在自己的单位设置合适的内部审计部门
	三	会计师事务所的组织结构	（1）会计师事务所的业务范围 （2）注册会计师职业道德的基本要求	根据现实需要参加注册会计师考试
三	一	审计依据的种类	（1）审计依据的含义 （2）审计依据的特点	应用适当审计依据处理审计业务
	二	（1）不同主体审计准则的含义的分类 （2）注册会计师审计的基本概念	（1）国家审计准则对审计人员、审计计划、审计实施、审计报告的基本要求 （2）内部审计人员职业道德规范 （3）财务报表审计的目标及要求 （4）中国注册会计师职业道德基本原则	遵循适当的审计准则处理被审计事项
四	一	（1）审计业务基本流程的主要工作 （2）审计工作底稿的含义	（1）审计证据的含义、种类、特征 （2）获取审计证据的审计程序 （3）审计工作底稿的要素	能够针对不同审计主体实际操作不同审计活动阶段的主要业务，如签订审计业务约定书、制订审计计划、通过控制测试和实质性程序搜集审计证据、编制审计工作底稿、与治理层和管理层沟通、出具审计报告等
	二	（1）国家审计审计活动各阶段要做的主要工作 （2）行政复议 （3）后续审计	（1）国家审计年度审计项目计划的主要内容 （2）国家审计审计工作方案的主要内容 （3）国家审计人员获取审计证据的方法 （4）审计机关文件材料的主要类别	
	三	（1）内部审计人员在获取审计证据时应当考虑的基本因素 （2）后续审计	（1）内部审计年度审计计划应当包括的基本内容 （2）内部审计的项目审计方案应当包括的基本内容 （3）内部审计工作底稿主要包括的要素 （4）内部审计报告的主要内容	
	四	（1）审计业务约定书 （2）识别和评估重大错报风险的审计程序 （3）与治理层和管理层沟通 （4）审计工作底稿的查阅与变动	（1）总体审计策略和具体审计计划 （2）识别和评估两个层次的重大错报风险 （3）控制测试的审计程序类型 （4）实质性程序的含义 （5）认定层次重大错报风险与实质性程序的性质、时间安排和范围的关系 （6）审计工作底稿的保存年限	

续表

章	节	能力要求		
		理解	掌握	应用
五	一	国家审计报告的含义和作用	(1) 国家审计报告的要素与内容 (2) 起草审计报告前的工作 (3) 审计结果公告的主要内容	会编制不同主体的不同审计报告文书
	二	内部审计报告的含义和作用	(1) 内部审计报告的要素与内容 (2) 内部审计报告的编制要求	
	三	(1) 注册会计师审计报告的含义和作用 (2) 在审计报告中增加强调事项段和其他事项段	(1) 注册会计师审计报告的要素与内容 (2) 注册会计师审计报告意见类型以及出具不同意见类型的条件	
六	一	企业的主要财务报表	报表之间的钩稽关系	能够深刻认识各个报表之间的钩稽关系，理解不同报表之间形成的业务循环，针对财务报表的不错弊形式提出审计应对的基本思路
	二	各个循环的主要业务活动	各个循环涉及的主要文件资料 各个循环涉及的关键内部控制	
	三	企业财务报表舞弊的动因	(1) 企业财务报表舞弊的主要形式 (2) 企业财务报表的主要审计思路	
七	一	(1) “小金库”的表现形式 (2) 货币资金的内部控制测试	(1) 与货币资金项目直接相关的重大错报风险信号 (2) 其他重大错报风险信号 (3) 货币资金舞弊常见类型	能够识别与评估货币资金存在的重大错报风险，具体操作货币资金内部控制测试，执行库存现金、银行存款和其他货币资金审计的实质性程序，并得出恰当的审计结论
	二	库存现金审计目标	(1) 监盘库存现金 (2) 审查库存现金日记账和收付款凭证	
	三	(1) 银行存款审计目标 (2) 对银行存款实施实质性分析程序	(1) 检查银行账户 (2) 检查定期存款 (3) 检查银行对账单和银行存款余额调节表 (4) 函证银行存款余额	
	四	其他货币资金的审计目标	检查其他货币资金收支的真实性 检查其他货币资金存款账户	
八	一	影响采购与付款循环的重大错报风险	(1) 针对采购与付款循环的重大错报风险，注册会计师需要关注的线索 (2) 采购与付款交易内部控制测试	能够对采购与付款循环业务进行风险评估、控制措施和执行实质性程序，并得出恰当的审计结论
	二	(1) 应付账款的审计目标 (2) 函证应付账款	(1) 对应付账款实施实质性分析程序 (2) 查找未入账的应付账款	
	三	(1) 固定资产审计的目标 (2) 检查固定资产的租赁	(1) 对固定资产实施实质性分析程序 (2) 固定资产增加、减少及后续支出的审计 (3) 累计折旧审计的实质性程序 (4) 固定资产减值准备审计的实质性程序	
	四	相关账户的审计目标	预付账款、固定资产清理、无形资产、管理费用审计的实质性程序	

续表

章	节	能力要求 理解	能力要求 掌握	能力要求 应用
九	一	重大错报风险识别特征	(1) 影响生产与存货交易和余额的重大错报风险 (2) 影响工资薪金交易和余额的重大错报风险 (3) 该循环不同阶段的控制测试	能够对生产与存货循环业务进行风险评估、控制测试和执行实质性程序，并得出恰当的审计结论
	二	(1) 存货监盘的含义 (2) 存货的审计目标	(1) 存货的实质性分析程序 (2) 存货监盘的计划 (3) 如何执行存货监盘程序 (4) 存货监盘中特殊情况的处理 (5) 存货的计价测试	
	三	应付职工薪酬的审计目标	应付职工薪酬审计的实质性程序	
十	一	通过实施风险评估程序，识别与收入确认相关的舞弊风险	(1) 常用的收入确认舞弊手段 (2) 表明被审计单位在收入确认方面存在舞弊风险的迹象 (3) 该循环各阶段的控制测试	能够识别和评估销售与收款循环的重大错报风险，能够执行该循环的控制测试和营业收入、应收账款、坏账准备及其他相关账户审计的主要实质性程序，并得出恰当的审计结论
	二	(1) 营业收入审计的目标 (2) 其他业务收入审计的实质性程序	(1) 对主营业务收入实施实质性分析程序 (2) 实施销售的截止测试 (3) 检查销售退回、折扣与折让以及特殊销售行为	
	三	应收账款和坏账准备的审计目标	(1) 执行对应收账款的分析程序 (2) 检查应收账款账龄分析 (3) 向债务人函证应收账款 (4) 对未函证应收账款实施替代审计程序 (5) 坏账准备的实质性程序	
	四	其他相关账户的审计目标	预收账款、应交税费、税金及附加、销售费用审计的实质性程序	
十一	一	企业内部控制审计的定义	(1) 企业内部控制审计基准日 (2) 企业内部控制审计的范围 (3) 财务报告内部控制与非财务报告内部控制	内部控制审计与财务报表审计的整合
	二	重视风险评估的作用	利用其他相关人员的工作	确定重要性水平
	三	了解错报的可能来源	(1) 识别企业层面控制 (2) 识别重要账户、列报及其相关认定 (3) 选择拟测试的控制	(1) 识别企业层面控制识别重要账户、列报及其相关认定 (2) 测试控制设计的有效性 (3) 测试控制运行的有效性
	四	评价控制缺陷	重大缺陷、重要缺陷和一般缺陷	(1) 沟通相关事项 (2) 出具审计报告

四、学习方法

(一) 处理好理论与实务操作的知识体系关系

要学好“审计学”课程，要在全面系统学习的基础上掌握核心知识。理论是用于指导实务的，只有从理论入手，在理解基本概念的基础上才能全面解决实务问题；实务又是理论的归宿和源泉，理论只有应用到实务中才有意义，只有把审计实务知识吃透，能够游刃有余地执行审计实务，才有可能进一步理解和升华理论知识。审计理论与实务是一个互相联系不可分割的整体，因而必须全面地互相联系地学习。

(二) 结合案例理解并掌握基础理论

理论源于实践，在学习过程中结合教材中给出的引导案例和分析案例理解重要知识点，更有助于对知识体系的理解。在理解教材所给案例的基础上，也可以利用网络资源搜集更多的相似案例，对所学审计重要知识点进一步融会贯通，达到举一反三的效果。

(三) 坚持理论与实务并重，强化审计实务技能训练

理论最终是为实务服务的，所以在学习过程中，在坚持理论与实务并重的同时，更多强化审计实务技能的训练。一些重要的审计实务技能包括对重要性的判断、对重大错报风险的识别和评估、获取审计证据的基本审计程序、出具对不同审计结论和审计意见的职业判断等。这种强化一方面可以是多做相关练习题，另一方面也可以是到相关审计组织参与审计实务工作，学习和积累相关审计实务技能的经验。

(四) 结合应对考试需要多做练习题

为了应对本门课程的相关考试，学习者要做大量知识练习，包括全面复习书中内容和课后复习思考题，更重要的是自己或者同学们互相将教材中内容设计成不同类型的题目，通过各种模拟考试的形式来检测自己的学习效果。

(五) 结合实际工作需要，区分不同主体有侧重地学习

学习主体不同，需要掌握的相关知识重点不同，所以学习者要结合实际工作需要有侧重地学习。比如国家审计机关人员侧重学习国家审计相关知识；内部审计人员侧重学习内部审计相关知识；社会审计人员侧重学习注册会计师审计相关知识；为了应对考试的学习者要全方位系统学习本教材全部内容。

另外，为了便于将审计知识更好地应用于实践，要把本教材内容的学习与最新出台的相关法律规章结合起来一起学习。

第一章　审计学基础概念

【学习目标】

知识目标：理解并掌握审计学的基本概念，包括审计定义、审计的职能与作用、审计假设、审计对象、审计目标、重要性、审计风险等；了解审计的产生与发展历史；了解现代审计组织形式、审计人员的职称和资格考试；了解审计的不同分类，理解并掌握审计重要性概念和审计风险的内涵。

能力目标：通过学习，能够认识到审计产生的必要性与必然性，理解不同审计主体的审计对象不同，审计目标不同，对重要性和审计风险的判断与处理也有所不同。

【引导案例】

案例一　2014年全国城镇保障性安居工程审计

根据《中华人民共和国审计法》的有关规定，2015年1月至3月，审计署组织各级审计机关对2014年全国城镇保障性安居工程（以下简称安居工程，包括廉租住房、公共租赁住房、经济适用住房、限价商品住房等保障性住房和各类棚户区改造等）的投资、建设、分配、后续管理及相关政策执行情况进行了审计，延伸调查了4.08万个相关单位和29.96万户家庭。审计发现，一些项目和单位存在违反规定或管理不规范等问题，具体包括：部分单位虚报材料套取资金、部分资金未按规定用途使用、部分资金筹集和拨付不到位、部分项目未按规定享受税费和金融优惠政策、部分地区住房保障分配审核不严格、部分地区保障对象退出机制不健全。对上述问题，至2015年6月10日，已追回被挪用、套取资金41.04亿元，退还应减免税费6 863.64万元，向相关单位拨付资金106.59亿元，取消2.84万户不符合条件家庭的住房保障资格并追回补贴1 093万元、住房6 485套，清理收回违规使用保障性住房1 835套。

资料来源：中华人民共和国审计署网站 http://www.audit.gov.cn/n5/n25/c73922/content.html.

这一案例表明：国家审计是国家治理过程中的免疫系统，能够揭露、抵御和预防经济活动中的错弊行为。

案例二　小张的股市投资决策

据媒体报道：2015年上半年股市的持续火爆吸引越来越多投资者火速入市。小张是一个新股民，面对朋友推荐的两只股票不知买哪只好。有朋友告诉她看看公司年度财务报告中的资产与盈利数据再做决定，小张看到甲公司2014年每股盈余0.83元，乙公司2014年每股盈余0.21元，遂决定买甲公司股票；这时另一个在会计师事务所工作的朋友告诉她还要看看这两家公司的年度财务报表审计报告再做决定，小张看到甲公司2014年度财务报表被出具了无法表示意见审计报告，乙公司2014年度财务报表被出具了无保留意见审计报告，遂在朋友帮助分析下决定买乙公司股票。

资料来源：作者实地调研某会计师事务所具体业务时搜集整理。

这一案例表明：不同意见类型的注册会计师审计报告会影响投资决策，审计报告具有鉴定和证明的作用。

第一节　审计的内涵与发展

一、审计的定义

（一）国内对审计的定义

20世纪80年代，辽宁省审计局课题组提出：“审计就是由独立于当事人的专职人员对经济活动的监督。”

1989年4月，中国审计学会提出的审计定义为：“审计是由专职机构和人员依法对被审计单位的财政、财务收支及有关经济活动的真实性、合法性、效益性进行审查，评价经济责任，用以维护财经法纪，改善经营管理，提高经济效益，促进宏观调控的独立性的经济监督活动。”这个审计的定义将审计的主体、依据、客体、目标、职能、目的和性质等审计要素列入其中，借以阐明审计的本质是独立的经济监督，体现了我国审计的特色。

1995年，审计署青岛会议在专门组织的审计定义研讨会上提出了新的简明定义：“审计是独立检查会计账目，监督财政、财务收支真实、合法和效益的行为。”

1995年，中国注册会计师协会提出了独立审计的定义：“独立审计是指注册会计师依法接受委托对被审计单位的财务报表及其相关资料进行独立审查并发表审计意见。”

本书认为，审计是一种经济监督活动，这种活动包含审计主体、审计客体、审计授权或委托人、审计目的、审计依据、审计的性质、审计职能、审计方法八个要素。因此，审计是被授权或受托的专职机构或人员采用专门方法和程序搜集充分适当的证据，按照确定的标准对被审计单位的财政、财务收支以及经济管理活动的真实、合法、效益进行独立的监督、评价和鉴证，并向有关方面提出报告的活动。

（二）国外具有代表性的审计定义

1978年，美国的审计学者C.W.尚德尔对审计的定义是：“审计是为了证实是否遵循某些标准而形成意见和判断的评价过程。”

美国注册公共会计师协会的定义是：“审计是独立审计人对财务报表的审查，其目的是对是否公正地按照一般公认会计原则反映财务状况、经营成果和财务状况变动表示意见。”

美国会计学会的定义是：“审计是为了确认与报告某一经济实体的可计量信息与既定标准之间的一致程度而进行的证据积累和评价。”

英国会计职业团体协商委员会的定义是：“审计是被任命的审计人在履行其任务时对企业财务报表是否符合有关法定责任的独立审查，并表示意见。”

【知识拓展1-1】　审计是查账吗？

审计的字面词义是审查会计，就是查账。但是，将审计说成查账，存在局限性并缺乏科学性。这是因为：（1）查账仅仅是审计实施监督检查的一种手段，用查账来解释审计，没有揭示出审计的本质特征。（2）查账是众多经济监督活动共同使用的方式。例如，税务部门为了监督各单位纳税情况，也需要审查销售、成本、利润等账目记录，所以，查账是审计的一个方面，但查账不等于审计。（3）随着审计的发展和外延的扩大，审计的定义也因各种审计类型的出现而不断发生变化。即使查账能表达传统的财务审计，却概括不了内容和范围扩大后的现代审计。

二、审计的产生与发展

（一）我国审计的产生与发展

1.国家审计

我国的国家审计起源很早，早在西周时代就出现了有文字记载的审计活动。根据《周礼》的记载，在西周的官僚机构中，就设有掌管监督职能的官员——宰夫。宰夫的职责是“考其出入，而定刑赏”，对“凡失财用物辟名者，以官刑诏冢宰而诛之，其足用长财善物者，赏之”。这就是说，宰夫负责审查收入和支出，发现有侵吞、损失财物、账实不符等违法违纪行为的人，就越级报告冢宰（天官，主管财政会计的最高长官）依法进行责罚；对善于理财管物者，就进行奖赏。这就是我国国家审计的萌芽。

其后，国家审计不断发展。秦汉两代都曾采用“上计制度”，由“三公”之一的御史大夫兼理审计，以审查监督财务收支有无错弊，并借以评价有关官吏之政绩。隋唐时期，在刑部之下设“比部”，建立了比较独立的审计机构。宋初，曾专门设置“审计司”，后改为“审计院”，是我国审计机构定名之始，“审计”这个名词正式出现。

到了元、明、清三代未设专门的审计机构，国家审计陷于中衰期。

辛亥革命后，北洋政府曾于1912年在当时的国务院下设审计处，1914年改审计处为审计院，并颁布了《审计法》。1928年，国民党政府在监察院下设审计部，同年公布《审计法》。

在第二次国内革命战争时期，中国共产党领导下的革命根据地于1932年成立了中华苏维埃中央审计委员会。1934年，中华苏维埃共和国执行委员会颁布《中央政府执行委员会审计条例》，实行审计监督制度。

中华人民共和国成立之初，中央曾设有监察部，各地设有监察厅、局。监察机关的基本职责除负责政纪监察外，还担负财政经济的监察工作，其中也包括审计性质的工作。后来，取消监察部门，对企业的财经监督改由财税、工商、银行等部门通过自身业务工作兼任，也发挥了一定的监督作用。

1982年第五届全国人民代表大会通过的《中华人民共和国宪法》明确规定：国务院、县级以上地方各级人民政府“设立审计机关”，重新确立了审计的历史地位。1983年9月15日，中华人民共和国审计署成立，接着各级政府审计机关也建立起来。随后颁布了一系列法规，卓有成效地开展了审计监督工作。1985年8月，国务院颁发《关于审计工作的暂行规定》；1988年11月，国务院又颁发《中华人民共和国审计条例》；1994年8月31日第八届全国人民代表大会常务委员会第九次会议上通过了《中华人民共和国审计法》，并自1995年1月1日起实施，标志着我国的国家审计工作已走向一个新的历史，审计将发挥更大的作用。2006年2月28日第十届全国人民代表大会常务委员会第二十次会议通过了《关于修改中华人民共和国审计法的决定》，自2006年6月1日起施行。1996年12月16日发布《审计机关审计人员职业道德准则》，2000年《中华人民共和国国家审计准则》发布实施。2010年修订《中华人民共和国国家审计准则》，参照美国等国家审计机关的做法，制定了单一的国家审计准则，并在审计准则之下开发了若干审计指南和审计手册，自

2011年1月1日起实施。

为加强党对审计工作的领导，构建集中统一、全面覆盖、权威高效的审计监督体系，更好发挥审计监督作用，依据2018年3月中共中央印发的《深化党和国家机构改革方案》，组建中央审计委员会，作为党中央决策议事协调机构。中央审计委员会的主要职责是，研究提出并组织实施在审计领域坚持党的领导、加强党的建设方针政策，审议审计监督重大政策和改革方案，审议年度中央预算执行和其他财政支出情况审计报告，审议决策审计监督其他重大事项等。中央审计委员会办公室设在审计署。中共中央总书记、国家主席、中央军委主席、中央审计委员会主任习近平于2018年5月23日主持召开中央审计委员会第一次会议并发表重要讲话。会议审议通过了《中央审计委员会工作规则》《中央审计委员会办公室工作细则》《2017年度中央预算执行和其他财政支出情况审计报告》《2018年省部级党政主要领导干部和中央企业领导人员经济责任审计及自然资源资产离任（任中）审计计划》等文件。

【知识拓展1-2】　我国独有的经济责任审计是国家审计的重要组成部分

1986年12月审计署发布的《关于开展厂长离任经济责任审计工作几个问题的通知》标志着我国独有的经济责任审计的产生。1999年5月中办、国办下发的《县级以下党政领导干部任期经济责任审计暂行规定》和《国有企业及国有控股企业领导人员经济责任审计暂行规定》，标志着我国经济责任审计的全面展开。2003年7月中央五部委经济责任审计工作联席会议办公室发布《关于党政领导干部任期经济责任审计若干问题的指导意见》，将任期经济责任审计的范围扩大到县级以上，省部级以下领导干部。2010年中办下发《党政主要领导干部和国有企业领导人员经济责任审计规定》，2014年7月中央纪委机关、中央组织部、中央编办、监察部、人力资源和社会保障部、审计署、国务院国资委联合印发《党政主要领导干部和国有企业领导人员经济责任审计规定实施细则》，标志着我国的经济责任审计趋于成熟。

2.内部审计

中华人民共和国成立后，一大批大型工业、交通等方面的生产单位迅速建立起来，并且在其内部实行了管理责任和权力的纵向与横向的分解，从而为这些单位内部审计的产生创造了内部条件。但由于当时采用苏联管理模式，将内部审计的一部分职能分散到计划、财务等部门，由这些部门结合其本职业务一并实施。

我国现代内部审计是伴随国家审计的恢复和重建而产生与发展的，1985年10月，审计署发布《关于内部审计工作的若干规定》。在我国企业内部审计的起步阶段，绝大多数的企业没有设立专职的企业内部审计机构，只是将审计机构设在财务科（处），放在统计部门或在厂长、经理的领导下工作，企业内部审计机构的领导多、受限制多、缺乏独立性，在企业中没有地位。

1987年12月，中国内部审计学会（2002年5月更名为中国内部审计协会）加入了国际内部审计师协会，成为其国家分会。

20世纪90年代初期，是我国企业内部审计“加强、改进、发展、提高”时期。这一时期，内部控制制度纷纷在各大中型企业中建立并得到健全与发展。这个时期，我国内部审计涉及的范围同起步阶段相比更广泛，除了开展传统的财务审计外，还有经营决策审计、投资决策审计、经济效益审计、内部控制评审等现代审计内容。

2003年3月，审计署发布了《审计署关于内部审计工作的规定》。中国内部审计协会陆续颁布了中国内部审计基本准则、二十项具体准则和五个内部审计实务指南，对我国内部审计的基本概念，内部审计活动的目标、宗旨、范围、性质与功能等皆有所指导。2014年1月1日起，新修订的与国际趋同的中国内部审计准则开始实施，为我国内部审计活动和工作的有效开展提供了一套完整、科学、权威的准则。

为了适应内部审计理论和实践的新变化，进一步加强内部审计工作，2014年1月，审计署草拟了《内部审计工作规定（征求意见稿）》，公开向社会征求意见，积极对《关于内部审计工作的规定》（审计署令2003年第4号）进行修订，2018年1月，中华人民共和国审计署令第11号发布，《审计署关于内部审计工作的规定》自2018年3月1日起施行。

经过30多年的发展，我国内部审计已经取得了很大的成绩，内部审计已成为我国审计体系的一个重要组成部分。在我国经济监督管理体系中，成为一支重要的力量。

3.注册会计师审计

辛亥革命以后，我国民族资本主义工商业有所发展，股份公司纷纷出现。由于所有权与经营权的分离，我国的民间审计也应运而生。我国最早的会计师事务所是我国著名会计学家谢霖在北京创办的“正则会计师事务所”，创办于1918年。1980年，财政部发布《关于成立会计顾问处的暂行规定》，标志着我国注册会计师行业开始复苏。1981年1月1日，成立中华人民共和国第一家会计师事务所——上海会计师事务所。1985年，注册会计师审计被载入《中华人民共和国会计法》。1986年7月，国务院颁布了中华人民共和国第一部注册会计师法规——《中华人民共和国注册会计师条例》，同年还开始建立审计事务所。1988年中国成立了注册会计师协会，1991年起我国正式实行注册会计师全国统一考试制度。1993年10月，颁布了《中华人民共和国注册会计师法》（以下简称《注册会计师法》），2014年8月31日，全国人大修改《注册会计师法》。

1996年1月1日起开始施行第一批独立审计准则。1996年10月，中国注册会计师协会加入亚太会计师联合会。1997年1月1日起开始施行第二批独立审计准则。1999年7月1日开始施行第三批独立审计准则。2006年2月15日发布的中国审计准则，实现了与当时国际审计准则的实质性趋同。后来，随着审计环境发生重大变化，国际审计准则作出了重大修订，我国审计实务中也面临一些新的需要解决的问题，为了保持与国际准则的持续全面趋同，进一步解决我国审计实务中的新问题，2010年，中国注册会计师协会对中国注册会计师审计准则进行了全面修订，从2012年1月1日开始执行。2013年11月，为了指导注册会计师更好地运用中国注册会计师审计准则，解决审计实务问题，防范审计风险，中国注册会计师协会发布《中国注册会计师审计准则问题解答第1号——职业怀疑》等六项审计准则问题解答；2014年12月，中国注册会计师协会又发布《中国注册会计师审计准则问题解答第7号——会计分录测试》等七项审计准则问题解答。问题解答根据审计准则制定，为注册会计师如何正确理解审计准则及应用指南、解决实务问题提供细化指导和提示。2016年12月28日，财政部正式发布《关于印发〈中国注册会计师审计准则第1504号——在审计报告中沟通关键审计事项〉等12项准则的通知》（财会〔2016〕24号）。适用于整套通用目的的财务报表审计。

(二）国外审计的产生与发展

1.国家审计

据考证，早在奴隶制度下的古埃及、古罗马和古希腊时代，就有了国家审计的事实。审计人员以“听证”的方式，对掌管国家财物和赋税的官吏进行考核，成为具有审计性质的经济监督工作。

在西方的封建王朝中，也设有审计机构和人员，对国家的财政收支进行监督。例如，法国在资产阶级大革命前就设有审计厅，之后拿破仑一世创建的审计法院，至今仍是法国政府实施事后审计的最高法定机构。

欧洲的许多国家于19世纪在宪法或特别法令中都规定了审计的法律地位，确立国家审计机关的职权、地位和审计范围，授权其独立地对财政、财务收支进行监督。

在现代资本主义国家中，大多实行立法、行政、司法三权分立的国家政权组织形式，议会为国家的最高立法机关，多数国家在议会下设有专门的审计机构，由议会或国会授权，对政府及国有企事业单位财政财务收支进行审计监督。

美国在1921年公布了《预算和会计法》，并根据该法建立了美国最高审计机关——美国联邦审计总署，受理政府账目审计，以寻求经济有效的方式来管理美国政府的公共款项。除中央情报局和总统办公室不能审查外，凡与公共开支有关的事项，都有权审查，美国联邦审计总署最重要的任务就是向国会提供信息和参考意见，以便有助于国会各委员会的工作。

第二次世界大战以后，西方国家不仅在审计体制上有了较大的发展，更重要的是在审计理论和实务上也有了较大的发展，即把经济监督和经济管理相互结合，从传统的财务审计向现代的绩效审计方面发展。

2.内部审计

内部审计的历史几乎与国家审计一样悠久，奴隶社会是内部审计的萌芽时期。封建社会，内部审计继承了早期内部审计的思想，并且有了长足进展，主要标志是出现了独立的内部审计人员。在这一时期，内部审计主要采用了寺院审计、城市审计、行会审计、银行审计和庄园审计等形式。

19世纪末20世纪初，资本主义发展进入垄断阶段，垄断企业经营规模庞大，经营地点分散，经营业务复杂，实行分权管理和多级控制。日常管理职责的履行状况如何，各部门的经营活动是否合规合理，各分支机构的经营目标能否实现，客观上需要有一个专门的职能部门去审查、评价和报告，即进行信息反馈。这样，在企业内部就形成了一个与业务控制并列的相对独立的控制系统——内部审计。

1941年，现代内部审计发展的一座重要里程碑是在约翰·舍斯顿的领导下，24位有识之士在美国成立了内部审计师协会，它是目前世界上唯一的致力于推动内部审计和内部审计人员向前发展的国际性组织，通常称之为国际内部审计师协会（简称IIA)，其会员称为国际注册内部审计师。该组织的成立，大大推动了内部审计的发展。

20世纪40年代到70年代属于现代企业内部审计的初期，以财务审计居于主要地位，企业内部审计的目标同近代企业内部审计相比没有太多的变化。20世纪70年代后，如绩效审计、3E审计（经济、效率、效果）、5E审计（经济、效率、效果、合理、环境审计）、管理审计等新兴审计项目发展起来，逐渐取代了财务审计的主导地位。企业内部审计在企业中受到了前所未有的重视。

【同步案例1-1】世界通信内部审计案例

世界通信利用会计造假虚构的利润创下世界纪录，这一惊天动地的财务舞弊案到底是如何被发现的呢？揭开世界通信造假黑幕的英雄是辛西亚·库珀（Cynthia Cooper，世界通信内部审计部副总经理）、哲恩·摩斯（Gene Morse，擅长电脑技术的内部审计师）和格林·史密斯（Glyn Smith，内审部高级经理，辛西亚的助理）。正是这三个人不计个人安危、忠于职守、排除困扰、顶住压力，才将世界通信的舞弊罪行昭示于天下。

辛西亚·库珀（以下简称辛西亚）1994年受雇于世界通信的前身LDDS，从事内部审计工作。辛西亚从基层做起，几年后升任世界通信内部审计部的副总经理，只有27个工作人员的内部审计部只负责经营绩效审计，从事业绩评估和预算控制，财务审计不在其工作职责范围之内，而是外包给安达信会计师事务所。

2002年3月初，世界通信无线通信业务的负责人约翰·思图帕克（John Stupka）拜访了辛西亚·库珀，向她抱怨苏利文的一笔会计处理。为了应对电信业不景气可能产生的坏账，思图帕克所在部门按照行业惯例和会计准则的规定，于2001年第三季度计提了4亿美元的准备。但苏利文勒令思图帕克将这4亿美元的坏账准备冲回，以抬升世界通信对外报告的盈利。思图帕克担心这一做法将使其部门在下一个季度发生大额亏损，但迫于苏利文的压力，只得屈从。喜欢刨根问底、倔犟执着的辛西亚就此事致电安达信，但安达信的合伙人肯·艾卫瑞（Ken Avery）粗暴地拒绝了辛西亚的质询，声称他只听命于苏利文。辛西亚遂下令其下属哲恩·摩斯（以下简称摩斯）彻查到底，并将此事告知了世界通信审计委员会主席马克斯·波比特（Max Bobbitt）。2002年3月6日，审计委员会在华盛顿召开了例会，辛西亚与其顶头上司苏利文分别就这4亿美元坏账准备的会计处理作了陈述。在审计委员会的压力下，苏利文不得不作出让步，同意予以更正。第二天，恼羞成怒的苏利文提醒辛西亚注意自己的职责范围，警告她以后不得再干预无线电部门的会计处理。2002年3月7日，美国证券交易委员会（SEC）勒令世界通信提供更多的文件资料，以证明2001年度盈利的真实性。SEC提出这项异乎寻常的要求，是因为电信业的不景气使世界通信的直接竞争对手AT&T一蹶不振，遭受巨额损失，而世界通信在2001年度仍然报告巨额利润。这一反差引起了SEC的疑心，并最终导致其在2002年3月12日对世界通信的会计问题展开正式调查。SEC的这些举动令世界通信高层措手不及，也引起了辛西亚的警觉。特别是，安然事件的曝光和安达信被司法部起诉，使辛西亚对世界通信的会计处理更加担忧。因此，尽管与苏利文发生了不愉快的冲突，辛西亚仍毅然决定，将内部审计的范围由经营绩效审计秘密扩张至财务审计，具体工作由摩斯负责。

2002年5月21日，辛西亚的副手史密斯收到来自马克·阿柏特（Mark Abide）的一封电子邮件。阿柏特是世界通信在得州一位分管固定资产账务处理的会计人员，在其电子邮件里，阿柏特附上了当地报纸刊登的一篇文章，披露了世界通信得州分公司的一位雇员因为对一些资本支出账务处理的恰当性提出质疑而惨遭解雇。阿柏特认为，从内部审计的角度看，这一事件值得深究。史密斯立即将这份电子邮件转发给辛西亚。这份电子邮件引起了辛西亚的极大兴趣，因为自辛西亚决定进行内部财务审计后，摩斯已经对世界通信疑点重重的资本支出项目作了两个多月的调查。收到这封电子邮件前，摩斯等人已经发现了众多无法解释的巨额资本性支出。2001年前三个季度，世界通信对外披露的资本性支出中，有20亿美元既没有纳入2001年度的资本性支出预算，也没获得任何授权。这一严重违反内部控制的做法，使辛西亚和摩斯怀疑世界通信可能将经营费用转作资本支出，以此增加利润。这封神秘的电子邮件促使辛西亚决定将调查的重点放在资本支出项目。

辛西亚和史密斯就这20亿美元的资本支出质询财务计划部主任山基乎·瑟提（Sanjeev Sethi）时，瑟提将其解释为“预付容量”。当被问及“预付容量”的确切含义以及将“预付容量”作为资本支出的依据时，瑟提表示无可奉告，但不妨询问世界通信的副总裁兼主计长大卫·迈耶斯。辛西亚和史密斯不敢贸然直接质询迈耶斯，而是首先询问阿柏特，因为阿柏特所在部门也有“预付容量”，也是作为资本支出。询问的结果是，阿柏特对“预付容量”一无所知，他完全是依照世界通信总账会计部主任巴福特·耶特斯（Buford Yates）的指令进行财务处理的。

就在辛西亚和史密斯对“预付容量”这些所谓的资本支出困惑不解的紧要关头，摩斯的一项重大发现开始使内部审计的调查柳暗花明。2002年5月28日下午摩斯从电脑记录上查出了一笔既没有原始凭证支持，也缺乏授权签字的5亿美元的电脑费用。与“预付容量”一样，这5亿美元也被记录为资本支出。摩斯立即向辛西亚报告这一惊人发现。种种迹象表明，世界通信的高层通过将经营费用转作资本支出进行了大规模的利润造假。

为了获取世界通信会计造假的直接证据，必须进入世界通信电脑化的会计信息系统调阅相关的会计分录和凭证。然而，只有经过苏利文的批准，内部审计部才有资格不受限制地使用世界通信的电脑会计系统。颇有“黑客”风范的摩斯没有让辛西亚失望，很快就利用信息部安装和测试新系统的机会，获得了自由进出电脑会计系统的方法。鉴于世界通信很多有疑点的资本支出都是由总部化整为零转嫁至各地分支机构进行记录。摩斯进入电脑会计系统后，将取证重点锁定在“内部往来”。“内部往来”发生频繁，每月大约有35万笔。有一次，摩斯偷偷下载这些数据时，几乎使服务器瘫痪，导致信息部紧急关闭电脑会计系统。这一插曲差点使摩斯的“黑客行动”败露。自此，摩斯只好选择在夜深人静时，进入负荷较轻的电脑会计系统。经过一周的加班加点，摩斯成功地收集了世界通信将20亿美元经营费用“包装”成资本支出的直接证据。

至此，世界通信的会计造假基本上真相大白。摩斯掌握的证据使辛西亚陷入痛苦的思想斗争中。与其他员工一样，辛西亚也曾为世界通信的骄人业绩深感自豪。世界通信竟然是一个骗子公司，这是她最不愿意看到的结局。辛西亚深知，已掌握的证据足以让世界通信遭受灭顶之灾，这意味着与她朝夕相处的成千上万的同事将失去生计。辛西亚将她的担忧和苦衷告诉了史密斯和摩斯，他们俩颇有同感。在人生的旅途中，这三个人面临着一项重大抉择：是继续追查下去，将世界通信整垮，还是点到为止，给世界通信留下一条生路？

资料来源：佚名.世通案例——内部审计三个火枪手的故事［EB/OL］.［2012-06-12］. http://blog.sina.com.cn/s/blog_49cf8f8601013rih.html.

思考：世界通信的舞弊手段是什么？

解答：世界通信的舞弊手段包括：

（1）滥用准备金科目，利用以前年度计提的各种准备，如递延税收、坏账准备、预提费用，冲销线路成本，夸大对外报告的利润。SEC和司法部已经查实的这类造假金额高达16.35亿美元。

（2）以“预付容量”为借口，要求分支机构将原已确认为经营费用的线路成本转至固定资产等资本支出账户，以此降低经营费用，高估经营利润。SEC和司法部已查实的这类造假金额高达38.52亿美元。

3.注册会计师审计

注册会计师审计起源于16世纪的意大利合伙企业制度。合伙制企业产生的同时，财产的所有权和经营权分离了，参与经营管理的合伙人有责任向不参与经营管理的合伙人证明合伙契约得到了认真履行，利润的计算与分配是正确、合理的，不参与经营管理的合伙人也希望监督企业经营情况，及时了解企业的财务状况，对经营管理者进行监督成为必要。在16世纪意大利的商业城中出现了一批具有良好的会计知识、专门从事这种查账和公证的专业人员，他们所进行的查账与公证，就是注册会计师审计的起源。1581年，在威尼斯创立了威尼斯会计协会。

英国工业革命以后，产业规模日益扩大，以发行股票筹集资金为特征的股份公司大量涌现。公司所有权与经营权相分离的现象十分普遍，对经营管理者进行监督也成了英国社会的普遍需要，因此，现代注册会计师审计制度便应运而生。1853年在苏格兰的爱丁堡成立了“爱丁堡会计师协会”。英国早期的注册会计师审计，没有系统的理论依据和方法体系，只是根据查错防弊的审计目的，对大量的账簿记录进行逐笔审查，即采用详细审计方法，后来人们称之为英国式审计。

美国独立战争以后，工业得到发展，为了加强股份公司的会计工作，以代理记账为专业的会计师应运而生。19世纪后半叶，随着英国资本的大量输入，英国的注册会计师审计也传入了美国。1886年纽约公布了公证会计师法，1887年成立了“美国公共会计师协会”，1916年该会改组为美国会计师协会，后来发展为美国注册会计师协会（AICPA），成为世界上最大的民间审计专业团体。20世纪初，出于银行信贷业发展的需要，有必要对贷款企业的资产负债表进行分析性审计，借以判断企业的偿债能力，于是美国的会计师突破了详细审计的做法，创立了资产负债表审计，即美国式的信用审计。美国于1933年公布了《证券法》，1934年公布了《证券交易法》，规定上市公司必须向交易所提出经过公证会计师审查鉴证的财务报表，这就促使证券交易审计的诞生，标志着法定注册会计师审计的出台，使美国注册会计师审计进入财务报表审计时代。

【知识拓展1-3】"国际四大"指的是什么？

20世纪40年代以后，注册会计师审计开始走向国际化。出现了国际会计师事务所，比较有名的包括"八大"，后来演变成"五大"，直到今天的"四大"。八大会计师事务所是指20世纪80年代八所世界上最大的会计师事务所，也是今天闻名全球的"四大"会计师事务所的前身。八大会计师事务所分别是：安达信（Arthur Andersen）、普华（Price Waterhouse）、亚瑟·杨（Arthur Young）、恩斯特·惠尼（Ernst & Whinney）、德洛伊特·哈斯金斯·塞尔斯（Deloitte Haskins & Sells， DHS）、塔奇·罗斯（Touch Ross & Co.，TR）、毕马威（Peat Marwich）以及永道（Coopers & Lybrand）。2002年，由于安然公司事件，安达信（Arthur Andersen）这一世界最大的会计师事务所被迫解散，八大会计师事务所经过数十年的演变成为现在的"四大"，它们是普华永道（PWC）、德勤（DTT）、毕马威（KPMG）、安永（EY），其机构庞大，人员众多，有统一的工作程序和质量要求，能够适应不同国家和地区的业务环境。它们不但为跨国公司的各个企业服务，而且也为当地的公司、企业服务。它们通过遍布于世界各地的事务所，在国际经济活动中起着重要作用。

三、审计的职能与作用

（一）审计的职能

审计的职能是审计本身固有的内在功能。它体现了审计的本质属性，它是不以人们意志为转移的客观存在。

1.经济监督职能

经济监督是审计的基本职能。审计的经济监督职能是由审计的性质所决定的。它主要是通过审计、监察和督促被审计单位的经济活动，使其在规定的范围内沿着正常的轨道健康运行；监察和督促有关受托经济责任的承担者忠实履行经济责任，借以揭露违法违纪、制止损失浪费、查明错误弊端、判断管理缺陷，进而追究经济责任。审计工作的核心是审计人员运用科学的方法对被审计单位的有关经济活动进行审核检查，查明被审计单位经济活动的真相，然后依据一定的标准，对被审计单位经济活动是否合法、合规作出结论，表达审计意见。

2.经济评价职能

经济评价是指通过对被审计单位的各项经济资料和经济活动的审核检查，并依据相应的标准对所查明的事实作出分析和判断，评定被审计单位的经营决策、计划和方案等是否先进、可行，内部控制制度是否健全、有效，财政财务收支是否按照计划、预算和有关规定执行，各项资金的使用是否合理、有效，经济效益是否较好，各项经济资料是否真实、可靠等。审计评价的过程，同时也是肯定成绩、发现问题的过程，也是为提出改进建议提供可靠依据的过程。在客观、中肯评价的基础上所提出的建议具有针对性，往往能促使被审计单位完善缺陷、纠正错误、提高效率。

3.经济鉴证职能

鉴证是指鉴定和证明。经济鉴证是指通过对被审计单位的会计资料及有关经济资料所反映的财务收支和有关经济活动的审核检查，确定其财务状况和经营成果是否真实、公允、合法、合规，并出具书面证明，为审计的授权人或委托人提供确切的信息，以便取信于社会公众。

（二）审计的作用

1.审计在国家财政关系中的作用

在国家财政分配关系中，审计主要起着财政监督作用。所谓财政，是国家作用在经济上的产物。只要国家存在，为维持市场经济的运行及其他需要，国家就必须征收税费等以取得财政收入。同时，国家还必须将所取得的财政收入用于各项开支：如发展社会福利事业、建设公共设施等，即发生财政支出。由于财政收入与支出是由政府及社会各个集团来实施的，因此，在这些不同的组织及集团之间就形成了一些权利与责任关系。这些权利与责任关系如果不给予必要的约束与控制，会随着经济组织之间的距离及空间的加大，而日趋松散。如一些经济组织不愿主动执行国家财政规定，挪用财政资金为自己小集团谋利益。因此，要保证财政分配关系能够按照国家的意愿进行，国家除了设置专门的财政部门及其他法律机构来保证财政职能的实现之外，还常常设置国家专门的审计机构，并通过该组织来监督各个政府部门和有关单位按国家规定来执行各自的财政职能。由于财政职能本身就具有强制性，因此，这种协助国家完成财政分配职能的国家审计也带有强制性。而且，这种审计并不十分强调对委托者的独立，而是明确表示出是站在国家立场，代表国家的意志实施的一种监督。

2.审计在协调管理关系中的作用

在经济管理关系中，管理职能由不同的具体活动组成：如指挥、协调、执行等。在某一团体的组织系统还不够庞大时，这些管理职能往往集中在某一个人或某一个阶层之内，这是因为经济管理关系十分简单，不必要有更多的组织与阶层来执行。但是，当市场经济的发展使得社会化生产成为一种普遍现象时，就会造就一大批巨型企业与集团。在这些组织中，由于管理的跨度在时间上与空间上的扩大，要求有更多的职能部门、更多的管理层来执行各种不同的管理职能时，这种管理关系就变得复杂化，一些得不到制约与控制的职能部门往往可能偏离原先约定的规范来执行它们的权利或履行其义务。因此，为了使管理上的各种职能按约定的规范来运行，最高管理部门通常设置一个专门的监督部门来代替其执行一些管理职能，这个部门就是内部审计部门。内部审计部门主要是替代总经理或董事长来协调、沟通不同层次的管理关系，以达到管理控制的作用。因此，在经济管理关系中，内部审计主要起着协调的作用。

3.审计在市场经济契约性关系中的作用

在市场经济契约性关系中，审计主要起着鉴证作用。所谓契约性关系，是指契约各方通过协商所形成的一种经济关系：如股东对有限公司的投资、银行给企业提供贷款、企业之间的经济往来等。这种契约性关系，与财政分配关系最大的区别就是非强制性，不带政治色彩，是一种横向的经济关系。市场经济越发达，这种契约性关系就越普遍。由于这种契约性关系不同于财政分配关系，只要不违反契约关系，各集团之间就不得干预对方的行为。因此，为了确保各自遵循既定的契约关系，契约各方通过约定，彼此之间必须提供执行契约的各自信息。由于这些信息是提供方自己编制的，而提供的这些信息不仅数量巨大，且内容复杂，使得与此有关的契约方很难在合理的时间或成本范围内，来确定这些信息的可靠性，以保证自己的权利不被侵犯。为此，常常需要一个不参与契约关系的第三者，站在公正、客观的立场上，以其专业知识来判断、验证这些信息的可靠性，并对此作出结论。这个第三者，就是市场经济中的会计师事务所及其注册会计师。会计师事务所的审计，就是通过对企业提供的财务报表进行查验、审核，提出对信息检验结果的意见，并报告给有契约关系的各方利益相关者，再由各方利益相关者按照预先约定的契约内容，来判断对方是否违约，从而采取相应的行动。在此，注册会计师审计除了提供审计报告外，不对契约各方作出其他任何行动。因此，注册会计师审计主要起着鉴证作用。

四、审计假设

假设是基于某种特定的目的，在一定的客观事实的基础上，对某一事物理想状态的一种设定。它在很大程度上具有人为设定的主观性，是建立理论模型和进行实务工作的必备基础，且不需要证明。例如，会计四大假设就是基于会计研究及实务操作的目的，在一定的客观事实的基础上提出的，最有利于实现会计目标的理想状态的设定。这些理想状态基于一定的事实基础，又高于这些事实基础，具有高度的抽象性。目前理论界比较统一的观点认为审计假设包括以下方面：

（一）审计必要性假设

审计必要性假设回答社会为什么需要审计的问题。社会之所以需要审计，是因为审计在市场控制机制中能发挥一定的作用，市场机制越完善，审计的作用越大。信息论着重从提高信息的可信性来论证审计的作用；代理论着重从经济管理责任的解除角度来论证审计的作用。所以这一假设可以具体表述为：经过独立的审计人员审计过的财务报告和信息比未经过审计的财务报告和信息对其使用者更可靠。

（二）审计可验证假设

这一假设可以具体表述为：审计人员具备职业所需的独立性和专业胜任能力；被审计单位递交审计的资料是可验证的，重大差错、舞弊是可揭露的。这条假设说明以下内容：

首先，审计人员能以合理的时间和成本，采用恰当的审计活动过程和方法，收集到一定范围内充分、适当的审计证据，并将其与事先选用的恰当的审计标准相比较，据以进行职业判断，进而能以合理的保证得出有说服力的审计结论。

其次，被审计单位必须提供完整的经济资料，否则审计将无法进行，审计人员可拒绝接受无法予以验证的业务或对无法验证的项目在审计报告中发表保留意见或无法表示意见。

再次，审计人员运用自己的专业能力可以发现经济资料中存在的重大错弊。

最后，可验证的受托责任不同，会产生不同的审计类别，如财务报表审计、内部控制审计，经济责任审计、管理审计等。不同类别的审计能够实现审计的不同目标，起到审计的不同作用，从而实现审计的不同职能。

（三）审计可信赖假设

审计结果是可以信赖的，因为审计机构及审计人员是可以信赖的，这体现在以下几个方面：

首先，审计机构与人员独立于委托者和受托者，是以客观公正的第三者形象出现的。

其次，审计人员具备了职业所需要的胜任能力和谨慎态度。审计人员职业道德守则中规定了审计人员应具备的专业学识、工作能力及相应的技术规范要求，特别强调要保持必要的职业谨慎态度，同时还要求审计人员对客户的机密负有保密的义务。

最后，审计职业承担着与其相适应的审计责任。审计机构和人员一旦因自身的原因，如违约、过失、欺诈等给有关方面造成损失，就要承担与此相适应的法律责任。这样反过来又能促使审计人员提高自身业务素质，审计机构关注审计工作质量，使得经过审计的经济资料更可靠，对使用者更有用。

（四）无反证判定合理假设

这一假设的含义是若无相反的证据，过去被认为是正确的，现在和将来仍是如此。设立这一假设的目的在于解决被审计单位经济资料及其所反映的经济活动的连续性与审计行为的期间性之间的矛盾。被审计单位的经济活动正常情况下是连续进行的，为了对其进行正确核算，产生了持续经营假设和会计分期假设，但审计活动是有期间性的，即只对某一特定期间的经济活动及其资料进行审查，这就存在一个问题，对前期（或期初）的经济资料是否也需要审查？这一假设明确了这一问题。首先，确定了审计范围，审计人员只需重点关注本期经济业务的发展、变化及其结果。而对已经过审查且被认为是正确的、与本期相关的前期资料，若没有发现相反的证据，则可不必进行重复审查。其次，界定了审计责任范围，若没有发现相反证据，本期审计不承担有关前期资料的审计责任。

（五）内控制度有效性与局限性假设

审计人员可以根据被审计单位内控制度的有效性程度，即设立的健全性程度和执行的有效性程度，发现内部控制的薄弱环节，据以判断最可能产生错弊的环节及舞弊的类型，从而迅速确定审计的重点范围及应采取的主要审计活动过程与方法，从而节省审计时间，提高审计工作效率和效果。这是产生制度基础审计的依据，即实质性程序应建立在对被审计单位内部控制制度进行调查了解，及对其进行控制测试的基础之上。

健全有效的内控制度可减少错弊发生的可能性，但当发生串通舞弊、控制执行人员疏忽大意、考虑成本效益而采用非最优控制制度等局限性事件时，内控制度则可能完全失效或部分失效，尤其串通舞弊是很难发现的，特别是在短暂的审计时间内更是如此。因此中外审计责任的规定都没有包括串通舞弊在内，除非有证据表明存在着串通舞弊，而审计人员没有给予必要的职业关注。这进一步明确了审计责任的范围和界限。

（六）审计责任假设

这一假设认为，会计责任和审计责任是两个完全不同的概念。这一假设的意义，在于它合理地区分会计责任与审计责任，为判定审计的法律责任提供前提。

需要注意的是，审计假设面临着知识更新的挑战，应该不断地得到充实和更新。今天还有效和有用的假设到了明天就可能被验证是不适宜的，由其推出的理论可能会出现缺陷，因此要用发展的眼光看待审计假设，对审计假设不断进行完善。

【小思考1-1】审计假设与会计假设有关系吗？

第二节　审计目标和分类

一、审计对象

审计对象是指审计监督的客体，包括被审计的单位和审计的内容，可以概括为被审计单位的财政、财务收支及其经营管理活动。具体地说，包括下列两个方面的内容：

一是被审计单位的财政、财务收支及其有关的经营管理活动。不论是传统审计还是现代审计，不论是政府审计还是注册会计师审计、内部审计，都要求以被审计单位客观存在的财政、财务收支及其有关的经营管理活动为审计对象，对其是否真实、合法、有效进行审查和评价，以便对其所负受托经济责任是否认真履行进行监督、评价和证明。

二是被审计单位的各种作为提供财政、财务收支及其有关经营管理活动信息载体的会计资料和其他资料。由于财政、财务收支及其有关经营管理活动总要以一定的载体来反映，所以被审计单位的会计资料及其他有关资料就成为审计的直接对象。它包括记载和反映被审计单位财政财务收支、提供会计信息的会计凭证、账簿、报表等会计资料以及有关计划、预算、经济合同等其他资料；提供被审计单位的经营管理活动信息的财务资料、计划统计、内部控制等资料，以及经营目标、预测、决策方案、经济活动分析资料、技术资料等其他资料。随着电子数据处理系统在会计上的应用，电子计算机的磁盘、光盘及其他数据存储器等也成为会计信息的载体，同样，它们也是审计的具体对象。

【小思考1-2】不同审计主体的审计对象相同吗？

二、审计目标

审计目标是审计机构和人员通过审计活动所期望达到的最终结果，它是审计活动的定向机制。审计目标是不断发展的，它与审计活动所处的社会经济环境密切相关，与审计的不同主体相关。总的来说，审计目标的发展经历了一个较长的演变过程。其演变过程大致可划分为三个阶段：第一阶段是从审计产生到19世纪，审计的基本目标是查错防弊；第二阶段是从20世纪初到20世纪50年代，审计的主要目标是验证财务报表的真实公允性；第三阶段是从20世纪60年代至今，审计的目标从验证财务报表的真实公允性扩展到查证经营活动的经济性、效率性、效果性，以及管理活动的可行性、有效性等。

（一）国家审计的目标

自2011年1月1日起施行的《中华人民共和国国家审计准则》第六条规定：审计机关的主要工作目标是通过监督被审计单位财政收支、财务收支以及有关经济活动的真实性、合法性、效益性，维护国家经济安全，推进民主法治，促进廉政建设，保障国家经济和社会健康发展。

真实性是指反映财政收支、财务收支以及有关经济活动的信息与实际情况相符合的程度。合法性是指财政收支、财务收支以及有关经济活动遵守法律、法规或者规章的情况。效益性是指财政收支、财务收支以及有关经济活动实现的经济效益、社会效益和环境效益。

（二）内部审计的目标

自2014年1月1日起施行的中国内部审计准则《第1101号——内部审计基本准则》第二条规定：本准则所称内部审计，是一种独立、客观的确认和咨询活动，它通过运用系统、规范的方法，审查和评价组织的业务活动、内部控制和风险管理的适当性和有效性，以促进组织完善治理、增加价值和实现目标。

（三）注册会计师审计的目标

注册会计师审计的目标包括财务报表审计目标以及与各类交易、账户余额和披露相关的审计目标两个层次。

1.总体目标

注册会计师审计的目的是提高财务报表预期使用者对财务报表的信赖程度。就大多数通用目的财务报告编制基础而言，注册会计师财务报表审计的总目标是针对财务报表是否在所有重大方面按照财务报告编制基础编制并实现公允反映发表审计意见。

财务报表审计的目标对注册会计师的审计工作发挥着导向作用，它界定了注册会计师的责任范围，直接影响注册会计师计划和实施审计程序的性质、时间安排和范围，决定了注册会计师如何发表审计意见。如果不能实现总体目标，注册会计师应当按照审计准则的规定出具非无保留意见的审计报告，或者在法律法规允许的情况下解除业务约定。

2.认定与具体审计目标

（1）认定

认定是指管理层在财务报表中作出的明确或隐含的表达，注册会计师将其用于考虑可能发生的不同类型的潜在错报。认定与审计目标密切相关，注册会计师的基本职责就是确定被审计单位管理层对其财务报表的认定是否恰当。注册会计师了解了认定，就很容易确定每个项目的具体审计目标。

保证财务报表公允反映被审计单位的财务状况和经营情况等是管理层的责任。当管理层声明财务报表已按照适用的财务报告编制基础进行编制，在所有重大方面作出公允反映时，就意味着管理层对财务报表各组成要素的确认、计量、列报以及相关的披露作出了认定。管理层在财务报表上的认定有些是明确表达的，有些则是隐含表达的。管理层对财务报表各组成要素均作出了认定，注册会计师的具体审计目标就是要确定管理层的认定是否恰当。

①与所审计期间各类交易和事项相关的认定

发生：记录的交易或事项已发生，且与被审计单位有关。

完整性：所有应当记录的交易和事项均已记录。

准确性：与交易和事项有关的金额及其他数据已恰当记录。

截止：交易和事项已记录于正确的会计期间。

分类：交易和事项已记录于恰当的账户。

②与期末账户余额相关的认定

存在：记录的资产、负债和所有者权益是存在的。

权利和义务：记录的资产由被审计单位拥有或控制，记录的负债是被审计单位应当履行的偿还义务。

完整性：所有应当记录的资产、负债和所有者权益均已记录。

计价和分摊：资产、负债和所有者权益以恰当的金额包括在财务报表中，与之相关的计价或分摊调整已恰当记录。

③与列报和披露相关的认定

发生以及权利和义务：披露的交易、事项和其他情况已发生，且与被审计单位有关。

完整性：所有应当包括在财务报表中的披露均已包括。

分类和可理解性：财务信息已被恰当地列报和描述，且披露内容表述清楚。

准确性和计价：财务信息和其他信息已公允披露，且金额恰当。

注册会计师可以按照上述分类表述认定，也可按其他方式表述认定，但应涵盖上述所有方面。例如，注册会计师可以选择将有关交易和事项的认定与有关账户余额的认定综合运用。又如，当发生和完整性认定包含了对交易是否记录于正确会计期间的恰当考虑时，就可能不存在与交易和事项截止相关的单独认定。

(2) 具体审计目标

注册会计师了解了认定，就很容易确定每个项目的具体审计目标，并以此作为评估重大错报风险以及设计和实施进一步审计程序的基础。

①与所审计期间各类交易和事项相关的审计目标

发生：由发生认定推导的审计目标是确认已记录的交易是真实的。例如，如果没有发生销售交易，但在销售日记账中记录了一笔销售，则违反了该目标。发生认定所要解决的问题是管理层是否把那些不曾发生的项目列入财务报表，它主要与财务报表组成要素的高估有关。

完整性：由完整性认定推导的审计目标是确认已发生的交易确实已经记录。例如，如果发生了销售交易，但没有在销售明细账和总账中记录，则违反了该目标。发生和完整性强调的是相反的关注点。发生目标针对潜在的高估，而完整性目标则针对漏记交易(低估)。

准确性：由准确性认定推导出的审计目标是确认已记录的交易是按正确金额反映的。

例如，如果在销售交易中，发出商品的数量与账单上的数量不符，或是开账单时使用了错误的销售价格，或是账单中的乘积或加总有误，或是在销售明细账中记录了错误的金额，则违反了该目标。

截止：由截止认定推导出的审计目标是确认接近于资产负债表日的交易记录于恰当的期间。例如，如果本期交易推到下期，或下期交易提到本期，均违反了截止目标。

分类：由分类认定推导出的审计目标是确认被审计单位记录的交易经过适当分类。例如，如果将现销记录为赊销，将出售经营性固定资产所得的收入记录为营业收入，则导致交易分类的错误，违反了分类的目标。

②与期末账户余额相关的审计目标

存在：由存在认定推导的审计目标是确认记录的金额确实存在。例如，如果不存在某顾客的应收账款，在应收账款明细表中却列入了对该顾客的应收账款，则违反了存在性目标。

权利和义务：由权利和义务认定推导的审计目标是确认资产归属于被审计单位，负债属于被审计单位的义务。例如，将他人寄存商品列入被审计单位的存货中，违反了权利目标；将不属于被审计单位的债务记入账内，违反了义务目标。

完整性：由完整性认定推导的审计目标是确认已存在的金额均已记录。例如，如果存在对某顾客的应收账款，在应收账款明细表中却没有列入，则违反了完整性目标。

计价和分摊：资产、负债和所有者权益以恰当的金额包括在财务报表中，与之相关的计价或分摊调整已恰当记录。

③与列报和披露相关的审计目标

发生以及权利和义务：将没有发生的交易、事项，或与被审计单位无关的交易和事项包括在财务报表中，则违反该目标。例如，复核董事会会议记录中是否记载了固定资产抵押等事项，询问管理层固定资产是否被抵押，即是对列报的权利认定的运用。如果被审计单位拥有被抵押的固定资产，则需要将其在财务报表中列报，并说明与之相关的权利受到限制。

完整性：如果应当披露的事项没有包括在财务报表中，则违反了该目标。例如，检查关联方和关联交易，以验证其在财务报表中是否得到充分披露，即是对列报的完整性认定的运用。

分类和可理解性：财务信息已被恰当地列报和描述，且披露内容表述清楚。例如，检查是否将一年内到期的长期负债列为流动负债，即是对列报的分类和可理解性认定的运用。

准确性和计价：财务信息和其他信息已公允披露，且金额恰当。例如，检查财务报表附注是否分别对原材料、在产品和产成品等存货成本核算方法做了恰当说明，即是对列报的准确性和计价认定的运用。

认定是确定具体审计目标的基础，注册会计师通常将认定转化为能够通过审计程序予以实现的审计目标。针对财务报表每一项目所表现出的各项认定，注册会计师相应地确定一项或多项审计目标，然后通过执行一系列审计程序获取充分、适当的审计证据以实现审计目标。

【知识拓展1-4】认定、审计目标和审计程序之间的关系示例（见表1-1）

表1-1　认定、审计目标和审计程序之间的关系示例

认定	审计目标	审计程序
存在性	资产负债表列示的存货存在	实施存货监盘程序
完整性	销售收入包括了所有已发货的交易	检查发货单和销售发票的编号以及销售明细账
准确性	应收账款反映的销售业务是否基于正确的价格和数量，计算是否正确	比较价格清单与发票上的价格，发货单与销售订购单上的数量是否一致，重新计算发票上的金额
截止	销售业务是否记录在恰当的期间	比较上一年度最后几天和下一年度最初几天的发货单日期与记账日期
权利和义务	资产负债表中的固定资产确实为公司拥有	查阅所有权证书、购货合同、结算单和保险单
计价和分摊	以净值记录应收账款	检查应收账款账龄分析表，评估计提的坏账准备是否充足

三、审计的分类

（一）按照审计主体不同分类

1.国家审计

国家审计是指国家审计机关进行的审计。我国国家审计机关包括：国务院设立的审计署，县级以上地方政府设立的审计厅、局，审计署派驻国务院各部门和各地的特派员办事处。国家审计机关依法独立行使审计监督权。法律规定范围内管理和使用国有资产的单位，都必须接受国家审计监督。这种审计是强制性的，体现了国家的意志。国家审计机关代表国家执行财政经济监督职能。

2.内部审计

内部审计是由部门和单位内部设置的审计机构或专职的审计人员进行的审计。审计的内容是本部门、本单位及其下属单位的财政、财务收支及有关的经济活动。它是政府部门、国有金融机构及企事业单位为加强管理而实施的一种管理控制手段，是内部控制制度的组成部分。

3.注册会计师审计

注册会计师审计也称社会审计、独立审计，是由注册会计师审计组织接受委托进行的审计。注册会计师审计组织是社会中介机构，它们接受审计委托人的委托，按委托人的要求，依据审计准则，完成审计任务。注册会计师审计的内容：对被审计单位的财务报表进行审查和鉴证，并出具审计报告。注册会计师审计组织也可接受政府审计机关的委托，对企事业单位进行审计。

国家审计、内部审计和注册会计师审计三类审计组织机构共同构成审计监督体系。审计监督体系三方既相互联系，又各自独立、各司其职，在不同领域实施审计，它们各有特点，相互不可替代。因此，不存在主导和从属的关系。

（二）按照审计的目的和内容不同分类

1.财政财务审计

财政财务审计是对被审计单位的财政财务收支活动进行的审计。其目的是审查财政财务收支及会计资料的真实性、合法性和合规性，纠错防弊，保护国家资财，促进被审计单位加强财政财务管理。根据审计的具体对象不同，财政财务审计又可分为财政审计和财务审计。

财政审计是指政府审计机关对中央及地方各级人民政府的财政预算的编制、财政预算的执行和财政决算所进行的审计。财政审计的内容主要包括：审查各级财政部门的财政收支是否真实、合法、有效；评价它们履行财政收支管理和监督职责的状况；验证企事业单位的财政收支的正确性和合规性。财政审计的目的是为了加强财政管理，促使财政部门更好地执行财政分配和监督的职能。

财务审计是指政府审计机关、注册会计师审计组织和内部审计机构对各级政府部门、金融机构、企事业单位的财务收支活动所进行的审计。财务审计的内容包括：财务报表、账簿、凭证等会计资料的真实性和正确性，财务收支活动的合法性和合理性等。

2.经济效益审计

经济效益审计是指政府审计机关和内部审计机构对被审计单位实现经济效益的程度和途径所进行的审计。其目的是评价经济活动的合理性和有效性，促进被审计单位改善经营管理，提高经济效益。根据审查的内容不同，又分为业务经营审计和管理审计。业务经营审计的主要内容有：经营目标是否可行；经营运行过程是否有效；各种人力、财力、物力是否充分利用等，通过纠正错误和挖掘潜力，来促进经济效益的提高。管理审计的主要内容有：内部组织结构是否合理；管理制度是否健全；控制机能和信息系统是否完善等，通过提高管理素质，改善管理质量，来促进经济效益的提高。

3.经济责任审计

经济责任审计是指对行政机关、企事业单位的党政领导干部、法定代表人或经营承包人在任期内或承包期内应负的经济责任的履行情况所进行的审计。经济责任审计的主要目的是分清经济责任人任职期间在本部门、本单位经济活动中应当负有的责任，为组织人事部门和纪检监察机关和其他有关部门考核使用干部或者兑现承包合同等提供参考依据。

4.内部控制审计

内部控制审计就是确认、评价组织内部控制有效性的过程，包括确认和评价控制设计和控制运行缺陷和缺陷等级，分析缺陷形成原因，提出改进内部控制建议。

【小思考1-3】不同目的和内容的审计可以同时进行吗？

（三）按审计的业务范围分类

1.全部审计

全部审计是指对被审计单位一定期间经济活动的各个方面及其经济资料进行的全面审计。这种审计的业务范围比较广泛，涉及被审计单位全部会计资料及其所反映的经济活动，其优点是审查彻底，效果较好，但费时费力，工作量大。一般仅适用于规模较小，业务较简单，会计资料较少或内部控制制度不健全的单位。

2.局部审计

局部审计是指对被审计单位一定期间部分经济活动及其经济资料所进行的审计。如现金收支业务审计、产品销售业务审计等。其优点是范围小，审查重点突出，省时省力，但容易遗漏问题。其适用范围与全部审计相反。

（四）按审计的项目范围分类

1.综合审计

综合审计是指对被审计单位所有经济事项进行的审计。它适用于需要同时查清若干方面的问题。如对被审计单位的经济活动既审查其合法性和合规性，又审查其合理性和有效性，还对反映经济活动有关资料的真实性和正确性加以审查。

2.专项审计

专项审计也称专题审计，是指对被审计单位经济活动中的某一特定事项进行的审计，如精准扶贫资金专项审计、救灾款专项审计等。这种审计的针对性强，主要是针对特定事项、某一行业或部门及单位中的某一问题的特定事项进行审计。

（五）按审计实施时间与被审计业务发生时间关系分类

1.事前审计

事前审计是指在被审计单位某项经济业务发生前所进行的审计。这种审计的目的是为了事先纠正计划、预算、决策等方面的失误，预防错弊行为的发生，为提高经济效益提供充分的保证。如对财政预算的编制、财务计划的制订、经济合同的签订、投资方案的选择等事项，均可进行事前审查。

2.事中审计

事中审计是指在被审计单位某项经济业务执行过程中所进行的审计。这种审计的目的是为了及时发现和解决经济业务进行中存在的问题，保证计划、预算、决策、方案的顺利实施。如对财政预算执行情况进行审计，可以及时发现并制止财政预算执行过程中的各种违纪行为，及时反映影响财政预算收支平衡的苗头性、普遍性和倾向性问题。促进各级政府加强宏观控制和管理，促使各地区、部门和单位认真落实预算任务。

3.事后审计

事后审计是指在被审计单位某项经济业务完成之后所进行的审计。其目的是为了鉴证和评价已发生的经济活动的真实性、合法性和效益性，确认经营管理者的经济责任。目前，我国开展的大多数审计活动都属于事后审计的类型，如财务报表审计、基建工程竣工决算审计、经济责任审计等。

（六）按照审计是否定期进行分类

1.定期审计

定期审计是指审计机构按照预先规定的时间所进行的审计。实行定期审计，有利于审计工作的经常化和制度化。如根据我国有关法规规定，上市公司的年度财务报表每年都要定期接受注册会计师审计组织的审查鉴证。

2.不定期审计

不定期审计是指审计机构根据需要而临时安排的审计。

（七）按照审计实施时间与会计报告期关系分类

1.期中审计

期中审计是指在会计报告期间进行的审计。审查的重点是对被审计单位内部管理组织和会计处理事项进行检查和评价，以确定期末审查的种类和范围。由于审计是在会计报告期终结以前进行，可以及早发现问题并采取必要的措施，还可以减少期末审计的工作量，提高期末决算审计的工作效率。

2.期末审计

期末审计是指在会计报告期结束后进行的审计，它大多属于决算审计。主要是对财务报表和决算报表期末余额的公允性、真实性等作出评价。它可以利用期中审计的结果，来节省期末审计的工作量。

（八）按照审计是否通知被审计单位分类

1.预告审计

预告审计是指审计机构对被审计单位进行审计之前，就将审计的内容、目的、日期及要求等有关事项，预先以审计通知书的形式或签订业务约定书的形式通知被审计单位，使其提前做好接受审计的各项准备工作，然后再进行审计。这种审计节省了审计时间，有利于审计工作的顺利进行。它一般适用于财务审计和经济效益审计。

2.突击审计

突击审计是指审计机构对被审计单位进行审计之前，不将审计的有关事项预先通知被审计单位，而是在突然进驻被审计单位后立即进行的审计。其主要适用于保密性比较强的专案审计，如财务审计中的货币资金审计。其目的是为了防止被审计单位采取各种手段掩饰真相，以求取得真实的审计结果。

（九）按照审计是否考虑被审计单位意愿分类

1.强制审计

强制审计也称法定审计，是指审计机构根据国家法律规定而执行的审计。它不考虑被审计人的意愿，带有强制性。被审计单位必须依法接受审计，不得拒绝。如我国政府审计机关依据宪法和审计法的规定，对国务院各部门和地方各级政府、金融机构和企事业单位的财政财务收支进行的审计。

2.任意审计

任意审计也称非法定审计，是指被审计单位出于某种自身的需要，自愿要求审计机构对其进行的审计。它不具有法律的强制性。如被审计单位为了取得银行贷款，可以与注册会计师审计组织签订业务约定书，委托注册会计师对其财务报表进行审查鉴证，以取得银行对其还款能力的信任。

第三节　重要性

重要性概念的运用贯穿于整个审计过程。在计划和执行审计工作时，在评价识别出的错报对审计结论的影响，以及未更正错报对财务报表和审计意见的影响时，审计人员需要运用重要性概念。世界各国对重要性的认识基本一致，即以信息的错报或漏报可能对信息使用者作出决策产生的影响为重要性的确定标准，有影响即为重要。

一、重要性的内涵

（一）国家审计准则的规定

自2011年1月1日起施行的《中华人民共和国国家审计准则》第六十八条规定：审计人员应当运用职业判断，根据可能存在问题的性质、数额及其发生的具体环境，判断其重要性。第六十九条规定：审计人员判断重要性时，可以关注下列因素：（1）是否属于涉嫌犯罪的问题；（2）是否属于法律法规和政策禁止的问题；（3）是否属于故意行为所产生的问题；（4）可能存在问题涉及的数量或者金额；（5）是否涉及政策、体制或者机制的严重缺陷；（6）是否属于信息系统设计缺陷；（7）政府行政首长和相关领导机关及公众的关注程度；（8）需要关注的其他因素。第七十条规定：审计人员实施审计时，应当根据重要性判断的结果，重点关注被审计单位可能存在的重要问题。第七十一条规定：需要对财务报表发表审计意见的，审计人员可以参照中国注册会计师执业准则的有关规定确定和运用重要性。

但是，《中华人民共和国国家审计准则》并未给出具体的重要性的定义。

（二）内部审计准则的规定

自2014年1月1日起施行的中国内部审计准则《第1101号——内部审计基本准则》第

十一条规定：内部审计人员应当充分运用重要性原则，考虑差异或者缺陷的性质、数量等因素，合理确定重要性水平。《第2103号内部审计具体准则——审计证据》第七条规定：内部审计人员在获取审计证据时，首先应当考虑的基本因素是具体审计事项的重要性。内部审计人员应当从数量和性质两个方面判断审计事项的重要性，以作出获取审计证据的决策。

但是，中国内部审计准则并未给出具体的重要性的定义。

（三）注册会计师审计准则的规定

国际会计准则委员会对重要性的定义是："如果信息的错报或漏报会影响使用者根据财务报表采取的经济决策，信息就具有重要性。"美国财务会计准则委员会第2号公告对重要性的定义是："会计信息错报或漏报的严重程度，在特定环境下，足以改变或影响一个理性决策者依赖这些信息作出的判断。"《中国注册会计师审计准则第1101号——注册会计师的总体目标和审计工作的基本要求》第二十一条对重要性的定义是：如果合理预期某一错报（包括漏报）单独或连同其他错报可能影响财务报表使用者依据财务报表作出的经济决策，则该项错报通常被认为是重大的。错报是指某一财务报表项目的金额、分类、列报或披露，与按照适用的财务报告编制基础应当列示的金额、分类、列报或披露之间存在的差异；或根据注册会计师的判断，为使财务报表在所有重大方面实现公允反映，需要对金额、分类、列报或披露作出的必要调整。《中国注册会计师审计准则第1221号——计划和执行审计工作时的重要性》第三条规定：适用的会计准则和相关会计制度通常从编制和列报财务报表的方面定义重要性概念。重要性概念可从下列方面进行理解：（1）如果合理预期错报（包括漏报）单独或累计起来可能影响财务报表使用者依据财务报表作出的经济决策，则通常认为错报是重大的；（2）对重要性的判断是根据具体环境作出的，并受到错报的金额或性质的影响，或受到两者共同作用的影响；（3）判断某事项对使用者是否重大，是在考虑使用者整体对通用财务信息需求的基础上作出的，由于不同使用者对财务信息的需求可能差异很大，因此不考虑错报对个别使用者可能产生的影响。注册会计师对重要性的确定，属于职业判断，受注册会计师关于使用者对财务信息需求的认识的影响。

二、重要性的确定

在计划审计工作时，审计人员应当确定一个可接受的重要性水平，以发现在金额上重大的错报。审计人员在确定计划的重要性时，需要考虑对被审计单位及其环境的了解程度、审计目标、财务报表各项目的性质及其相互关系、财务报表项目的金额及其波动幅度。同时，还应当从数量和性质两个方面合理确定重要性。

（一）从数量方面考虑重要性

由于财务报表审计的目标是审计人员通过执行审计工作对财务报表发表审计意见。因此，审计人员应当考虑财务报表整体的重要性。只有这样，才能得出财务报表是否公允反映的结论。审计人员在制定总体审计策略时，应当确定财务报表整体的重要性。

确定多少错报会影响到财务报表使用者所作的决策，是审计人员运用职业判断的结果。这种判断会因为审计主体不同而有所不同。

【知识拓展 1-5】 注册会计师年度财务报表审计中如何从数量方面确定财务报表层次整体重要性？

在注册会计师进行的年度财务报表审计中，通常是先选定一个基准，再乘以某一百分比，作为财务报表整体的重要性。

在选择基准时，需要考虑的因素包括：

(1) 财务报表要素：如资产、负债、所有者权益、收入、费用和利润；

(2) 是否存在特定会计主体的财务报表使用者特别关注的项目，如为了评价财务业绩，使用者可能更关注利润、收入或净资产；

(3) 被审计单位的性质、所处的生命周期阶段以及所处行业和经济环境；

(4) 被审计单位的所有权结构和融资方式：比如，如果被审计单位仅通过债务而非权益进行融资，财务报表使用者可能更关注资产及资产的索偿权，而非被审计单位的收益；

(5) 基准的相对波动性，适当的基准取决于被审计单位的具体情况，包括各类报表收益（如税前利润、营业收入、毛利和费用总额），以及所有者权益或净资产。

实务中较为常用的基准见表 1-2：

表 1-2 **实务中较为常用的基准**

被审计单位的情况	可能选择的基准
1.企业的盈利水平保持稳定	经常性业务的税前利润
2.企业近年来经营状况大幅度波动，盈利和亏损交替发生，或者由正常盈利变为微利或微亏，或者本年度税前利润因情况变化而出现意外增加或减少	过去三到五年经常性业务的平均税前利润或亏损（取绝对值），或其他基准，例如营业收入
3.企业为新设企业，处于开办期，尚未开始经营，目前正在建造厂房及购买机器设备	总资产
4.企业处于新兴行业，目前侧重于抢占市场份额、扩大企业知名度和影响力	营业收入
5.为某开放式基金，致力于优化投资组合、提高基金净值、为基金持有人创造投资价值	净资产

在为选定的基准确定百分比时需要运用职业判断。百分比和选定的基准之间存在一定的联系，如经常性业务的税前利润对应的百分比通常比营业收入对应的百分比要高。例如，对以营利为目的的制造业企业，注册会计师可能认为经常性业务税前利润的5%是适当的；对非营利组织，注册会计师可能认为收入总额或费用总额的1%是适当的。百分比无论是高一些还是低一些，只要符合具体情况，都是适当的。

(二) 从性质方面考虑重要性

在某些情况下，金额相对较小的错报可能会对财务报表产生重大影响。例如，一项不重大的违法支付或者没有遵循某项法律规定，但该支付或违法行为可能导致一项重大的或有负债、重大的资产损失或者收入损失，就应认为该事项是重大的。

审计人员在判断错报的性质是否重要时，应该考虑的具体情况主要包括：对财务报表使用者需求的感知；获利能力趋势；因没有遵守贷款契约、合同约定、法规条款和法定的或常规的报告要求而产生错报的影响；计算管理层报酬的依据；由于错误或舞弊而使一些账户项目对损失的敏感性的影响；重大或有负债；通过一个账户处理大量的、复杂的和相同性质的个别交易；关联方交易；可能的违法行为、违约和利益冲突；财务报表项目的重要性、性质、复杂性和组成；可能包含了高度主观性的估计、分配或不确定性；管理层的偏见，管理层是否有动机将收益最大化或者最小化；管理层一直不愿意纠正已报告的与财务报告相关的内部控制的缺陷；与账户相关联的核算与报告的复杂性；自前一个会计期间以来账户特征发生的改变；等等。

（三）审计过程中修改重要性

由于存在下列原因，审计人员可能需要修改财务报表整体的重要性和特定类别的交易、账户余额或披露的一个或多个重要性水平：（1）审计过程中情况发生重大变化，比如决定处置被审计单位的一个重要组成部分；（2）获取新信息；（3）通过实施进一步审计程序，对被审计单位及其经营的了解发生变化。例如，审计人员在审计过程中发现，实际财务成果与最初确定财务报表整体重要性时使用的预期本期财务成果相比存在很大差异，则需要修改重要性。

三、评价审计过程中识别出的错报

错报是指某一财务报表项目的金额、分类、列报，与按照适用的财务报告编制基础应当列示的金额、分类、列报之间存在的差异；或根据审计人员的判断，为使财务报表在所有重大方面实现公允反映，需要对金额、分类、列报作出的必要调整。

审计人员在审计过程中识别出的错报包括事实错报、判断错报和推断错报。

事实错报是指某一财务报表项目的金额、分类、列报与客观事实不符。事实错报产生于被审计单位收集和处理数据的错误，对事实的忽略或误解，或故意舞弊行为。

判断错报是指由于审计人员认为管理层对会计估计作出不合理的判断，或不恰当地选择和运用会计政策而导致的差异。这类错报产生于两种情况：一是管理层和审计人员对会计估计值的判断差异；二是管理层和审计人员对选择和运用会计政策的判断差异，由于审计人员认为管理层选用会计政策造成错报，管理层却认为选用会计政策适当，导致出现判断差异。

推断错报是指审计人员在运用抽样审计方法时，对总体存在的错报作出的最佳估计数减去在测试中发现的已经识别的具体错报。例如，应收账款年末余额为2 000万元，注册会计师抽查10%的样本发现金额有100万元的高估，高估部分为账面金额的20%，据此注册会计师推断总体的错报金额为400万元（2 000×20%），那么上述100万元就是已识别的具体错报，其余300万元即推断错报。

审计人员在评价未更正错报是否重要时，不仅需要考虑每项错报对财务报表的单独影响，而且需要考虑所有错报对财务报表的累积影响及其形成原因，尤其是一些金额较小的错报，虽然单个看起来并不重大，但是其累计数却可能对财务报表产生重大的影响。

第四节　审计风险

一、审计风险的含义

审计风险是指被审计单位财务收支存在重大错报时审计人员得出不恰当的审计结论或者发表不恰当审计意见的可能性。在现代风险导向审计模式下，审计风险越来越受到重视。

自2011年1月1日起施行的《中华人民共和国国家审计准则》第一条就提出，为了规范和指导审计机关和审计人员执行审计业务的行为，保证审计质量，防范审计风险，发挥审计保障国家经济和社会健康运行的"免疫系统"功能，根据《中华人民共和国审计法》、《中华人民共和国审计法实施条例》和其他有关法律法规，制定本准则。

自2014年1月1日起施行的中国内部审计准则《第2103号内部审计具体准则——审计证据》第七条规定：内部审计人员在获取审计证据时，应当考虑下列基本因素：（一）……（二）可以接受的审计风险水平。证据的充分性与审计风险水平密切相关。可以接受的审计风险水平越低，所需证据的数量越多。

自2012年1月1日起施行的《中国注册会计师审计准则第1101号——注册会计师的总体目标和审计工作的基本要求》第十三条规定：审计风险，是指当财务报表存在重大错报时，注册会计师发表不恰当审计意见的可能性。审计风险取决于重大错报风险和检查风险。

二、审计风险模型

审计风险用模型表示为：

审计风险=重大错报风险×检查风险

(一) 重大错报风险

重大错报风险，是指财务报表在审计前存在重大错报的可能性。该风险是被审计单位自身存在而审计人员所无法控制的风险，审计人员只能实施风险评估程序恰当评估这一风险，并根据评估结果采取相应的措施予以应对。这一风险可能是因为被审计单位的性质、行业状况、外界环境以及经营风险的影响，也可能是被审计单位的内部控制无法有效的防止或发现并纠正错报。

可能导致被审计单位存在重大错报风险的主要事项包括：重要客户的流失；融资能力受到限制；开发新产品或进入新领域；关键人员变动；应用新颁布的会计准则或相关会计制度；等等。

重大错报风险分为两个层次，即：财务报表层次的重大错报风险和认定层次的重大错报风险。审计人员应当从这两个层次来考虑重大错报风险。财务报表层次的重大错报风险与财务报表整体存在广泛联系，可能影响多项认定，这一层次的风险通常与控制环境有关，比如：被审计单位管理层缺乏诚信、治理层对管理层的监督不力等导致的舞弊而引起的特别风险。对认定层次的重大错报风险，注册会计师也应当予以考虑，因为这一层次的风险通常与某项认定相关。认定层次的重大错报风险由固有风险和控制风险两个部分组成。

固有风险是指在考虑相关的内部控制之前，某类交易、账户余额或披露的某一认定易发生错报（该错报单独或连同其他错报可能是重大的）的可能性。某些类别的交易、账户余额和披露的固有风险较高。例如，复杂的计算比简单计算更可能出错；受重大计量不确定性影响的会计估计发生错报的可能性较大。

控制风险是指某类交易、账户余额或披露的某一认定发生错报，该错报单独或连同其他错报是重大的，但没有被内部控制及时防止或发现并纠正的可能性。控制风险取决于与财务报表编制有关的内部控制的设计和运行的有效性。由于内部控制存在着固有局限性，某种程度的控制风险始终存在。

（二）检查风险

检查风险是指如果存在某一错报，该错报单独或连同其他错报可能是重大的，审计人员为将审计风险降至可接受的低水平而实施程序后没有发现这种错报的风险。检查风险取决于审计程序设计的合理性和执行的有效性。

产生检查风险的原因主要有：设计的审计程序不合适；获取的审计证据不能满足充分性和适当性的要求；审计程序的实施无效率；审计职业判断不恰当等。

（三）重大错报风险和检查风险的关系

重大错报风险和检查风险的相互关系可以从定量和定性两个方面进行考虑：

1.从定量的角度看

根据上述审计风险模型，在既定的审计风险水平下，检查风险的计算如下：

检查风险=审计风险÷重大错报风险

尽管用某个数字来准确的计量风险是不可能的，但是为了便于理解，这里仍以数字举例。

例如，注册会计师张某在对某公司财务报表进行审计时确定可接受的审计风险为5%，根据他对被审计单位及其环境的了解，评估的重大错报风险为70%。则他可接受的检查风险水平为：5%÷70%=7.14%。假如注册会计师张某评估的重大错报风险为80%，在可接受的审计风险为5%不变的情况下，可接受的检查风险水平为：5%÷80%=6.25%。

从该案例可以看出，检查风险随着审计风险和重大错报风险的改变而改变。

2.从定性的角度看

重大错报风险与被审计单位的控制环境有关，是审计人员不能控制的一种风险。但是，审计人员可以对重大错报风险进行评估，并根据可接受的审计风险水平和重大错报风险的评估结果，确定可接受的检查风险水平。在既定的审计风险水平下，可接受的检查风险水平与重大错报风险的评估结果成反方向变动关系，即：评估的重大错报风险越高，可接受的检查风险水平越低；评估的重大错报风险越低，可接受的检查风险水平越高。

当审计人员把可接受的审计风险水平确定的较低时，意味着审计人员希望有更大的把握相信财务报表不存在重大错报，为此需要更广泛地搜集证据，配备更有经验的人员，以及更广泛地复核审计工作底稿。

（四）评估审计风险的程序

审计人员实施的风险评估程序主要包括：询问被审计单位管理层和内部其他相关人

员、分析程序、观察和检查、其他信息来源和审计程序。

1.询问被审计单位管理层和内部其他相关人员

询问被审计单位管理层和内部其他相关人员是审计人员了解被审计单位及其环境的一个重要的程序和重要信息来源。审计人员主要了解被审计单位管理层所关注的问题、财务报表所反映出的财务状况、经营成果和现金流量、被审计单位重大变化以及可能会影响财务报表的交易事项询问不同层次员工，以便从不同视角获取、识别与重大错报风险有关的信息。

2.分析程序

分析程序是指审计人员通过研究数据之间的内在联系，发现与预期数据有严重偏离、较大波动和异常数据关系的调查和分析，对财务信息作出评价的程序。审计人员实施分析程序有助于识别异常的交易或事项以及对财务报表和审计产生影响的金额、比率和趋势，确定重点审计领域和事项，以较低的成本实现审计目标。

审计人员应当预期各种数据之间可能存在的合理关系，并与被审计单位记录的金额、依据记录金额计算的比率或趋势相比较。通过比较分析本期数与上期数、与同行业标准之间的差异，如果差异较大，则应在识别重大错报风险时考虑这些因素。

3.观察和检查

观察和检查程序可以印证对管理层和其他相关人员的询问结果，并可提供有关被审计单位及其环境的信息。它主要包括五个方面：观察被审计单位的生产经营活动；检查有关书面文件和记录；阅读编制的相关报告；现场访问和实地查看被审计单位的经营场所和设备物资；追踪交易在财务报告信息系统中的处理过程。

4.其他信息来源和审计程序

审计人员除了可以向企业内部了解信息，还可以从被审计单位外部获取信息，有助于识别重大错报风险。例如，可以询问被审计单位聘请的外部法律顾问和投资顾问，可以关注政府部门或民间组织发布的行业报告和统计数据等。

本章小结

审计是一种经济监督、经济鉴证和经济评价的活动。审计假设包括审计必要性假设、审计可验证假设、审计可信赖假设、无反证判定合理假设、内控制度有效性与局限性假设、审计责任假设。审计对象包括下列两个方面的内容：一是被审计单位的财政、财务收支及其有关的经营管理活动；二是被审计单位的各种作为提供财政、财务收支及其有关经营管理活动信息载体的会计资料和其他资料。我国注册会计师审计的总目标是对财务报表的合法性、公允性发表审计意见。重要性概念的运用贯穿于整个审计过程，重要性的确定需要审计人员的职业判断。审计风险是指被审计单位财务收支存在重大错报时审计人员得出不恰当的审计结论或者发表不恰当审计意见的可能性。

本章主题词

审计　审计职能　审计假设　审计目标　重要性　审计风险

复习思考题

1.审计具有哪些职能？

2.如何理解审计假设？

3.如何理解注册会计师的审计目标？

4.在注册会计师年度财务报表审计中如何确定重要性？

5.如何理解审计风险模型？

案例讨论

根据《中华人民共和国审计法》的规定，2015年1月至3月，审计署对财政部2014年度预算执行情况和其他财政收支情况进行了审计，重点审计了财政部本级和所属机关服务中心、干部教育中心、中国注册会计师协会等11个单位，并对有关事项进行了延伸审计。审计中发现的主要问题如下：

一、预算执行中存在的主要问题

1.2014年，财政部为所属2家经费自理事业单位安排基本支出人员经费预算129.34万元。

2.2014年，所属信息网络中心未经批准，自行调剂事业运行经费预算15.65万元用于职工购房补贴，调剂公用经费预算248.27万元用于人员经费；所属会计资格评价中心未经批准，调剂公用经费预算42.50万元，用于增编而增加的人员经费。

3.2014年，所属中国注册会计师协会未经批准采用单一来源采购方式，自行确定中国注册会计师考试评卷工作承担单位，支付合同价款796万元。

4.“三公”经费管理方面存在的问题。

（1）2014年，财政部本级和所属中国注册会计师协会一行6人赴意大利参加国际会议，其中财政部1名参会人员6.24万元的出国费由中国注册会计师协会承担。

（2）2014年9月，所属中国注册会计师协会派2人赴意大利罗马参加国际会议，参会人员绕道3个国家的4个城市且超期停留5天；派2人赴美国纽约参加国际会议，其中1名参会人员绕道华盛顿且超期停留4天。

（3）财政部本级公务用车由所属机关服务中心代管，该中心未对公车运行维护费实行单车核算，财政部本级也未据实结算，2014年按年初预算支付给该中心371.57万元。

5.2014年3月，财政部有关司局委托干部教育中心承办会议，并由该中心承担会议费8.53万元。

6.2013年至2014年，所属干部教育中心在6个培训班尚未举办的情况下，虚列培训费129.39万元，其中2014年85.05万元。

此外，所属信息网络中心3个项目的项目申报文本中未说明政府采购明细预算，涉及金额5 520万元。

二、其他财政收支中存在的主要问题

1.2012年至2014年，所属中国注册会计师协会从2家出版社取得稿酬现金收入447.19万元（其中2014年154.47万元），未纳入法定账簿核算，主要用于支付稿酬和向协会工作人员发放劳务费、审稿稿酬等，至2015年3月底，余额11.54万元。

2.2014年，所属信息网络中心自行开发的信息系统和购置的硬件设备未纳入资产管理，涉及金额175.10万元。

3.2014年，所属机关服务中心未按规定上缴代财政部收取的房屋出租收入262.55万元，从中坐支医药费14.15万元。

4.2012年至2014年，所属机关服务中心将收到的北京德宝会议中心承包费及按照合同约定返还承包单位维修改造费在往来科目中核算，造成少计收入990万元、少计支出600万元，其中2014年少计收入330万元、少计支出200万元。

5.2014年，所属北京国家会计学院、上海国家会计学院和厦门国家会计学院等3家单位在尚未取得收费许可证的情况下，收取研究生学费等共计912.68万元。

6.2013年，所属中国财政经济出版社未经集体决策，将93.71平方米办公用房无偿提供给其下属企业使用。

资料来源：中华人民共和国审计署网站http://www.audit.gov.cn/n5/n25/c67488/content.html.

要求：请根据你的理解，对上述问题提出审计处理和整改建议。

第二章　审计组织与审计人员

【学习目标】

知识目标：了解审计组织的种类；掌握我国审计组织体系构成；掌握我国审计机关设置的特点及我国审计机关的职责和权限；掌握会计师事务所的组织形式、组织结构和业务范围。

能力目标：通过学习，熟悉我国审计组织体系，掌握作为一个审计人员应该具备的基本条件。

【引导案例】

案例一 杭州“房叔”落马记

受贿1.24亿元，贪污1 053万元，杭州市房管局原副局长张新——一名副处级干部，因疯狂敛财博得杭州“房叔”的大名。2014年9月，杭州市中级人民法院以滥用职权罪、受贿罪、贪污罪依法判处张新死刑，缓期两年执行，这起小官巨贪的案件终于尘埃落定。或许，在正义之锤敲响的那一刻，张新还是无法相信，自己监守自盗、精心谋划的“饕餮盛宴”，竟然毁于一次例行的审计。2010年10月，审计署组织对18个省（市）的财政收支情况进行审计。根据安排，由长沙特派办负责对浙江省杭州市2010年政府投资保障性住房情况进行审计……

资料来源：洪克非.杭州“房叔”落马记［EB/OL］.［2015-08-17］. http://www.audit.gov.cn/n815/c73938/content.html.

这一案例表明：国家审计机关组织的各种审计活动是惩治腐败的利器，国家审计机关的地位和作用十分重要。

案例二 安达信，一个CPA帝国的覆灭

安达信公司（Arthur Andersen）成立于1913年，由美国芝加哥大学教授阿瑟·安达信先生创建，自成立以来，一直以其稳健诚信的形象被公认为同行业中的“最佳精英”。1987年以来，安达信不仅主营业务收入增长很快，而且不断拓展新的业务领域，在保持传统的审计和税务咨询业务的基础上，安达信还将其公司重新定位，开拓出企业财务、电子商务、人力资源服务、法律服务、风险咨询等业务。到2001年，安达信在全球84个国家和地区拥有4 700名合伙人、85 000名员工，业务收入高达93亿美元。安然公司成立于1985年，是由美国休斯敦天然气公司和北方内陆天然气（Inter North）公司合并而成，从名不见经传的一家普通天然气经销商，逐步发展成为世界上最大的天然气采购商和出售商，世界最大的电力交易商，世界领先的能源批发做市商，世界最大的电子商务交易平台，一步一个高潮，步步走向辉煌。从安然成立时起，安达信就开始担任安然公司的外部审计工作。2001年10月16日，安然公司公布第三季度的财务状况，宣布公司亏损总计达到6.18亿美元。这一消息传出，立刻引起美国资本市场的巨大动荡，媒体和公众将讨伐的目光对准负责对安然公司提供审计和咨询服务的安达信公司。2002年10月16日，美国休斯敦联邦地区法院对安达信妨碍司法调查作出判决，罚款50万美元，并禁止它在5年内从事业务。此后，2 000多家上市公司客户陆续离开安达信。同时，安达信关闭了全国各地绝大多数办事处，员工人数也从2.8万人下降到不足2 000人。

资料来源：佚名.安然事件及其启示［EB/OL］.［2018-01-02］. http://www.cicpa.org.cn/news/newsaffix/2234_200313_13.htm.

这一案例表明：社会审计组织如果不具备专业性和独立性，不遵守审计准则和职业道德，不论规模多大，都逃不掉倒闭的命运。

审计组织是指为了实现一定的审计目标而设置的专门机构和专职人员，并且被赋予了相应的职责和权限。审计组织体系是指由多个互相联系和制约的审计组织构成的一个有机整体。世界上大多数国家和地区先后建立了适应本国和本地区特点的审计组织体系，完善的审计组织体系是由国家审计机关、内部审计机构和注册会计师审计组织所共同构成的。我国的审计组织体系也是由国家审计机关、内部审计机构和注册会计师审计组织三种类型的审计组织构成，这三种审计主体在不同领域发挥着各自不同的重要作用，共同构成我国的审计组织体系。

第一节　国家审计机关

一、国家审计机关的组织形式

国家审计机关是代表国家行使审计监督权的行政机关。国家审计组织主要是通过对财政关系的监督，维护国家财政分配关系正常进行。目前，世界上已有160多个国家设置了适应各自国情的国家审计机关。由于各国政治、经济制度的不同，国家审计机关的隶属关系和地位也有很大差别。国家审计机关的组织形式主要分为以下四种：

(一) 立法型

立法型是指国家审计机关隶属于立法机构，向立法机构负责并报告工作。英国是最早建立这种“立法模式”的国家。现在的英国国家审计署隶属于议会，对议会负责。审计机关的主要职责是批准国家财政和信贷两项基金的预算开支，检查国家各部取得的财政拨款是否超过预算，审查企业贷款和国家银行报告的有关账目，兼有会计和审计双重职责。美国的会计总署则隶属于国会，受国会领导，并向国会反映审计情况和提出建议，独立于行政之外，它的经费预算也是独立的，主要职责是审查联邦政府的财政财务收支及其经济效益，参与审计和会计的立法工作，也具有会计和审计的双重职能。这种类型的国家审计机关不受行政当局的控制和干涉，其地位较高，独立性强，权威性高，审计监督职能发挥得较好。

(二) 司法型

司法型是指国家审计机关建立在司法系统中，拥有一定的司法裁判权，对议会负责并报告工作。法国是最先采用这种模式的国家。1807年法国正式通过法令，决定新建具有司法性质的国家审计法院。审计法院是介于立法机关和行政机关之间的司法机构，它不归属司法部门，但拥有审计司法权。受法国的影响，西欧、南美和非洲一些原属于法国殖民地的国家，如希腊、阿尔及利亚等，先后按司法模式建立起国家审计制度。该类型审计机关的主要职责是：对审计对象的经济责任履行情况进行评审，以作为奖惩政府官员的依据，同时提供审查和追究当事人财务责任的服务。由于该类国家审计机关有司法处理权，可以直接对违反财经法纪和造成重大损失的案件进行审理和判决，审计人员也大多享有司法地位，所以具有很高的权威性。

（三）行政型

行政型是指国家审计机关隶属于政府行政部门，对内阁总理或首相负责，向政府、议会或国家元首报告工作。苏联是较早采用这种模式的国家。第二次世界大战后，东欧各国在苏联的影响下也建立了苏式国家审计制度。但后来有的东欧国家依照本国国情放弃或改变了这种模式，如南斯拉夫后来采用了立法模式。目前，某些北欧国家像瑞士和瑞典，其国家审计机关也设在行政系列中，具有行政模式的许多特征，但其审计工作又要向议会报告，在某种程度上成为议会执行检查职能的附属机关。我国国家审计也采用了行政模式。这种模式下国家审计机关的主要职责是：监督政府所属各级、各部门和各单位的财政、财务收支活动，评价其真实性、合法性，保证政府财经政策、法令、计划、预算的正常实施。国家审计机关除具有经济监督的职能以外，往往还兼负其他行政监督职能，审计监督具有广泛性和直接性，但其独立性往往受到一定的限制。

（四）独立型

独立型是指国家审计机关独立于立法权、司法权和行政权之外，只受法律的约束，只服从法律的规定，具有超然独立性。德国是独立型审计制度的最早实践者。德国的联邦审计法院与法国审计法院的区别在于：虽然德国国家审计人员与法国一样，享有司法地位，但并不直接拥有处理权和直接进行终审判决权，而只是采取批判态度，根据自己在审计过程中发现的问题和收集的资料，向立法部门提供信息，以等最后的裁决。日本的会计检察院也属于独立型的国家审计机关。它既不属于议会、内阁，也不属于司法，而是独立于内阁且与内阁平行。其主要职责是监督国家财政预决算的执行，并定期向国会报告工作。由于其地位独特，所以可以充分发挥审计监督职能。

二、我国的国家审计机关

我国的国家审计机关实行的是行政型组织形式，依据《中华人民共和国宪法》和《中华人民共和国审计法》建立，国务院和县级以上人民政府设立审计机关，代表国家行使审计权力，从事审计监督，以维护国家利益。

我国的国家审计机关分为最高审计机关和地方审计机关。我国的最高审计机关是审计署，组织领导全国的政府审计工作；县级以上地方政府设立审计机关，负责本行政区域内的审计工作；根据审计机关的工作需要，可以在其审计管辖范围内派出审计机构特派员，建立特派员办事处。此外，中国人民解放军系统也设置了审计机构。

根据1982年通过的《中华人民共和国宪法》第九十一条的规定，中华人民共和国审计署于1983年9月15日正式成立。审计署是国务院若干个组成部门之一，在国务院总理领导下工作，向国务院负责并报告工作。审计长是审计署的行政首长，是国务院组成人员。我国国家审计机关实行双重领导体制，即上级审计机关领导下级审计机关的审计业务，下级审计机关向本级政府和上级审计机关负责，但审计业务以上一级审计机关领导为主。

(一) 各级审计机关的主要任务

地方各级审计机关的主要任务，是对下列单位的财政、财务收支（包括外汇收支），进行审计监督：

1.本级人民政府各部门和下级人民政府。

2.国家金融机构。

国家金融机构是指国家设立的下列机构：（1）中国人民银行及其分支机构；（2）国家专业银行及其分支机构；（3）中国人民保险公司及其分支机构；（4）信托投资公司；（5）经中国人民银行批准设立的其他有国家资产的金融组织。

3.全民所有制企业、事业单位和基本建设单位。

4.国家给予财政拨款或者补贴的其他单位，包括有关的机关、团体和部队等。

5.有国家资产的中外合资经营企业、中外合作经营企业、国内联营企业和其他企业。

“国家资产”是指国家直接管理或者授权部门、企业事业单位和其他单位管理和使用的属于全民所有的资金、财产及其所取得的属于全民所有的收益。“其他企业”是指有国家资产的其他非全民所有制企业。对有国家资产的中外合资经营企业、中外合作经营企业审计监督的具体办法，国家另有规定。

6.国家法律、法规规定应当进行审计监督的其他单位，包括地方性法规、规章规定应当进行审计监督的单位。

【小思考2-1】政府审计的行为性质是什么？

【同步案例2-1】河南省委原常委、洛阳市委书记陈雪枫涉嫌违规操作造成国有权益损失问题

经审计发现，自2005年以来，陈雪枫在担任国有企业负责人期间，涉嫌在企业增资扩股中违规操作，造成国有权益损失。2014年，审计署将此线索移送中央纪委调查。2016年6月，中央纪委、监察部经进一步调查，给予陈雪枫开除党籍、开除公职处分，收缴其违纪所得。2017年5月，湖北省荆州市中级人民法院以贪污罪、受贿罪、国有公司人员滥用职权罪，判处陈雪枫无期徒刑，剥夺政治权利终身，并处没收个人全部财产；对受贿、贪污所得财物予以追缴。

资料来源：中华人民共和国审计署网站.

思考：如果被审计责任人履行经济责任过程中存在问题，应承担哪几种责任？

解答：被审计责任人履行经济责任过程中存在问题，应承担直接责任、主管责任、领导责任三种责任。

直接责任是指领导干部对履行经济责任过程中的下列行为应当承担的责任：

（1）直接违反法律法规、国家有关规定和单位内部管理规定的行为；

（2）授意、指使、强令、纵容、包庇下属人员违反法律法规、国家有关规定和单位内部管理规定的行为；

（3）未经民主决策、相关会议讨论而直接决定、批准、组织实施重大经济事项，并造成重大经济损失浪费、国有资产（资金、资源）流失等严重后果的行为；

（4）主持相关会议讨论或者以其他方式研究，但是在多数人不同意的情况下直接决定、批准、组织实施重大经济事项，由于决策不当或者决策失误造成重大经济损失浪费、国有资产（资金、资源）流失等严重后果的行为；

（5）其他应当承担直接责任的行为。

主管责任，是指领导干部对履行经济责任过程中的下列行为应当承担的责任：

（1）除直接责任外，领导干部对其直接分管的工作不履行或者不正确履行经济责任的行为；

（2）主持相关会议讨论或者以其他方式研究，并且在多数人同意的情况下决定、批准、组织实施重大经济事项，由于决策不当或者决策失误造成重大经济损失浪费、国有资产（资金、资源）流失等严重后果的行为。

领导责任，是指除直接责任和主管责任外，领导干部对其不履行或者不正确履行经济责任的其他行为应当承担的责任。

（二）审计署的主要职责

1.主管全国审计工作。

负责对国家财政收支和法律法规规定属于审计监督范围的财务收支的真实、合法和效益进行审计监督，维护国家财政经济秩序，提高财政资金使用效益，促进廉政建设，保障国民经济和社会健康发展。对审计、专项审计调查和核查社会审计机构相关审计报告的结果承担责任，并负有督促被审计单位整改的责任。

2.起草审计法律法规草案，拟订审计政策，制定审计规章、审计准则和指南并监督执行。

制定并组织实施审计工作发展规划和专业领域审计工作规划，制订并组织实施年度审计计划。参与起草财政经济及其相关的法律法规草案。对直接审计、调查和核查的事项依法进行审计评价，作出审计决定或提出审计建议。

3.向国务院总理提出年度中央预算执行和其他财政收支情况的审计结果报告。

受国务院委托向全国人大常委会提出中央预算执行和其他财政收支情况的审计工作报告、审计发现问题的纠正和处理结果报告。向国务院报告对其他事项的审计和专项审计调查情况及结果。依法向社会公布审计结果。向国务院有关部门和省级人民政府通报审计情况和审计结果。

4.直接审计下列事项，出具审计报告，在法定职权范围内作出审计决定或向有关主管机关提出处理处罚的建议。

（1）中央预算执行情况和其他财政收支，中央各部门（含直属单位）预算的执行情况、决算和其他财政收支。

（2）省级人民政府预算的执行情况、决算和其他财政收支，中央财政转移支付资金。

（3）使用中央财政资金的事业单位和社会团体的财务收支。

（4）中央投资和以中央投资为主的建设项目的预算执行情况和决算。

（5）中国人民银行、国家外汇管理局的财务收支，中央国有企业和金融机构、国务院规定的中央国有资本占控股或主导地位的企业和金融机构的资产、负债和损益。

（6）国务院部门、省级人民政府管理和其他单位受国务院及其部门委托管理的社会保障基金、社会捐赠资金及其他有关基金、资金的财务收支。

（7）国际组织和外国政府援助、贷款项目的财务收支。

（8）法律、行政法规规定应由审计署审计的其他事项。

5.按规定对省部级领导干部及依法属于审计署审计监督对象的其他单位主要负责人实施经济责任审计。

6.组织实施对国家财经法律、法规、规章、政策和宏观调控措施执行情况，财政预算管理或国有资产管理使用等与国家财政收支有关的特定事项进行专项审计调查。

7.依法检查审计决定执行情况，督促纠正和处理审计发现的问题，依法办理被审计单位对审计决定提请行政复议、行政诉讼或国务院裁决中的有关事项。协助配合有关部门查处相关重大案件。

8.指导和监督内部审计工作，核查社会审计机构对依法属于审计监督对象的单位出具的相关审计报告。

9.与省级人民政府共同领导省级审计机关。

依法领导和监督地方审计机关的业务，组织地方审计机关实施特定项目的专项审计或审计调查，纠正或责成纠正地方审计机关违反国家规定作出的审计决定。按照干部管理权限协管省级审计机关负责人。负责管理派驻地方的审计特派员办事处。

10.组织审计国家驻外非经营性机构的财务收支，依法通过适当方式组织审计中央国有企业和金融机构的境外资产、负债和损益。

11.组织开展审计领域的国际交流与合作，指导和推广信息技术在审计领域的应用，组织建设国家审计信息系统。

12.承办国务院交办的其他事项。

【同步案例2-2】 **广东省经济和信息化委员会产业发展处原副处长景修元等人涉嫌弄虚作假骗取中央财政补助资金问题**

经审计发现，2013年至2014年，景修元涉嫌伙同东莞市长安镇经济科技信息局产业技术股原股长黄新征及民营业主陈伟滨等人，通过伪造资料等方式骗取私分中央财政关闭小企业补助资金1 200多万元。2015年6月，审计署将此线索移送广东省人民检察院调查。2016年7月，广东省高级人民法院以贪污罪分别判处黄新征有期徒刑13年、景修元有期徒刑10年6个月、陈伟滨有期徒刑3年（缓刑3年），对3人并处没收个人财产660万元、罚金20万元。

资料来源：中华人民共和国审计署网站.

思考：关于党政领导干部贪污腐败问题，审计署的责任是什么？

解答：审计署负责对国家财政收支和法律法规规定属于审计监督范围的财务收支的真实、合法和效益进行审计监督，维护国家财政经济秩序，提高财政资金使用效益，促进廉政建设，保障国民经济和社会健康发展。对审计、专项审计调查和核查社会审计机构相关审计报告的结果承担责任，并负有督促被审计单位整改的责任。审计署将审计发现的党政领导干部贪污腐败问题移送人民检察院调查。人民检察院依法对国家工作人员的贪污、贿赂、挪用公款等职务犯罪进行立案侦查等工作。

【知识拓展2-1】 国家审计机关有哪些权限?

为了保证审计机关能够顺利地履行其职责，《中华人民共和国审计法》赋予了审计机关相应的权限，这些权限主要有：

1. 审计机关有权要求被审计单位按照规定报送预算或者财务收支计划、预算执行情况、决算、财务报告，社会审计机构出具的审计报告，以及其他与财政收支或者财务收支有关的资料，被审计单位不得拒绝、拖延、谎报。

2. 审计机关进行审计时，有权检查被审计单位的会计凭证、会计账簿、会计报表以及其他与财政收支或者财务收支有关的资料和资产，被审计单位不得拒绝。

3. 审计机关进行审计时，有权就审计事项的有关问题向有关单位和个人进行调查，并取得有关证明材料。有关单位和个人应当支持、协助审计机关工作，如实向审计机关反映情况，提供有关证明材料。

4. 审计机关进行审计时，被审计单位不得转移、隐匿、篡改、毁弃会计凭证、会计账簿、会计报表以及其他与财政收支或者财务收支有关的资料，也不得转移、隐匿所持有的违反国家规定取得的资产。审计机关对被审计单位正在进行的违反国家规定的财政收支、财务收支行为，有权予以制止；制止无效的，经县级以上审计机关负责人批准，通知财政部门和有关主管部门暂停拨付与违反国家规定的财政收支、财务收支行为直接有关的款项，已经拨付的，暂停使用。采取该项措施不得影响被审计单位合法的业务活动和生产经营活动。

5. 审计机关认为被审计单位所执行的上级主管部门有关财政收支、财务收支的规定与法律、行政法规相抵触的，应当建议有关主管部门纠正、有关主管部门不予纠正的，审计机关应当提请有权处理的机关依法处理。

6. 审计机关可以向政府有关部门通报或者向社会公布审计结果。审计机关通报或者公布、审计结果，应当依法保守国家秘密和被审计单位的商业秘密，遵守国务院的有关规定。

【小思考2-2】政府审计对发现问题的处理方式是什么？有没有直接处罚的权限？

三、我国国家审计机关的审计人员

(一) 国家审计机关的审计人员的范围

国家审计人员是指审计机关中接受国家委托，依法行使审计监督权，从事审计事务的人员，也就是审计“公务员”。国家审计人员专指在中央审计机关、地方审计机关和派出审计机构中工作的人员，不包括在其他行政机关、国家权力机关、审判机关、检察机关中的工作人员，也不包括在内部审计机构、社会审计组织中工作的人员。国家审计人员本质上是代表国家行使审计监督权，从事审计工作的人员。国家审计人员接受国家委托，以审计机关的名义，代表国家行使审计监督权。其行为产生的法律后果，都归属于审计机关。

国家审计人员包括国家审计署的审计长、副审计长，地方各级审计厅、局的厅长、局长，各级审计机关的领导人员和非领导职务的一般工作人员。

（二）国家审计人员的任免

按照我国相关法律及其规定，国家审计署实行审计长负责制，审计长是国务院的组成人员，由国务院总理提名，全国人民代表大会决定人选，国家主席任免，审计长可以连任，全国人民代表大会有权罢免审计长；根据中华人民共和国《国务院组织法》和国务院的有关规定，副审计长协助审计长的工作，并对审计长负责，副审计长的任免由国务院决定；地方各级审计机关领导人员，是本级人民政府的组成人员，由本级人民代表大会决定任免；国家审计工作人员属于国家公务员编制，其聘用按照国家对公务员聘用的有关规定进行。我国国家审计工作人员的职称有审计员、助理审计师、审计师、高级审计师。高级审计师采取考评结合的方式评定，审计师和助理审计师采取考试的方式评定。

国家审计机关的审计人员在实施审计监督过程中，行使职权受法律保护，任何组织或个人不得拒绝、阻碍审计人员依法执行公务；不得打击报复审计人员；审计机关应支持审计人员依法行使职权，审计人员在行使职权时应遵纪守法。

《中华人民共和国审计法》第十五条规定："审计机关负责人没有违法失职或者其他不符合任职条件的情况的，不得随意撤换。"同时还规定了具体的罢免条件：违法犯罪，受到刑事处罚的；违法失职，受到行政处分，而且不再适宜担任审计机关负责人的；因健康原因，长期不能履行其职责的。根据国家有关规定，地方各级审计机关负责人的任免，应当事先征得上一级审计机关的意见。

除上述主要负责人以外的其他审计人员，由有关部门依据《国家公务员暂行条例》和其他法律规定的干部管理权限决定任免。

（三）国家审计人员的职业道德

我国国家审计机关的审计人员应遵守职业道德，审计署确定的国家审计人员职业道德包括：

1.坚持四项基本原则，全心全意为人民服务，忠于职守，克己奉公，勤奋工作；

2.努力学习、更新知识，具备与审计工作相适应的专业知识和业务能力；

3.遵守国家法律、法规，严格依法审计；

4.办理审计事项应当保持职业谨慎，做到客观公正、实事求是；

5.办理审计事项与被审计单位有利害关系时，应当回避；

6.对在执行职务中知悉的国家秘密和被审计单位的商业机密，应当保密；

7.遵守廉政勤政规定和审计工作纪律，廉洁自律；

8.谦虚谨慎，平等待人，树立良好的形象。

四、国家审计工作人员的职称和专业技术资格考试

由于国家审计是代表国家执行监督职能，因而，国家审计工作人员属于国家公务人员。我国国家审计工作人员的职称分为三种：即高级审计师、审计师和助理审计师。但是，有些国家在国家审计机构内不设置职称，只设置职务，或者规定国家审计人员需取得

注册会计师资格即可。这是因为，在大多数市场经济比较发达的国家中，注册会计师审计的理论及实务比较完善与成熟，资格考试要求及后续教育的措施均比较严格，只有具备相当审计业务能力的人才能通过考核。所以，以注册会计师资格机制来约束国家审计人员的素质，比国家审计机关自行设置一套考核方法来说，要经济和有效得多。

在我国，国家审计人员的职称是单独设置的，其级别就是高级审计师、审计师、助理审计师，均要求通过考试，考试全称为“全国审计专业技术资格考试”，考试均采用闭卷笔试，考试时间一般安排在每年10月中旬举行，由审计署和人事部共同负责。初、中级资格考试合格者，颁发省人社厅用印的《审计专业技术资格证书》；高级审计师资格考试合格者，颁发国家审计署用印的成绩合格证书。

全国审计专业技术资格考试的初、中级考试科目有两科，一是《审计专业相关知识》，主要内容包括：宏观经济学基础、企业财务管理、企业财务会计、法律；二是《审计理论与实务》，主要内容包括：审计理论与方法、企业财务审计。

全国审计专业技术资格考试的高级考试科目有两科：一是《经济理论与宏观经济政策》，主要内容包括：社会主义市场经济理论研究、金融理论研究、财政理论研究、财务会计和财务管理理论研究；二是《审计理论与审计案例分析》，主要内容包括：审计理论研究、审计技术方法。

第二节　内部审计机构

一、内部审计机构的组织形式

内部审计机构是指在部门、单位内部从事审计工作的机构。由于内部审计不像政府审计、注册会计师审计那样，具有一定的法律效力，因此，它们的组织形式就没有严格的规定，现实中有如下几种常见形式：

（一）董事会负责制

内部审计机构在其隶属关系上接受本单位董事会领导，或者接受董事会下设的审计委员会领导，这是内部审计机构设置的主要方式。内部审计机构在董事会的领导下开展工作，并且将审计的结果直接向董事会报告。由于内部审计机构不受行政负责人的制约，因而其独立性和权威性都较强，可以更好地开展工作。

（二）总经理负责制

内部审计机构在其隶属关系上接受本单位总经理的领导，这是又一种比较主要的内部审计机构的设置方式。内部审计机构根据单位最高管理人员的要求开展工作，并将审计的结果直接向总经理报告。在这种设置方式下，由于内部审计机构是企业管理层的一个组成部分，因此内部审计机构的工作有时会受到企业管理层的影响和制约，审计的独立性会受到一定程度的影响。

（三）财务总监负责制

目前许多企业设置财务总监的职务，全面主管企业的财务会计工作，相当于我国《总会计师条例》中规定的总会计师职务。内部审计机构隶属于财务总监的领导。在这种设置方式下，内部审计机构是财务总监领导下的一个部门，审计结果直接向财务总监报告。由于财务总监是直接负责企业财务会计工作的管理人员，其职权范围有限，内部审计机构接受他的领导，会导致审计的独立性较差，审计人员在进行全面审计或经济效益审计时，难于协调各职能部门之间的关系，不易取得各职能部门的配合与支持，审计难度较大，不利于发挥内部审计的作用。

二、内部审计机构的设置

2018年1月，为了适应近年来内部审计理论和实践的新变化，进一步加强内部审计工作，加强审计机关对内部审计工作的指导和监督，促进建立健全内部审计制度，推动内部审计工作的科学发展，审计署发布中华人民共和国审计署令第11号，《审计署关于内部审计工作的规定》自2018年3月1日起施行。

该规定要求：国家机关、事业单位、社会团体等单位的内部审计机构或者履行内部审计职责的内设机构，应当在本单位党组织、主要负责人的直接领导下开展内部审计工作，向其负责并报告工作。国有企业内部审计机构或者履行内部审计职责的内设机构应当在企业党组织、董事会（或者主要负责人）直接领导下开展内部审计工作，向其负责并报告工作。国有企业应当按照有关规定建立总审计师制度，总审计师协助党组织、董事会（或者主要负责人）管理内部审计工作。内部审计机构应当根据工作需要，合理配备内部审计人员。除涉密事项外，可以根据内部审计工作需要向社会购买审计服务，并对采用的审计结果负责。

【知识拓展2-2】内部审计的成效

据不完全统计，2014年我国内部审计机构共完成各类审计项目154万项，促进增收节支11 860亿元，建议给予行政处分6 008人，实际给予行政处分4 706人，向司法机关移送经济案件287起，移送处理的有关责任人员537人。截至2014年年底，我国建立内部审计机构近7万个，配备内部审计人员25万余人，较2013年年底均增长5%。

资料来源：任万顺.审计署正在积极修订内部审计工作相关规定[EB/OL].[2015-04-13].http://money.163.com/15/0413/07/AN2JN3AF00252G50.html.

三、内部审计机构的职责与权限

（一）内部审计机构的职责

1.对本单位及所属单位贯彻落实国家重大政策措施情况进行审计。

2.对本单位及所属单位发展规划、战略决策、重大措施以及年度业务计划执行情况进行审计。

3.对本单位及所属单位财政财务收支进行审计。

4.对本单位及所属单位固定资产投资项目进行审计。

5.对本单位及所属单位的自然资源资产管理和生态环境保护责任的履行情况进行审计。

6.对本单位及所属单位的境外机构、境外资产和境外经济活动进行审计。

7.对本单位及所属单位经济管理和效益情况进行审计。

8.对本单位及所属单位内部控制及风险管理情况进行审计。

9.对本单位内部管理的领导人员履行经济责任情况进行审计。

10.协助本单位主要负责人督促落实审计发现问题的整改工作。

11.对本单位所属单位的内部审计工作进行指导、监督和管理。

12.国家有关规定和本单位要求办理的其他事项。

（二）内部审计机构的权限

1.要求被审计单位按时报送发展规划、战略决策、重大措施、内部控制、风险管理、财政财务收支等有关资料（含相关电子数据，下同），以及必要的计算机技术文档。

2.参加单位有关会议，召开与审计事项有关的会议。

3.参与研究制定有关的规章制度，提出制定内部审计规章制度的建议。

4.检查有关财政财务收支、经济活动、内部控制、风险管理的资料、文件和现场勘察实物。

5.检查有关计算机系统及其电子数据和资料。

6.就审计事项中的有关问题，向有关单位和个人开展调查和询问，取得相关证明材料。

7.对正在进行的严重违法违规、严重损失浪费行为及时向单位主要负责人报告，经同意作出临时制止决定。

8.对可能转移、隐匿、篡改、毁弃会计凭证、会计账簿、会计报表以及与经济活动有关的资料，经批准，有权予以暂时封存。

9.提出纠正、处理违法违规行为的意见和改进管理、提高绩效的建议。

10.对违法违规和造成损失浪费的被审计单位和人员，给予通报批评或者提出追究责任的建议。

11.对严格遵守财经法规、经济效益显著、贡献突出的被审计单位和个人，可以向单位党组织、董事会（或者主要负责人）提出表彰建议。

【知识拓展2-3】 内部审计结果如何运用？

1.单位应当建立健全审计发现问题整改机制，明确被审计单位主要负责人为整改第一责任人。对审计发现的问题和提出的建议，被审计单位应当及时整改，并将整改结果书面告知内部审计机构。

2.单位对内部审计发现的典型性、普遍性、倾向性问题，应当及时分析研究，制定和完善相关管理制度，建立健全内部控制措施。

3.内部审计机构应当加强与内部纪检监察、巡视巡察、组织人事等其他内部监督力量的协作配合，建立信息共享、结果共用、重要事项共同实施、问题整改问责共同落实等工作机制。

4.内部审计结果及整改情况应当作为考核、任免、奖惩干部和相关决策的重要依据。

5.单位对内部审计发现的重大违纪违法问题线索，应当按照管辖权限依法依规及时移送纪检监察机关、司法机关。

6.审计机关在审计中，特别是在国家机关、事业单位和国有企业三级以下单位审计中，应当有效利用内部审计力量和成果。对内部审计发现且已经纠正的问题不再在审计报告中反映。

四、内部审计人员

（一）内部审计人员的专业素质

内部审计人员应当具备从事审计工作所需要的专业能力。单位应当严格内部审计人员录用标准，支持和保障内部审计机构通过多种途径开展继续教育，提高内部审计人员的职业胜任能力。

内部审计机构负责人应当具备审计、会计、经济、法律或者管理等工作背景。

（二）内部审计人员的职业道德

《第1201号内部审计具体准则——内部审计人员职业道德规范》规定了内部审计人员的从业规范，共7章21条，规定内部审计人员应该诚信正直，保持客观性，不得因偏见、利益冲突而影响职业判断；不断学习，时刻保持专业胜任能力；内部审计人员在社会交往中，应当履行保密义务，警惕非故意泄密的可能性。具体要求如下：

内部审计人员在实施内部审计业务时，应当诚实、守信、廉洁、正直，不应歪曲事实、隐瞒审计发现的问题，不得利用职权谋取私利。

内部审计人员应当遵循客观性原则，公正、不偏不倚地作出审计职业判断。

内部审计人员应当具备必需的专业胜任能力，并通过后续教育培训加以保持和提高。内部审计人员实行从业资格和审计专业技术资格制度，具体按照国家有关规定执行。

内部审计人员对于实施内部审计业务中所获取的国家秘密和被审计单位商业秘密应当履行保密义务。

（三）内部审计工作人员的职称和资格考试

国际注册内部审计师（CIA）是内部审计领域的专业资格，是内部审计职业国际范围的唯一认证。CIA需经考试取得，国际内部审计师协会（IIA）是全球考试的组织者。中国内部审计协会于1998年6月与国际内部审计师协会签署了在我国开展国际注册内部审计师资格考试的协议。我国在2004年5月1日起施行的《国际注册内部审计师资格考试办法》规定：中国内部审计协会负责全国国际注册内部审计师资格考试的组织领导和协调工作，负责与国际内部审计师协会的联系和协调工作，并向其报告考试工作情况。设考点的省、自治区和直辖市内部审计协会负责本考点的国际注册内部审计师资格考试的组织领导和协调工作。

考试每年一次，考试方式为分科闭卷笔试，考试科目为四部分。

第一部分：内部审计在治理、风险和控制中的作用。具体包括：遵守CIA的属性标准；以风险为基础制订审计计划，确定内部审计重点；理解内部审计在公司治理中的作用；执行其他内部审计任务和职责；治理、风险和控制的知识要点；策划审计业务。

第二部分：实施内部审计业务。具体包括：实施审计业务；实施具体审计业务；监督审计业务结果；舞弊知识要点；审计业务手段。

第三部分：经营分析和信息技术。具体包括：经营过程；财务会计与财务管理；管理会计；规章、法律和主要经济指标；信息技术。

第四部分：经营管理技术。具体包括：战略管理；管理技术；中国的经营环境；中国的内部审计环境。

第一部分、第二部分、第三部分由国际内部审计师协会命题，第四部分由中国内部审计协会命题，国际内部审计师协会统一阅卷。

考试取得单科成绩合格者，必须在取得成绩后的每2年内报考1次，以前通过科目的成绩继续有效，否则成绩作废。所有考试科目全部合格，并且具有2年（含2年）以上审计、会计工作及相关工作经历者，方可取得国际注册内部审计师证书。

第三节 社会审计组织

社会审计组织是指根据国家法律或条例规定，经政府有关主管部门审核批准，注册登记的会计师事务所。

一、会计师事务所的管理方式

会计师事务所是依法独立从事委托审计业务和咨询服务的社会中介机构。从各国对注册会计师审计组织的管理方式来看，会计师事务所主要有以下两种类型：

（一）行业自律型

行业自律型是指注册会计师审计组织不隶属于任何行政部门，而是由行业协会——注册会计师协会实行自律管理，政府较少干预。英国、美国是实行注册会计师审计组织行业自我管理的代表。目前实行自律型管理的国家还有加拿大、澳大利亚、新西兰、阿根廷、尼日利亚等。美国的注册会计师协会是全国性的注册会计师审计团体，它主要是通过制定审计准则、道德规范和行为守则，由各州贯彻执行以实现审计界的自我管理目标，同时，注册会计师协会还通过建立诸如“自我管理委员会”“注册会计师事务所部”“同业互查制度”等途径，改善自我管理的效果。美国注册会计师审计的行业自律，还须通过证券交易委员会及各州会计委员会等政府组织、相关规则、规定及法律来进行外部的约束。

(二) 政府干预型

政府干预型是指注册会计师审计组织在充分发挥注册会计师协会的自律管理的基础上，较大范围、较大程度上引入政府影响，接受国家政府行政部门的管理和监督。实行政府干预型管理体制的国家以德国、荷兰、日本最为典型。此外，法国、意大利、瑞典等欧洲大陆国家以及菲律宾、巴西等许多发展中国家也都实行这种体制。

【小思考 2-3】注册会计师制度产生的根源是什么?

二、会计师事务所的组织结构和业务范围

(一) 组织结构

注册会计师审计是在自愿的基础上进行的受托审计，其组织独立于政府和任何企业或经济组织以外，即既独立于财产所有者又独立于财产经营管理者，依法独立承办审计、会计、资产评估、管理和税务咨询等方面业务的社会中介机构。会计师事务所主要有独资、普通合伙、有限公司制和有限责任合伙制四种组织形式。

独资会计师事务所是由具有注册会计师执业资格的个人独立开办的，并要承担无限责任。

普通合伙制会计师事务所是由两位或两位以上注册会计师组成的合伙组织。合伙设立的会计师事务所的债务，由合伙人按照出资比例或者协议约定，以各自的财产承担责任。合伙人对会计师事务所的债务承担连带责任。

有限责任公司制会计师事务所是由注册会计师认购会计师事务所股份，并以其所认购股份对会计师事务所承担有限责任，事务所以其全部资产对其债务承担有限责任。

有限责任合伙制会计师事务所以全部资产对其债务承担有限责任，各合作伙伴对个人执业行为承担无限责任，也就是有过失的合伙人要对其执业行为承担无限责任，无过失的合伙人不必承担责任，又称作特殊普通合伙制。

我国目前规定只准设立有限责任会计师事务所和合伙会计师事务所，不准设立独资会计师事务所。

(二) 业务范围

目前，许多国家注册会计师审计业务涉及社会生活的各方面，包括审计服务、资产评估、管理咨询、税务服务以及会计服务，其中最主要的业务是财务报表审计。

1.审计服务

自注册会计师审计诞生以来，提供财务报表审计服务一直是注册会师的主要业务，非注册会计师没有资格承办。具体包括：审查企业财务报表、出具审计报告；办理企业合并、分立、清算事宜中的审计业务，出具相应审计报告；办理法律、行政法规规定的其他审计业务并出具相应的审计报告。

为了扩展市场，许多国家把目光投向了“可信性保证服务”。国际审计业务委员会于

2000年6月发布了《可信性保证约定国际准则》，为注册会计师从事可信性保证服务提供了总体框架。注册会计师发表意见的对象不仅包括历史财务报表和其他财务信息，还包括非财务信息、系统信息、行为等。

2.资产评估

资产评估是资产现时价值的评估，主要涉及存货和不动产的评价、企业兼并和合并等业务。资产评估业务是随着现代化企业制度的推行，企业股份制改革、资产重组、兼并、出售等涉及产权变动的经济活动日益增多，需要有独立的社会中介机构对资产价值进行评估而产生的。

3.管理咨询

管理咨询是注册会计师与非注册会计师激烈竞争的一个领域。管理咨询服务范围很广，主要包括对公司的治理结构、信息系统、预算管理、人力资源管理、财务会计、经营效率、效果和效益等提供诊断、专业意见和建议。

4.税务服务

税务服务包括税务代理和税务筹划。税务代理是注册会计师接受企业或个人委托，为其填制纳税申请表，办理纳税事项。注册会计师是税务代理的主力军。税务筹划是由于纳税义务发生的范围和时间不同，注册会计师从客户利益出发，代替纳税义务人设计可替代或不同结果的纳税方案。

5.会计服务

会计服务是小型事务所的主要业务，包括代理记账、编制会计报表、处理工资单等。

根据我国《注册会计师法》的规定，注册会计师可依法承办审计业务和会计咨询、会计服务业务。此外，注册会计师还可根据委托人的委托，从事审阅业务、其他鉴证业务和相关服务业务。

【同步案例2-3】小玻璃厂的大能耐

2015年年末，小宋参加了省委巡视组对某市某县的巡视工作。在对该县财政局巡视时，一份淘汰落后产能的专款补贴文件引起了小宋的警觉。一家民办玻璃厂淘汰落后产能，中央财政奖励资金金额两年高达1 200万元。根据小宋自己多年的工作经验，一般民营企业为了拉订单，对外宣传资产额很大，而实际规模都很小。这么一个小小的玻璃厂，国家怎么会补贴这么多钱呢？带着疑问，小宋想一探究竟。调阅的申报材料显示，该玻璃厂连续两年上报淘汰熔化量150吨/天平拉（格拉）生产线2座，淘汰落后产能140万重量箱和熔化量140吨/天平拉（格拉）生产线2座，淘汰落后产能120万重量箱生产线。

一个小玻璃厂有这样的生产能力吗？是不是存在虚报产能的问题？同时，某会计师事务所出具的专项审计报告显示，该企业2010年至2012年2月缴纳增值税款75万元，电费158万元，固定资产原值1 015万元，净值196万元。会计师事务所出具的报告资产、费用是不是真实的呢？这些疑点更让小宋对该企业的真实性产生了怀疑。

小宋从企业2013年、2014年淘汰落后产能中央财政奖励资金申报材料中发现，该玻璃厂近两年缴纳增值税发票的两次申报资料中，两个年度发票号码的位置与正规发票相比存在位置距离不一致的问题，显然是假发票。同时，缴纳的电费发票相邻两个月发票号码均相差50多。按照常理，一个供电所用电户至少达几千户以上，不可能两个月票号相距那么近。一个个破绽，让小宋更深信自己最初的判断。

带着这些疑点，小宋和同事专程到该县国税局、电力局调查取证，发现该玻璃厂提供的缴纳税款和电费发票全部为伪造票据。同时，他们从企业工商信息中查询到该企业于1998年成立，而企业提供的发票显示购置机械设备大部分在1995年至1996年，涉及金额达686万元。同时，购置机械设备发票全部为供货方自购的普通收据，而非税务发票，所购机械设备价值的真实性无法确认，显然是为虚增资产而伪造的假发票。

经实地查看和调查走访当地相关部门和群众了解到，该玻璃厂因经营不善，已在申报前停产多年。工厂的机械设备已报废，满目锈斑，已是一堆废铁。按照相关规定，企业申报前三年未经营，已不符合申报条件有关要求。

至此，该玻璃厂弄虚作假，虚报申报材料，重复申报2013年、2014年淘汰落后产能中央奖励资金问题浮出了水面。巡视组将涉嫌骗取中央财政奖补资金的企业与有关负责审核上报部门的人员失职渎职问题及时移送有关部门处理。同时，该会计师事务所出具虚假专项审计报告问题，也建议有关部门进行处理。

资料来源：中华人民共和国审计署网站.

思考：什么是虚假审计报告？此类审计报告的情形有哪些？

解答：会计师事务所违反法律法规、中国注册会计师协会依法拟定并经国务院财政部门批准后施行的执业准则和规则以及诚信公允的原则，出具的具有虚假记载、误导性陈述或者重大遗漏的审计业务报告，应认定为不实报告。注册会计师在审计业务活动中存在下列情形之一，出具不实报告并给利害关系人造成损失的，应当认定会计师事务所与被审计单位承担连带赔偿责任：(1) 与被审计单位恶意串通；(2) 明知被审计单位对重要事项的财务会计处理与国家有关规定相抵触，而不予指明；(3) 明知被审计单位的财务会计处理会直接损害利害关系人的利益，而予以隐瞒或者作不实报告；(4) 明知被审计单位的财务会计处理会导致利害关系人产生重大误解，而不予指明；(5) 明知被审计单位的会计报表的重要事项有不实的内容，而不予指明；(6) 被审计单位示意其作不实报告，而不予拒绝。

三、注册会计师

会计师事务所的合伙人和专业审计人员必须依法取得注册会计师资格。1993年颁布的《中华人民共和国注册会计师法》明确规定，我国实行注册会计师全国统一考试制度，会计师事务所是注册会计师的工作机构。注册会计师只有加入会计师事务所才能执业。注册会计师执行审计业务必须遵循其职业规范。

(一) 注册会计师的职业道德

自2010年7月1日起施行的《中国注册会计师职业道德守则第1号——职业道德基本原则》规定：注册会计师应当遵循诚信原则、客观和公正原则，在执行审计和审阅业务以及其他鉴证业务时保持独立性。注册会计师应当获取和保持专业胜任能力，保持应有的关注，勤勉尽责。注册会计师应当履行保密义务，对职业活动中获知的涉密信息保密。注册会计师应当维护职业声誉，树立良好的职业形象。

(二) 注册会计师的资格考试

为保证会计师事务所的工作质量，在政府干预之下，多数国家的注册会计师协会均制定了会计师事务所工作人员的专业能力要求，并给达到这一要求的工作人员赋予一定的职称。由于各国国情不同，会计师事务所中的审计从业人员的职称叫法也不同。一般说来，多数国家都把达到合格水平的审计从业人员称为注册会计师，或称为执业会计师、特许会计师等。尽管叫法不同，但其性质都是一致的，即他们都是达到了独立工作能力的专业审计人员。只有获得了这一职称，管理部门才允许他们开业或独立执业。

在成为能够独立执业的注册会计师之前，首先遇到的是资格审查。在大多数国家中，都要求申请人具备大专以上的学历，在通过了全部严格的考试与考核程序之后，才能获得注册会计师的资格。由于要控制质量，考试一次全部课程合格者并不很多。对于部分合格者，多数国家允许保留合格课程，只要以后一定年限内将其他课程补考合格，一样可获得注册会计师资格。在我国，保留合格课程的时间为5年，而英国为10年。同时多数国家还要求申请者必须在会计师事务所有一定的工作经历才能够获得注册会计师资格，短则1年，长则5年。只有同时具备了这些条件，并经宣誓自愿遵守职业道德守则之后，方可成为注册会计师。

我国于1991年实行了注册会计师全国统一考试制度。考试办法由财政部制定，中国注册会计师协会组织实施。《中华人民共和国注册会计师法》明确规定：具有高等专科以上学校毕业的学历，或者具有会计或者相关专业中级以上技术职称的中国公民，可以申请参加注册会计师全国统一考试；具有会计或者相关专业高级技术职称的人员，可以免予部分科目的考试。根据2014年4月23日发布的中华人民共和国财政部令第75号《财政部关于修改〈注册会计师全国统一考试办法〉的决定》，我国的注册会计师考试划分为两个阶段。第一阶段，即专业考试阶段，主要测试考生是否具备注册会计师执业所需的专业知识，是否掌握基本技能和职业道德要求。第二阶段，即综合阶段，主要测试考生是否具备在注册会计师执业环境中运用专业知识，保持职业价值观、职业态度与职业道德，有效解决实务问题的能力。考生在通过第一阶段的全部考试科目后，才能参加第二阶段的考试。两个阶段的考试，每年各举行1次。第一阶段设会计、审计、财务成本管理、公司战略与风险管理、经济法、税法6科。第二阶段为综合阶段考试，设职业能力综合测试科目，分成试卷一和试卷二（试卷一和试卷二各50分），考试题型为综合案例分析。第一阶段的单科合格成绩5年有效。对在连续5年内取得第一阶段6个科目合格成绩的考生，发放专业阶段合格证。第二阶段考试科目应在取得专业阶段合格证后完成，没有年限的限制。对取得第二阶段考试合格成绩的考生，发放全科合格证。

【知识拓展2-4】 中国注册会计师协会概况

中国注册会计师协会（以下简称“中注协”）成立于1988年11月，是在财政部党组领导下开展行业管理和服务的法定组织，依据《注册会计师法》和《社会团体登记管理条例》的有关规定设立，承担着《注册会计师法》赋予的职能和协会章程规定的职能。

中注协的主要职责是：（一）审批和管理本会会员，指导地方注册会计师协会办理注册会计师注册；（二）拟订注册会计师执业准则、规则，监督、检查实施情况；（三）组织对注册会计师的任职资格、注册会计师和会计师事务所的执业情况进行年度检查；（四）制定行业自律管理规范，对会员违反相关法律法规和行业管理规范的行为予以惩戒；（五）组织实施注册会计师全国统一考试；（六）组织、推动会员培训和行业人才建设工作；（七）组织业务交流，开展理论研究，提供技术支持；（八）开展注册会计师行业宣传；（九）协调行业内、外部关系，支持会员依法执业，维护会员合法权益；（十）代表中国注册会计师行业开展国际交往活动；（十一）指导地方注册会计师协会工作；（十二）承担法律、行政法规规定和国家机关委托或授权的其他有关工作。

中注协分别于1996年10月和1997年5月加入亚太会计师联合会（CAPA）和国际会计师联合会（IFAC），并与50多个境外会计师职业组织建立了友好合作和交往关系。

中注协最高权力机构为全国会员代表大会，全国会员代表大会选举产生理事会。理事会选举产生会长、副会长、常务理事会，理事会设若干专门委员会和专业委员会。常务理事会在理事会闭会期间行使理事会职权。协会下设秘书处，为其常设执行机构。

目前，理事会下设11个专门（专业）委员会。分别为战略与财务委员会、注册管理委员会、教育培训委员会、审计准则委员会、职业道德准则委员会、专业指导委员会、惩戒委员会、申诉委员会、法律援助与权益保护委员会、中小会计师事务所委员会、行业信息化委员会。

中注协秘书处设15个职能部门，包括：党委办公室（综合部）、考试部（财政部注册会计师考试委员会办公室）、注册部、继续教育部、专业标准与技术指导部、业务监管部、研究发展部、国际及港澳台事务部、行业党建工作部、统战群工部、期刊编辑部、信息技术部、人事部（纪委办公室）、财务部、服务部。

资料来源：中国注册会计师协会网站.

【小思考2-4】政府审计和注册会计师审计有何区别？

本章小结

国家审计机关是代表国家行使审计监督权的行政机关。国家审计机关的组织形式主要分为立法型、司法型、行政型、独立型。我国的国家审计机关分为最高审计机关和地方审计机关。国家审计人员包括国家审计署的审计长、副审计长，地方各级审计厅、局的厅长、局长，各级审计机关的领导人员和非领导职务的一般工作人员。内部审计机构是指在部门、单位内部从事审计工作的机构。现实中常见形式有董事会负责制、总经理负责制、财务总监负责制。会计师事务所是依法独立从事委托审计业务和咨询服务的社会中介机构。从各国对注册会计师审计组织的管理方式来看，会计师事务所主要有行业自律型和政府干预型。我国目前规定只准设立有限责任会计师事务所和合伙会计师事务所，不准设立独资会计师事务所，业务范围包括审计服务、资产评估、管理咨询、税务服务以及会计服务，其中最主要的业务是财务报表审计。会计师事务所的合伙人和专业审计人员必须依法取得注册会计师资格。国家审计人员、内部审计人员和注册会计师都需要满足一定条件才可以上岗操作，都要遵守职业道德。

本章主题词

国家审计机关　国家审计人员　内部审计机构　内部审计人员　会计师事务所　注册会计师

复习思考题

1.企业内部审计机构的主要职责是什么？
2.国家审计机关的设置分哪几种模式？
3.会计师事务所的组织形式有哪些形式？
4.我国会计师事务所的业务范围有什么？
5.我国国家审计机关的的主要职责是什么？

案例讨论

甲乙两位攻读审计学的大学生进行学术讨论，甲宣称：审计人员是领取了注册会计师证书的专家，并独立地对会计报表的合法性、公允性发表专家意见，为保持执行一切审计工作时的客观公正立场，会计师和委托单位的主管人员之间不宜交往过密。会计师要有礼貌，也要保持慎重和尊严。如果会计师与被审计单位相关人员交往过密，当发现重大错报漏报，欺诈证据时，就很难坚持独立的立场。乙听后则不以为然，认为甲的观点该更新了，会计师应该跟委托人处理好关系，这样才能更好地完成调查审计的任务，不仅不会影响独立性，甚至还可以介绍客户给事务所。

要求：请你依据审计人员的权利与义务对上述观点进行分析。

第三章　审计依据与审计准则

【学习目标】

知识目标：理解审计依据的含义、种类和特点；理解不同审计主体的审计准则基本架构与要求。

能力目标：重点要求学生理解并针对不同审计业务特点应用审计依据；理解并能够遵守不同审计主体的审计准则的要求。

【引导案例】

中天勤会计师事务所在银广夏事件中违反审计准则案例

在银广夏造假事件中，深圳中天勤会计师事务所及相关注册会计师违反审计准则的具体表现包括：

1. 注册会计师未能有效执行应收账款函证程序。如对于无法执行函证程序的应收账款，审计人员在运用替代程序时，未取得海关报关单、运单、提单等外部证据，仅根据公司内部证据便确认公司应收账款。

2. 注册会计师未能有效执行分析性测试程序。如对于银广夏在2000年度主营业务收入大幅增长的情况下生产用电的电费却降低的情况竟没有发现或报告。

3. 天津广夏审计项目负责人由非注册会计师担任，审计人员普遍缺乏外贸业务知识，不具备专业胜任能力。

4. 对于不符合国家税法规定的异常增值税及所得税政策披露情况，审计人员没有予以应有的关注。

5. 在收集了真假两种海关报关单后未予以必要关注；对于境外销售合同的行文不符合一般商业惯例的情况，未能予以关注；未收集或严格审查重要的法律文件；未关注重大不良资产；存在以预审代替年审，未贯彻三级复核制度等重大审计程序缺陷。

资料来源：佚名.中天勤在银广夏事件中违反的审计准则［EB/OL］.［2002-02-05］. http://business.sohu.com/89/49/article13834989.shtml.

这一案例表明：深圳中天勤会计师事务所在银广夏案件中疏于对已颁布审计准则的执行，在专业胜任能力和职业道德两方面均存在重大过失。银广夏案例给注册会计师行业的警示，在于注册会计师对审计准则的执行存在重大缺陷。

第一节　审计依据

一、审计依据的含义

审计依据是指查明审计客体的行为规范，是据以作出审计结论、提出处理意见和建议的客观尺度。审计依据的特点是层次性、相关性、地域性、时效性。选用审计依据时，必须遵循准确性原则、针对性原则、辩证性原则、有效性原则和可靠性原则。

二、审计依据的种类

审计依据可按不同的标准进行分类，不同种类的审计依据有着不同的用途。对审计依据进行适当的分类，有利于审计人员根据需要选用恰当的审计依据。

(一) 按审计依据来源渠道分类

1.外部制定的审计依据

国家制定的法律、法规、条例、政策、制度；地方政府、上级主管部门颁发的规章制度和下达的通知、指示文件等；涉外被审事项所引国际惯例的条约等。

2.内部制定的审计依据

被审计单位制定的经营方针、任务目标、计划预算、各种定额、经济合同、各项指标和各项规章制度等。

(二) 按审计依据性质内容分类

1.法律、法规

法律是国家立法机关依照立法程序制定和颁布，由国家强制保证执行的行为规范总称，如宪法、刑法、民法、会计法、审计法、预算法、税收征管法、海关法、各种税法、企业法、公司法、经济合同法等。法规是由国家行政机关制定的各种法令、条例、规定等。

2.规章制度

这主要包括：国务院各部委根据法律和国务院的行政法规制定的规章制度；省、自治区、直辖市根据法律和国务院的行政法规制定的规章制度；被审计单位上级主管部门和被审计单位内部制定的各种规章制度等。

3.预算、计划、合同

如国家机关事业单位编制的经费预算，企业单位制订的各种经济计划，被审计单位与其他单位签订的各种经济合同等。

4.业务规范、技术经济标准

如人员配备定额、工作质量标准、原材料消耗定额、工时定额、能源消耗定额、设备利用定额等。此外，还有国家制定的等级企业标准、优秀企业的管理条例等。

(三) 按审计依据衡量对象分类

1.财务审计依据

财务审计的主要目标是对被审计单位经济活动的真实性和合法性作出确认和评价。因此，财务审计的主要依据有国家的法律、法规；国家主要部门或地方各级政府制定的规章制度；单位自己制定的会计控制制度、计划、预算、合同等。财务审计依据一般在全国范围内是统一的，能相对稳定在一定的时期内。

2.经济效益审计依据

经济效益审计的主要目标是对被审计单位经济活动的有效性作出确认和评价，以促进被审计单位提高经济效益。因此，经济效益审计的主要依据有单位的管理控制制度、预算、计划、经济技术规范、经济技术指标，可比较的各种历史数据、同行业的先进水平、上级企业的标准、优良企业的管理规范等。经济效益审计的依据，应该具有一定的先进性，这样有利于激励被审计单位努力提高经济效益。经济效益评价依据还要随着国家经济政策、科学技术、管理要求的变化而不断变更，还应该是单位可以控制的指标，否则就会失去评价意义。如衡量原材料利用的经济效益，应当以材料单耗、材料利用率来衡量，而不宜以单位产品的材料成本作为衡量标准，因为材料成本中涉及的购入价单位无法完全控制。要准确地衡量被审计单位经济效益的状况，一般应以计量性指标为宜，如各种指标、数据等，而不宜用一般口号、原则等定性指标。

3.经济责任审计依据

经济责任审计的主要目标是分清经济责任人任职期间在本部门、本单位经济活动中应当负有的责任，为组织人事部门和纪检监察机关和其他有关部门考核使用干部或者兑现承包合同等提供参考依据。因此，经济责任审计的主要依据有：法律、法规、规章和规范性文件，中国共产党党内法规和规范性文件；各级人民代表大会审议通过的政府工作报告、年度国民经济和社会发展计划报告、年度财政预算报告等；中央和地方党委、政府有关经济方针政策和决策部署；有关发展规划、年度计划和责任制考核目标；领导干部所在单位的“三定”规定和有关领导的职责分工文件，有关会议记录、纪要、决议和决定，有关预算、决算和合同，有关内部管理制度和绩效目标；国家统一的财政财务管理制度；国家和行业的有关标准；有关职能部门、主管部门发布或者认可的统计数据、考核结果和评价意见；专业机构的意见；公认的业务惯例或者良好实务等①。

【同步案例3-1】 马山县精准扶贫跟踪审计

长期以来，党中央国务院对扶贫开发工作都高度重视。2013年12月18日，中共中央办公厅、国务院办公厅印发《关于创新机制扎实推进农村扶贫开发工作的意见》(中办发〔2013〕25号)，强调全面建成小康社会，最艰巨最繁重的任务在农村，特别是在贫困地区；并进一步明确提出建立精准扶贫的工作机制，通过制定统一的扶贫对象识别办法，切实做到扶真贫、真扶贫，确保在规定时间内达到稳定脱贫目标。扶贫开发贵在精准，重在精准，成败之举在于精准。

2015年8月份，审计署结合广西区情和地域特点，对贫困人口聚集、脱贫任务艰巨的广西贯彻落实中央精准扶贫政策情况进行了跟踪审计。审计组选取了贫困人口基数大且近年来脱贫任务完成较好的马山县进行抽查，发现该县精准扶贫工作推进不力。一是该县认定的扶贫对象中，有3 119人不符合扶贫建档立卡标准，其中有343人属于财政供养人员，有2 454人购买了2 645辆汽车，43人在县城购买商品房或自建住房，439人为个体工商户或经营公司。二是为完成上级下达的任务，该县2014年度将人均纯收入低于国家农村扶贫标准2 736元的608户、2 272人认定为脱贫，占脱贫户数的9.10%、脱贫人数的8.90%。三是截至2015年7月底，该县财政扶贫资金专户结转结余9 234.14万元，占该县2014年度公共财政收入的43.73%，其中2014年及以前年度结转结余资金7 056.14万元，导致百香果种植等多个产业扶贫开发项目和贫困村沙石屯路等基础设施建设项目推进缓慢，影响了贫困村整村推进和产业扶贫到户等扶贫政策实施效果。

资料来源：中华人民共和国审计署.2015年8月稳增长等政策措施贯彻落实跟踪审计结果公告的典型案例［EB/OL］.［2015-01-08］. http://www.audit.gov.cn/n5/n25/c75954/content.html.

① 资料来源：中华人民共和国审计署网站.

思考：国家重大政策措施和宏观调控部署落实情况的跟踪审计工作的目的、审计对象、审计内容、审计周期是什么？

解答：跟踪审计的目的，主要是通过揭示重大政策措施和宏观调控部署贯彻落实中存在的问题，分析问题产生的原因，推动国家重大决策部署和政策措施落实到位，促进政策落地生根和不断完善。同时关注经济社会发展过程中出现的新情况、新问题，有针对性提出对策建议，保障经济社会平稳健康运行。

跟踪审计的对象，包括中央各有关部门和各级地方政府，必要时延伸审计相关企事业单位、社会组织和项目建设单位等。

跟踪审计的内容，主要包括政策措施贯彻落实的总体情况；各地区、各部门在贯彻落实政策措施过程中存在的主要问题和出现的新情况，及各地区、各相关部门下一步将采取的措施等。跟踪审计特别要重点抓好重大项目完成情况、重点资金保障情况、重大政策落实情况和简政放权推进情况这“四个抓手”，既要注重揭示相关政策措施落实过程中的体制机制障碍和制度瓶颈，揭示问题产生的原因，审慎地提出审计意见和建议并及时督促整改，也要总结和反映好的经验和做法，全面履行审计职责，做好政策落实的“督查员”和经济发展的“助推器”。

跟踪审计以一个自然年度为一个审计周期，按季度划分工作阶段，审计署将定期向国务院报送综合报告。审计署财政审计工作领导小组办公室具体负责跟踪审计的组织协调工作，现场审计由相关业务司局、派出审计局、特派办和地方审计机关负责具体实施。同时，实施意见还要求各级审计机关在组织开展财政、金融、企业、资源环保、投资、民生、经济责任等各类审计项目时，都要关注国家重大政策措施和宏观调控部署落实情况，并将发现的问题及时向审计署财政审计工作领导小组办公室报送。

三、审计依据的特点

审计依据既是明显可见的，又不是固定不变的，随着国家管理的规范和单位管理的加强，旧的标准会不断被淘汰，新的标准会不断被建立。因此，无论什么样的审计依据，只能在一定的范围内、一定的区域中和一定的时间内是有效的，同时各类依据所具有的权威性也是有很大差别的。

（一）权威性

审计依据是判断被审计单位经济活动真实性、合法性、有效性的准绳，又是作为提出审计意见、作出审计决定的根据。因此，任何审计依据都具有一定的权威性或公认性。但是，不同层次的依据，其权威性大小不一样。如国家的法律、法规是衡量经济活动是否合法、合规的依据，它具有很高的权威性，全国都公认它，依据它提出审计意见，作出审计决定一般是正确无误的。再如单位内部制定的规章制度、预算、计划、定额、标准、历史数据等，则不具备上述法律、法规的权威性，但依然是用来衡量经济活动优劣的重要依据，对于这类依据主要强调它的公认性和可接受性，一般要由审计人员和被审查单位协商后确定。

（二）层次性

审计依据一般是由审计主体以外的国家机关、管理部门、业务部门、技术部门和企业单位制定的。审计依据因管辖范围和权威性大小不同而有不同的层次。最高层次的依据是国家立法机关的法律；其次是国务院颁布的各种行政法规及政策、指令、规划等；再次是地方立法机关和行政机构制定的地方性法律、法规；然后是被审计单位主管部门制定的规章制度、下达的计划和提出的技术经济指标等；最低层次依据是被审计单位内部制定的各种规章制度、计划、预算、定额、标准等。值得提出的是，如果是涉外审计，还要引用国际及有关国家法规、制度为审计依据。

审计依据的层次越高，其管辖的幅度越宽，其适用的范围越广，其权威性越大。这是因为高层次依据主要是国家制定的法律、法规，适用于全国，而且低层次的法规及规章制度不能违反最高层次的法规，只能在此基础上进行研究和加以具体化。

（三）地域性

从空间上看，很多审计依据还要受到地域性限制。由于各国的社会经济制度不同和生产力发展水平不同，其审计依据和内容也各不相同，因此，一个国家不能照搬另一个国家的审计依据。我国各地区、各部门的实际情况和发展水平也不相同，因此，其适用的审计依据也各不相同。审计人员在进行审计判断时，必须注意到地区差别、行业差别和单位差别。

（四）时效性

从时间上看，各种审计依据都有一定的时效性，不是在任何时期、任何条件下都适用。作为衡量经济活动是否真实、合法和有效的审计依据属于上层建筑的范畴，它会因经济基础的发展变化而不断变化，也即是在不断地变更和修订之中。这就要求审计人员在审计工作中，密切注意各种依据的变化，选用在被审计事项发生时有效的判断依据，而不能以审计时现行的法律、法规、规章制度作为判断依据，也不能以过时的法律、法规、规章制度作为判断依据，更不能以旧的审计依据来否定现行的经济活动，或用新的审计依据来否定过去的经济活动。

（五）相关性

审计依据的相关性，主要是指所引用的审计依据应与被审计项目和应证实的目标相关。审计人员所作的审计判断，所表示的审计意见以及所作出的审计决定是否正确无误，是否令人信服，与审计人员所使用的审计依据的相关程度及针对性强弱关系很大。审计依据的相关性，首先表现在所选用的依据与被审计事项是相关的，能够判定被审计事项是否真实、合法与有效；其次能说明审计人员提出的审计意见、作出的审计决定有充足的理由；最后针对某一被证实的事项来说，所选用的各种依据能从不同的角度去证实，并能说明一定的程度上这些依据也是相关的。

经济效益审计依据除了具有上述五种特征外，还具有相对性、先进性、动态性、可控性、计量性等特点。

【同步案例3-2】 **中国证监会行政处罚决定书（龙宝参茸股份有限公司、孙孝贤、孙立国等16名责任人）**

依据《中华人民共和国证券法》（以下简称《证券法》）的有关规定，我会依法对龙宝参茸信息披露违法违规案进行了立案调查、审理，并依法向当事人告知了作出行政处罚的事实、理由、依据及当事人依法享有的权利。应部分当事人的要求，我会举行听证，听取了当事人及其代理人的陈述、申辩。本案现已调查、审理终结。

经查明，当事人存在以下违法事实：

一、龙宝参茸招股说明书中关于其经销模式的描述存在重大遗漏

2013年至2015年，龙宝参茸与其经销商浙江珍诚医药在线股份有限公司（以下简称珍诚在线）签订《产品购销/经销分合同（E路融）》并向珍诚在线出具《委托销售指定书》，合同约定龙宝参茸委托珍诚在线销售给指定第三方时，若发生珍诚在线不能及时收回货款、未收回货款、滞销或不能销售等情况时，珍诚在线可分别对上述情形选择终止销售委托、扣除龙宝参茸相应货款、向龙宝参茸退货等。同时，合同约定龙宝参茸无条件对与珍诚在线合同项下的货款或退货等情况承担连带责任担保，担保范围包括货款、违约金、损害赔偿金以及珍诚在线为实现债权而发生的费用等。

2013年至2015年，上述合同的发生额分别为23 449 800元、28 645 850元和48 448 610.88元，涉及的担保金额分别为16 568 580元、34 630 958元和45 281 120.34元，占经审计净资产的6.62%、10.58%和11.19%。2013年至2015年年末，担保余额分别为10 399 380元、13 400 989.5元和25 727 565.54元，占经审计净资产的4.15%、4.09%和6.36%。

龙宝参茸2014年5月7日披露的《龙宝参茸首次公开发行股票申请文件》（以下简称招股说明书），以及2016年6月3日更新的招股说明书均简单披露其与珍诚在线的销售模式为经销模式，未披露涉及销售风险转移和提供担保事项的经销合同签订情况。

二、龙宝参茸销售的部分野山参所附鉴定证书与招股说明书披露不一致

龙宝参茸销售的部分野山参所附鉴定证书由亚创联中国参茸专家委员会鉴定中心出具，并非招股说明书中披露的国家参茸质检中心。

上述事实，有招股说明书、相关合同、董事会会议记录、相关当事人询问笔录、相关原始凭证、情况说明等证据证明，足以认定。

龙宝参茸的上述行为，违反《证券法》第二十条、第六十三条的规定，构成《证券法》第一百九十三条第一款、第二款所述情形。

孙孝贤为龙宝参茸实际控制人，担任董事、董事长，负责制定重大战略等。孙孝贤对招股说明书信息披露的真实、准确、完整未勤勉尽责且在招股说明书上签字确认，是龙宝参茸违法行为直接负责的主管人员。

孙孝光担任龙宝参茸董事、总经理，负责具体生产经营工作，对招股说明书信息披露的真实、准确、完整未勤勉尽责，且在招股说明书上分别以董事和高级管理人员身份签字确认，是龙宝参茸违法行为直接负责的主管人员。

孙立夫担任龙宝参茸董事、副总经理、董事会秘书，负责销售业务，同时其作为董事会秘书，负责信息披露事项。孙立夫对招股说明书信息披露的真实、准确、完整未勤勉尽责，且在招股说明书上分别以董事和高级管理人员身份签字确认，是龙宝参茸违法行为直接负责的主管人员。

孙立国、孙劲夫、郭兆源、高洪文、刘逊、安福仁、赵岳嵩、邸克俭、高文博、沈建卓、刘艳凤、郝爱国均在龙宝参茸招股说明书上签字，无证据表明上述人员尽到勤勉尽责的法定义务。

根据本案事实、责任人职务、涉案招股说明书签字情况等，对龙宝参茸上述行为直接负责的主管人员为孙孝贤、孙孝光和孙立夫，其他直接责任人员为孙立国、孙劲夫、郭兆源、高洪文、刘逊、安福仁、赵岳嵩、邸克俭、高文博、沈建卓、刘艳凤、郝爱国。

当事人龙宝参茸、孙孝贤、孙孝光、孙立夫、孙立国、孙劲夫、郭兆源、高洪文、刘逊、安福仁、邸克俭、高文博、刘艳凤要求陈述申辩、听证，但孙立国未参加听证，仅提交了申辩意见；当事人赵岳嵩要求陈述申辩、未要求听证，但未提交申辩意见；当事人沈建卓、郝爱国未要求陈述申辩、未要求听证。

龙宝参茸代理人在听证及申辩意见中提出：第一，龙宝参茸从未向珍诚在线承担过担保责任。第二，龙宝参茸报告期内销售的野山参产品所附鉴定证书与招股说明书一致，不存在虚假记载。招股说明书披露的附有鉴定证书的野山参，仅指野山参产品，并非原材料或半成品。由亚创联出具鉴定证书的野山参，加工时间晚于招股说明书的更新日期。

孙孝贤及其代理人在听证及申辩意见中提出，其与龙宝参茸申辩意见一致，并且其没有骗取发行上市的目的。

孙立国在申辩意见中提出，其在龙宝参茸任职期间，利用业余时间做个人生意，不影响工作。其生意与龙宝参茸经营品种不同，不损害龙宝参茸利益。

孙孝光、孙立夫、孙劲夫、郭兆源、高洪文、刘逊、安福仁、邸克俭、高文博、刘艳凤申辩意见与龙宝参茸一致。

经复核，我会认为：第一，根据龙宝参茸与珍诚在线开展业务的主要合同《产品购销/经销分合同（E路融）》以及龙宝参茸向珍诚在线出具的《委托销售指定书》，龙宝参茸对第三方与珍诚在线合同项下的货款或退货等情况承担连带责任担保。同时，珍诚在线相关负责人在询问笔录中强调了要求龙宝参茸提供担保的必要性，孙立夫询问笔录也承认知悉存在该担保事项。根据《证券法》第一百九十三条的规定，龙宝参茸应真实准确完整地披露并报送相关信息。龙宝参茸未实质性承担过担保责任，不改变其应履行的信息披露义务。

第二，招股说明书记载“每支野山参都有国家参茸质检中心的质检编号”，招股说明书并未记载仅报告出具日前生产或销售的野山参产成品才附有国家参茸质检中心的鉴定证书。由亚创联中国参茸专家委员会鉴定中心出具鉴定证书的野山参系龙宝参茸已销售给药店的产成品，鉴定日期为2015年12月17日，早于龙宝参茸招股说明书的更新日期，药店的加工时间与本案无关。

第三，在龙宝参茸首次披露的招股说明书存在重大遗漏的情况下，龙宝参茸再次披露了未经改正且存在虚假记载的招股说明书。无证据证明孙孝贤、孙孝光等人勤勉尽责。

此外经复核，我会不再认定《行政处罚及市场禁入事先告知书》中的其他相关事项。

资料来源：中国证券监督管理委员会网站.

思考：行政处罚的种类有哪些?

解答：行政处罚的种类，是指行政处罚外在的具体表现形式。根据《中华人民共和国行政处罚法》第八条的规定，行政处罚有7种。

(1) 警告。是国家对行政违法行为人的谴责和告诫，是国家对行为人违法行为所作的正式否定评价。从国家方面说，警告是国家行政机关的正式意思表示，会对相对一方产生不利影响，应当纳入法律约束的范围；对被处罚人来说，警告的制裁作用，主要是对当事人形成心理压力、不利的社会舆论环境。适用警告处罚的重要目的，是使被处罚人认识其行为的违法性和对社会的危害，纠正违法行为并不再继续违法。

(2) 罚款。是行政机关对行政违法行为人强制收取一定数量金钱，剥夺一定财产权利的制裁方法。适用于对多种行政违法行为的制裁。

(3) 没收违法所得、没收非法财物。没收违法所得，是行政机关将行政违法行为人占有的，通过违法途径和方法取得的财产收归国有的制裁方法；没收非法财物，是行政机关将行政违法行为人非法占有的财产和物品收归国有的制裁方法。

(4) 责令停产停业。是行政机关强制命令行政违法行为人暂时或永久地停止生产经营和其他业务活动的制裁方法。

(5) 暂扣或者吊销许可证，暂扣或者吊销执照。是行政机关暂时或者永久地撤销行政违法行为人拥有的国家准许其享有某些权利或从事某些活动资格的文件，使其丧失权利和活动资格的制裁方法。

(6) 行政拘留。即公安机关对违反治安管理的人在短期内剥夺其人身自由的一种强制性惩罚措施。由于行政拘留是行政处罚中最严厉的一种，因而法律对其适用作了严格的规定：①在适用机关上，只能由公安机关决定和执行；②在适用对象上，一般只适用于严重违反治安管理法规的自然人，但不适用于精神病患者、不满14岁的公民以及孕妇或者正在哺乳自己一周岁以内的婴儿的妇女，同时也不适用于我国的法人和其他组织；③在适用时间上，为1日以上，15日以下；④在适用程序上，必须经过传唤、讯问、取证、裁决、执行等程序。

(7) 法律、行政法规规定的其他行政处罚。

四、运用审计依据的原则

不同的被审计事项需要不同的衡量、评价依据，审计人员应根据不同的审计目标、不同的实际需要，选用适当的审计依据进行审计判断，提出审计意见，作出审计决定。这就需要审计人员在选用审计依据时遵循一定的原则。

(一) 从实际出发

审计人员应从实际出发，具体问题具体分析，根据需要选定适用的依据；选用时一定要根据依据的权威性、层次性、区域性、时效性、相关性的特点及其要求，尽可能选用权威性大的，令人信服的依据；尽可能选用高层次的依据，如选用的低层次依据一定不能与有关高层次依据相抵触；应选用本地区、本行业、本单位适用的依据；应选用适用于被审计事项发生时有效的依据；应选用与被审计事项有关、有利于作出审计判断、发表审计意见和作出审计决定的审计依据。

有法律、法规依据的，一定要选用法律、法规作为依据。如果选用的行政法规与宪法、法律存在矛盾，应以宪法、法律规定为审计依据；国务院各部门之间的规定相抵触时，应以法律、行政法规授权的主管部门的规定为审计依据；地方人民政府与国务院主管部门的规定相抵触时，除国家另有规定外，应当以国务院主管部门的规定为审计依据；下级人民政府、部门的规定与上级人民政府、部门的规定相抵触时，除国家另有规定外，应以上级人民政府部门规定为审计依据。审计中发现的重大问题没有明确的审计依据时，应当请示本级人民政府或上级审计机关，或从是否合理、是否正确、是否违背了国家法律、法规，是否损害了国家利益或是否侵犯了被审计单位的合法权益等方面去判断。

(二) 把握实质问题

被审计单位的经济活动是错综复杂的，经济情况是瞬息万变的，因为影响经济活动的因素是多方面的、不断变化的。因此，既要历史地看问题，又要辩证地看问题，认真仔细地研究多种问题中哪些是主要问题，哪些是本质问题；多种因素、矛盾中，哪些是主要因素，哪些是主要矛盾，哪些是矛盾的主要方面。只有抓住主要矛盾和矛盾的主要方面，才能把握问题的实质，才能选用适当的审计依据，并据以作出正确的判断，提出合理的意见和作出令人信服的决定。

(三) 准确可靠

审计人员所运用的依据必须准确可靠，绝不能把道听途说的主观臆测作为判断是非的依据。无论引用什么资料作为依据，均要查看原件、签发单位和签发时间，并判断其适用性；凡引用数据，一定要亲自复核，绝不能照搬照抄；凡列举的定额、标准，必须要有原文资料，并核实其有效期和适用的单位；凡引用的单位管理制度，一定要有文字记载，领导的口头指示和某种会议精神，如没有文字依据，均不得作为审计依据；凡引用法律、法规、规章制度，一定要查到原文原件，做适当的摘录或复印，绝不可断章取义，妄加推论。

总之，准确而合理地运用审计依据，有利于客观公正地作出审计判断，有利于提出合理的审计意见和作出正确的审计决定，有利于审计工作质量的提高。

第二节　审计准则

一、审计准则的含义及分类

(一) 审计准则的含义

审计准则是由国家审计部门或注册会计师职业团体制定的，用以规定审计人员应有的素质和专业资格，规范和指导其执业行为，衡量和评价其工作质量的权威性标准。

审计准则是规定审计人员在实施审计工作时所必须恪守的行为规范；审计准则既对审计人员的素质提出要求，也为审计工作的质量提供保证；审计准则是通过审计人员实施审计程序和提供审计报告予以体现的；审计准则是审计人员得出结论、发表审计意见的客观保证。比如：英格兰和威尔士特许会计师协会指出，“审计准则说明了在审计过程中工作人员希望遵循的基本原则和惯例”；美国内部审计协会1979年指出，“审计准则是指用以评价和衡量内部审计部门工作和用来阐明内部审计实务的准绳”。

为保证审计准则的科学性和实用性，对审计准则应合理地进行分类。不同的审计主体、不同性质的审计业务，以及不同层次的审计行为，应有其不同的审计准则。国家审计机关、内部审计机构和社会审计组织等不同的审计主体，其服务对象和工作性质不同，相应的审计准则等规范要求也应有不同。

(二) 审计准则的分类

按照审计准则规范的主体不同，审计准则分为国家审计准则、内部审计准则和注册会计师审计准则。国家审计准则是规范国家审计机关审计业务活动的行为规范；内部审计准则是规范内部审计机构审计业务活动的行为规范；注册会计师审计准则是规范会计师事务所审计业务活动的行为规范。

虽然不同审计主体的准则之间具体的条款不尽相同，但都包含一般准则、工作准则和报告准则三部分内容。

一般准则也称为审计人员准则，是对审计人员提出要求，关于审计人员资格条件和执业行为的准则。其主要内容是：审计的目标、审计的基本原则、审计人员的任职资格条件和审计人员的基本职业道德。

工作准则也称为外勤工作准则，主要是对审计行为提出在执行财务报表审计过程中应遵守的要求，其主要内容是：审计计划的编制、审计工作范围的确立、审计程序的运用、审计技术方法的实施、审计证据的收集、审计工作底稿的编制等方面进行的规定和要求。

报告准则主要是对审计报告提出要求，是审计人员在编制审计报告、选择表达方式和记载必要的事项时应遵循的规范，其主要内容是：对审计报告应记载事项的规定；对发表审计意见的规定；对审计报告报送对象及报送时间的规定。

二、国家审计准则

国家审计准则是国家审计机关及工作人员在从事审计业务活动中的专业规范。我国的国家审计准则是审计署制定的规范，是全国审计机关依法审计的部门规章，适用于各级审计机关和审计人员依法开展审计工作。制定国家审计准则目的是规范和指导审计机关和审计人员执行审计业务的行为，保证审计质量，防范审计风险，发挥审计保障国家经济和社会健康运行的“免疫系统”功能。我国现行的《中华人民共和国国家审计准则》是自2011年1月1日起施行的，共分七章二百条。主要规范审计机关和审计人员、审计计划、审计实施、审计报告和审计质量控制和责任。

（一）责任划分

《中华人民共和国国家审计准则》规定：审计机关和审计人员执行审计业务，应当区分被审计单位的责任和审计机关的责任。在财政收支、财务收支以及有关经济活动中，履行法定职责、遵守相关法律法规、建立并实施内部控制、按照有关会计准则和会计制度编报财务会计报告、保持财务会计资料的真实性和完整性，是被审计单位的责任。依据法律法规和本准则的规定，对被审计单位财政收支、财务收支以及有关经济活动独立实施审计并作出审计结论，是审计机关的责任。

（二）审计机关和审计人员

审计机关和审计人员执行审计业务，应当具备准则规定的资格条件和职业要求。

审计机关执行审计业务，应当具备下列资格条件：（1）符合法定的审计职责和权限；（2）有职业胜任能力的审计人员；（3）建立适当的审计质量控制制度；（4）必需的经费和其他工作条件。

审计人员执行审计业务，应当具备下列职业要求：（1）遵守法律法规和本准则；（2）恪守审计职业道德；（3）保持应有的审计独立性；（4）具备必需的职业胜任能力；（5）其他职业要求。

审计人员应当恪守严格依法、正直坦诚、客观公正、勤勉尽责、保守秘密的基本审计职业道德。审计人员执行审计业务时，应当保持应有的审计独立性，遇有可能损害审计独立性情形的，应当向审计机关报告。审计人员不得参加影响审计独立性的活动，不得参与被审计单位的管理活动。审计机关应当建立审计人员交流等制度，避免审计人员因执行审计业务长期与同一被审计单位接触可能对审计独立性造成的损害。审计人员应当具备与其从事审计业务相适应的专业知识、职业能力和工作经验。审计机关应当建立和实施审计人员录用、继续教育、培训、业绩评价考核和奖惩激励制度，确保审计人员具有与其从事业务相适应的职业胜任能力。

（三）审计计划

审计机关应当根据法定的审计职责和审计管辖范围，编制年度审计项目计划。审计机关按照下列步骤编制年度审计项目计划：（1）调查审计需求，初步选择审计项目；（2）对初选审计项目进行可行性研究，确定备选审计项目及其优先顺序；（3）评估审计机关可用审计资源，确定审计项目，编制年度审计项目计划。年度审计项目计划应当按照审计机关规定的程序审定。

下列审计项目应当作为必选审计项目：（1）法律法规规定每年应当审计的项目；（2）本级政府行政首长和相关领导机关要求审计的项目；（3）上级审计机关安排或者授权的审计项目。审计机关对必选审计项目，可以不进行可行性研究。

根据中国政府及其机构与国际组织、外国政府及其机构签订的协议和上级审计机关的要求，审计机关确定对国际组织、外国政府及其机构援助、贷款项目进行审计的，应当纳入年度审计项目计划。

审计机关应当将年度审计项目计划报经本级政府行政首长批准并向上一级审计机关报告。

（四）审计实施

审计机关应当在实施项目审计前组成审计组。审计组实行审计组组长负责制。审计组组长由审计机关确定，审计组组长可以根据需要在审计组成员中确定主审，主审应当履行其规定职责和审计组组长委托履行的其他职责。

审计机关应当依照法律法规的规定，向被审计单位送达审计通知书。审计组应当调查了解被审计单位及其相关情况，评估被审计单位存在重要问题的可能性，确定审计应对措施，编制审计实施方案。

审计人员实施审计时，应当根据重要性判断的结果，重点关注被审计单位可能存在的重要问题。需要对财务报表发表审计意见的，审计人员可以参照中国注册会计师执业准则的有关规定确定和运用重要性。审计组应当评估被审计单位存在重要问题的可能性，以确定审计事项和审计应对措施。审计组在分配审计资源时，应当为重要审计事项分派有经验的审计人员和安排充足的审计时间，并评估特定审计事项是否需要利用外部专家的工作。

审计人员实施审计时，应当持续关注已作出的重要性判断和对存在重要问题可能性的评估是否恰当，及时作出修正，并调整审计应对措施。一般审计项目的审计实施方案应当经审计组组长审定，并及时报审计机关业务部门备案。重要审计项目的审计实施方案应当报经审计机关负责人审定。

审计人员应当真实、完整地记录实施审计的过程、得出的结论和与审计项目有关的重要管理事项，以实现下列目标：（1）支持审计人员编制审计实施方案和审计报告；（2）证明审计人员遵循相关法律法规和本准则；（3）便于对审计人员的工作实施指导、监督和检查。审计人员作出的记录，应当使未参与该项业务的有经验的其他审计人员能够理解其执行的审计措施、获取的审计证据、作出的职业判断和得出的审计结论。

（五）审计报告

审计报告包括审计机关进行审计后出具的审计报告以及专项审计调查后出具的专项审计调查报告。审计组实施审计或者专项审计调查后，应当向派出审计组的审计机关提交审计报告。审计机关审定审计组的审计报告后，应当出具审计机关的审计报告。审计报告应当内容完整、事实清楚、结论正确、用词恰当、格式规范。

审计机关依法实行公告制度。审计机关的审计结果、审计调查结果依法向社会公布。

审计机关公布的审计和审计调查结果主要包括下列信息：（1）被审计（调查）单位基本情况；（2）审计（调查）评价意见；（3）审计（调查）发现的主要问题；（4）处理处罚

决定及审计（调查）建议；（5）被审计（调查）单位的整改情况。

在公布审计和审计调查结果时，审计机关不得公布下列信息：（1）涉及国家秘密、商业秘密的信息；（2）正在调查、处理过程中的事项；（3）依照法律法规的规定不予公开的其他信息。

涉及商业秘密的信息，经权利人同意或者审计机关认为不公布可能对公共利益造成重大影响的，可以予以公布。审计机关公布审计和审计调查结果应当客观公正。

审计机关应当建立审计整改检查机制，督促被审计单位和其他有关单位根据审计结果进行整改。审计组在审计实施过程中，应当及时督促被审计单位整改审计发现的问题。审计机关在出具审计报告、作出审计决定后，应当在规定的时间内检查或者了解被审计单位和其他有关单位的整改情况。

【知识拓展3-1】 中国注册会计师协会发布新审计报告准则应用指南

2017年2月28日，中国注册会计师协会印发新审计报告准则应用指南。本次发布的指南包括《〈中国注册会计师审计准则第1504号——在审计报告中沟通关键审计事项〉应用指南》等共16项，实施时间和范围与新审计报告准则保持一致。

本次发布的16项应用指南中，“在审计报告中沟通关键审计事项”应用指南为新制定；“对财务报表形成审计意见和出具审计报告”“在审计报告中发表非无保留意见”“在审计报告中增加强调事项段和其他事项段”“与治理层的沟通”“持续经营”“注册会计师对其他信息的责任”等6项应用指南，属于实质性修订。另外9项属于符合性修订，主要根据新审计报告准则的要求对相关指南文本进行相应调整完善，以保持执业标准体系的内在一致性。

新审计报告准则应用指南严格体现了新审计报告准则的各项新要求，经多次讨论、反复修改和定向征求意见，经中国注册会计师协会审计准则委员会审议通过。

资料来源：中国注册会计师协会网站.

（六）审计质量控制

审计机关应当建立审计质量控制制度，以保证实现下列目标：（1）遵守法律法规和本准则；（2）作出恰当的审计结论；（3）依法进行处理处罚。

审计机关应当针对下列要素建立审计质量控制制度：（1）审计质量责任；（2）审计职业道德；（3）审计人力资源；（4）审计业务执行；（5）审计质量监控。

审计机关实行审计组成员、审计组主审、审计组组长、审计机关业务部门、审理机构、总审计师和审计机关负责人对审计业务的分级质量控制。

审计机关实行审计业务质量检查制度，对其业务部门、派出机构和下级审计机关的审计业务质量进行检查。

三、内部审计准则

内部审计准则是内部审计职业规范体系的重要组成部分，是对内部审计机构及内部审计人员执业行为的规范，也是衡量内部审计质量的权威性标准。

我国现行的内部审计准则是从2014年1月1日开始执行的中国内部审计准则，这一准则体系是对过去内部审计准则的修订和完善。该准则体系包括：内部审计基本准则和内部审计人员职业道德规范和20个内部审计具体准则，具体准则又分为作业类、业务类和管理类，在分类的基础上，对准则体系采用四位数编码进行编号。内部审计基本准则和内部审计人员职业道德规范为第一层次，编码为1000；具体准则为第二层次，编码为2000。新的编号方式借鉴了国际内部审计准则的经验，体现了准则体系的系统性和准则之间的逻辑关系，也为准则未来发展预留了空间。

2016年1月，中国内部审计协会又印发《第2205号内部审计具体准则——经济责任审计》《第2308号内部审计具体准则——审计档案工作》两项内部审计具体准则，自2016年3月1日起施行。

【知识拓展3-2】 中国内部审计准则体系的构成

《第1101号——内部审计基本准则》
《第1201号——内部审计人员职业道德规范》
《第2101号内部审计具体准则——审计计划》
《第2102号内部审计具体准则——审计通知书》
《第2103号内部审计具体准则——审计证据》
《第2104号内部审计具体准则——审计工作底稿》
《第2105号内部审计具体准则——结果沟通》
《第2106号内部审计具体准则——审计报告》
《第2107号内部审计具体准则——后续审计》
《第2108号内部审计具体准则——审计抽样》
《第2109号内部审计具体准则——分析程序》
《第2201号内部审计具体准则——内部控制审计》
《第2202号内部审计具体准则——绩效审计》
《第2203号内部审计具体准则——信息系统审计》
《第2204号内部审计具体准则——对舞弊行为进行检查和报告》
《第2205号内部审计具体准则——经济责任审计》
《第2301号内部审计具体准则——内部审计机构的管理》
《第2302号内部审计具体准则——与董事会或者最高管理层的关系》
《第2303号内部审计具体准则——内部审计与外部审计的协调》
《第2304号内部审计具体准则——利用外部专家服务》
《第2305号内部审计具体准则——人际关系》
《第2306号内部审计具体准则——内部审计质量控制》
《第2307号内部审计具体准则——评价外部审计工作质量》
《第2308号内部审计具体准则——审计档案工作》

（一）内部审计基本准则

《第1101号——内部审计基本准则》分为6章共27条。制定该准则的目的是规范内部审计工作，保证内部审计质量，明确内部审计机构和内部审计人员的责任。适用于各类组织的内部审计机构、内部审计人员及其从事的内部审计活动。

该准则所称内部审计，是一种独立、客观的确认和咨询活动，它通过运用系统、规范的方法，审查和评价组织的业务活动、内部控制和风险管理的适当性和有效性，以促进组织完善治理、增加价值和实现目标。

1.一般准则

一般准则要求各类组织都应当设置与其目标、性质、规模、治理结构等相适应的内部审计机构，并配备具有相应资格的内部审计人员，并将内部审计的目标、职责和权限等内容在组织的内部审计章程中明确规定。

内部审计机构和内部审计人员应当保持独立性和客观性，不得负责被审计单位的业务活动、内部控制和风险管理的决策与执行。

内部审计人员应当遵守职业道德，在实施内部审计业务时保持应有的职业谨慎；应当具备相应的专业胜任能力，并通过后续教育加以保持和提高；应当履行保密义务，对于实施内部审计业务中所获取的信息保密。

2.作业准则

内部审计机构和内部审计人员应当全面关注组织风险，以风险为基础组织实施内部审计业务。内部审计机构应当根据组织的风险状况、管理需要及审计资源的配置情况，编制年度审计计划。内部审计人员应当充分运用重要性原则，考虑差异或者缺陷的性质、数量等因素，合理确定重要性水平；根据年度审计计划确定的审计项目，编制项目审计方案。

内部审计机构应当在实施审计三日前，向被审计单位或者被审计人员送达审计通知书，做好审计准备工作。内部审计人员应当深入了解被审计单位的情况，审查和评价业务活动、内部控制和风险管理的适当性和有效性，关注信息系统对业务活动、内部控制和风险管理的影响；关注被审计单位业务活动、内部控制和风险管理中的舞弊风险，对舞弊行为进行检查和报告。

内部审计人员可以运用审核、观察、监盘、访谈、调查、函证、计算和分析程序等方法，获取相关、可靠和充分的审计证据，以支持审计结论、意见和建议；并在审计工作底稿中记录审计程序的执行过程，获取的审计证据，以及作出的审计结论；还应当以适当方式提供咨询服务，改善组织的业务活动、内部控制和风险管理。

3.报告准则

内部审计机构应当在实施必要的审计程序后，及时出具审计报告。审计报告应当客观、完整、清晰，具有建设性并体现重要性原则，包括审计概况、审计依据、审计发现、审计结论、审计意见和审计建议。

4.内部管理准则

内部审计机构应当接受组织董事会或者最高管理层的领导和监督，并保持与董事会或者最高管理层及时、高效的沟通；应当建立合理、有效的组织结构，多层级组织的内部审计机构可以实行集中管理或者分级管理；应当根据内部审计准则及相关规定，结合本组织的实际情况制定内部审计工作手册，指导内部审计人员的工作；应当对内部审计质量实施有效控制，建立指导、监督、分级复核和内部审计质量评估制度，并接受内部审计质量外部评估；应当编制中长期审计规划、年度审计计划、本机构人力资源计划和财务预算；应当建立激励约束机制，对内部审计人员的工作进行考核、评价和奖惩；内部审计机构应当在董事会或者最高管理层的支持和监督下，做好与外部审计的协调工作。

内部审计机构负责人应当对内部审计机构管理的适当性和有效性负主要责任。

（二）内部审计人员职业道德规范

内部审计人员职业道德是内部审计人员在开展内部审计工作中应当具有的职业品德、应当遵守的职业纪律和应当承担的职业责任的总称。内部审计人员职业道德规范是为了规范内部审计人员的职业行为，维护内部审计职业声誉，根据《中华人民共和国审计法》及其实施条例，以及其他有关法律、法规和规章制定的。

1.一般原则

内部审计人员在从事内部审计活动时，应当保持诚信正直；应当遵循客观性原则，公正、不偏不倚地作出审计职业判断；应当保持并提高专业胜任能力，按照规定参加后续教育；应当遵循保密原则，按照规定使用其在履行职责时所获取的信息。

2.诚信正直

内部审计人员在实施内部审计业务时，应当诚实、守信，不应有下列行为：（1）歪曲事实；（2）隐瞒审计发现的问题；（3）进行缺少证据支持的判断；（4）做误导性的或者含糊的陈述。

内部审计人员在实施内部审计业务时，应当廉洁、正直，不应有下列行为：（1）利用职权谋取私利；（2）屈从于外部压力，违反原则。

3.客观性

内部审计人员实施内部审计业务时，应当实事求是，不得由于偏见、利益冲突而影响职业判断。在实施内部审计业务前，应当采取下列步骤对客观性进行评估：（1）识别可能影响客观性的因素；（2）评估可能影响客观性因素的严重程度；（3）向审计项目负责人或者内部审计机构负责人报告客观性受损可能造成的影响。

内部审计人员应当识别下列可能影响客观性的因素：（1）审计本人曾经参与过的业务活动；（2）与被审计单位存在直接利益关系；（3）与被审计单位存在长期合作关系；（4）与被审计单位管理层有密切的私人关系；（5）遭受来自组织内部和外部的压力；（6）内部审计范围受到限制；（7）其他。

内部审计机构负责人应当采取下列措施保障内部审计的客观性：（1）提高内部审计人员的职业道德水准；（2）选派适当的内部审计人员参加审计项目，并进行适当分工；（3）采用工作轮换的方式安排审计项目及审计组；（4）建立适当、有效的激励机制；（5）制定并实施系统、有效的内部审计质量控制制度、程序和方法；（6）当内部审计人员的客观性受到严重影响，且无法采取适当措施降低影响时，停止实施有关业务，并及时向董事会或者最高管理层报告。

4.专业胜任能力

内部审计人员应当具备下列履行职责所需的专业知识、职业技能和实践经验：（1）审计、会计、财务、税务、经济、金融、统计、管理、内部控制、风险管理、法律和信息技术等专业知识，以及与组织业务活动相关的专业知识；（2）语言文字表达、问题分析、审计技术应用、人际沟通、组织管理等职业技能；（3）必要的实践经验及相关职业经历。

内部审计人员应当通过后续教育和职业实践等途径，了解、学习和掌握相关法律法规、专业知识、技术方法和审计实务的发展变化，保持和提升专业胜任能力。内部审计人员实施内部审计业务时，应当保持职业谨慎，合理运用职业判断。

5.保密

内部审计人员应当对实施内部审计业务所获取的信息保密，非因有效授权、法律规定或其他合法事由不得披露。在社会交往中，应当履行保密义务，警惕非故意泄密的可能性；不得利用其在实施内部审计业务时获取的信息牟取不正当利益，或者以有悖于法律法规、组织规定及职业道德的方式使用信息。

四、注册会计师审计准则

注册会计师审计准则是注册会计师执业准则中鉴证业务准则的一个组成部分。注册会计师执业准则是注册会计师在执业过程中必须遵循的行为准则，是衡量注册会计师执业质量的权威性标准。我国现行的注册会计师审计准则是中国注册会计师协会2010年修订的，自2012年1月1日起施行的，共包括38项准则。为了提高注册会计师审计报告的信息含量，满足资本市场改革与发展对高质量会计信息的需求，保持我国审计准则与国际准则的持续全面趋同，中国注册会计师协会拟订了《中国注册会计师审计准则第1504号——在审计报告中沟通关键审计事项》等12项准则（以下统称本批准则），于2016年12月印发。同时，财政部关于印发〈中国注册会计师审计准则第1101号——注册会计师的总体目标和审计工作的基本要求〉等38项准则的通知》（财会〔2010〕21号）中《中国注册会计师审计准则第1111号——就审计业务约定条款达成一致意见》等11项准则同时废止。

注册会计师执业准则基本框架如图3-1所示。

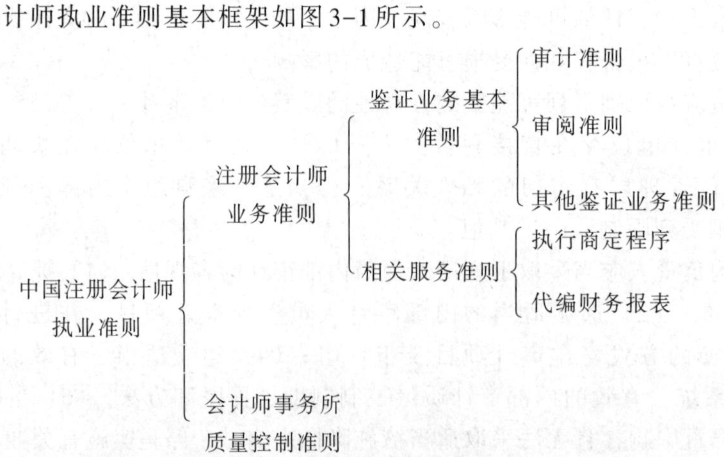

图3-1　中国注册会计师执业准则体系

【小思考3-1】比较国际审计准则与我国注册会计师审计准则。

（一）注册会计师鉴证业务准则

中国注册会计师业务准则由鉴证业务准则和相关服务准则构成。其中鉴证业务准则按照鉴证业务提供的保证程度和鉴证对象的不同，分为审计准则、审阅准则和其他鉴证业务准则，由鉴证业务基本准则统领。

鉴证业务是指注册会计师对鉴证对象信息提出结论，以增强预期使用者对鉴证对象信息信任程度的业务。《中国注册会计师鉴证业务基本准则》的目的在于规范注册会计师执行鉴证业务，明确鉴证业务的目标和要素，确定中国注册会计师审计准则、中国注册会计师审阅准则、中国注册会计师其他鉴证业务准则适用的鉴证业务类型。

【知识拓展3-3】 上市公司2017年年报审计情况快报（第八期）

2018年4月8日，中注协发布上市公司2017年年报审计情况快报（第八期），内容如下：

2018年3月26日—4月1日，40家事务所共为676家上市公司出具了财务报表审计报告（详见附表1），其中，沪市主板335家，深市主板98家，中小企业板143家，创业板100家。从审计报告意见类型看，676家上市公司中，有675家被出具了无保留意见审计报告，有1家上市公司被出具保留意见审计报告。在675家被出具无保留意见审计报告的上市公司中，有5家被出具了带持续经营相关重大不确定性事项段的无保留意见审计报告，有3家被出具了带强调事项段的无保留意见审计报告。

截至2018年4月1日，40家事务所共为1 214家上市公司出具了财务报表审计报告（详见附表2），其中，沪市主板582家，深市主板192家，中小企业板255家，创业板185家。从审计报告意见类型看，1 213家上市公司被出具了无保留意见审计报告，1家上市公司被出具保留意见审计报告。在1 213家被出具了无保留意见审计报告的上市公司中，5家上市公司被出具了带强调事项段的无保留意见审计报告，9家上市公司被出具了带持续经营相关重大不确定性事项段的无保留意见审计报告。

2018年3月26日—4月1日，39家事务所共为407家上市公司出具了内部控制审计报告（详见附表3），其中，沪市主板297家，深市主板96家，中小企业板13家，创业板1家。从审计报告意见类型看，407家上市公司中，有405家被出具了无保留意见审计报告，有2家上市公司被出具了否定意见的审计报告。在405家被出具无保留意见审计报告的上市公司中，有8家被出具了带强调事项段的无保留意见审计报告。

截至2018年4月1日，40家事务所共为738家上市公司出具了内部控制审计报告，其中，沪市主板519家，深市主板190家，中小企业板26家，创业板3家。从审计报告意见类型看，736家上市公司被出具了无保留意见审计报告，2家上市公司被出具了否定意见的审计报告。在736家被出具无保留意见审计报告的上市公司中，有12家被出具了带强调事项段的无保留意见审计报告。

资料来源：中国注册会计师协会网站.

【小思考3-2】审计业务的鉴证对象是什么？鉴证对象信息是什么？

(二) 注册会计师的总体目标和审计工作的基本要求

中国注册会计师审计准则第1101号是为了规范注册会计师按照中国注册会计师审计准则执行财务报表审计工作，确立注册会计师的总体目标，明确注册会计师为实现总体目标而需要执行审计工作的性质和范围，以及在执行财务报表审计业务时承担的责任而制定的。所以该准则适用于注册会计师执行财务报表审计业务。

1.概念界定

（1）注册会计师，是指取得注册会计师证书并在会计师事务所执业的人员，通常是指项目合伙人或项目组其他成员，有时也指其所在的会计师事务所。

（2）财务报表，是指依据某一财务报告编制基础对被审计单位历史财务信息作出的结构性表述，包括相关附注，旨在反映某一时点的经济资源或义务或者某一时期经济资源或义务的变化。相关附注通常包括重要会计政策概要和其他解释性信息。财务报表通常是指整套财务报表，有时也指单一财务报表。整套财务报表的构成应当根据适用的财务报告编制基础的规定确定。

（3）历史财务信息，是指以财务术语表述的某一特定实体的信息，这些信息主要来自特定实体的会计系统，反映了过去一段时间内发生的经济事项，或者过去某一时点的经济状况或情况。

（4）适用的财务报告编制基础，是指法律法规要求采用的财务报告编制基础；或者管理层和治理层（如适用）在编制财务报表时，就被审计单位性质和财务报表目标而言，采用的可接受的财务报告编制基础。财务报告编制基础分为通用目的编制基础和特殊目的编制基础。

（5）通用目的编制基础，是指旨在满足广大财务报表使用者共同的财务信息需求的财务报告编制基础，主要是指会计准则和会计制度。

（6）特殊目的编制基础，是指旨在满足财务报表特定使用者对财务信息需求的财务报告编制基础，包括计税核算基础、监管机构的报告要求和合同的约定等。

（7）管理层，是指对被审计单位经营活动的执行负有经营管理责任的人员。在某些被审计单位，管理层包括部分或全部的治理层成员，如治理层中负有经营管理责任的人员，或参与日常经营管理的业主（以下简称业主兼经理）。

（8）治理层，是指对被审计单位战略方向以及管理层履行经营管理责任负有监督责任的人员或组织。治理层的责任包括监督财务报告过程。在某些被审计单位，治理层可能包括管理层，如治理层中负有经营管理责任的人员，或业主兼经理。

（9）错报，是指某一财务报表项目的金额、分类、列报或披露，与按照适用的财务报告编制基础应当列示的金额、分类、列报或披露之间存在的差异。错报可能是由于错误或舞弊导致的。当注册会计师对财务报表是否在所有重大方面按照适用的财务报告编制基础编制并实现公允反映发表审计意见时，错报还包括根据注册会计师的判断，为使财务报表在所有重大方面实现公允反映，需要对金额、分类、列报或披露作出的必要调整。

（10）审计证据，是指注册会计师为了得出审计结论和形成审计意见而使用的信息。

审计证据包括构成财务报表基础的会计记录所含有的信息和其他信息。

审计证据的充分性，是对审计证据数量的衡量。注册会计师需要获取的审计证据的数量受其对重大错报风险评估的影响，并受审计证据质量的影响。

审计证据的适当性，是对审计证据质量的衡量，即审计证据在支持审计意见所依据的结论方面具有的相关性和可靠性。

（11）合理保证，是指注册会计师在财务报表审计中提供的一种高水平但非绝对的保证。

（12）审计风险，是指当财务报表存在重大错报时，注册会计师发表不恰当审计意见的可能性。审计风险取决于重大错报风险和检查风险。

（13）重大错报风险，是指财务报表在审计前存在重大错报的可能性。重大错报风险分为财务报表层次的重大错报风险和认定层次的重大错报风险。认定层次的重大错报风险由固有风险和控制风险两个部分组成。

（14）固有风险，是指在考虑相关的内部控制之前，某类交易、账户余额或披露的某一认定易于发生错报（该错报单独或连同其他错报可能是重大的）的可能性。

（15）控制风险，是指某类交易、账户余额或披露的某一认定发生错报，该错报单独或连同其他错报可能是重大的，但没有被内部控制及时防止或发现并纠正的可能性。

（16）检查风险，是指如果存在某一错报，该错报单独或连同其他错报可能是重大的，注册会计师将审计风险降至可接受的低水平而实施程序后没有发现这种错报的风险。

【小思考3-3】注册会计师能将检查风险降为零吗？

（17）职业判断，是指在审计准则、财务报告编制基础和职业道德要求的框架下，注册会计师综合运用相关知识、技能和经验，作出适合审计业务具体情况、有根据的行动决策。

（18）职业怀疑，是指注册会计师执行审计业务的一种态度，包括采取质疑的思维方式，对可能表明由于错误或舞弊导致错报的迹象保持警觉，以及对审计证据进行审慎评价。

例如，注册会计师叶华担任B上市公司审计项目负责人，通过阅读向证券监管机构报送的招股说明书，识别出C公司为B上市公司的关联方。叶华注意到，在管理层编制的财务报表及附注中，未披露C公司与B上市公司的关联方关系以及交易。B上市公司未在财务报表中充分披露关联方和关联交易，违反列报与披露相关的完整性认定。

【小思考3-4】审计证据的获取途径有哪些？

2.财务报表审计

审计的目的是提高财务报表预期使用者对财务报表的信赖程度。这一目的可以通过注册会计师对财务报表是否在所有重大方面按照适用的财务报告编制基础编制发表审计意见得以实现。就大多数通用目的财务报告框架而言，注册会计师针对财务报表是否在所有重大方面按照财务报告编制基础编制并实现公允反映发表审计意见。注册会计师按照审计准则和相关职业道德要求执行审计工作，能够形成这样的意见。

财务报表审计并不减轻管理层或治理层的责任。

注册会计师应当按照审计准则的规定，对财务报表整体是否不存在由于舞弊或错误导致的重大错报获取合理保证，以作为发表审计意见的基础。

合理保证是一种高水平保证。当注册会计师获取充分、适当的审计证据将审计风险降至可接受的低水平时，就获取了合理保证。

由于审计存在固有限制，注册会计师据以得出结论和形成审计意见的大多数审计证据是说服性而非结论性的，因此，审计只能提供合理保证，不能提供绝对保证。

在计划和执行审计工作，以及评价已识别出的错报对审计的影响和未更正的错报（如有）对财务报表的影响时，注册会计师应当运用重要性概念。

如果合理预期某一错报（包括漏报）单独或连同其他错报可能影响财务报表使用者依据财务报表作出的经济决策，则该项错报通常被认为是重大的。

重要性取决于在具体环境下对错报金额或性质的判断，或同时受到两者的影响，并受到注册会计师对于财务报表使用者对财务信息需求的了解的影响。

注册会计师针对财务报表整体发表审计意见，因此没有责任发现对财务报表整体影响并不重大的错报。

审计准则旨在规范和指导注册会计师对财务报表整体是否不存在重大错报获取合理保证，要求注册会计师在整个审计过程中运用职业判断和保持职业怀疑。

需要运用职业判断并保持职业怀疑的重要审计环节主要包括：（1）通过了解被审计单位及其环境，识别和评估由于舞弊或错误导致的重大错报风险；（2）通过对评估的风险设计和实施恰当的应对措施，针对是否存在重大错报获取充分、适当的审计证据；（3）依据从获取的审计证据中得出的结论，对财务报表形成审计意见。

注册会计师发表审计意见的形式取决于适用的财务报告编制基础以及相关法律法规的规定。

按照审计准则和相关法律法规的规定，注册会计师还可能就审计中出现的事项，负有与管理层、治理层和其他财务报表使用者进行沟通和向其报告的责任。

3.财务报表审计的总体目标

执行财务报表审计工作时，注册会计师的总体目标是：

（1）对财务报表整体是否不存在由于舞弊或错误导致的重大错报获取合理保证，使得注册会计师能够对财务报表是否在所有重大方面按照适用的财务报告编制基础编制发表审计意见；

（2）按照审计准则的规定，根据审计结果对财务报表出具审计报告，并与管理层和治理层沟通。

在任何情况下，如果不能获取合理保证，并且在审计报告中发表保留意见也不足以实现向财务报表预期使用者报告的目的，注册会计师应当按照审计准则的规定出具无法表示意见的审计报告，或者在法律法规允许的情况下终止审计业务或解除业务约定。

4.财务报表审计的基本要求

（1）与财务报表审计相关的职业道德要求

注册会计师应当遵守与财务报表审计相关的职业道德要求，包括遵守有关独立性的要求。

（2）职业怀疑

在计划和实施审计工作时，注册会计师应当保持职业怀疑，认识到可能存在导致财务报表发生重大错报的情形。

（3）职业判断

在计划和实施审计工作时，注册会计师应当运用职业判断。

（4）审计证据和审计风险

为了获取合理保证，注册会计师应当获取充分、适当的审计证据，以将审计风险降至可接受的低水平，使其能够得出合理的结论，作为形成审计意见的基础。

（5）按照审计准则的规定执行审计工作

注册会计师应当遵守与审计工作相关的所有审计准则。除非注册会计师已经遵守本准则以及与审计工作相关的其他所有审计准则，否则，注册会计师不得在审计报告中声称遵守了审计准则。

除非存在下列情况之一，注册会计师应当遵守审计准则的所有要求：（1）某项审计准则的全部内容与具体审计工作不相关；（2）由于审计准则的某项要求存在适用条件，而该条件并不存在，导致该项要求不适用。

如果不能实现相关审计准则规定的目标，注册会计师应当评价这是否使其不能实现总体目标。如果不能实现总体目标，注册会计师应当按照审计准则的规定出具非无保留意见的审计报告，或者在法律法规允许的情况下解除业务约定。

【知识拓展3-4】保持职业怀疑有何作用？

保持职业怀疑是保证审计质量的关键要素，有助于注册会计师恰当运用职业判断，提高审计程序设计及执行有效性，降低审计风险。

（1）在识别和评估重大错报风险时，有助于设计恰当的风险评估程序，有针对性地了解被审计单位及其环境；有助于对引起疑虑的情形保持警觉，充分考虑错报发生的可能性和重大程度，有效识别和评估重大错报风险。

（2）在设计和实施进一步审计程序时，有助于针对评估的重大错报风险恰当设计进一步程序的性质、时间安排和范围，降低选取不适当程序的风险；有助于对已获取的证据表明可能存在未识别的重大错报风险的情形保持警觉，并作出进一步调查。

（3）在评价审计证据时，有助于评价是否已获取充分、适当的审计证据以及是否还需执行更多的工作；有助于纠正仅获取最容易获取的审计证据、忽视存在相互矛盾的证据的偏向。

（4）保持职业怀疑对发现舞弊、防止审计失败至关重要。

（三）中国注册会计师职业道德守则

现行的《中国注册会计师职业道德守则》自2010年7月1日起施行。其中《中国注册会计师职业道德守则第1号——职业道德基本原则》提出注册会计师应当遵守诚信原则、客观和公正原则，在执行审计和审阅业务以及其他鉴证业务时保持独立性；应当获取和保持专业胜任能力；保持应有的关注，勤勉尽责；应当履行保密义务，对职业活动中获知的涉密信息保密；应当维护职业声誉，树立良好的职业形象。

1.诚信

注册会计师应当在所有的职业活动中，保持正直，诚实守信。

注册会计师如果认为业务报告、申报资料或其他信息存在下列问题，则不得与这些有问题的信息发生牵连：（1）含有严重虚假或误导性的陈述；（2）含有缺少充分依据的陈述或信息；（3）存在遗漏或含糊其辞的信息。注册会计师如果注意到已与有问题的信息发生牵连，应当采取措施消除牵连。

2.独立性

注册会计师执行审计和审阅业务以及其他鉴证业务时，应当从实质上和形式上保持独立性，不得因任何利害关系影响其客观性。

会计师事务所在承办审计和审阅业务以及其他鉴证业务时，应当从整体层面和具体业务层面采取措施，以保持会计师事务所和项目组的独立性。

3.客观和公正

注册会计师应当公正处事、实事求是，不得由于偏见、利益冲突或他人的不当影响而损害自己的职业判断。如果存在导致职业判断出现偏差，或对职业判断产生不当影响的情形，注册会计师不得提供相关专业服务。

4.专业胜任能力和应有的关注

注册会计师应当通过教育、培训和执业实践获取和保持专业胜任能力。注册会计师应当持续了解并掌握当前法律、技术和实务的发展变化，将专业知识和技能始终保持在应有的水平，确保为客户提供具有专业水准的服务。在应用专业知识和技能时，注册会计师应当合理运用职业判断。

注册会计师应当保持应有的关注，遵守执业准则和职业道德规范的要求，勤勉尽责，认真、全面、及时地完成工作任务。注册会计师应当采取适当措施，确保在其领导下工作的人员得到应有的培训和督导。注册会计师在必要时应当使客户以及业务报告的其他使用者了解专业服务的固有局限性。

5.保密

注册会计师应当对职业活动中获知的涉密信息保密，不得有下列行为：（1）未经客户授权或法律法规允许，向会计师事务所以外的第三方披露其所获知的涉密信息；（2）利用所获知的涉密信息为自己或第三方谋取利益。

注册会计师应当对拟接受的客户或拟受雇的工作单位向其披露的涉密信息保密。注册会计师应当对所在会计师事务所的涉密信息保密。注册会计师在社会交往中应当履行保密义务，警惕无意中泄密的可能性，特别是警惕无意中向近亲属或关系密切的人员泄密的可能性。注册会计师应当采取措施，确保下级员工以及提供建议和帮助的人员履行保密义务。

在终止与客户的关系后，注册会计师应当对以前在职业活动中获知的涉密信息保密。如果获得新客户，注册会计师可以利用以前的经验，但不得利用或披露以前职业活动中获知的涉密信息。

在下列情形下，注册会计师可以披露涉密信息：（1）法律法规允许披露，并且取得客户的授权；（2）根据法律法规的要求，为法律诉讼、仲裁准备文件或提供证据，以及向监管机构报告所发现的违法行为；（3）法律法规允许的情况下，在法律诉讼、仲裁中维护自己的合法权益；（4）接受注册会计师协会或监管机构的执业质量检查，答复其询问和调查；（5）法律法规、执业准则和职业道德规范规定的其他情形。

在决定是否披露涉密信息时，注册会计师应当考虑下列因素：（1）客户同意披露的涉密信息，是否为法律法规所禁止；（2）如果客户同意披露涉密信息，是否会损害利害关系人的利益；（3）是否已了解和证实所有相关信息；（4）信息披露的方式和对象；（5）可能承担的法律责任和后果。

6.良好职业行为

注册会计师应当遵守相关法律法规，避免发生任何损害职业声誉的行为。注册会计师在向公众传递信息以及推介自己和工作时，应当客观、真实、得体，不得损害职业形象。注册会计师应当诚实、实事求是，不得有下列行为：（1）夸大宣传提供的服务、拥有的资质或获得的经验；（2）贬低或无根据地比较其他注册会计师的工作。

【知识拓展3-5】中国注册会计师职业道德守则目录

中国注册会计师职业道德守则第1号——职业道德基本原则

第一章　总则

第二章　诚信

第三章　独立性

第四章　客观和公正

第五章　专业胜任能力和应有的关注

第六章　保密

第七章　良好职业行为

第八章　附则

中国注册会计师职业道德守则第2号——职业道德概念框架

第一章　总则

第二章　对遵循职业道德基本原则产生不利影响的因素

第三章　应对不利影响的防范措施

第四章　道德冲突问题的解决

第五章　附则

中国注册会计师职业道德守则第3号——提供专业服务的具体要求

第一章　总则

第二章　专业服务委托

第三章　利益冲突

第四章　应客户要求提供第二次意见

第五章　收费

第六章　专业服务营销

第七章　礼品和款待

第八章　保管客户资产

第九章　对客观和公正原则的要求
第十章　附则

中国注册会计师职业道德守则第4号——审计和审阅业务对独立性的要求
总则
第一章　总则
第二章　基本要求
第三章　经济利益
第四章　贷款和担保
第五章　商业关系
第六章　家庭和私人关系
第七章　与审计客户发生雇佣关系
第八章　临时借出员工
第九章　审计项目组成员最近曾任审计客户的董事、高级管理人员和特定员工
第十章　兼任审计客户的董事或高级管理人员
第十一章　与审计客户长期存在业务关系
第十二章　为审计客户提供非鉴证服务
第十三章　收费
第十四章　薪酬和业绩评价政策
第十五章　礼品和款待
第十六章　诉讼或诉讼威胁
第十七章　含有使用和分发限制条款的报告
第十八章　附则

中国注册会计师职业道德守则第5号——其他鉴证业务对独立性的要求
第一章　总则
第二章　基本要求
第三章　经济利益
第四章　贷款和担保
第五章　商业关系
第六章　家庭和私人关系
第七章　与鉴证客户发生雇佣关系
第八章　鉴证业务项目组成员最近曾任鉴证客户的董事、高级管理人员和特定员工
第九章　兼任鉴证客户的董事或高级管理人员
第十章　与鉴证客户长期存在业务关系
第十一章　为鉴证客户提供非鉴证服务
第十二章　收费

第十三章　礼品和款待
第十四章　诉讼或诉讼威胁
第十五章　附则
中国注册会计师职业道德守则术语表

中国注册会计师协会非执业会员职业道德守则
第一章　总则
第二章　职业道德基本原则
第三章　职业道德框架概念
第四章　潜在冲突
第五章　信息的编制和报告
第六章　专业知识和技能
第七章　经济利益
第八章　礼品和款待
第九章　附则

本章小结

审计依据是指查明审计客体的行为规范，是据以作出审计结论、提出处理意见和建议的客观尺度。审计准则是由国家审计部门或注册会计师职业团体制定的，用以规定审计人员应有的素质和专业资格，规范和指导其执业行为，衡量和评价其工作质量的权威性标准。国家审计准则是国家审计机关及工作人员在从事审计业务活动中的专业规范。内部审计准则是内部审计职业规范体系的重要组成部分，是对内部审计机构及内部审计人员执业行为的规范，也是衡量内部审计质量的权威性标准。注册会计师执业准则是注册会计师在执业过程中必须遵循的行为准则，是衡量注册会计师执业质量的权威性标准。中国注册会计师职业道德守则要求注册会计师应当遵守诚信原则、客观和公正原则、独立原则，应当获取和保持专业胜任能力，应当履行保密义务，应当树立良好的职业形象。

本章主题词

审计依据　国家审计准则　中国内部审计准则　中国注册会计师审计准则

复习思考题

1. 审计依据的特点和选用原则？
2. 如何理解国家审计准则中的重要性含义？
3. 如何理解财务报表审计的目标和基本要求？
4. 如何理解注册会计师职业道德守则的一般原则？

案例讨论

M公司是一家国有大型企业。2014年年末，在外地出差的董事长电话指示公司总经理把财务报告做的漂亮一些，以掩盖公司亏损的不利局面。遵照指示，总经理安排财务主管对当年年度的财务报告进行了技术处理，虚拟了若干笔无交易的销售收入，从而使公司报表由亏损变成盈利。公司后又聘请守信会计师事务所对其财务报告进行审计，由于守信会计师事务所没有按照审计准则的规定执行有效的审计程序，所以并未发现该公司的财务造假行为。2015年6月，当地监管部门发现该公司存在重大财务报告舞弊行为，依据我国相关法律，对M公司和守信会计师事务所进行了处罚。

要求：请依据注册会计师审计准则分析这个案例说明了什么？

第四章　审计业务流程

【学习目标】

知识目标：理解并掌握审计业务的基本流程，包括审计计划准备阶段、审计实施阶段、审计报告阶段、后续审计阶段，了解审计业务约定书，了解审计计划、审计证据获取程序，熟悉审计工作底稿的编制。

能力目标：通过学习，能够区分不同审计主体审计活动不同阶段的主要任务，并能够针对不同审计主体实际操作不同审计活动阶段的主要业务，如编制审计业务约定书、制订审计计划、搜集审计证据、编制审计工作底稿、出具审计报告等。

【引导案例】

不规范操作所付出的代价!

某注册会计师接到一个委托单位的电话，对方提出要求说希望注册会计师第二天能帮他们企业进行年报鉴证业务，注册会计师没有多想，就答应了。第二天到达企业后，注册会计师看到了财务报表。由于注册会计师认为该公司太小，业务也没有多少，于是该名注册会计师认为不用签订审计业务约定书就开始审计。

该名注册会计师审阅了公司报表后，发现这份报表是虚假的，于是他便要求会计提供真实的财务报表，该公司会计又重新拿了一份报表给他。但第二份报表经过审计后，发现还是虚假的，于是又向会计要求提供真实报表，如此经历过三次后，该公司会计生气地说："真的报表不可能拿给你!"到此，该注册会计师只好结束了审计。

在返回的路上，该注册会计师越想越生气，辛辛苦苦跑了这么远，还浪费了时间，结果一无所获，但又没有办法。

资料来源：作者实地调研某会计师事务所具体业务时搜集整理.

这一案例表明：如果不按照审计流程执行审计业务，只能是"结果一无所获，但又没有办法"的局面。

第一节 审计业务流程概述

审计业务流程是指审计人员对审计项目从开始到结束的整个过程中采取的系统性工作步骤。广义的审计业务流程一般都包括计划准备阶段、实施阶段、完成阶段、后续阶段，每个阶段又包括不同的内容和步骤。审计的主体不同，审计业务流程各个阶段的具体内容也有所不同。

规定审计业务流程，其作用在于：可以使审计工作按法定程序进行，实现审计工作的法制化，做到有法必依、执法必严和违法必纠；可以使审计工作有秩序地进行，防止忙乱现象；可以围绕审计目标，根据审计要求，抓住关键，避免主次不分的问题；可以合理安排人力、物力、财力和时间等审计资源，提高审计效率，保证审计质量；有利于被审计单位配合审计工作，也有利于保护被审计单位的合法权益。

一般来说，审计业务流程分四个阶段，即计划准备阶段、实施阶段、完成阶段和后续阶段，如图4-1所示。

一、计划准备阶段

合理的审计计划有助于审计人员关注重点审计领域、及时发现和解决潜在问题以及恰当地组织和管理审计工作，以便提高审计效率和保证审计质量；也可以帮助审计人员对项目组成员进行恰当分工、指导监督和复核，并可以协调其他审计人员和专家的工作。在计划准备阶段有四项重要工作：确定审计项目、确定重要性、评估审计风险、制订审计计划。

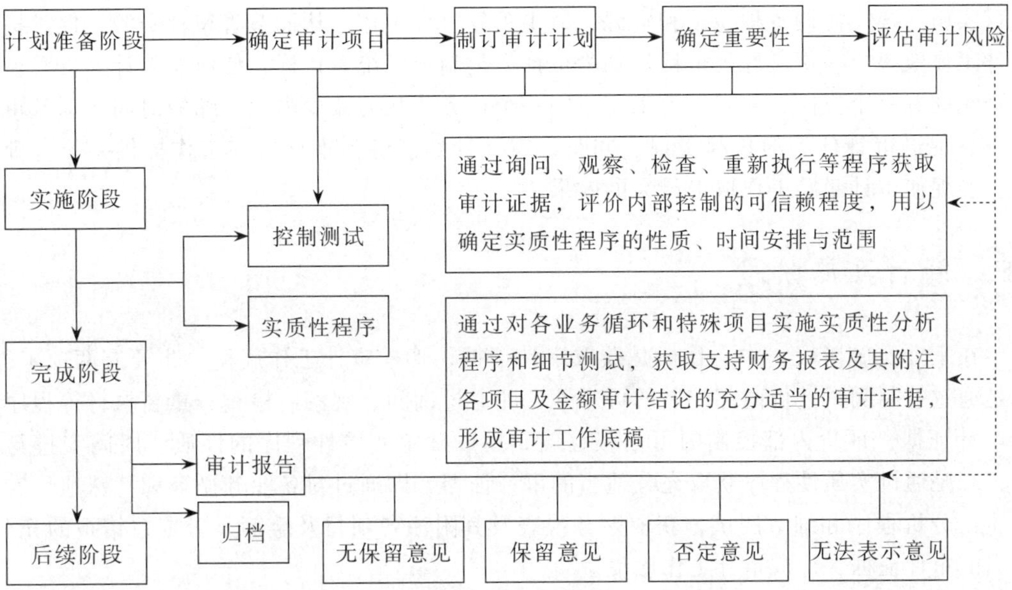

图 4-1　审计业务流程

(一) 确定审计项目

审计人员根据年度审计计划或者客户委托，并考虑专业胜任能力、独立性等相关的职业道德因素后确定要执行的审计项目。

无论是连续审计还是首次审计，审计人员都应该考虑下列事项：(1) 被审计单位的关键管理人员是否诚信；(2) 项目组是否具备执行审计业务的专业胜任能力以及必要的时间和审计资源；(3) 项目组能否遵守职业道德规范，评价独立性。

(二) 确定重要性水平

在计划准备阶段，审计人员应当确定一个可接受的重要性水平，以发现在金额上重大的错报。审计人员在确定计划的重要性时，需要考虑对被审计单位及其环境的了解、审计目标、财务报表各项目的性质及其相互关系、财务报表项目的金额及其波动幅度。同时，还应当从数量和性质两个方面合理确定重要性。

(三) 评估审计风险

审计风险是指被审计事项存在重大错报时审计人员得出不恰当的审计结论或者发表不恰当审计意见的可能性。风险评估是现代审计的一项重要程序。它的基本理念，就是审计的实施要从评估风险引入，将对审计风险的识别、评估和应对贯穿于整个审计过程，将审计风险降低至可接受的低水平，对被审计的事项不存在重大错报提供合理保证。

【小思考 4-1】合理保证和有限保证有什么区别？

(四) 制订审计计划

审计计划是审计控制的基础，为审计项目控制提供了控制标准。审计计划能够在审计项目实施前统一协调各种力量和资源，减少重复审计工作，从而节省审计资源，促进提高审计工作效率。一份良好的审计计划为审计人员制定了统一目标，使所有审计人员凝聚所有资源朝着一个方向，共同努力来完成同一个任务，从而减少内耗，缩短时间，降低审计成本，促进审计任务的顺利实现。同时，审计计划能够为审计考核工作提供一个合理前提，能促使审计激励工作取得最大的效果。

二、审计实施阶段

在审计实施阶段，中心目标是获取审计证据、形成审计工作底稿，主要有两项工作：一是通过控制测试评价内部控制的可靠性，即通过询问、观察、检查、重新执行等程序获取审计证据，评价内部控制的可信赖程度，用以确定实质性程序的性质、时间安排与范围；二是通过实质性程序获取充分适当的审计证据，即通过对各业务循环和特殊项目实施实质性分析程序和细节测试，获取财务报表及其附注各项目及金额是否存在错报的充分、适当的审计证据，形成审计工作底稿。

（一）审计证据

1.审计证据的含义

审计证据是指审计人员为了得出审计结论、形成审计意见而使用的所有信息。比如在财务报表审计中，审计证据包括构成财务报表基础的会计记录中所含有的信息和其他信息。审计证据的来源主要有会计记录中含有信息和其他信息两种，财务报表依据的会计记录中包含的信息和其他信息共同构成了审计证据，两者缺一不可。如果没有前者，审计工作将无法进行；如果没有后者，可能无法识别重大错报风险。只有将两者结合在一起，才能将审计风险降至可接受的低水平，为审计人员得出审计结论提供合理基础。

（1）会计记录中含有的信息。会计记录主要包括原始凭证、记账凭证、总分类账和明细分类账、未在记账凭证中反映的对财务报表的其他调整，以及支持成本分配、计算、调节和披露的手工计算表和电子数据表。这些会计记录是编制财务报表的基础，构成审计人员执行财务报表审计业务所需获取的审计证据的重要部分。

（2）其他信息。可用作审计证据的其他信息包括审计人员从被审计单位内部或外部获取的会计记录以外的信息，如被审计单位会议记录、内部控制手册、询证函的回函、分析师的报告、与竞争者的比较数据等；通过询问、观察和检查等审计程序获取的信息，如通过检查存货获取存货存在性的证据等；以及自身编制或获取的可以通过合理推断得出结论的信息，如审计人员编制的各种计算表、分析表等。

2.审计证据的种类

一般而言，审计人员所获取的审计证据可以按照外形特征分为四类：实物证据、书面证据、口头证据和环境证据。

（1）实物证据

实物证据是指通过实际观察或检查有形资产的方法所取得、用以确定某些实物资产是否真实存在的证据。例如，要证实固定资产和各种存货是否存在，可以实施检查有形资产的审计程序。因此，实物证据通常是证明实物资产是否真实存在的非常有说服力的证据。

但是，实物证据的局限性在于难以证明实物资产的价值和所有权归属。实物资产的价值和所有权归属需要通过检查记录或文件程序来证实。

（2）书面证据

书面证据是指通过采用检查、函证、重新计算、执行和分析方法所获取的各种以书面文件为形式的一类证据。证据主要包括各种凭证、账簿和报表，各种文件和合同等。书面证据是审计证据的主要组成部分，也成为基本证据。书面证据按照其来源可以分为内部证据和外部证据。

内部证据是指被审计单位内部的机构或人员编制或形成的书面证据，例如会计记录，股东大会的会议记录，仓库的收料单和发货单等都称之为内部证据。内部证据有证明力强弱之分。一般而言，如果内部证据只在单位内部流转、没有外部人员或机构的监督检查，则证明力较弱，例如，折旧计算表。但是，如果内部证据在外部流转，并获得其他单位或个人的认可，则证明力较强，例如，销售发票、工资发放表。

外部证据是指由被审计单位以外的机构或人员编制的书面证据。一般而言，外部证据比内部证据更可靠，具有较强的证明力。通常情况下，外部证据包括三种：第一种是由被审计单位以外的机构或人员编制，并直接交给审计人员的证据。例如：应收账款回函、证券经纪人的证明等；第二种是由被审计单位以外的机构或人员编制，但是经过被审计单位流转后递交给审计人员的书面证据，例如：银行对账单、购货发票等；第三种是审计人员为了证明某个事项而自己编制的各种分析、计算表等，例如：应收账款账龄分析表。

（3）口头证据

口头证据是指审计人员询问被审计单位内外有关人员取得的一类证据。例如：审计人员就现金盘点中存在的现金短款询问出纳员形成的记录；就内部控制的有效性询问管理层及其相关人员形成的记录等一般而言，口头证据本身不足以发现认定层次存在的重大错报，也不足以测试内部控制运行的有效性，审计人员还应当实施其他审计程序获取充分、适当的审计证据。但是，审计人员可以通过询问获取一些重要的线索。相对而言，不同的被调查人对同一问题所作的口头陈述相同时，口头证据具有较高的可靠性，但在一般情况下，口头证据需要得到其他相应证据的支持。

（4）环境证据

环境证据是指通过观察所获取的对被审计单位产生影响的各种环境事实方面的证据。具体而言，包括：内部控制情况；被审计单位管理人员的素质；各种管理条件和管理水平等。

3.审计证据应具备的基本特征

（1）审计证据的充分性

审计证据的充分性是对审计证据数量的衡量，主要与审计人员确定的样本量有关，是形成审计意见所需审计证据的最低数量要求。审计人员需要获取的审计证据的数量受其对重大错报风险评估的影响。评估的重大错报风险越高，需要的审计证据数量可能越多。例如：对现金收支业务项目实施抽样审计程序，如果共有现金收支业务100笔，那么从中抽出80个样本进行审计获取的证据要比从中抽出40个样本进行审计获取的证据更充分。

（2）审计证据的适当性

审计证据的适当性是指审计证据的相关性和可靠性。审计证据的相关性，是指用作审计证据的信息与审计程序的目的和考虑的相关认定之间的逻辑联系，简单来说，相关性是指审计证据与审计目标相关联；审计证据的可靠性是指证据的可信程度，简单来说，可靠性是指审计证据应能如实地反映客观事实。审计证据的适当性是对审计证据质量的衡量，即审计证据在支持审计意见所依据的结论方面具有的相关性和可靠性。

在形成审计意见时，审计人员应当从总体上评价是否已经获取充分、适当的审计证据，以将审计风险降至可接受的低水平。

【知识拓展 4-1】 确定审计证据的相关性时应当考虑的事项

在确定审计证据的相关性时，应当考虑下列事项：

(1) 特定的审计程序可能只为某些认定提供相关的审计证据，而与其他认定无关。例如，检查实物资产存货，其检查结果只能证明存货是否存在及完好，却不能证明存货的计价和所有权归属。

(2) 针对同一项认定可从不同来源获取审计证据或获取不同性质的审计证据。例如，为证实应收账款的真实存在性，注册会计师可以向客户发出询证函进行函询取证，也可以审阅应收账款明细账及其凭证、核对与应收账款有对应关系的账户来获取审计证据。

(3) 只与特定认定相关的审计证据并不能替代与其他认定相关的审计证据。例如，向管理层询问存货过时情况，只能用于认定存货估价；要获取存货估价恰当性的证据还需要实施检查书面资料的程序。

【知识拓展 4-2】 考虑审计证据可靠性的原则

(1) 从被审计单位外部独立来源获取的审计证据比从其他来源获取的审计证据更可靠。因为从被审计单位外部独立来源获取的审计证据未经被审计单位有关职员之手，从而减少了伪造、篡改凭证或业务记录的可能性，因而其证明力最强。

(2) 相关内部控制有效时内部生成的审计证据比内部控制薄弱时内部生成的审计证据更可靠。如果被审计单位有着健全的内部控制且在日常管理中得到一贯的执行，会计记录的可信赖程度将会增加。

(3) 直接获取的审计证据比间接获取或推论得出的审计证据更为可靠。例如，注册会计师测试某项内部控制的运行而得到的证据比询问被审计单位某项内部控制的运行得到的证据更可靠。

(4) 以文件记录形式存在的审计证据比口头形式的审计证据更可靠。口头证据本身并不足以证明事实的真相，仅仅提供了一些重要线索。

(5) 从原件获取的审计证据比从传真、复印或者通过拍摄、数字化或者其他方式转化成电子形式的文件获取的审计证据更可靠。注册会计师可以通过审查原件是否有被涂改或伪造的迹象，排除伪证，提高证据的可信赖程度。

通常情况下，注册会计师以函证方式直接从被询证者获取的审计证据，比被审计单位内部生成的审计证据更可靠。通过函证等方式从独立来源获取的相互印证的信息，可以提高注册会计师从会计记录或管理层书面声明中获取的审计证据的保证水平。

4.获取审计证据的审计程序

在审计过程中，审计人员可根据需要单独或综合采用检查、监盘、观察、查询及函证、计算和分析性复核等审计程序，可用作风险评估程序、控制测试和实质性程序，以获取充分、适当的审计证据。

（1）检查

检查是指审计人员对被审计单位内部或外部生成的，以纸质、电子或其他介质形式存在的记录和文件进行审查，或对资产进行实物检查。检查记录或文件可以提供可靠程度不同的审计证据，审计证据的可靠性取决于记录或文件的性质和来源，而在检查内部记录或文件时，其可靠性则取决于生成该记录或文件的内部控制的有效性。

（2）观察

观察是指审计人员察看相关人员正在从事的活动或实施的程序。例如，审计人员对被审计单位人员执行的存货盘点或控制活动进行观察。观察可以提供执行有关过程或程序的审计证据，但观察所提供的审计证据仅限于观察发生的时点，而且被观察人员的行为可能因被观察而受到影响，这也会使观察提供的审计证据受到限制。

（3）监盘

监盘是指审计人员现场监督被审计单位各种实物资产及现金、有价证券等的盘点并进行适当的抽查。但监盘有局限性，它只是对实物资产是否确实存在提供有力的审计证据，却不能保证被审计单位对资产拥有所有权，也不能对该资产的价值提供审计证据。因此，审计人员在监督盘点之外，应对实物资产的计价和所有权以其他方式进行审计。

（4）询问

询问是指审计人员以书面或口头方式，向被审计单位内部或外部的知情人员获取财务信息和非财务信息，并对答复进行评价的过程。作为其他审计程序的补充，询问广泛应用于整个审计过程中。

（5）函证

函证，是指审计人员直接从第三方（被询证者）获取书面答复以作为审计证据的过程，书面答复可以采用纸质、电子或其他介质等形式。当针对的是与特定账户余额及其项目相关的认定时，函证常常是相关的程序。但是，函证不必局限于账户余额。例如，审计人员可能要求对被审计单位与第三方之间的协议和交易条款进行函证。审计人员可能在询证函中询问协议是否作过修改，如果作过修改，要求被询证者提供相关的详细信息。

（6）重新计算

重新计算是指审计人员对记录或文件中的数据计算的准确性进行核对。重新计算可通过手工方式或电子方式进行。

（7）重新执行

重新执行是指审计人员独立执行原本作为被审计单位内部控制组成部分的程序或控制。

（8）分析程序

分析程序，是指审计人员通过分析不同财务数据之间以及财务数据与非财务数据之间的内在关系，对财务信息作出评价。分析程序还包括在必要时对识别出的与其他相关信息不一致或与预期值差异重大的波动或关系进行调查。

（二）审计工作底稿

1.审计工作底稿的含义

审计工作底稿是指审计人员对制订的审计计划、实施的审计程序、获取的相关审计证据，以及得出的审计结论作出的记录。对审计工作的记录贯穿于审计人员执行审计的全过程。审计工作底稿既是审计人员形成审计结论的依据，也是判断审计人员是否遵循审计准则执行审计业务的证据。

审计工作底稿可以以纸质、电子或其他介质形式存在。审计工作底稿通常包括总体审计策略、具体审计计划、分析表、问题备忘录、重大事项概要、询证函回函、管理层说明书、核对表、有关重大事项的往来信件，以及对被审计单位文件记录的摘要或复印件等。

审计工作底稿不包括已被取代的审计工作底稿的草稿或财务报表的草稿、反映不全面或初步思考的记录、存在印刷错误或其他错误而作废的文本，以及重复的文件记录等。由于这些草稿、错误的文本或重复的文件记录不直接构成审计结论和审计意见的支持性证据。

2.审计工作底稿的要素

审计人员要将审计工作的执行过程和结果详细地记录下来，需要编制审计工作底稿，该底稿一方面要便于行业检查，另一方面要便于以后的查阅。审计工作底稿形成方式主要有两种：一种是直接编制，另一种是取得的工作底稿。不管是通过哪种方式取得的，审计工作底稿通常包括以下要素：

（1）审计工作底稿的标题。每张底稿应当包括被审计单位的名称、审计项目的名称以及资产负债表日或底稿覆盖的会计期间（如果与交易相关）。

（2）审计过程记录。审计人员应当记录审计项目的执行过程，包括实施审计程序的性质、时间和范围。对于特定的项目或事项还应当记录测试的特定项目或事项的识别特征，例如，对于一项需要询问被审计单位中特定人员的审计程序，审计人员可能会以记录询问的时间、被询问人的姓名、所在岗位、职务、工作年限作为识别特征。

（3）审计结论。对于形成的审计结论，审计人员应当进行恰当的记录。审计结论不仅能够帮助审计人员总结执行相关审计程序后所得到的结论，而且还可以作为形成审计意见的基础。

（4）审计标识及其说明。审计工作底稿中可以使用各种审计标识，但是要说明其含义，并保持前后一致。

（5）索引号及页次。将审计工作底稿注明索引号及顺序编号，是为了使相关审计工作底稿之间保持清晰的钩稽关系。为了汇总及便于交叉索引和复核，每个事务所都会制定特定的审计工作底稿归档流程。因此，每张表或记录都应有一个索引号，例如，A1、D6等，以说明其在审计工作底稿中的放置位置。

（6）编制者和复核者的姓名及日期。为了明确责任，在各自完成与特定工作底稿相关的任务之后，编制者和复核者都应在工作底稿上签名并注明编制日期和复核日期。

（7）其他应说明事项。

【知识拓展4-3】 审计工作底稿的编制要求

注册会计师编制的审计工作底稿，应当使得未曾接触该项审计工作的有经验的专业人士清楚了解：

（1）按照审计准则和相关法律法规的规定实施的审计程序的性质、时间安排和范围。

（2）实施审计程序的结果和获取的审计证据。

（3）审计中遇到的重大事项和得出的结论，以及在得出结论时作出的重大职业判断。

有经验的专业人士，是指会计师事务所内部或外部的具有审计实务经验，并且对下列方面有合理了解的人士：

（1）审计过程；

（2）审计准则和相关法律法规的规定；

（3）被审计单位所处的经营环境；

（4）与被审计单位所处行业相关的会计和审计问题。

3.审计工作底稿的复核

一张审计底稿可能由一名或多名专业人员完成，对有关事项的判断、对会计数据的计算有可能会出现误差，因此，在审计底稿编制完成后，多层次的复核尤为必要。审计工作底稿复核制度就是对有关复核人的级别、复核程序、要点和职责等所作的明文规定。

【小思考4-2】复核的作用主要表现在哪几个方面？

三、报告阶段

在报告阶段应有的重要工作包括：汇总审计差异、执行分析程序、复核审计工作底稿、进行审计沟通、作出审计总结、完成审计报告、归档审计工作底稿。

（一）汇总审计差异

审计项目负责人根据审计重要性原则予以初步确定并汇总审计差异。对审计差异内容的“初步确定并汇总”直至形成“经审计的财务报表”的过程，主要是通过编制审计差异调整表和试算平衡表得以完成的。

在财务报表审计中，审计差异内容按是否需要调整账户记录可分为核算错误和重分类错误。核算错误是因企业对经济业务进行了不正确的会计核算而引起的错误；重分类错误是因企业未按企业会计准则列报财务报表而引起的错误。

试算平衡表是审计人员在被审计单位提供未审财务报表的基础上，考虑调整分录、重分类分录等内容以确定已审数与报表披露数的表式。

（二）执行分析程序

审计人员通过分析不同财务数据之间以及财务数据与非财务数据之间的内在关系，对财务信息作出评价。分析程序还包括在必要时对识别出的、与其他相关信息不一致或与预期值差异重大的波动或关系进行调查。分析程序的关键在于分析以及比较，要分析所收集数据之间可能存在的关系，即相关性，而且要保证搜集数据的可靠性，并且剔除其中的不合理因素。然后利用审计人员积累的经验以及收集的合理标准，对照分析被审计单位提供的资料以及信息，从中发现异常的变动、不合常理的趋势或者比率。

（三）复核审计工作底稿

对财务报表总体合理性进行总体复核。在审计结束或临近结束时，审计人员通常运用分析程序的目的是确定经审计调整后的财务报表整体是否与对被审计单位的了解一致，是否具有合理性；在运用分析程序进行总体复核时，如果识别出以前未识别的重大错报风险，审计人员应当重新考虑对全部或部分各类别交易、账户余额、披露所评估的风险是否恰当，并在此基础上重新评价之前计划的审计程序是否充分，是否有必要追加审计程序。

（四）进行审计沟通

审计沟通是指审计机构与被审计单位、组织适当管理层就审计有关事项、依据、结论、决定或建议进行积极有效探讨和交流的过程。审计沟通是审计工作不可缺少的一部分，是贯穿于整个审计过程的一项重要工作。在常规审计的各个环节，与被审计单位进行全面、有效的沟通，使他们不仅知其然，更知其所以然。通过沟通，提高被审计单位整改问题的自觉性，也能达到常规审计的效果。审计沟通通常包括口头和书面两种方式。其中，口头方式最常用，如审计人员向管理当局询问有关审计单位的基本情况，或与管理当局就审计中发现的有关问题进行讨论等。但对于某些重要事项，审计人员常采用书面方式进行沟通，这种书面沟通文件常被称为“备忘函”“提示函”或“沟通函”。

（五）作出审计总结

审计总结是对整个审计工作进行的总结。审计总结包含的要素有：被审计单位简介，主要阐述被审计单位的背景信息及重大会计政策的变更情况等；审计概况，主要阐述审计过程，包括计划的执行情况，审计的总体评价，审计前后主要财务指标及应引起被审计单位注意的重大事项；审计中发现的主要问题和建议的重要调整事项；审计结论，主要阐明拟出具的审计报告及对被审计单位经营管理的评价与建议等。

（六）完成审计报告

这一部分内容将在本书第五章进行系统阐述。

（七）归档审计工作底稿

在审计业务完成阶段，审计人员应当按照一定的标准将审计工作底稿归档。归档时，审计人员可以按照审计循环或者会计报表项目以及审计工作底稿的使用期限长短，先对审计工作底稿进行分类，再编上相应索引号和页码分别存档。

四、后续审计阶段

后续审计是指在审计报告发出后相隔一定时间内，审计人员为检查被审计单位对审计发现和建议是否已经采取了适当的纠正行动并取得预期的效果而实施的审计。后续审计的目的是确保对审计报告中提出的审计结果采取合适的行动。

由于国家审计是强制性审计，因此后续审计通常是国家审计项目中的一个阶段，必要时国家审计机关可委托社会审计组织对被审计单位实施后续审计。后续审计的重点一般限于审计结论和决定所涉及的范围。后续审计所涉及的时间是从审计结论和决定通知被审计单位执行起至后续审计开始止这一段时间内被审计单位执行审计结论和决定的情况。后续审计的程序和方法与一般的审计程序和方法基本相同，但针对性较强。有些情况下后续审计也是内部审计项目中的一个阶段。

第二节　国家审计业务流程

国家审计业务流程的计划准备阶段、实施阶段和终结报告及后续审计四个阶段在《中华人民共和国审计法》第五章中有详细规定，其主要内容是：制订审计项目计划，组成审计组，下达审计通知书，进入现场实施审计，征求被审计单位意见，提交审计报告，审定审计报告，提出处理意见，行政复议，后续审计等。

一、审计准备阶段

审计机关根据审计项目计划，确定审计事项，选派审计人员组成审计组，审计组实行审计组长负责制。审计组具体负责项目审计准备工作。其工作主要有：进行审计前培训；了解被审计单位基本情况；编制具体项目审计工作方案；制发审计通知书。按照《中华人民共和国审计法》的规定，“审计机关应当在实施审计的3日前，向被审计单位送达审计通知书”。

（一）编制审计计划

为全面履行审计职责，有效开展审计监督，充分发挥审计的作用，审计机关应根据国家形势和审计工作实际，对一定时期审计工作的目标任务、重点内容、时间安排及审计步骤等进行事前具体安排，作出审计计划。在国家审计机关的各项计划中，年度审计项目计划和审计工作方案是审计计划的重点，它是审计机关为履行审计职责而对计划期内的审计项目、审计范围、审计内容和重点等作出的统一安排。

1.年度审计项目计划

审计机关应当根据法定的审计职责和审计管辖范围，编制年度审计项目计划。编制年度审计项目计划应当服务大局，围绕政府工作中心，突出审计工作重点，合理安排审计资源，防止不必要的重复审计。《中华人民共和国国家审计准则》规定，审计机关编制年度审计项目计划应当遵循三个步骤：第一步，调查审计需求，初步选择审计项目；第二步，对初选审计项目进行可行性研究，确定备选审计项目及其优先顺序；第三步，评估审计机关可用审计资源，确定审计项目，编制年度审计项目计划。年度审计项目计划应当按照审计机关规定的程序审定，审计机关在审定年度审计项目计划前，根据需要，可以组织专家进行论证。然而，对必选审计项目，审计机关可以不进行可行性研究。应当作为必选审计项目的有：（1）法律法规规定每年应当审计的项目；（2）本级政府行政首长和相关领导机关要求审计的项目；（3）上级审计机关安排或者授权的审计项目。

审计机关编制年度审计项目计划可以采取文字、表格或者两者相结合的形式。年度审计项目计划的内容主要包括：（1）审计项目名称；（2）审计目标，即实施审计项目预期要完成的任务和结果；（3）审计范围，即审计项目涉及的具体单位、事项和所属期间；（4）审计重点；（5）审计项目组织和实施单位；（6）审计资源。编制完成的年度审计项目计划应当报经本级政府行政首长批准，并向上一级审计机关报告。经过批准的年度审计项目计划应当下达审计项目组织和实施单位执行。

需要注意的是，年度审计项目计划一经下达，审计项目组织和实施单位应当确保完成，不得擅自变更，除非在执行过程中遇到下列情形：（1）本级政府行政首长和相关领导机关临时交办审计项目的；（2）上级审计机关临时安排或者授权审计项目的；（3）突发重大公共事件需要进行审计的；（4）原定审计项目的被审计单位发生重大变化，导致原计划无法实施的；（5）需要更换审计项目实施单位的；（6）审计目标、审计范围等发生重大变化需要调整的；（7）需要调整的其他情形。

2.审计工作方案

年度审计项目计划确定审计机关统一组织多个审计组共同实施一个审计项目或者分别实施同一类审计项目的，审计机关业务部门应当编制审计工作方案。审计机关业务部门编制审计工作方案，应当根据年度审计项目计划形成过程中调查审计需求、进行可行性研究的情况，开展进一步调查，对审计目标、范围、重点和项目组织实施等进行确定。

审计工作方案的内容主要包括：（1）审计目标；（2）审计范围；（3）审计内容和重点；（4）审计工作组织安排；（5）审计工作要求。审计机关业务部门编制的审计工作方案应当按照审计机关规定的程序审批。在年度审计项目计划确定的实施审计起始时间之前，下达到审计项目实施单位。审计机关业务部门根据审计实施过程中情况的变化，可以申请对审计工作方案的内容进行调整，并按审计机关规定的程序报批。审计机关应当定期检查年度审计项目计划执行情况，评估执行效果，按照国家有关规定，建立和实施审计项目计划执行情况及其结果的统计制度。

（二）制发审计通知书

审计机关应当依照法律法规的规定，向被审计单位送达审计通知书。审计通知书的内容主要包括被审计单位名称、审计依据、审计范围、审计起始时间、审计组组长及其他成员名单和被审计单位配合审计工作的要求。同时，还应当向被审计单位告知审计组的审计纪律要求。采取跟踪审计方式实施审计的，审计通知书应当列明跟踪审计的具体方式和要求。专项审计调查项目的审计通知书应当列明专项审计调查的要求。

二、审计实施阶段

审计实施阶段的主要工作包括：进驻被审计单位，召开审计进点会议；执行审计业务，实施审查与取证；召开结束会议，离开被审计单位。

（一）调查了解被审计单位及其相关情况

审计人员可以从下列方面调查了解被审计单位及其相关情况：（1）单位性质、组织结构；（2）职责范围或者经营范围、业务活动及其目标；（3）相关法律法规、政策及其执行情况；（4）财政财务管理体制和业务管理体制；（5）适用的业绩指标体系以及业绩评价情况；（6）相关内部控制及其执行情况；（7）相关信息系统及其电子数据情况；（8）经济环境、行业状况及其他外部因素；（9）以往接受审计和监管及其整改情况；（10）需要了解的其他情况。

（二）调查了解被审计单位相关内部控制及其执行情况

审计人员可以从下列方面调查了解被审计单位相关内部控制及其执行情况：（1）控制环境，即管理模式、组织结构、责权配置、人力资源制度等；（2）风险评估，即被审计单位确定、分析与实现内部控制目标相关的风险，以及采取的应对措施；（3）控制活动，即根据风险评估结果采取的控制措施，包括不相容职务分离控制、授权审批控制、资产保护控制、预算控制、业绩分析和绩效考评控制等；（4）信息与沟通，即收集、处理、传递与内部控制相关的信息，并能有效沟通的情况；（5）对控制的监督，即对各项内部控制设计、职责及其履行情况的监督检查；（6）一般控制，即保障信息系统正常运行的稳定性、有效性、安全性等方面的控制；（7）应用控制，即保障信息系统产生的数据的真实性、完整性、可靠性等方面的控制。

审计人员认为存在下列情形之一的，应当测试相关内部控制的有效性：（1）某项内部控制设计合理且预期运行有效，能够防止重要问题的发生；（2）仅实施实质性审查不足以为发现重要问题提供适当、充分的审计证据。

审计人员决定不依赖某项内部控制的，可以对审计事项直接进行实质性审查；被审计单位规模较小、业务比较简单的，审计人员可以对审计事项直接进行实质性审查。

（三）获取审计证据

在审计实施阶段审计人员应当依照法定权限和程序获取审计证据。国家审计人员获取的审计证据，应当具有适当性和充分性。

审计人员可以采取下列方法向有关单位和个人获取审计证据：（1）检查，是指对纸质、电子或者其他介质形式存在的文件、资料进行审查，或者对有形资产进行审查；（2）观察，是指察看相关人员正在从事的活动或者执行的程序；（3）询问，是指以书面或者口头方式向有关人员了解关于审计事项的信息；（4）外部调查，是指向与审计事项有关的第三方进行调查；（5）重新计算，是指以手工方式或者使用信息技术对有关数据计算的正确性进行核对；（6）重新操作，是指对有关业务程序或者控制活动独立进行重新操作验证；（7）分析，是指研究财务数据之间、财务数据与非财务数据之间可能存在的合理关系，对相关信息作出评价，并关注异常波动和差异。

审计人员应当依照法律法规规定，取得被审计单位负责人对本单位提供资料真实性和完整性的书面承诺。

审计人员取得证明被审计单位存在违反国家规定的财政收支、财务收支行为以及其他重要审计事项的审计证据材料，应当由提供证据的有关人员、单位签名或者盖章；不能取得签名或者盖章不影响事实存在的，该审计证据仍然有效，但审计人员应当注明原因。审计人员在审计实施过程中，应当持续评价审计证据的适当性和充分性。

审计人员需要使用有关监管机构、中介机构、内部审计机构等已经形成的工作结果作为审计证据的，应当对该工作结果的下列方面作出判断：（1）是否与审计目标相关；（2）是否可靠；（3）是否与其他审计证据相符。

审计人员执行审计业务时，应当保持职业谨慎，充分关注可能存在的重大违法行为。发现重大违法行为的线索，审计组或者审计机关可以采取下列应对措施：（1）增派具有相关经验和能力的人员；（2）避免让有关单位和人员事先知晓检查的时间、事项、范围和方式；（3）扩大检查范围，使其能够覆盖重大违法行为可能涉及的领域；（4）获取必要的外部证据；（5）依法采取保全措施；（6）提请有关机关予以协助和配合；（7）向政府和有关部门报告；（8）其他必要的应对措施。

在审计过程中，审计人员判断发现的问题的重要性时，可以关注下列因素：（1）是否属于涉嫌犯罪的问题；（2）是否属于法律法规和政策禁止的问题；（3）是否属于故意行为所产生的问题；（4）可能存在问题涉及的数量或者金额；（5）是否涉及政策、体制或者机制的严重缺陷；（6）是否属于信息系统设计缺陷；（7）政府行政首长和相关领导机关及公众的关注程度；（8）需要关注的其他因素。

【同步案例4-1】审计查获大额“小金库”

某市S集团公司（以下简称S公司）是一家大型国有企业，2000年该市审计机关在对S公司的资产负债及损益审计中，以真实性为基础，注重对企业资产、负债及损益的真实性进行核查，加强了账账、账表、账证、账实间的对比检查。通过核对相关资料，细心的审计人员以发现S公司账上工资奖金发放数与单位人事部门制定的工资单存在差别为突破口，进而一步步深入，发现该公司物业出租收入与实际出租情况有出入、存在账外资金等情况，最终查出S公司自1996年来将下属公司上缴的利润、股票投资收益、收回已经核销的应收款项及返还的人寿保险费等收入截留账外，私设小金库用于发放员工奖金津贴和其他费用开支，涉及金额2 218万元。审计机关及时将情况以审计要情上报了市政府和有关部门，并建议对公司和主要负责人作出处理。

在审计过程中，S公司一直很主动配合，除了及时提供了所有报表、凭证、有关合同及会议纪要等资料外，还专门指派了固定工作人员配合审计工作，负责为审计人员及时查找需要的各项资料。审计工作在公司的配合下初期进展相当顺利，可当审计人员要求S公司提供人事部门1999年度的工资发放计算单时，该公司先是以主管工资单的员工出差在外为由拖延提供，后又以工资单尚未整理成册，比较零乱，怕存在遗漏为借口拒绝提供，并反复强调所有的工资单都已经附在会计凭证后面，甚至主动提出可以派人帮助审计人员从每月的凭证中整理出全年工资发放情况，以保证审计工作顺利进行。S公司的做法让审计人员有点不解，进而产生了怀疑，因为根据以往的工作经验，往往越是不愿意提供资料或者提供资料越慢，越意味着这中间可能存在问题。经验丰富的审计人员敏感地意识到不能放过这个疑点，于是审计人员一边与公司财务主管和公司负责人义正词严地进行交涉，一边派出审计人员突击检查了公司人事部门，在确定人事主管在公司后，对其阻挠审计工作正常进行的行为作出了严肃批评，并以书面通知的形式正式要求按时提供工资发放计算单。

在僵持了两天后，S公司财务负责人和人事主管终于给审计组抱来了1999年全年的人事部门制作的工资发放计算单，看着对方满脸的轻松样，审计人员隐隐约约觉得对方可能做了什么手脚，但又没谁能说得出问题在哪里。拿到工资发放计算单后，审计人员立即就会计凭证所记录的工资发放情况与人事部门的工资发放计算表进行了对比，可结果却出人意料，正如公司财务人员说的那样，所有会计凭证后面所附的工资表和人事部门编制的工资单完全没有任何差别。

是审计人员判断失误？还是S公司真的已经做了手脚？审计人员没有轻易推翻自己的怀疑，但又无法肯定S公司在哪里做了手脚，审计进程一下陷入了困境。为此，审计组临时召开了专题讨论会，研究下一步工作，会上有人提出，我们早期关注的重点一直在公司是否存在多发工资、虚增成本的现象，所以我们的主要目光也都放在了会计账上发放的工资奖金是否都有对应的人事工资计算单，那反过来思考下，会不会存在发放了工资奖金却不在账上反映，而是另有资金出处呢？“小金库”三个字一下浮现在审计人员的脑海，审计组的思路也一下开阔了起来，于是审计组马上兵分两路，一边继续与公司财务及人事部门人员交涉，要求公司提供完整的全套人事工资发放单，另一边再一次组织对工资发放单进行对照检查，不过这次采取的是就每一张人事部门的工资发放表来查找会计凭证里是否存在同样支出。通过对数百张表单的认真核对，详细地检查了该公司人事部门每个月工资、奖金津贴计算发放表与账上的实际工资支出，最终发现人事部门的工资、奖金津贴表比账上工资支出多出一部分，这一发现让审计人员兴奋了起来，看来当初的怀疑没错，这中间真的存在问题。

那这部分多出来的工资奖金又是在哪里发的？资金来源是哪里？当审计人员就这个问题询问财务人员和人事主管时，对方显然有点措手不及，一会说可能是制表错误，一会又说虽然制表但最后没发，但是言辞之间已经显得有点支支吾吾，彼此前后矛盾。审计人员由此更加坚信了公司有部分工资奖金不是在正常的财务账上发放的，而这一问题的发现，让审计人员已经基本可以肯定S公司存在“小金库”。

为弄清楚“小金库”的资金来源和具体数目，审计人员再次找公司负责人和财务主管谈话，严厉地指出他们错误的严重性，并要求他们解释该部分奖金福利的资金来源是什么、公司是否存在“小金库”。S公司财务主管此时已无法自圆其说，只好解释说公司前几年每年为员工购买了一年期的可返还性人寿保险，考虑到此保险本身就是为解决员工福利问题的，所以到期退保后的保费未纳入正常账务核算，而是在公司直属的财务公司另设账户保存，1999年为改善员工福利，就用来发放了部分奖金津贴。公司负责人也态度诚恳地作出了检讨，表示愿意接受审计人员的批评和处理，并主动交出了资金存放账号、所有资金对账单和资金使用情况书面说明。

审计人员对S公司交出来的“小金库”资金账户进行了清理，也对照资金使用说明核对了多出来的工资发放计算单，发现该账户的资金确实是从保险公司返还的保费，资金使用也刚好能吻合多出来的那部分工资与奖金。问题似乎到这就全部查清楚了，但或许是问题查得太顺利，也或许是审计工作特有的多疑性，部分审计人员又提出了疑问，那就是是否还存在别的小金库？因为从目前发现的小金库资金来源来看，只是1998年的人身保险保费返还，那以前年度有没有购买此类保险？有的话，返还的资金又去了哪里？同时，S公司提供工资计算单时表现出来的自信和审计发现的问题也完全不相符，如果说没有做手脚的话，他们在明知道两套资料有出入的情况下不可能那么轻松和自信，很可能在提供资料前已经做过手脚，只是一时疏忽还是留下了破绽，如果果真如此，那肯定还会有别的问题存在。

发现问题就要查深、查透，查到没有任何疑点才能罢休，充满韧性的审计人员决定继续追查。针对提出的疑问，审计人员决定延伸审计以前几个年度的会计资料，并要求S公司提供以前几个年度的人事工资计算表和前几个年度购买保险及保费返还情况相关资料，果然刚刚轻松一点的S公司财务人员一下又好像紧张了起来，以种种借口迟迟不愿意提供资料，就连原来配合审计工作的固定人员都开始躲躲闪闪地有意无意回避着审计人员。看来这中间还真有问题，而且可能还不是小问题，审计人员对自己的判断和分析更加自信了。经过讨论和分析，审计人员感觉如果完全靠S公司主动提供资料配合审计工作已经有点困难，就算是能提供资料，资料的可靠性也值得怀疑，我们必须要找到别的证据才能有进一步的突破。于是审计组决定兵分两路深入调查，一部分审计人员继续在S公司调查近几年来人事部门的工资、奖金津贴发放表，检查以前年度是否也存在着账外发放工资的情况，同时根据S公司的经营情况，重点检查物业管理部门的物业出租、下属企业利润收缴、购买保险及保费返还等情况，看是否存在其他截留收入的问题，检查是否存在有收入不入账的情况；另一部分审计人员去S公司直属的财务公司调查，重点了解已经发现的S公司“小金库”账号资金收支情况，同时调查S公司在财务公司开设的所有存款账户，对比检查S公司的银行存款科目，看是否存在未纳入正常账务的其他资金存在。因为根据经验判断，既然1998年的保费返还存在财务公司，那很可能别的账外收入也会同样存放在那里，毕竟财务公司是S公司自己的下属公司，开户简单，存取方便。

经过细致认真的审计，审计人员发现1996年至1999年人事部门的工资、奖金津贴发放表比财务账上的工资支出共多出了1 473万元，这意味着公司“小金库”涉及的资金至少有1 473万元，应该不仅仅是人寿保险保费退保这一单独来源能够满足的，肯定存在其他来源。果然在接下来的审计中发现，根据S公司物业管理部门的物业出租登记表计算的每月应收租金收入与财务账上的每月租金收入存在差别，部分出租收入被截留未纳入正常核算，同时发现有部分已撤销的下属企业所属物业未计入S公司固定资产，其出租收入也被S公司截留账外。

与此同时，在S公司直属财务公司进行调查的审计人员的工作也有了进一步的突破。审计人员通过将S公司的“银行存款”科目与财务公司账上的S公司存款账户进行核对，发现S公司在财务公司除了已经交出的保险费退保账户外，还开了多个存款账户，用于截留收入发放工资奖金和其他费用开支。审计人员对这些“小金库”的所有资金来源进行了认真的追踪调查，查实了S公司不光将保险返还截留账外，还将部分物业出租收入、收回已经核销的应收款项收入、已撤销的下属企业所属物业的出租收入、部分企业的零星上缴利润以及股票投资收入等在账外设立“小金库”核算，涉及金额共2 218万元。

至此，S公司自1996年将下属公司上缴的利润、股票投资收益、收回已经核销的应收款项及返还的人寿保险费等收入截留账外，私设“小金库”用于发放员工奖金津贴和其他费用开支，涉及金额达2 218万元的事实已经全部查清楚。

资料来源：深圳市审计局. 私设小金库　国有资产受损［EB/OL］.［2007-02-06］. http://www.sz.gov.cn/szsj/zwxx/jgsz/qtjg/sjxh/sjal/200807/t20080725_2080995.htm.

思考：结合案情分析，审计人员的取证方法和获取的审计证据的种类有哪几种？

解答：审计人员的取证方法和获取的审计证据的种类包括：

①观察——环境证据；

②询问——口头证据；

③有形资产检查——实物证据；

④记录或文件检查——书面证据。

（四）形成审计工作底稿

审计人员应当真实、完整地记录实施审计的过程、得出的结论和与审计项目有关的重要管理事项。审计人员作出的记录，应当使未参与该项业务的有经验的其他审计人员能够理解其执行的审计措施、获取的审计证据、作出的职业判断和得出的审计结论。

审计组在编制审计实施方案前，应当对调查了解被审计单位及其相关情况作出记录。审计人员对审计实施方案确定的每一审计事项，均应当编制审计工作底稿。一个审计事项可以根据需要编制多份审计工作底稿。

审计工作底稿的内容主要包括：(1) 审计项目名称；(2) 审计事项名称；(3) 审计过程和结论；(4) 审计人员姓名及审计工作底稿编制日期并签名；(5) 审核人员姓名、审核意见及审核日期并签名；(6) 索引号及页码；(7) 附件数量。

审计工作底稿记录的审计过程和结论主要包括：(1) 实施审计的主要步骤和方法；(2) 取得的审计证据的名称和来源；(3) 审计认定的事实摘要；(4) 得出的审计结论及其相关标准。

审计证据材料应当作为审计工作底稿的附件。一份审计证据材料对应多个审计记录时，审计人员可以将审计证据材料附在与其关系最密切的审计记录后面，并在其他审计记录中予以注明。

三、审计报告阶段

审计报告阶段，其工作主要有：复核审计工作底稿、汇总审计资料、起草审计意见、与被审计单位沟通、作出审计总结、编制审计报告并征求被审计单位的意见、审定审计报告，出具审计意见书，下达审计决定书等。

(一) 复核审计工作底稿

审计组起草审计报告前，审计组组长应当对审计工作底稿的下列事项进行审核：(1) 具体审计目标是否实现；(2) 审计措施是否有效执行；(3) 事实是否清楚；(4) 审计证据是否适当、充分；(5) 得出的审计结论及其相关标准是否适当；(6) 其他有关重要事项。

审计组组长审核审计工作底稿，应当根据不同情况分别提出下列意见：(1) 予以认可；(2) 责成采取进一步审计措施，获取适当、充分的审计证据；(3) 纠正或者责成纠正不恰当的审计结论。

(二) 征求意见

审计组实施审计或者专项审计调查后，应当提出审计报告，按照审计机关规定的程序审批后，以审计机关的名义征求被审计单位、被调查单位和拟处罚的有关责任人员的意见。经济责任审计报告还应当征求被审计人员的意见；必要时，征求有关干部监督管理部门的意见。审计报告中涉及的重大经济案件调查等特殊事项，经审计机关主要负责人批准，可以不征求被审计单位或者被审计人员的意见。

被审计单位、被调查单位、被审计人员或者有关责任人员对征求意见的审计报告有异议的，审计组应当进一步核实，并根据核实情况对审计报告作出必要的修改。

(三) 形成审计报告

审计报告包括审计机关进行审计后出具的审计报告以及专项审计调查后出具的专项审计调查报告。审计组实施审计或者专项审计调查后，应当向派出审计组的审计机关提交审计报告。审计机关审定审计组的审计报告后，应当出具审计机关的审计报告。

审计组在起草审计报告前，应当讨论确定并记录下列事项：(1) 评价审计目标的实现情况；(2) 审计实施方案确定的审计事项完成情况；(3) 评价审计证据的适当性和充分性；(4) 提出审计评价意见；(5) 评估审计发现问题的重要性；(6) 提出对审计发现问题的处理处罚意见；（7）其他有关事项。审计组组长应当确认审计工作底稿和审计证据已经审核，并从总体上评价审计证据的适当性和充分性。

审计组根据不同的审计目标，以审计认定的事实为基础，在防范审计风险的情况下，按照重要性原则，从真实性、合法性、效益性方面提出审计评价意见。审计组应当只对所审计的事项发表审计评价意见。对审计过程中未涉及、审计证据不适当或者不充分、评价依据或者标准不明确以及超越审计职责范围的事项，不得发表审计评价意见。

对被审计单位或者被调查单位违反国家规定的财政收支、财务收支行为，依法应当由审计机关进行处理处罚的，审计组应当起草审计决定书。

对依法应当由其他有关部门纠正、处理处罚或者追究有关责任人员责任的事项，审计组应当起草审计移送处理书。

审计组应当将审计报告、审计决定书、被审计单位、被调查单位、被审计人员或者有关责任人员对审计报告的书面意见及审计组采纳情况的书面说明、审计实施方案、调查了解记录、审计工作底稿、重要管理事项记录、审计证据材料等资料报送审计机关业务部门复核。

审计机关业务部门应当将复核修改后的审计报告、审计决定书等审计项目材料连同书面复核意见，报送审理机构审理。

审理机构审理后，应当出具审理意见书。审理机构将审理后的审计报告、审计决定书连同审理意见书报送审计机关负责人。

审计报告、审计决定书经审计机关负责人签发后，按照下列要求办理：（1）审计报告送达被审计单位、被调查单位；（2）经济责任审计报告送达被审计单位和被审计人员；（3）审计决定书送达被审计单位、被调查单位、被处罚的有关责任人员。

（四）归档审计文件材料

自2013年1月1日起施行的《审计机关审计档案管理规定》明确规定：审计档案，是指审计机关进行审计（含专项审计调查）活动中直接形成的对国家和社会具有保存价值的各种文字、图表等不同形式的历史记录。审计档案是国家档案的组成部分。审计文件材料的归档时间应当在该审计项目终结后的5个月内，不得迟于次年4月底。

审计机关应当设立档案机构或者配备专职（兼职）档案人员，负责本单位的审计档案工作。审计文件材料归档工作实行审计组组长负责制。审计组组长确定的立卷人应当及时收集审计项目的文件材料，在审计项目终结后按立卷方法和规则进行归类整理，经业务部门负责人审核、档案人员检查后，按照有关规定进行编目和装订，由审计业务部门向本机关档案机构或者专职（兼职）档案人员办理移交手续。

1.审计文件材料的分类

审计档案案卷质量的基本要求是：审计项目文件材料应当真实、完整、有效、规范，并做到遵循文件材料的形成规律和特点，保持文件材料之间的有机联系，区别不同价值，便于保管和利用。审计文件材料应当按照结论类、证明类、立项类、备查类4个单元进行排列。

（1）结论类文件材料包括：上级机关（领导）对该审计项目形成的《审计要情》《重要信息要目》等审计信息批示的情况说明、审计报告、审计决定书、审计移送处理书等结论类报告，及相关的审理意见书、审计业务会议记录、纪要、被审计对象对审计报告的书面意见、审计组的书面说明等。

（2）证明类文件材料包括：被审计单位承诺书、审计工作底稿汇总表、审计工作底稿及相应的审计取证单、审计证据等。

（3）立项类文件材料包括：上级审计机关或者本级政府的指令性文件、与审计事项有关的举报材料及领导批示、调查了解记录、审计实施方案及相关材料、审计通知书和授权审计通知书等。

（4）备查类文件材料包括：被审计单位整改情况、该审计项目审计过程中产生的信息等不属于前三类的其他文件材料。

2.国家审计档案的保管期限

审计档案的保管期限应当根据审计项目涉及的金额、性质、社会影响等因素划定为永久、定期两种，定期分为30年、10年。审计机关业务部门应当负责划定审计档案的保管期限。执行同一审计工作方案的审计项目档案，由审计机关负责组织的业务部门确定相同保管期限。审计档案的保管期限自归档年度开始计算。

（1）永久保管的档案，是指特别重大的审计事项、列入审计工作报告、审计结果报告或第一次涉及的审计领域等具有突出代表意义的审计事项档案。

（2）保管30年的档案，是指重要审计事项、查考价值较大的档案。

（3）保管10年的档案，是指一般性审计事项的档案。

省级以上（含省级）审计机关应当将永久保管的、省级以下审计机关应当将永久和30年保管的审计档案在本机关保管20年后，定期向同级国家综合档案馆移交。

3.国家审计档案的密级

审计机关应当根据审计工作保密事项范围和有关主管部门保密事项范围的规定确定密级和保密期限。凡未标明保密期限的，按照绝密级30年、机密级20年、秘密级10年认定。审计档案的密级及其保密期限，按卷内文件的最高密级及其保密期限确定，由审计业务部门按有关规定作出标识。

审计档案应当采用“年度-组织机构-保管期限”的方法排列、编目和存放。审计案卷排列方法应当统一，前后保持一致，不可任意变动。

审计机关应当建立健全审计档案利用制度。借阅审计档案，仅限定在审计机关内部。审计机关以外的单位有特殊情况需要查阅、复制审计档案或者要求出具审计档案证明的，须经审计档案所属审计机关分管领导审批，重大审计事项的档案须经审计机关主要领导审批。

对审计机关工作人员损毁、丢失、涂改、伪造、出卖、转卖、擅自提供审计档案的，由任免机关或者监察机关依法对直接责任人员和负有责任的领导人员给予行政处分；涉嫌犯罪的，移送司法机关依法追究刑事责任。档案行政管理部门可以对相关责任单位依法给予行政处罚。

四、审计行政复议

为了保证审计机关依法行使审计监督权，防止和纠正违法或者不当的审计具体行政行为，保护公民、法人或者其他组织的合法权益，审计署根据《中华人民共和国审计法》和《中华人民共和国行政复议法》专门制定了《审计机关审计复议的规定》，当被审计单位认为审计机关的具体行政行为侵犯其合法权益时，可以依照相关规定自知道该具体行政行为之日起60日内向审计复议机关申请复议。被审计单位对审计决定不服时，可以向上级审计机关或本级人民政府申请复议；对地方性法规规定或本级人民政府交办的事项审计不服的，应先向本级人民政府申请复议；对审计署作出的具体行政行为不服的，应先向审计署申请复议；对复议决定不服的，可以依法向人民法院起诉；对审计署作出的审计具体行政行为不服提起审计复议后，又对审计复议决定不服的，也可以向国务院申请裁决，国务院作出的裁决为最终裁决，申请人不得再向人民法院起诉。

审计行政复议程序有四个步骤：申请、受理、决定、送达。复议结束后，有关复议资料应归入审计档案。

五、后续审计阶段

后续审计是审计机关在发出审计决定通知后的规定期限内，对被审计单位执行审计决定情况的审计。目的是督促被审计单位如期纠正错误，改进工作，保证审计决定的执行，实现和巩固审计成果，维护审计的权威性和严肃性。对被审计单位是否实施后续审计，由审计机关根据情况决定。后续审计的实施时间没有明确的规定，审计机关认为较为适当的时候就可以进行，但时间间隔不宜过长。为提高审计效率，后续审计工作一般由审计机关委托原审计小组的人员进行。

后续审计的范围与审计的范围密切相关，主要是针对内部控制措施的薄弱环节的改进活动而进行的审计。后续审计的范围会随着已调查的某一关注事项的类型和重要性的改变而改变。

其内容包括监督检查审计决定的执行情况；了解审计意见采纳情况，考察审计效果；发现审计决定执行过程中出现的问题，采取相应措施；发现审计意见和审计决定不当时，进行复查，重新作出审计决定，弥补原来审计中的不足；根据新的情况提出建议和措施，扩大审计效果。

第三节　内部审计业务流程

中国内部审计准则基本准则对内部审计业务流程作了一般规定，比如：内部审计机构应当根据组织的风险状况、管理需要及审计资源的配置情况，编制年度审计计划，根据年度审计计划确定的审计项目，编制项目审计方案，在实施审计三日前，向被审计单位或者被审计人员送达审计通知书；内部审计人员应当深入了解被审计单位的情况，审查和评价业务活动、内部控制和风险管理的适当性和有效性，关注信息系统对业务活动、内部控制和风险管理的影响，可以运用审核、观察、监盘、访谈、调查、函证、计算和分析程序等方法，获取相关、可靠和充分的审计证据，以支持审计结论、意见和建议，以适当方式提供咨询服务；在实施必要的审计程序后，及时出具审计报告。总结其主要内容是：拟订审计项目计划，通知被审计单位，实施审计，提出审计报告，征求被审计单位意见，出具审计意见书，作出审计决定，进行后续审计。

一、审计准备阶段

（一）制订内部审计计划

《第2101号内部审计具体准则——审计计划》规定，审计计划是指内部审计机构和内部审计人员为了完成审计业务，达到预期的审计目的，对审计工作或者具体审计项目作出的安排。内部审计机构应当根据组织的风险状况、管理需要及审计资源的配置情况，编制年度审计计划。内部审计人员根据年度审计计划确定的审计项目，编制项目审计方案。

内部审计机构或者人员编制审计计划是为了保证有计划、有重点地开展审计业务，提高审计质量和效率。审计计划一般包括：年度审计计划和项目审计方案。年度审计计划是对年度预期要完成的审计任务所作的工作安排，是组织年度工作计划的重要组成部分。项目审计方案是对实施具体审计项目所需要的审计内容、审计程序、人员分工、审计时间等作出的安排。

1.年度审计计划

内部审计机构应当在本年度编制下年度审计计划，并报经组织董事会或者最高管理层批准。内部审计机构负责人负责年度审计计划的编制工作并定期检查审计计划的执行情况。编制年度审计计划应当结合内部审计中长期规划，在对组织风险进行评估的基础上，根据组织的风险状况、管理需要和审计资源的配置情况，确定具体审计项目及时间安排。

内部审计机构在编制年度审计计划前，应当重点调查了解下列情况，以评价具体审计项目的风险：（1）组织的战略目标、年度目标及业务活动重点；（2）对相关业务活动有重大影响的法律、法规、政策、计划和合同；（3）相关内部控制的有效性和风险管理水平；（4）相关业务活动的复杂性及其近期变化；（5）相关人员的能力及其岗位的近期变动等。

年度审计计划应当包括下列基本内容：（1）年度审计工作目标；（2）具体审计项目及实施时间；（3）各审计项目需要的审计资源；（4）后续审计安排。

2.项目审计方案

审计项目负责人应当在审计项目实施前编制项目审计方案，并报经内部审计机构负责人批准。内部审计机构应当根据年度审计计划确定的审计项目和时间安排，选派内部审计师开展审计工作。审计项目负责人应当根据被审计单位的下列情况，编制项目审计方案：（1）业务活动概况；（2）内部控制、风险管理体系的设计及运行情况；（3）财务、会计资料；（4）重要的合同、协议及会议记录；（5）上次审计结论、建议及后续审计情况；（6）上次外部审计的审计意见；（7）其他与项目审计方案有关的重要情况。

项目审计方案应当包括下列基本内容：（1）被审计单位、项目的名称；（2）审计目标和范围；（3）审计内容和重点；（4）审计程序和方法；（5）审计组成员的组成及分工；（6）审计起止日期；（7）对专家和外部审计工作结果的利用；（8）其他有关内容。

（二）制发审计通知书

内部审计通知书，是指内部审计机构在实施审计之前，告知被审计单位或者人员接受审计的书面文件。

审计通知书应当包括下列内容：（1）审计项目名称；（2）被审计单位名称或者被审计人员姓名；（3）审计范围和审计内容；（4）审计时间；（5）需要被审计单位提供的资料及其他必要的协助要求；（6）审计组组长及审计组成员名单；（7）内部审计机构的印章和签发日期。

内部审计机构应当在实施审计三日前，向被审计单位或者被审计人员送达审计通知书。特殊审计业务的审计通知书可以在实施审计时送达。经济责任审计项目的审计通知书送达被审计人员及其所在单位，并抄送有关部门。

二、审计实施阶段

（一）获取审计证据

内部审计证据，是指内部审计人员在实施内部审计业务中，通过实施审计程序所获取的，用以证实审计事项，支持审计结论、意见和建议的各种事实依据。

内部审计人员应当依据不同的审计事项及其审计目标，获取不同种类的审计证据。内部审计人员获取的审计证据应当具备相关性、可靠性和充分性。

审计项目的各级复核人员应当在各自职责范围内对审计证据的相关性、可靠性和充分性予以复核。

内部审计人员在获取审计证据时，应当考虑下列基本因素：

（1）具体审计事项的重要性。内部审计人员应当从数量和性质两个方面判断审计事项的重要性，以作出获取审计证据的决策。

（2）可以接受的审计风险水平。证据的充分性与审计风险水平密切相关。可以接受的审计风险水平越低，所需证据的数量越多。

（3）成本与效益的合理程度。获取审计证据应当考虑成本与效益的对比，但对于重要审计事项，不应当将审计成本的高低作为减少必要审计程序的理由。

（4）适当的抽样方法。

内部审计人员向有关单位和个人获取审计证据时，可以采用（但不限于）下列方法：审核、观察、监盘、访谈、调查、函证、计算、分析程序。

内部审计机构可以聘请其他专业机构或者人员对审计项目的某些特殊问题进行鉴定，并将鉴定结论作为审计证据。内部审计人员应当对所引用鉴定结论的可靠性负责。对于被审计单位有异议的审计证据，内部审计人员应当进一步核实。

内部审计人员获取的审计证据，如有必要，应当由证据提供者签名或者盖章。如果证据提供者拒绝签名或者盖章，内部审计人员应当注明原因和日期。内部审计人员应当将获取的审计证据名称、来源、内容、时间等完整、清晰地记录于审计工作底稿中。采集被审计单位电子数据作为审计证据的，内部审计人员应当记录电子数据的采集和处理过程。在评价审计证据时，应当考虑审计证据之间的相互印证关系及证据来源的可靠程度。

【知识拓展4-4】 企业各部门舞弊的表现形式

1.采购：公司员工逐渐变成了公司的供应商或经销商，或在供应商或经销商内担任重要职务、收取购物卡或者回扣；

2.销售：出卖公司客户信息、截留货款、利用接触货款赚差价；

3.仓管：多计入库数量或重量、以损耗为由监守自盗、将正常货物混入废旧物资、私自变卖废旧物资；

4.财务：倒承兑汇票，吃价差、公款私存、挪用公款；

5.营销：与总代虚构影子经销商套取渠道费用、侵占陈列费、虚报临促人员；

6.司机：伪造签字报销费用、虚构维修保养费用、利用公司车辆对外服务收钱；

7.招投标：泄露标底资料、索贿；

8.研发：申请新物料时，故意要求很高的性能参数，形成只有某供应商能独家供应的局面，或者直接指定某供应商；

9.人力资源：和中介机构（如猎头公司、劳务派遣公司）合伙，收取求职人员的介绍费；

10.售后：保修期内虚报虚列维修费用、保修期外瞒报少报维修收入；

11.生产：虚构加班费或者装车费、工序外包收取回扣；

12.通用：虚报或者浮报差旅、业务招待费。

（二）形成审计工作底稿

内部审计工作底稿，是指内部审计人员在审计过程中所形成的工作记录。

内部审计人员在审计工作中编制审计工作底稿的目的主要是：为编制审计报告提供依据；证明审计目标的实现程度；为检查和评价内部审计工作质量提供依据；证明内部审计机构和内部审计人员是否遵循内部审计准则；为以后的审计工作提供参考。

内部审计工作底稿应当内容完整、记录清晰、结论明确，客观地反映项目审计方案的编制及实施情况，以及与形成审计结论、意见和建议有关的所有重要事项。

内部审计工作底稿主要包括下列要素：（1）被审计单位的名称；（2）审计事项及其期间或者截止日期；（3）审计程序的执行过程及结果记录；（4）审计结论、意见及建议；（5）审计人员姓名和审计日期；（6）复核人员姓名、复核日期和复核意见；（7）索引号及页次；（8）审计标识与其他符号及其说明等。

三、审计报告阶段

（一）复核审计工作底稿

内部审计机构应当建立审计工作底稿的分级复核制度，明确规定各级复核人员的要求和责任。审计工作底稿的复核工作应当由比审计工作底稿编制人员职位更高或者经验更为丰富的人员承担。在审计业务执行过程中，审计项目负责人应当加强对审计工作底稿的现场复核。

（二）审计结果沟通

内部审计结果沟通，是指内部审计机构与被审计单位、组织适当管理层就审计概况、审计依据、审计发现、审计结论、审计意见和审计建议进行的讨论和交流。结果沟通的目的是提高审计结果的客观性、公正性，并取得被审计单位、组织适当管理层的理解和认同。内部审计机构应当建立审计结果沟通制度，明确各级人员的责任，进行积极有效的沟通。结果沟通一般采取书面或者口头方式。内部审计机构应当在审计报告正式提交之前进行审计结果的沟通。

如果被审计单位对审计结果有异议，审计项目负责人及相关人员应当进行核实和答复。内部审计机构负责人应当与组织适当管理层就审计过程中发现的重大问题及时进行沟通。内部审计机构与被审计单位进行结果沟通时，应当注意沟通技巧。

（三）形成审计报告

内部审计报告，是指内部审计人员根据审计计划对被审计单位实施必要的审计程序后，就被审计事项作出审计结论，提出审计意见和审计建议的书面文件。内部审计人员应当在审计实施结束后，以经过核实的审计证据为依据，形成审计结论、意见和建议，出具审计报告。

（四）归档审计工作底稿

根据自2016年3月1日起施行《第2308号内部审计具体准则——审计档案工作》的规定，内部审计人员在审计项目实施结束后，应当及时收集审计档案材料，按照立卷原则和方法进行归类整理、编目装订、组合成卷和定期归档。

1.内部审计档案的类别

审计档案材料主要包括以下几类：（1）立项类材料：审计委托书、审计通知书、审前调查记录、项目审计方案等；（2）证明类材料：审计承诺书、审计工作底稿及相应的审计取证单、审计证据等；（3）结论类材料：审计报告、审计报告征求意见单、被审计对象的反馈意见等；（4）备查类材料：审计项目回访单、被审计对象整改反馈意见、与审计项目联系紧密且不属于前三类的其他材料等。

审计档案材料应当按下列四个单元排列：（1）结论类材料，按逆审计程序、结合其重要程度予以排列；（2）证明类材料，按与项目审计方案所列审计事项对应的顺序、结合其重要程度予以排列；（3）立项类材料，按形成的时间顺序、结合其重要程度予以排列；（4）备查类材料，按形成的时间顺序、结合其重要程度予以排列。

审计档案内每组材料之间的排列要求：（1）正件在前，附件在后；（2）定稿在前，修改稿在后；（3）批复在前，请示在后；（4）批示在前，报告在后；（5）重要文件在前，次要文件在后；（6）汇总性文件在前，原始性文件在后。

2. 纸质内部审计档案

纸质审计档案主要包括下列要素：（1）案卷封面；（2）卷内材料目录；（3）卷内材料；（4）案卷备考表。案卷封面应当采用硬卷皮封装。卷内材料目录应当按卷内材料的排列顺序和内容编制。卷内材料应当逐页注明顺序编号。案卷备考表应当填写立卷人、项目负责人、检查人、立卷时间以及情况说明。

内部审计人员（立卷人）应当将获取的电子证据的名称、来源、内容、时间等完整、清晰地记录于纸质材料中，其证物装入卷内或物品袋内附卷保存。

内部审计人员（立卷人）完成归类整理，经项目负责人审核、档案管理人员检查后，按规定进行编目和归档，向组织内部档案管理部门（以下简称档案管理部门）办理移交手续。

3. 电子内部审计档案

内部审计机构在条件允许的情况下，可以为审计项目建立电子审计档案。

电子审计档案应当采用符合国家标准的文件存储格式，确保能够长期有效读取。主要包括以下内容：（1）用文字处理技术形成的文字型电子文件；（2）用扫描仪、数码相机等设备获得的图像电子文件；（3）用视频或多媒体设备获得的多媒体电子文件；（4）用音频设备获得的声音电子文件；（5）其他电子文件。

内部审计机构在审计项目完成后，应当以审计项目为单位，按照归档要求，向档案管理部门办理电子审计档案的移交手续，并符合以下基本要求：（1）元数据应当与电子审计档案一起移交，一般采用基于XML的封装方式组织档案数据；（2）电子审计档案的文件有相应纸质、缩微制品等载体的，应当在元数据中著录相关信息；（3）采用技术手段加密的电子审计档案应当解密后移交，压缩的电子审计档案应当解压缩后移交，特殊格式的电子审计档案应当与其读取平台一起移交；（4）内部审计机构应当将已移交的电子审计档案在本部门至少保存5年，其中的涉密信息必须符合保密存储要求。

电子审计档案移交的主要流程包括：组织和迁移转换电子审计档案数据、检验电子审计档案数据和移交电子审计档案数据等步骤。

电子审计档案的移交可采用离线或在线方式进行。离线方式是指内部审计机构一般采用光盘移交电子审计档案；在线方式是指内部审计机构通过与管理要求相适应的网络传输电子审计档案。

档案管理部门可以建立电子审计档案接收平台，进行电子审计档案数据的接收、检验、迁移、转换、存储等工作。

电子审计档案检验合格后办理交接手续，由交接双方签字；也可采用电子形式并以电子签名方式予以确认。

4. 内部审计档案的保管和利用

审计档案应当归组织所有，一般情况下，由档案管理部门负责保管，档案管理部门应当安排对审计档案业务熟悉的人员对接收的纸质和电子审计档案进行必要的检查。

归档与纸质文件相同的电子文件时，应当在彼此之间建立准确、可靠的标识关系，并注明含义、保持一致。

内部审计机构和档案管理部门应当按照国家法律法规和组织内部管理规定，结合自身实际需要合理确定审计档案的保管期限。

审计档案的密级和保密期限应当根据审计工作保密事项范围和有关部门保密事项范围合理确定。

内部审计机构应当建立健全审计档案利用制度。借阅审计档案，一般限定在内部审计机构内部。

内部审计机构以外或组织以外的单位查阅或者要求出具审计档案证明的，必须经内部审计机构负责人或者组织的主管领导批准，国家有关部门依法进行查阅的除外。

损毁、丢失、涂改、伪造、出卖、转卖、擅自提供审计档案的，由组织依照有关规定追究相关人员的责任；构成犯罪的，移送司法机关依法追究刑事责任。

四、后续审计程序

内部审计准则所称的后续审计，是指内部审计机构为跟踪检查被审计单位针对审计发现的问题所采取的纠正措施及其改进效果，而进行的审查和评价活动。

对审计中发现的问题采取纠正措施，是被审计单位管理层的责任。评价被审计单位管理层所采取的纠正措施是否及时、合理、有效，是内部审计人员的责任。

内部审计机构可以在规定期限内，或者与被审计单位约定的期限内实施后续审计。内部审计机构负责人可以适时安排后续审计工作，并将其列入年度审计计划。内部审计机构负责人如果初步认定被审计单位管理层对审计发现的问题已采取了有效的纠正措施，可以将后续审计作为下次审计工作的一部分。当被审计单位基于成本或者其他方面考虑，决定对审计发现的问题不采取纠正措施并作出书面承诺时，内部审计机构负责人应当向组织董事会或者最高管理层报告。

内部审计机构负责人应根据被审计单位的反馈意见，确定后续审计时间和人员安排，编制后续审计方案。编制后续审计方案时应考虑以下基本因素：(1) 审计意见和建议的重要性；(2) 纠正措施的复杂性；(3) 落实纠正措施所需要的时间和成本；(4) 纠正措施失败可能产生的影响；(5) 被审计单位的业务安排和时间要求。

对于已采取纠正措施的事项，内部审计人员应判断是否需要深入检查，必要时可提出应在下次审计中予以关注。

内部审计人员应根据后续审计的实施过程和结果，编制后续审计报告。

【小思考4-3】内部控制审计与财务报表审计有什么差异?

第四节　注册会计师审计业务流程

中国注册会计师审计准则对注册会计师审计业务流程进行了概括的规定，其主要内容是：了解被审计单位基本情况，接受委托，签订审计业务约定书，编制审计计划，评价重大错报风险，进行控制测试和实质性审计程序，运用审计程序获取审计证据，汇总审计工作底稿，形成审计意见，出具审计报告等。

一、审计准备阶段

在审计准备阶段，有两项重要内容：一是接受业务委托、签订审计业务约定书；二是确定重要性、评估审计风险、制订审计计划。

(一) 接受业务委托

注册会计师要谨慎决策是否接受或保持某客户具体审计业务。在接受委托前，需要了解审计业务环境以及可能对审计业务产生重大影响的事项、交易、条件和惯例等其他事项。只有在了解被审计单位后认为符合专业胜任能力、独立性等相关的职业道德，才接受该项目。接受业务委托阶段的主要工作包括：了解和评价审计对象的可审计性；决定是否考虑接受审计委托；确定业务约定条款；签订审计业务约定书。

1.了解和评价审计对象的可审计性

会计师事务所在收到被审计单位的委托后，首先要对被审计单位的基本情况进行初步了解，分析业务能给审计组织带来的收益，承受的风险是否在可以接受的水平内，评审客户的可审性。

2.决定是否接受审计委托

主要考虑会计师事务所业务胜任能力和独立性的保持问题，包括针对保持客户关系和具体审计业务实施相应的质量控制程序。

因此，无论是连续审计还是首次接受委托审计，注册会计师都应该考虑下列事项再决定是否接受审计委托以保持业务关系：（1）被审计单位的主要股东、关键管理人员和治理层是否诚信；（2）项目组是否具备执行审计业务的专业胜任能力以及必要的时间和审计资源；（3）会计师事务所和项目组能否遵守职业道德规范，评价独立性。

3.确定业务约定条款

注册会计师应当在签订审计业务约定前，就审计目标、审计范围、相关责任划分、财务报告编制基础、拟出具的审计报告预期形式和内容等审计业务约定条款与管理层达成一致意见，并将达成一致意见的审计业务约定条款记录于审计业务约定书或其他适当形式的书面协议中。

4.签订审计业务约定书

审计业务约定书，是指会计师事务所与被审计单位签订的，用以记录和确认审计业务的委托与受托关系、审计的目标和范围、双方的责任以及拟出具审计报告的预期形式和内容等事项的书面协议。注册会计师应当在审计业务开始前，与被审计单位就审计业务约定条款达成一致意见，并签订审计业务约定书，以避免双方对审计业务的理解产生分歧。

审计业务约定书的具体内容和格式可能因被审计对象和目的不同而不同，但应当包括以下主要内容：财务报表审计的目标与范围；注册会计师的责任；管理层的责任；编制财务报表所采用的会计准则和相关会计制度；提及注册会计师拟出具的审计报告的预期形式和内容，以及对在特定情况下出具的审计报告可能不同于预期形式和内容的说明；注册会计师在审计过程中遇到有关事项的说明，包括需要被审计单位提供必要的工作条件和协助；不受限制接触有关会计信息；注册会计师对执业过程中所获知的信息保密；管理层对其作出的声明予以书面确认；审计收费计算基础和收费安排；违约责任及解决争议的方法；签约双方法定代表人或其授权代表的签字盖章，加盖的公章。

（二）计划审计工作

根据《中国注册会计师审计准则第1201号——计划审计工作》，注册会计师应当计划审计工作，使审计业务以有效的方式得到执行。计划审计工作包括制定总体审计策略和具体审计计划。制订审计计划过程中需要确定重要性水平和能够接受的审计风险水平。

1.制定总体审计策略

总体审计策略是对审计工作的预期范围和实施方式所作的规划，是注册会计师从接受审计委托到出具审计报告整个过程基本工作内容的综合计划。

在制定总体审计策略时，注册会计师应当：确定审计业务的特征、明确审计业务的报告目标、考虑用以指导项目组工作方向的重要因素、考虑初步业务活动的结果，以及为被审计单位提供其他服务时所获得的经验。

（1）确定重要性水平。重要性是影响审计证据充分性的一个重要因素，因此，注册会计师在计划审计工作时应根据初步判断和恰当评估所确定的审计重要性水平，合理确定所需要的审计证据，进而决定拟实施审计程序的性质、时间安排和范围。注册会计师在计划审计工作时，应当综合考虑有关因素以初步判断重要性水平，进而确定所需要审计证据的数量。在编制审计计划时，注册会计师应当对审计重要性与审计风险进行初步判断和恰当评估。重要性水平与审计证据之间呈反向关系。重要性水平越低，应当获取的审计证据越多。

（2）评估审计风险。在确定可接受的审计风险水平时，注册会计师需要考虑审计机构对审计风险的态度偏好、审计失败对审计机构可能造成的损失大小等因素。由于审计业务是一种保证程度较高的鉴证业务，注册会计师应当正确运用职业判断，通过合理计划审计工作和有效实施审计程序，获取充分、适当的审计证据，以将审计风险降至可接受的水平。注册会计师通过了解被审计单位及其环境实施的风险评估程序主要包括询问被审计单位管理层和内部其他相关人员、分析程序、观察和检查、其他审计程序。

按照《中国注册会计师审计准则第1211号——通过了解被审计单位及其环境识别和评估重大错报风险》的要求，注册会计师应当了解被审计单位本身及其内部和外部环境，具体说来包括以下六个方面：被审计单位所在行业状况、法律环境和监管环境以及其他外部环境因素，被审计单位的性质，被审计单位对会计政策的选择和运用，被审计单位的目标、战略以及可能导致重大错报风险的相关经营风险，对被审计单位财务业绩的衡量和评价、被审计单位的内部控制等。

总体审计计划的内容主要包括：（1）审计范围；（2）报告目标、时间安排及所需沟通的性质，（3）审计方向；（4）审计资源。

2.制订具体审计计划

具体审计计划是依据总体审计计划制订的，是对实施总体审计计划所需要的审计程序的性质、时间安排和范围所作的详细规划与说明。具体审计计划比总体审计策略更加详细。具体审计计划的基本内容包括：审计目标、执行人及执行日期、审计程序、审计的索引号和其他有关内容。具体审计计划中的审计程序主要包括：

（1）为了足够识别和评估财务报表重大错报风险，注册会计师计划实施的风险评估程序的性质、时间安排和范围。风险评估程序，是指注册会计师通过了解被审计单位及其环境，以识别和评估财务报表层次和认定层次的重大错报风险而实施的审计程序。

（2）针对评估的认定层次的重大错报风险，注册会计师计划实施的进一步审计程序的性质、时间安排和范围。

（3）计划的其他审计程序。可以包括上述进一步审计程序的计划中没有涵盖的、根据其他审计准则的要求注册会计师应当执行的既定程序。例如，阅读含有已审计财务报表的文件中的其他信息，寻求与被审计单位律师直接沟通等。

计划审计工作并非审计业务的一个孤立阶段，而是一个持续的、不断修正的过程，贯穿于整个审计业务的始终。由于未预期事项、条件的变化或在实施审计程序中获取的审计证据等原因，注册会计师应当在审计过程中对总体审计策略和具体审计计划作出必要的更新和修改。

二、审计实施阶段

（一）识别和评估重大错报风险

1.识别和评估重大错报风险的审计程序

在识别和评估重大错报风险时，注册会计师应当实施下列审计程序：

（1）在了解被审计单位及其环境的整个过程中，结合对财务报表中各类交易、账户余额和披露的考虑，识别风险。例如竞争者开发的新产品上市，可能导致被审计单位的主要产品在短期内过时，预示将出现存货跌价和长期资产的减值。

（2）结合对拟测试的相关控制的考虑，将识别出的风险与认定层次可能发生错报的领域相联系。例如产品销路不顺畅迫使产品的市场价格下降，可能导致年末存货成本高于其可变现净值而需要计提存货跌价准备，这表明存货的计价认定可能发生错报。

（3）评估识别出的风险，并评价其是否更广泛地与财务报表整体相关，进而潜在地影响多项认定。

（4）考虑错报的可能性，以及潜在错报的重大程度是否足以导致重大错报。风险是否重大是指风险造成后果的严重程度。例如产品市场价格大幅下降，导致产品销售利润为负，产品库存大量积压，存货跌价问题严重，存货计价认定发生错报的风险重大。

（5）考虑识别的风险导致财务报表发生重大错报的可能性。

2.识别和评估两个层次的重大错报风险

利用实施风险评估程序获取的信息，作为支持风险评估结果的审计证据。注册会计师应当从两个层次识别和评估重大错报风险，为设计和实施进一步审计程序提供基础。

（1）认定层次的重大错报风险

认定层次的重大错报风险一般与特定的某类交易、账户余额和披露的认定相关。注册会计师针对认定层次的重大错报风险进行汇总和评估，以确定进一步审计程序的性质、时间安排和范围。

例如，被审计单位存在联营或合资，这一事项表明长期股权投资账户的认定可能存在重大错报风险；被审计单位存在重大的关联方交易，该事项表明关联方及关联方交易的披露认定可能存在重大错报风险。

以甲公司的赊销业务为例，根据董事会制订的公司近三年的发展计划，该公司本年要实现3%的市场份额增长和10%的收入及净利润增长，该公司坏账准备是根据账龄分析法下的个别认定法计提。假定甲公司财务报表显示收入增长预测已实现，但同时应收账款余额大幅增加，管理层可能会为了满足董事会的预期而虚增收入；同时，管理层为了扩大销售而可能草率接受了一些新客户，由于对新客户的资信状况缺乏深入了解，应收账款的可收回性可能存在问题，坏账准备可能被低估。注册会计师识别的有关该赊销业务的重大错报风险见表4-1，其中“重大账户”列记录所有认定层次的重大账户；“认定”列记录与重大账户相关的认定；“识别的重大错报风险”列记录汇总所有之前程序所识别的与该重大账户认定相关的重大错报风险；“风险评估结果”列记录评估该认定的重大错报风险。

表4-1　　**评估认定层次的重大错报风险**

被审计单位名称：甲公司　　编制人姓名：辛勤　　日期：2018年2月2日

内容：赊销业务　　复核人姓名：严丽　　日期：2018年2月3日

会计截止日期：2017年12月31日　　索引号：xs　　页码：2

重大账户	认定	识别的重大错报风险	风险评估结果（注）
			重大错报风险
收入	发生、截止和准确性	经营风险	高
应收账款	存在、计价和分摊	经营风险	高
坏账准备	计价和分摊	经营风险	高
管理费用	准确性	经营风险	高

注：注册会计师也可在该底稿中记录针对认定层次重大错报风险的评估结果制定的审计策略。

（2）财务报表层次的重大错报风险

财务报表层次的重大错报风险可能与财务报表整体广泛相关，进而影响多项认定。例如，管理层缺乏诚信或承受异常的压力可能引发舞弊风险，这些风险与财务报表整体相关；在经济不稳定的国家和地区开展业务、资产的流动性出现问题、重要客户流失、融资能力受到限制等，可能导致注册会计师对被审计单位的持续经营能力产生重大疑虑。

注册会计师实施风险评估程序本身并不足以为发表审计意见提供充分、适当的审计证据，还应当实施进一步审计程序，包括实施控制测试（必要时或决定测试时）和实质性程序。因此，注册会计师在评估重大错报风险后，应当运用职业判断，针对评估的财务报表层次重大错报风险确定总体应对措施，并针对评估的认定层次重大错报风险设计和实施进一步审计程序，以将审计风险降至可接受的低水平。

例如，W公司财务总监已在W公司工作超过6年，于20×7年9月劳动合同到期后被W公司的竞争对手高薪聘请。由于工作压力大，W公司会计部门人员流动频繁，除会计主管服务期超过4年外，其余人员的平均服务期少于2年。

W公司关键人员的变动，以及会计人员频繁变动，缺乏具有胜任能力的会计人员，均可能存在重大错报风险，即财务报表层次的重大错报风险。

【知识拓展4-5】 评估财务报表层次重大错报风险的审计工作底稿主要记录的内容

（1）了解被审计单位及其环境（不包括内部控制）所识别的风险汇总。这部分用来汇总记录在了解被审计单位及其环境（不包括内部控制）各方面所识别的所有财务报表层次的重大错报风险。

（2）被审计单位整体层面内部控制的评价结论。这部分用来汇总记录对被审计单位整体层面内部控制的评价结论和识别的风险。

（3）舞弊风险汇总。这部分用来汇总记录识别的影响财务报表层次的舞弊风险。

（4）得出评估财务报表层次重大错报风险的结论。对被审计单位总体风险评估的结论可以分为三种：第一种，风险正常；第二种，风险较高，但在可控制的范围内；第三种，风险很高。

（二）执行控制测试

根据《中国注册会计师审计准则第1231号——针对评估的重大错报风险采取的应对措施》的规定，控制测试，是指用于评价内部控制在防止或发现并纠正认定层次重大错报方面的运行有效性的审计程序。

1.控制测试的性质

控制测试并非在任何情况下都需要实施。当存在下列情形之一时，注册会计师应当设计和实施控制测试，针对相关控制运行的有效性，获取充分、适当的审计证据：（1）在评估认定层次重大错报风险时，预期控制的运行是有效的（即在确定实质性程序的性质、时间安排和范围时，注册会计师拟信赖控制运行的有效性）；（2）仅实施实质性程序并不能够提供认定层次充分、适当的审计证据。

注册会计师应当选择适当类型的审计程序以获取有关控制运行有效性的保证。控制测试的审计程序类型通常包括：询问、观察、检查、重新执行。

注册会计师可以向被审计单位适当的员工询问，获取与内部控制运行情况相关的信息。观察是测试不留下书面记录的控制运行情况的有效方法。对运行情况留有书面证据的控制，检查非常适用。通常只有当询问、观察和检查程序结合在一起仍无法获得充分的证据时，注册会计师才考虑通过重新执行来证实控制是否有效运行。

询问本身并不足以测试控制运行的有效性，注册会计师应将询问与其他审计程序结合使用，以获取有关控制运行有效性的审计证据。观察提供的证据仅限于观察发生的时点，本身也不足以测试控制运行的有效性。将询问与检查或重新执行结合使用，通常能够比仅实施询问和观察获取更高的保证。

2.控制测试的时间安排

控制测试的时间包含两层含义：一是何时实施控制测试；二是测试所针对的控制适用的时点或期间。根据注册会计师的职业判断，控制测试的时间可以选在期中实施，也可以选在期末实施。如果测试特定时点的控制，注册会计师仅得到该时点控制运行有效性的审计证据；如果测试某一期间的控制，注册会计师可以获取控制在该期间有效运行的审计证据。

3.控制测试的范围

对于控制测试的范围，其含义主要是指某项控制活动的测试次数。注册会计师在确定某项控制的测试范围时通常考虑的因素包括：在整个拟信赖的期间，被审计单位执行控制的频率；在所审计期间，注册会计师拟信赖控制运行有效性的时间长度；通过测试与认定相关的其他控制获取的审计证据的范围；控制的预期偏差；拟获取的有关认定层次控制运行有效性的审计证据的相关性和可靠性。

【小思考4-4】如何衡量控制的预期偏差？

（三）执行实质性程序

1.实质性程序的性质

实质性程序是指用于发现认定层次重大错报的审计程序，包括对各类交易、账户余额和披露的细节测试以及实质性分析程序。细节测试的目的在于直接识别各类交易、账户余额和披露是否存在错报。实质性分析程序主要是通过研究数据间的关系来评价信息，用以识别各类交易、账户余额和披露及相关认定是否存在错报。实质性程序是必须实施的一种审计程序。无论评估的重大错报风险结果如何，注册会计师都应当针对所有重大类别的交易、账户余额和披露，设计和实施实质性程序。

注册会计师应当根据各类交易、账户余额、披露的性质选择实质性程序的类型。细节测试适用于对各类交易、账户余额、披露认定的测试，尤其是对存在或发生、计价认定的测试；对在一段时期内存在可预期关系的大量交易，注册会计师可以考虑实施实质性分析程序。

2.实质性程序的时间安排

由于实质性程序的目的在于更直接地发现重大错报，所以实质性程序的时间安排更多选择在期末或接近期末。如果实质性程序的时间选择在期中，需要权衡其成本和效益；对于以前审计中通过实质性程序获取的审计证据应当持更加慎重的态度和更严格的限制。

【小思考4-5】实质性程序的时间选择与控制测试的时间选择差异是什么？

3.实质性程序的范围

在确定实质性程序的范围时，注册会计师应当考虑评估的认定层次重大错报风险和实施控制测试的结果。评估的认定层次重大错报风险越高，需要实施实质性程序的范围越大。如果对控制测试结果不满意，注册会计师应当考虑扩大实质性程序的范围。在设计细节测试时，注册会计师除了从样本量的角度考虑测试范围外，还要考虑选取样本的方法是否有效等因素。

认定层次重大错报风险与实质性程序的性质、时间安排和范围的关系见表4-2。

表4-2 认定层次重大错报风险与实质性程序的性质、时间安排和范围的关系

认定层次重大错报风险水平	实质性程序		
	性质	时间安排	范围
高水平	细节测试	期末或接近期末	较多样本
中水平	分析程序、细节测试	期中、期末或接近期末	适量样本
低水平	分析程序或细节测试	期中	较少样本

三、审计报告阶段

注册会计师在完成财务报表进一步审计程序后，还应当按照有关审计准则的规定做好审计完成阶段的工作，并根据所获取的各种证据，合理运用专业判断，形成适当的审计意见。本阶段主要工作有：汇总审计差异，提请被审计单位调整或披露；复核审计工作底稿；与管理层和治理层沟通；评价所有审计证据，形成审计意见；出具审计报告等。

（一）复核审计工作底稿

1.审计工作底稿的编制要求

注册会计师编制的审计工作底稿，应当使得未曾接触该项审计工作的有经验的专业人士清楚了解：按照审计准则和相关法律法规的规定实施的审计程序的性质、时间安排和范围；实施审计程序的结果和获取的审计证据；审计中遇到的重大事项和得出的结论，以及在得出结论时作出的重大职业判断。有经验的专业人士，是指会计师事务所内部或外部的具有审计实务经验，并且对下列方面有合理了解的人士：审计过程；审计准则和相关法律法规的规定；被审计单位所处的经营环境；与被审计单位所处行业相关的会计和审计问题。

2.项目组成员实施的复核

《中国注册会计师审计准则第1121号——对财务报表审计实施的质量控制》规定，由项目组内经验较多的人员（包括项目合伙人）复核经验较少人员的工作时，复核人员应当考虑：

（1）审计工作是否已按照法律法规、相关职业道德要求和审计准则的规定执行；

（2）重大事项是否已提请进一步考虑；

（3）相关事项是否已进行适当咨询，由此形成的结论是否得到记录和执行；

（4）是否需要修改已执行审计工作的性质、时间安排和范围；

（5）已执行的审计工作是否支持形成的结论，并已得到适当记录；

（6）获取的审计证据是否充分、适当，足以支持审计结论；

（7）审计程序的目标是否已经实现。

3.项目质量控制复核

《中国注册会计师审计准则第1121号——对财务报表审计实施的质量控制》规定，注册会计师在出具审计报告前，会计师事务所应当指定专门的机构或人员对审计项目组执行

的审计实施项目质量控制复核。复核内容通常包括：

（1）项目组作出的重大判断；

（2）在准备审计报告时得出的结论。会计师事务所采用制衡制度，以确保委派独立的、有经验的审计人员作为其所熟悉行业的项目质量控制复核人员。复核范围取决于审计项目的复杂程度以及未能根据具体情况出具审计报告的风险。

（二）与治理层和管理层沟通

根据《中国注册会计师审计准则第1151号——与治理层的沟通》的规定，治理层，是指对被审计单位战略方向以及管理层履行经营管理责任负有监督责任的人员或组织。治理层的责任包括对财务报告过程的监督。管理层，是指对被审计单位经营活动的执行负有管理责任的人员。管理层负责编制财务报表，并接受治理层的监督。注册会计师应当就与财务报表审计相关的责任与治理层沟通。

注册会计师与治理层沟通要达到的目标是：（1）就注册会计师与财务报表审计相关的责任、计划的审计范围和时间安排的总体情况，与治理层进行清晰的沟通；（2）向治理层获取与审计相关的信息；（3）及时向治理层通报审计中发现的与治理层监督财务报告过程的责任相关的重大事项；（4）推动注册会计师和治理层之间有效的双向沟通。

注册会计师应当评价其与治理层之间的双向沟通对实现审计目的是否充分。如果认为双向沟通不充分，注册会计师应当评价其对重大错报风险评估以及获取充分、适当的审计证据的能力的影响，并采取适当措施。

另外，根据《中国注册会计师审计准则第1152号——向治理层和管理层通报内部控制缺陷》的规定，注册会计师应当向治理层和管理层恰当通报在财务报表审计中识别出的内部控制缺陷。注册会计师应当以书面形式及时向治理层通报审计过程中识别出的值得关注的内部控制缺陷，包括：（1）对缺陷的描述以及对其潜在影响的解释；（2）使治理层和管理层能够了解沟通背景的充分的信息。

（三）形成审计意见，出具审计报告

注册会计师应当就财务报表是否在所有重大方面按照适用的财务报告编制基础编制并实现公允反映形成审计意见。形成审计意见时注册会计师应当考虑下列因素：

1.按照《中国注册会计师审计准则第1231号——针对评估的重大错报风险采取的应对措施》的规定，是否已获取充分、适当的审计证据。如果对重大的财务报表认定没有获取充分、适当的审计证据，注册会计师应当尽可能获取进一步的审计证据。

2.按照《中国注册会计师审计准则第1251号——评价审计过程中识别出的错报》的规定，未更正错报单独或汇总起来是否构成重大错报。在确定时，注册会计师应当考虑：（1）相对特定类别的交易、账户余额或披露以及财务报表整体而言，错报的金额和性质以及错报发生的特定环境；（2）与以前期间相关的未更正错报对相关类别的交易、账户余额或披露以及财务报表整体的影响。

3.评价财务报表是否在所有重大方面按照适用的财务报告编制基础编制。其具体包括：（1）财务报表是否充分披露了选择和运用的重要会计政策；（2）选择和运用的会计政策是否符合适用的财务报告编制基础，并适合被审计单位的具体情况；（3）管理层作

出的会计估计是否合理；（4）财务报表列报的信息是否具有相关性、可靠性、可比性和可理解性；（5）财务报表是否作出充分披露，使财务报表预期使用者能够理解重大交易和事项对财务报表所传递的信息的影响；（6）财务报表使用的术语（包括每一财务报表的标题）是否适当。

4.评价财务报表是否实现公允反映。注册会计师应当考虑下列内容：（1）财务报表的整体列报、结构和内容是否合理；（2）财务报表（包括相关附注）是否公允地反映了相关交易和事项。

5.评价财务报表是否恰当提及或说明适用的财务报告编制基础。在某些情况下，财务报表可能声明按照两个财务报告编制基础（如某一国家或地区的财务报告编制基础和国际财务报告准则）编制。这可能是因为管理层被要求或自愿选择同时按照两个编制基础的规定编制财务报表，在这种情况下，两个财务报告编制基础都是适用的财务报告编制基础。只有当财务报表分别符合每个财务报告编制基础的所有要求时，声明财务报表按照这两个编制基础编制才是恰当的。

审计报告是指注册会计师根据审计准则的规定，在执行审计工作的基础上，对财务报表发表审计意见的书面文件。审计报告是注册会计师在完成审计工作后向委托人提交的最终产品。在提交审计报告后，双方的业务约定即告结束。

（四）归档审计工作底稿

《中国注册会计师审计准则第1131号——审计工作底稿》对每项具体审计业务形成的审计工作底稿的归档作出了具体规定。

1.审计工作底稿的保存年限

注册会计师应当在审计报告日后及时将审计工作底稿归整为审计档案，并完成归整最终审计档案过程中的事务性工作。

（1）归档期限。审计档案，是指一个或多个文件夹或其他存储介质，以实物或电子形式存储构成某项具体业务的审计工作底稿的记录。审计工作底稿的归档期限为审计报告日后六十天内。如果注册会计师未能完成审计业务，审计工作底稿的归档期限为审计业务中止后的六十天内。

（2）保存年限。会计师事务所应当自审计报告日起，对审计工作底稿至少保存十年。如果注册会计师未能完成审计业务，会计师事务所应当自审计业务中止日起，对审计工作底稿至少保存十年。

2.审计工作底稿的查阅

会计师事务所应建立严格的保密制度，因为档案中不仅记录了被审计单位的商业秘密，而且记录了事务所的审计技术和方法。因此除下列情况之外，会计师事务所应当对业务工作底稿包含的信息予以保密：（1）取得客户的授权；（2）根据法律法规的规定，会计师事务所为法律诉讼准备文件或提供证据，以及向监管机构报告发现的违反法规行为；（3）接受注册会计师协会和监管机构依法进行的质量检查。由于审计工作底稿的所有权属于会计师事务所，因此，会计师事务所可以自主决定允许客户获取业务工作底稿部分内容，或摘录部分工作底稿，但披露这些信息不得损害会计师事务所执行业务的有效性。对鉴证业务，披露这些信息不得损害会计师事务所及其人员的独立性。

3.审计工作底稿归档后的变动

在完成最终审计档案的归整工作后，注册会计师不应在规定的保存期限届满前删除或废弃任何性质的审计工作底稿。如果在完成最终审计档案归整工作后，注册会计师发现有必要修改现有审计工作底稿或增加新的审计工作底稿，无论修改或增加的性质如何，注册会计师均应当记录：修改或增加审计工作底稿的理由；修改或增加审计工作底稿的时间和人员，以及复核的时间和人员。

例如，在完成审计档案归整工作后，A注册会计师收到一份应收账款询证函回函，其结果显示无差异。A注册会计师将其归入审计档案，并删除了在审计过程中实施的相关替代程序的审计工作底稿。

在此案例中A注册会计师的做法是不恰当的。因为在完成审计档案的归整工作后，注册会计师不应在规定的保存期限届满前删除或废弃任何性质的审计工作底稿。

本章小结

广义的审计业务流程一般都包括计划准备阶段、实施阶段、完成阶段、后续阶段，每个阶段又包括不同的内容和步骤。审计的主体不同，审计业务流程各个阶段的具体内容也有所不同。审计证据是指审计人员为了得出审计结论、形成审计意见而使用的所有信息。一般而言，审计人员所获取的审计证据可以按照外形特征分为四类：实物证据、书面证据、口头证据和环境证据。在审计过程中，审计人员可根据需要单独或综合采用检查、监盘、观察、查询及函证、计算和分析性复核等审计程序，可用作风险评估程序、控制测试和实质性程序，以获取充分、适当的审计证据。审计工作底稿是指审计人员对制订的审计计划、实施的审计程序、获取的相关审计证据，以及得出的审计结论作出的记录。后续审计是指在审计报告发出后相隔一定时间内，审计人员为检查被审计单位对审计发现和建议是否已经采取了适当的纠正行动并取得预期的效果而实施的审计。后续审计的目的是确保对审计报告中提出的审计结果采取合适的行动。

本章主题词

审计准备阶段　审计计划　审计证据　控制测试　实质性程序　审计工作底稿　审计沟通　审计报告

复习思考题

1.审计业务流程有哪些主要阶段？

2.不同审计主体审计计划的内容有何区别？

3.重大错报风险分为哪两个层次？

4.在什么情况下需要实施控制测试？

5审计证据的特征有哪些？

6.收集审计证据的主要方法有哪些？

案例讨论

2001年的银广夏案例是我国近年来影响最大的财务舞弊案例之一。产量是虚构的、价格是虚构的、产品同样也是虚构的。主要疑点有：

（1）利润率高达46%，而深沪两市同类型的上市公司的利润率鲜有超过20%的。

（2）公司宣称属于进出口企业，按照正常生产交易应办理几千万的出口退税，但年报里根本找不到出口退税的项目。

（3）公司毛利5.43亿元，按17%税率计算，公司应当计交的增值税至少为9 231万元，但公司披露2000年年末应交增值税余额为负数，不但不欠，而且还没有抵扣完。

（4）萃取技术高温、高压、高耗电，但水电费1999年仅20万元，2000年仅70万元。

（5）1998年及之前的财务资料全部神秘"消失"。

就是有这么多疑点的企业，注册会计师竟没有发现或报告。注册会计师既没有实地考察，也没有咨询专家的意见，而轻信企业的一家之言。在审计过程中，未有效地执行分析程序，同时又不注重从行业整体层面把握财务风险，导致审计失败。

要求：1.对于银广夏审计案例失败，你有什么启发？

2.正常的审计程序应该是什么？在每个程序中应该注重哪些因素来防范风险？

第五章　审计报告

【学习目标】

知识目标：通过本章的学习，熟悉审计报告的编写要求、审计报告的主要内容以及审计报告意见类型，为审计实务工作打下坚实的基础。

能力目标：通过本章的学习，掌握审计报告的类型，理解出具不同审计意见类型的条件；掌握如何撰写不同审计意见类型的审计报告。

【引导案例】

案例一 中国铁路物资（集团）总公司2015年度财务收支审计结果报告（2017年6月23日中华人民共和国审计署网站公告）

根据《中华人民共和国审计法》的规定，审计署2016年对中国铁路物资（集团）总公司（以下简称中国铁物）2015年度的财务收支情况进行了审计，重点审计了中国铁物总部及所属的中国铁路物资股份有限公司（以下简称铁物股份）、中铁物总投资有限公司等3家二级单位，并对有关事项进行了延伸和追溯。

一、基本情况

中国铁物成立于1979年，主要从事铁路物资供应、配套服务及相关产品加工制造、招标代理业务、大宗商品贸易和生产性服务。据合并财务报表反映，中国铁物2015年年底拥有全资和控股子公司127家、参股公司36家；资产总额451.38亿元，当年实现总营业收入676.7亿元、亏损32.97亿元。立信会计师事务所（特殊普通合伙）对中国铁物2015年度合并财务报表出具了带强调事项段的无保留意见审计报告。

审计署审计结果表明，中国铁物进一步明确扭亏脱困和改革转型方向，制订了巩固铁路业务等专项方案，提出专业化整合资源和区域化深耕市场相结合的发展方向；积极推进大宗商品贸易风险事件处置，实施资金集中管理，加速经营资产周转，压缩负债规模；开展集团化改革和专业化管理试点，组建了油品、工业和华东3个子集团，促进相关业务融合发展。此次重点审计了财务会计管理、贯彻落实国家重大政策措施、企业重大决策和内部管理、落实中央八项规定精神及廉洁从业规定等方面的情况，发现仍存在一些问题。

二、审计发现的主要问题

（一）财务管理和会计核算方面

1.2011年至2015年，所属4家企业开展无实物流转的购销业务，虚增收入26.66亿元、成本费用26.59亿元，其中2015年虚增收入15.37亿元、成本费用15.34亿元。

2.2014年，所属中国铁路物资香港控股公司少计提坏账准备7 141.8万元。

3.2014年，所属中铁物产控股发展有限公司（以下简称物产控股公司）直接在期初所有者权益中冲减当年应计提的坏账准备，造成少计成本费用6 420.58万元。

4.2013年至2016年，所属铁物股份等7家公司在职工福利费等科目列支交通费、通信费和餐费等3 184.94万元，未纳入工资总额管理，其中2015年为830.84万元。

5.2012年至2014年，所属中国铁路物资沈阳有限公司未将借款利息支出1 234.88万元计入成本费用。

6.2010年至2012年，所属中铁物总能源有限公司（以下简称物总能源公司）1 059万元收入未纳入公司财务核算，已列支1 054万元。

7.2012年至2015年，所属铁物股份等5家企业以食品、烟酒等名义在业务招待费等科目列支礼品等费用350.45万元，且无购买明细及出入库单。

8.2012年至2014年，所属中铁物资天津油品供应有限公司利用个人账户收取销售款，并提现34.77万元购买礼品等。

9.2013年至2016年，所属铁物股份国际事业部违规在下属企业报销费用16.96万元。

（二）贯彻落实国家重大政策措施方面

1.至2016年6月，中国铁物未按规定完成低效无效资产清理处置，尚未清理处置资产占88.61%。

2.至2016年6月，中国铁物7家下属企业职工家属区“三供一业”32项业务尚未完成分离移交。

此外，至2016年6月，中国铁物有16家所属企业被国资委认定为特困企业，企业处置任务较重。

（三）企业重大决策和内部管理方面

1.至2016年6月，中国铁物投资一个23.2亿元的股权项目，因风险预计不足，形成账面损失11.22亿元。

2.2013年2月至2015年2月，所属物产控股公司等2家企业违规开展购销业务，交易规模达50.64亿元，至2016年6月，有10.43亿元资金逾期未收回。

3.2015年，所属铁物股份经董事会审议同意下属企业出资2.88亿元购置经营办公用房，超出生产经营需要。

4.2014年至2015年，所属物总能源公司等2家企业违反集团内部规定，与关联企业开展上下游购销业务、交易规模达1.87亿元，至2016年6月，有1 556万元资金逾期未收回。

5.2013年，所属中国铁路物资哈尔滨有限公司（以下简称哈尔滨公司）违规开展板坯购销业务，涉及销售金额1.73亿元。

6.2014年至2015年，所属中铁物产（日照）有限公司赊销铁矿粉支出1.68亿元，后因抵押物变现困难，至2016年6月，有1.18亿元的应收款逾期难以收回。

7.2009年，中国铁物一个境外股权投资项目在处置中多次反复，至2016年6月，产生公允价值损失9 285.94万元。

8.2014年至2016年，所属中国铁路物资西安有限公司未经评审签订煤炭购销合同或超规定额度赊销煤炭，有6 974.57万元的应收款逾期未收回。

9.2014年至2015年，所属安徽铁鹏水泥有限公司违规向其控股的企业提供流动资金5 600万元。

10.2015年，所属北京中铁泰博房地产开发有限公司在转让下属企业51%的股权及债权过程中，未能发现评估公司低评土地价值，影响公司权益5 078.74万元。

11.所属内蒙古铁物能源有限公司投资5.5亿元建设的霍林河集运站项目管理不善，至2016年6月，累计亏损2 476.71万元。

12.2006年，中国铁物在按规定实施评估前，直接作价3亿元收购一个商业用房项目；于2008年转让该项目时，以促成交易为由向一家中介机构支付咨询费1 700万元。

13.所属铁物股份等3家公司对风险事件有关人员未按规定追究责任，违规向其发放奖金182.63万元。

14.所属中国铁路物资北京有限公司存在未经批准延长土地租期的问题。

15.所属铁物股份等2家企业的3个投资项目至2016年6月未按扭亏脱困方案要求的期

限退出。

（四）落实中央八项规定精神及廉洁从业规定方面

1.2013年以来，所属铁物股份等7家企业超标准购置10辆公务用车，涉及金额达451.17万元；铁物股份及其下属公司占用2家下属企业车辆25辆。

2.2013年至2015年，所属哈尔滨公司3名中层管理人员违规取酬93.86万元。

3.2013年至2016年，所属中铁物总进出口有限公司等4家企业14名中层以上管理人员存在公车私用和违规报销费用等问题，涉及金额达15.88万元。

三、审计处理及整改情况

对此次审计发现的问题，审计署已依法出具了审计报告、下达了审计决定书。中国铁物具体整改情况由其自行公告。

审计中发现的违纪违法问题线索，已依纪依法移送有关部门进一步调查处理。

资料来源：http://www.audit.gov.cn/n5/n25/c97011/content.html.

这一案例表明：国家审计机关出具的审计报告核心内容包括基本情况、存在的问题、审计处理及整改等几个部分。即使注册会计师已经对审计对象出具了审计报告，对于国有企业而言，国家审计机关仍有权进行审计。

案例二 *ST博元年报真实性存疑，四因素致注册会计师无法出具审计意见

2015年4月30日，*ST博元披露了2014年年报。在该报告中，公司称“无法保证年度报告内容的真实、准确、完整”。*ST博元对此事大体有两点解释：一是公司董监高大多为新进人员，对往年数据不清楚；二是相关票据信息不完整，缺乏认定依据。2015年5月，*ST博元因被出具无法表示意见审计报告而再次被市场所关注。

*ST博元2015年5月4日晚间公告显示，公司新聘任的大华会计师事务所表示：“我们无法通过其他程序就管理层运用持续经营假设编制财务报表的合理性获取充分、适当的审计证据，因此无法判断公司管理层继续按照持续经营假设编制财务报表是否适当。”

有四大因素导致大华会计师事务所为*ST博元2014年度财务报告出具了无法表示意见的审计报告：

一是公司持续经营能力存在重大不确定性。公告显示，截至2014年12月31日，公司逾期借款及利息为4.13亿元，2014年度归属于母公司股东的净利润为-9 885.32万元，流动负债大于流动资产4.89亿元，经营活动产生的现金流量净额为-4 638.99万元，净资产为-3.87亿元。

二是无法判断一项应收账款是否真实及其可收回金额；无法判断公司对某些单位的出资是否真实及其对财务报表的影响；公司投资的江苏金泰天创汽车销售公司本期因丧失控制权转为权益法核算，无法判断其2013年年末其他应收款账面价值6 068.05万元是否真实及其可收回金额。

三是2011年至2014年使用股改业绩承诺资金购买应收票据，累计实现利润4 575.14万元、递延收益320.90万元，其中2014年度实现利润317.40万元、递延收益320.90万元。截至2014年12月31日，应收票据已全部背书转让，但未能取得被背书方的询证函回函，未能获取应收票据出票银行的完整背书信息，因此无法判断应收票据及其置换业务的真实

情况及其对财务报表的影响。

四是公司于2015年3月27日收到了上海证券交易所发来的《关于通报珠海市博元投资股份有限公司涉嫌信息披露违法违规案被中国证监会移送公安机关的函》，截至审计报告日，相关部门对博元投资立案调查尚未有最终结论，无法判断立案调查结果对博元投资财务报表的影响程度。

大华会计师事务所在报告中表示，由于存在上述情况，同时他们也无法通过其他程序就管理层运用持续经营假设编制财务报表的合理性获取充分、适当的审计证据，因此无法判断博元投资管理层继续按照持续经营假设编制财务报表是否适当。

资料来源：http：//stock.jrj.com.cn/2015/05/05032019180710.shtml.

这一案例表明：注册会计师出具的审计报告具有不同意见类型，不同意见类型的审计报告具有不同的出具条件。注册会计师应据实出具不同意见类型的审计报告。

第一节 国家审计报告

一、国家审计报告的含义和作用

（一）国家审计报告的含义

国家审计报告是指审计机关实施审计后，依法对被审计单位的财政收支、财务收支的真实、合法、效益发表审计意见的书面文件，是审计机关向被审计单位出具审计意见书、作出审计决定、进行审计结果公告的基础和依据。

（二）国家审计报告的作用

1.评价国家审计人员工作业绩及控制审计质量

国家审计机关在实施审计后，需要在规定的日期提交审计报告，该审计报告是对审计时间、审计范围、审计方法、被审计单位的基本情况以及审计中发现的问题进行的说明。审计报告可以用来衡量和考核国家审计人员的工作业绩，控制审计质量。

【小思考5-1】审计质量如何衡量？

2.向被审计单位出具审计决定书的依据

在国家审计机关完成审计项目后，要对其真实性、合法性和效益性作出评价，同时也要对审计中发现的违反国家规定的财政财务收支行为进行处理处罚，作出审计决定，而审计决定的作出要依据审计组提交的审计报告。

3.对国家经济调控提供有用信息

审计机关提供的审计报告信息，可以为国家对社会经济总体的调节与控制提供有用信息，促进市场发展、规范市场运行。

二、国家审计报告的要素与内容

（一）国家审计报告的组成要素

国家审计报告包括以下基本要素：（1）标题；（2）文号；（3）被审计单位名称；（4）审计项目名称；（5）内容；（6）审计机关名称；（7）签发日期。

经济责任审计报告还包括被审计人员姓名及所担任职务。

（二）国家审计报告的内容

国家审计报告的内容主要包括：（1）审计依据，即实施审计所依据的法律法规规定；（2）实施审计的基本情况，一般包括审计范围、内容、方式和实施的起止时间；（3）被审计单位的基本情况；（4）审计评价意见，即根据不同的审计目标，以适当、充分的审计证据为基础发表的评价意见；（5）以往审计决定执行情况和审计建议采纳情况；（6）审计发现的被审计单位违反国家规定的财政收支、财务收支行为和其他重要问题的事实、定性、处理处罚意见以及依据的法律法规和标准；（7）审计发现的移送处理事项的事实和移送处理意见，但是涉嫌犯罪等不宜让被审计单位知悉的事项除外；（8）针对审计发现的问题，根据需要提出的改进建议。

审计期间被审计单位对审计发现的问题已经整改的，审计报告还应当包括有关整改情况。

经济责任审计报告还应当包括被审计人员履行经济责任的基本情况，以及被审计人员对审计发现问题承担的责任。

核查社会审计机构相关审计报告发现的问题，应当在审计报告中一并反映。

（三）审计决定书的内容

对审计或者专项审计调查中发现被审计单位违反国家规定的财政收支、财务收支行为，依法应当由审计机关在法定职权范围内作出处理处罚决定的，审计机关应当出具审计决定书。

审计决定书的内容主要包括：（1）审计的依据、内容和时间；（2）违反国家规定的财政收支、财务收支行为的事实、定性、处理处罚决定以及法律法规依据；（3）处理处罚决定执行的期限和被审计单位书面报告审计决定执行结果等要求；（4）依法提请政府裁决或者申请行政复议、提起行政诉讼的途径和期限。

（四）审计移送处理书

审计或者专项审计调查发现的依法需要移送其他有关主管机关或者单位纠正、处理处罚或者追究有关人员责任的事项，审计机关应当出具审计移送处理书。

审计移送处理书的内容主要包括：（1）审计的时间和内容；（2）依法需要移送有关主管机关或者单位纠正、处理处罚或者追究有关人员责任事项的事实、定性及其依据和审计机关的意见；（3）移送的依据和移送处理说明，包括将处理结果书面告知审计机关的说明；（4）所附的审计证据材料。

三、国家审计报告的编审

（一）起草审计报告前的工作

审计组在起草审计报告前，应当讨论确定下列事项：（1）评价审计目标的实现情况；（2）审计实施方案确定的审计事项完成情况；（3）评价审计证据的适当性和充分性；（4）提出审计评价意见；（5）评估审计发现问题的重要性；（6）提出对审计发现问题的处理处罚意见；（7）其他有关事项。

审计组根据不同的审计目标，以审计认定的事实为基础，在防范审计风险的情况下，按照重要性原则，从真实性、合法性、效益性方面提出审计评价意见。审计组应当只对所审计的事项发表审计评价意见。对审计过程中未涉及、审计证据不适当或者不充分、评价依据或者标准不明确以及超越审计职责范围的事项，不得发表审计评价意见。

审计组应当根据审计发现问题的性质、数额及其发生的原因和审计报告的使用对象，评估审计发现问题的重要性，如实在审计报告中予以反映。审计组应当针对经济责任审计发现的问题，根据被审计人员履行职责情况，界定其应当承担的责任。

【知识拓展5-1】国家审计报告的信息特征

1. 可靠性

可靠性是指国家审计报告应如实表述所要反映的被审计事项，即所表达的应是意欲表述的，要客观公正地表述整个审计的过程与结果，避免倾向于预定结果或满足某一特定利益集团的需要。可靠性是国家审计报告的核心信息特征，其内涵有两个方面：①如实表述整个审计过程的性质、范围和时间；②如实表述审计的结果，包括发现问题的事实、结论、意见和建议。除此之外，可靠性还包括可验证性要求，即其他审计师如果根据有效和完整的审计工作底稿，应该得出与具体执行该项审计业务的审计师相同的审计结论。

2. 相关性

相关性是指国家审计报告应该与被审计事项密切相关，应该反映已执行审计程序的真实情况。国家审计报告的基本功能是提供被审计单位公共责任履行情况的相关信息，这些信息对于立法机构、司法机构、行政机构和社会公众来说应该具有价值，可以对其作出各种决策产生实质性影响。

3. 充分性

充分性是指国家审计报告的内容要全面完整。在西方国家，国家审计报告是审计工作的最终产品，既可以直接向议会和政府行政机构报告，也可以直接向社会公众公布。为了便于审计报告信息使用者参阅，这些国家的审计准则要求审计人员在编写审计报告时，应该充分披露有关被审计单位存在问题的事实、结论、意见和建议。从未来发展趋势来看，我国国家审计报告准则将会逐步与国际接轨，国家审计报告应该由现在的内部文件转变为具有法律效力的外部文件。国家审计报告可以向立法机构、司法机构、行政机构和社会公众直接报告审计过程及结果。在这种情形下，确保国家审计报告信息披露的充分性，具有重要意义。

4.重要性

从财务报表审计的角度来理解，重要性是指被审计单位财务报表错报或漏报的严重程度，这一程度在特定的环境下可能影响到财务报表使用者的判断或决策。重要性概念在国家审计中的运用比较特殊。真实性审计报告可以适用这个标准，合规性审计报告可能不完全适用重要性原则。例如，在合规性审计中，对于性质严重的问题，如贪污与盗窃行为，国家审计报告应该如实反映；对于金额巨大的错弊金额，也应该在审计报告中全面披露。与民间审计不同，国家审计报告对于那些相对金额不高，但是绝对金额巨大的错弊金额，不能仅仅因为它对财务报告的公允反映可能不会带来实质性的损害而不在审计报告中指出。即国家审计报告既要揭露相对金额较大的问题，也要揭露相对金额虽小但绝对金额较大的问题，以确保国家审计报告信息的充分性。

5.可理解性

可理解性是指国家审计报告所提供的信息应该便于阅读与理解。国家审计报告的信息需求者主要包括立法机构、司法机构、行政机构和社会公众。对于广大的社会公众来说，他们不一定是专业人士，因此国家审计报告应该尽可能采用通俗易懂、简洁明晰的语言，以便于他们正确地理解与使用。例如，最高审计机关国际组织（INTOSAI）指出，国家审计报告应该以恰当的形式陈述审计结果，报告的内容应当易于理解，避免使用意义含糊和模棱两可的词汇；英国的量工价值审计指南（2003）规定，报告要通俗易懂，可被普通读者接受，以及尽量避免使用专业术语等。

6.及时性

及时性是指国家审计报告应该在完成外勤工作后及时出具，以供国家审计报告的信息使用者决策之需。国家审计报告一般要经过初稿撰写、征求意见、正稿撰写等程序，因为我国审计报告还只是内部文件，审计机关还需要根据审计报告反映的情况对被审计单位下达处理结论和作出处理决定，这也会耽误许多时间。如果不能保证国家审计报告出具的时效性，一是会影响对被审计单位处理处罚的时效性，二是会影响到审计结果的对外公布。西方许多国家的审计报告是直接具有法律效力的文书，特别强调审计报告出具的时效性。例如INTOSAI规定，审计意见或报告应当及时提供给读者和使用者，特别是那些必须采取必要措施的使用者，以便发挥它们的最佳效用。美国审计总署的一般公认政府审计准则GAGAS规定，政府审计报告应该及时地分发给那些对审计结果感兴趣的官员，以便于他们作出合理决策。

(二)起草审计报告并征求意见

审计组实施审计或者专项审计调查后，应当提出审计报告，按照审计机关规定的程序审批后，以审计机关的名义征求被审计单位、被调查单位和拟处罚的有关责任人员的意见。经济责任审计报告还应当征求被审计人员的意见；必要时，还应征求有关干部监督管理部门的意见。审计报告中涉及的重大经济案件调查等特殊事项，经审计机关主要负责人批准，可以不征求被审计单位或者被审计人员的意见。

被审计单位、被调查单位、被审计人员或者有关责任人员对征求意见的审计报告有异议的，审计组应当进一步核实，并根据核实情况对审计报告作出必要的修改。

(三)起草审计决定书

对被审计单位或者被调查单位违反国家规定的财政收支、财务收支行为，依法应当由审计机关进行处理处罚的，审计组应当起草审计决定书。

(四)起草审计移送处理书

对依法应当由其他有关部门纠正、处理处罚或者追究有关责任人员责任的事项，审计组应当起草审计移送处理书。

(五)报送审理机构审理

审计机关业务部门应当将复核修改后的审计报告、审计决定书等审计项目材料连同书面复核意见，报送审理机构审理。

审理机构以审计实施方案为基础，重点关注审计实施的过程及结果，主要审理下列内容：(1)审计实施方案确定的审计事项是否完成；(2)审计发现的重要问题是否在审计报告中反映；(3)主要事实是否清楚、相关证据是否适当、充分；(4)适用法律法规和标准是否适当；(5)评价、定性、处理处罚意见是否恰当；(6)审计程序是否符合规定。审理机构审理后，应当出具审理意见书。

四、审计报告的送达与结果公告

(一)审计报告的送达

审计报告、审计决定书经审计机关负责人签发后，按照下列要求办理：(1)审计报告送达被审计单位、被调查单位；(2)经济责任审计报告送达被审计单位和被审计人员；(3)审计决定书送达被审计单位、被调查单位、被处罚的有关责任人员。

(二)审计结果公告

审计机关依法实行公告制度。审计机关的审计结果、审计调查结果依法向社会公布。

审计机关公布的审计和审计调查结果主要包括下列信息：(1)被审计(调查)单位基本情况；(2)审计(调查)评价意见；(3)审计(调查)发现的主要问题；(4)处理处罚

决定及审计（调查）建议；(5) 被审计（调查）单位的整改情况。

在公布审计和审计调查结果时，审计机关不得公布下列信息：(1) 涉及国家秘密、商业秘密的信息；(2) 正在调查、处理过程中的事项；(3) 依照法律法规的规定不予公开的其他信息。

涉及商业秘密的信息，经权利人同意或者审计机关认为不公布可能对公共利益造成重大影响的，可以予以公布。审计机关公布审计和审计调查结果应当客观公正。

审计机关应当建立审计整改检查机制，督促被审计单位和其他有关单位根据审计结果进行整改。审计组在审计实施过程中，应当及时督促被审计单位整改审计发现的问题。审计机关在出具审计报告、作出审计决定后，应当在规定的时间内检查或者了解被审计单位和其他有关单位的整改情况。

第二节　内部审计报告

一、内部审计报告的含义和作用

(一) 内部审计报告的含义

内部审计报告，是指内部审计人员根据审计计划对被审计单位实施必要的审计程序后，就被审计事项作出审计结论，提出审计意见和审计建议的书面文件。

内部审计人员应当在审计实施结束后，以经过核实的审计证据为依据，形成审计结论、意见和建议，出具审计报告。如有必要，内部审计人员可以在审计过程中提交期中报告，以便及时采取有效的纠正措施改善业务活动、内部控制和风险管理。

(二) 内部审计报告的作用

内部审计报告可以帮助管理层了解企业自身问题，为改进管理效率与管理效益提供帮助；为综合反映和衡量内部审计质量提供依据；可以衡量和考核内部审计人员的业绩；可以为国家审计和注册会计师审计提供重要的参考资料。

二、内部审计报告的要素与内容

(一) 内部审计报告的要素

内部审计报告主要包括下列要素：(1) 标题；(2) 收件人；(3) 正文；(4) 附件；(5) 签章；(6) 报告日期；(7) 其他。

(二) 内部审计报告的内容

内部审计报告的正文主要包括下列内容：

(1) 审计概况，包括审计目标、审计范围、审计内容及重点、审计方法、审计程序及审计时间等。

（2）审计依据，即实施审计所依据的相关法律法规、内部审计准则等规定。

（3）审计发现，即对被审计单位的业务活动、内部控制和风险管理实施审计的过程中所发现的主要问题的事实。

（4）审计结论，即根据已查明的事实，对被审计单位业务活动、内部控制和风险管理所作的评价。

（5）审计意见，即针对审计发现的主要问题提出的处理意见。

（6）审计建议，即针对审计发现的主要问题，提出改善业务活动、内部控制和风险管理的建议。

审计报告的附件应当包括针对审计过程、审计中发现的问题所作的具体说明，以及被审计单位的反馈意见等内容。

三、内部审计报告的编制与报送

（一）内部审计报告的编制要求

内部审计报告的编制应当符合下列要求：（1）实事求是、不偏不倚地反映被审计事项的事实；（2）要素齐全、格式规范，完整地反映审计中发现的重要问题；（3）逻辑清晰、用词准确、简明扼要、易于理解；（4）充分考虑审计项目的重要性和风险水平，对于重要事项应当重点说明；（5）针对被审计单位业务活动、内部控制和风险管理中存在的主要问题或者缺陷提出可行的改进建议，以促进组织实现目标。

内部审计机构应当建立健全审计报告分级复核制度，明确规定各级复核人员的要求和责任。

【知识拓展5-2】内部审计报告撰写的基本原则

（1）客观性原则

《内部审计具体准则第7号——审计报告》第四条规定："内部审计人员应在审计实施结束后，以经过核实的审计证据为依据，形成审计结论与建议，出具审计报告"。即审计报告应实事求是、不偏不倚地反映审计事项。审计依据、标准不明确的事项，以及由各种原因导致的模棱两可、事实不清的问题都不应该在审计报告中评价。

（2）重要性原则

审计报告应突出重点，以点采面，充分考虑审计风险水平，不遗漏审计中发现的重大事项。审计评价要围绕预定的审计目标开展，不可扩大审计范围。

（3）简洁易懂原则

审计报告文字措辞要"明确、简练"。从内部审计报告的利用来看，"明确"是指写出的报告要让大多数人能看懂，所提出的审计意见或建议具有可操作性，被审计单位一看就知道怎么做；"简练"是指内部审计报告一定要主次分明，繁简得体，能短则短，把主要方面讲清楚即可，说明审计立项依据、审计目的和范围、审计重点和审计标准等内容。

(二) 内部审计报告的编制

审计组应当在实施必要的审计程序后，及时编制审计报告，并征求被审计对象的意见。

被审计单位对审计报告有异议的，审计项目负责人及相关人员应当核实，必要时应当修改审计报告。

审计报告经过必要的修改后，应当连同被审计单位的反馈意见及时报送内部审计机构负责人复核。

(三) 内部审计报告的报送

内部审计机构应当将审计报告提交被审计单位的适当管理层，并要求被审计单位在规定的期限内落实纠正措施。

已经出具的审计报告如果存在重要错误或者遗漏，内部审计机构应当及时更正，并将更正后的审计报告提交给原审计报告接收者。

【小思考5-2】内部审计报告中的审计建议有什么作用？

第三节 注册会计师审计报告

一、注册会计师审计报告的含义、作用和类型

(一) 注册会计师审计报告的含义

注册会计师审计报告是指注册会计师根据审计准则的规定，在执行审计工作的基础上，对财务报表发表审计意见的书面文件。审计报告是注册会计师在完成审计工作后向委托人提交的最终产品。

注册会计师签发的审计报告，是注册会计师对财务报表是否在所有重大方面按照财务报告编制基础编制并实现公允反映发表审计意见的书面文件，主要具有鉴证、保护和证明三个方面的作用，因此注册会计师应当将已审计的财务报表附于审计报告之后，以便于财务报表使用者正确理解和使用审计报告，并防止被审计单位替换、更改已审计的财务报表。

(二) 注册会计师审计报告的作用

1. 鉴证作用

注册会计师签发的审计报告，不同于政府审计和内部审计的审计报告，它是以超然独立的第三者身份，对被审计单位财务报表的合法性、公允性发表意见。这种意见具有鉴证

作用，得到了政府及其各部门和社会各界的普遍认可。政府有关部门，如财政部门、税务部门等，主要根据企业提供的财务报表来了解、掌握其财务状况和经营成果，并主要依据注册会计师的审计报告来判断其财务报表是否合法、公允。股份制企业的股东，主要依据注册会计师的审计报告来判断被投资企业的财务报表是否公允地反映了其财务状况和经营成果，以进行投资决策等。

2.保护作用

注册会计师通过审计，可以对被审计单位财务报表出具不同类型审计意见的审计报告，以提高或降低财务报表信息使用者对财务报表的信赖程度，能够在一定程度上对被审计单位的财产、债权人和股东的权益及企业利害关系人的利益起到保护作用。如投资者为了减少投资风险，在进行投资之前，必须要查阅被投资企业的财务报表和注册会计师的审计报告，了解被投资企业的经营情况和财务状况。投资者根据注册会计师的审计报告作出投资决策，可以降低其投资风险。

3.证明作用

审计报告是对注册会计师审计任务完成情况及其结果所作的总结，它可以表明审计工作的质量并明确注册会计师的审计责任。因此，审计报告可以对审计工作的质量和注册会计师的审计责任起到证明作用。审计报告可以证明注册会计师在审计过程中是否实施了必要的审计程序，是否以审计工作底稿为依据发表审计意见，发表的审计意见是否与被审计单位的实际情况相一致，审计工作的质量是否符合要求。此外，审计报告还可以证明注册会计师审计责任的履行情况。

（三）注册会计师审计报告意见类型

注册会计师审计报告分为无保留意见的审计报告和非无保留意见的审计报告。

无保留意见，是指当注册会计师认为财务报表在所有重大方面按照适用的财务报告编制基础编制并实现公允反映时发表的审计意见。

非无保留意见，是指对财务报表发表的保留意见、否定意见或无法表示意见。

注册会计师的目标是在评价根据审计证据得出的结论的基础上，对财务报表形成审计意见，并通过书面报告的形式清楚地表达审计意见。

如果认为财务报表在所有重大方面按照适用的财务报告编制基础编制并实现公允反映，注册会计师应当发表无保留意见。

当存在下列情形之一时，注册会计师应当在审计报告中发表非无保留意见：（1）根据获取的审计证据，得出财务报表整体存在重大错报的结论；（2）无法获取充分、适当的审计证据，不能得出财务报表整体不存在重大错报的结论。

如果财务报表没有实现公允反映，注册会计师应当就该事项与管理层讨论，并根据适用的财务报告编制基础的规定和该事项的解决情况，决定是否有必要在审计报告中发表非无保留意见。

二、注册会计师审计报告的要素与内容

无保留意见审计报告应当包括下列要素：（1）标题；（2）收件人；（3）审计意见；

(4) 形成审计意见的基础；(5) 管理层对财务报表的责任；(6) 注册会计师对财务报表审计的责任；(7) 按照相关法律法规的要求报告的事项（如适用）；(8) 注册会计师的签名和盖章；(9) 会计师事务所的名称、地址和盖章；(10) 报告日期。

在适用的情况下，注册会计师还应当按照《中国注册会计师审计准则第1324号——持续经营》《中国注册会计师审计准则第1504号——在审计报告中沟通关键审计事项》《中国注册会计师审计准则第1521号——注册会计师对其他信息的责任》的相关规定，在审计报告中对持续经营相关的重大不确定性、关键审计事项、被审计单位年度报告中包含的除财务报表和审计报告之外的其他信息进行报告。

（一）标题

审计报告应当具有标题，统一规范为“审计报告”。

（二）收件人

审计报告的收件人是指注册会计师按照业务约定书的要求致送审计报告的对象，一般是指审计业务的委托人。审计报告应当按照审计业务的约定载明收件人的全称。

注册会计师应当与委托人在业务约定书中约定致送审计报告的对象，以防止在此问题上发生分歧或审计报告被委托人滥用。针对整套通用目的财务报表出具的审计报告，其致送对象通常为被审计单位的股东或治理层。

（三）审计意见

审计意见由两部分构成：

第一部分指出已审计财务报表，应当包括下列内容：

(1) 指出被审计单位的名称。

(2) 说明财务报表已经审计。

(3) 指出构成整套财务报表的每一财务报表的名称。

(4) 提及财务报表附注。

(5) 指明构成整套财务报表的每一财务报表的日期或涵盖的期间。

为体现上述要求，审计报告可说明：“我们审计了被审计单位的财务报表，包括 [指明适用的财务报告编制基础规定的构成整套财务报表的每一财务报表的名称、日期或涵盖的期间] 以及财务报表附注，包括重大会计政策和会计估计。”审计意见涵盖由适用的财务报告编制基础所确定的整套财务报表。例如，在许多通用目的编制基础中，财务报表包括资产负债表、利润表、现金流量表、所有者权益变动表和相关附注（通常包括重大会计政策和会计估计以及其他解释性信息）。

第二部分应当说明注册会计师发表的审计意见。如果对财务报表发表无保留意见，除非法律法规另有规定，审计意见应当使用“我们认为，财务报表在所有重大方面按照 [适用的财务报告编制基础（如企业会计准则等）] 编制，公允反映了 [……] ”的措辞。审计意见说明财务报表在所有重大方面按照适用的财务报告编制基础编制，公允反映了财务报表旨在反映的事项。例如，对于按照企业会计准则编制的财务报表，这些事项是“被审计单位期末的财务状况、截至期末某一期间的经营成果和现金流量”。

（四）形成审计意见的基础

审计报告应当包含标题为“形成审计意见的基础”的部分。该部分提供关于审计意见的重要背景，应当紧接在审计意见部分之后，并包括下列内容：

（1）说明注册会计师按照审计准则的规定执行了审计工作。

（2）提及审计报告中用于描述审计准则规定的注册会计师责任部分。

（3）声明注册会计师按照与审计相关的职业道德要求对被审计单位保持了独立性，并履行了职业道德方面的其他责任。声明中应当指明适用的职业道德要求，如中国注册会计师职业道德守则。

（4）说明注册会计师是否相信获取的审计证据是充分、适当的，为发表审计意见提供了基础。

（五）管理层对财务报表的责任

审计报告应当包含标题为“管理层对财务报表的责任”的部分，其中应当说明管理层负责的下列内容：

（1）按照适用的财务报告编制基础编制财务报表，使其实现公允反映，并设计、执行和维护必要的内部控制，以使财务报表不存在由于舞弊或错误导致的重大错报。

（2）评估被审计单位的持续经营能力和使用持续经营假设是否适当，并披露与持续经营相关的事项（如适用）。对管理层评估责任的说明应当包括描述在何种情况下使用持续经营假设是适当的。

（六）注册会计师对财务报表审计的责任

审计报告应当包含标题为“注册会计师对财务报表审计的责任”的部分，其中应当包括下列内容：

（1）说明注册会计师的目标是对财务报表整体是否不存在由于舞弊或错误导致的重大错报获取合理保证，并出具包含审计意见的审计报告。

（2）说明合理保证是高水平的保证，但按照审计准则执行的审计并不能保证一定会发现存在的重大错报。

（3）说明错报可能由于舞弊或错误导致。在说明错报可能由于舞弊或错误导致时，注册会计师应当从下列两种做法中选取一种：

①描述如果合理预期错报单独或汇总起来可能影响财务报表使用者依据财务报表作出的经济决策，则通常认为错报是重大的。

②根据适用的财务报告编制基础，提供关于重要性的定义或描述。

（4）说明在按照审计准则执行审计工作的过程中，注册会计师运用职业判断，并保持职业怀疑。

（5）通过说明注册会计师的责任，对审计工作进行描述。这些责任包括：

①识别和评估由于舞弊或错误导致的财务报表重大错报风险，设计和实施审计程序以应对这些风险，并获取充分、适当的审计证据，作为发表审计意见的基础。由于舞弊可能涉及串通、伪造、故意遗漏、虚假陈述或凌驾于内部控制之上，未能发现由于舞弊导致的

重大错报的风险高于未能发现由于错误导致的重大错报的风险。

②了解与审计相关的内部控制，以设计恰当的审计程序，但目的并非对内部控制的有效性发表意见。当注册会计师有责任在财务报表审计的同时对内部控制的有效性发表意见时，应当略去上述“目的并非对内部控制的有效性发表意见”的表述。

③评价管理层选用会计政策的恰当性和作出会计估计及相关披露的合理性。

④对管理层使用持续经营假设的恰当性得出结论。同时，根据获取的审计证据，就可能导致对被审计单位持续经营能力产生重大疑虑的事项或情况是否存在重大不确定性得出结论。如果注册会计师得出结论认为存在重大不确定性，审计准则要求注册会计师在审计报告中提请报表使用者关注财务报表中的相关披露；如果披露不充分，注册会计师应当发表非无保留意见。注册会计师的结论基于截至审计报告日可获得的信息。然而，未来的事项或情况可能导致被审计单位不能持续经营。

⑤评价财务报表的总体列报、结构和内容（包括披露），并评价财务报表是否公允反映相关交易和事项。

【小思考5-3】审计收费对审计报告的质量有什么影响?

（6）说明注册会计师与治理层就计划的审计范围、时间安排和重大审计发现等事项进行沟通，包括沟通注册会计师在审计中识别的值得关注的内部控制缺陷。

（7）对于上市实体财务报表审计，指出注册会计师就已遵守与独立性相关的职业道德要求向治理层提供声明，并与治理层沟通可能被合理认为影响注册会计师独立性的所有关系和其他事项，以及相关的防范措施（如适用）。

（8）对于上市实体的财务报表审计，以及决定按照《中国注册会计师审计准则第1504号——在审计报告中沟通关键审计事项》的规定沟通关键审计事项的其他情况，说明注册会计师从已与治理层沟通的事项中确定哪些事项对本期财务报表审计最为重要，因而构成关键审计事项。注册会计师应当在审计报告中描述这些事项，除非法律法规禁止公开披露这些事项，或在极其罕见的情形下，注册会计师合理预期在审计报告中沟通某事项造成的负面后果超过在公众利益方面产生的益处，因而决定不应在审计报告中沟通该事项。

（七）按照相关法律法规的要求报告的事项（如适用）

除审计准则规定的注册会计师对财务报表出具审计报告的责任外，相关法律法规可能对注册会计师设定了其他报告责任。例如，如果注册会计师在财务报表审计中注意到某些事项，可能被要求对这些事项予以报告。此外，注册会计师可能被要求实施额外的规定的程序并予以报告，或对特定事项（如会计账簿和记录的适当性）发表意见。

在某些情况下，相关法律法规可能要求或允许注册会计师将对这些其他责任的报告作为对财务报表出具审计报告的一部分。在另外一些情况下，相关法律法规可能要求或允许注册会计师在单独出具的报告中进行报告。

这些责任是注册会计师按照审计准则对财务报表出具审计报告的责任的补充。如果注册会计师在对财务报表出具的审计报告中履行其他报告责任，应当在审计报告中将其单独作为一部分，并以“按照相关法律法规的要求报告的事项”为标题。此时，审计报告应当区分为“对财务报表出具的审计报告”和“按照相关法律法规的要求报告的事项”两部分，以便将其同注册会计师的财务报表报告责任明确区分。

（八）注册会计师的签名和盖章

审计报告应当由项目合伙人和另一名负责该项目的注册会计师签名和盖章。在审计报告中指明项目合伙人有助于进一步增强对审计报告使用者的透明度，有利于增强项目合伙人的个人责任感。因此，对上市实体整套通用目的财务报表出具的审计报告应当注明项目合伙人。

（九）会计师事务所的名称、地址和盖章

审计报告应当载明会计师事务所的名称和地址，并加盖会计师事务所公章。

根据《中华人民共和国注册会计师法》的规定，注册会计师承办业务，由其所在的会计师事务所统一受理并与委托人签订委托合同。因此，审计报告除了应由注册会计师签名和盖章外，还应载明会计师事务所的名称和地址，并加盖会计师事务所公章。

（十）报告日期

审计报告应当注明报告日期。审计报告日不应早于注册会计师获取充分、适当的审计证据（包括管理层认可对财务报表的责任且已批准财务报表的证据），并在此基础上对财务报表形成审计意见的日期。在确定审计报告日时，注册会计师应当确信已获取下列两个方面的审计证据：（1）构成整套财务报表的所有报表（包括相关附注）已编制完成；（2）被审计单位的董事会、管理层或类似机构已经认可其对财务报表负责。

审计报告的日期向审计报告使用者表明，注册会计师已考虑其知悉的、截至审计报告日发生的事项和交易的影响。

【知识拓展5-3】 审计报告日期的确定

（1）注册会计师在正式签署审计报告前，通常把审计报告草稿和已审计财务报表草稿一同提交给管理层；

（2）如果管理层批准并签署已审计财务报表，注册会计师即可签署审计报告；

（3）注册会计师签署审计报告的日期通常与管理层签署已审计财务报表的日期为同一天，或晚于管理层签署已审计财务报表的日期。

三、注册会计师审计报告的参考格式

根据《中国注册会计师审计准则第1501号——对财务报表形成审计意见和出具审计报告》的规定，参考格式5-1列示了对上市实体财务报表出具的无保留意见的审计报告的参考格式。

参考格式5-1：对上市实体财务报表出具无保留意见的审计报告

背景信息：

（1）对上市实体整套财务报表进行审计。该审计不属于集团审计（即不适用《中国注册会计师审计准则第1401号——对集团财务报表审计的特殊考虑》）。

（2）管理层按照企业会计准则编制财务报表。

（3）审计业务约定条款体现了《中国注册会计师审计准则第1111号——就审计业务约定条款达成一致意见》关于管理层对财务报表责任的描述。

（4）基于获取的审计证据，注册会计师认为发表无保留意见是恰当的。

（5）适用的相关职业道德要求为中国注册会计师职业道德守则。

（6）基于获取的审计证据，根据《中国注册会计师审计准则第1324号——持续经营》，注册会计师认为可能导致对被审计单位持续经营能力产生重大疑虑的相关事项或情况不存在重大不确定性。

（7）已按照《中国注册会计师审计准则第1504号——在审计报告中沟通关键审计事项》的规定沟通了关键审计事项。

（8）负责监督财务报表的人员与负责编制财务报表的人员不同。

除财务报表审计外，按照法律法规的要求，注册会计师负有其他报告责任，且注册会计师决定在审计报告中履行其他报告责任。

审计报告

ABC股份有限公司全体股东：

一、对财务报表出具的审计报告

（一）审计意见

我们审计了ABC股份有限公司（以下简称ABC公司）的财务报表，包括20×1年12月31日的资产负债表，20×1年度的利润表、现金流量表、股东权益变动表以及相关财务报表附注。

我们认为，后附的财务报表在所有重大方面按照企业会计准则的规定编制，公允反映了ABC公司20×1年12月31日的财务状况以及20×1年度的经营成果和现金流量。

（二）形成审计意见的基础

我们按照中国注册会计师审计准则的规定执行了审计工作。审计报告的“注册会计师对财务报表审计的责任”部分进一步阐述了我们在这些准则下的责任。按照中国注册会计师职业道德守则，我们独立于ABC公司，并履行了职业道德方面的其他责任。我们相信，我们获取的审计证据是充分、适当的，为发表审计意见提供了基础。

（三）关键审计事项

关键审计事项是根据我们的职业判断，认为对本期财务报表审计最为重要的事项。这些事项是在对财务报表整体进行审计并形成意见的背景下进行处理的，我们不对这些事项提供单独的意见。

[按照《中国注册会计师审计准则第1504号——在审计报告中沟通关键审计事项》的规定描述每一关键审计事项。]

（四）管理层和治理层对财务报表的责任

管理层负责按照企业会计准则的规定编制财务报表，使其实现公允反映，并设计、执行和维护必要的内部控制，以使财务报表不存在由于舞弊或错误导致的重大错报。

在编制财务报表时，管理层负责评估ABC公司的持续经营能力，披露与持续经营相关的事项（如适用），并运用持续经营假设，除非计划清算ABC公司、停止营运或别无其他现实的选择。

治理层负责监督ABC公司的财务报告过程。

（五）注册会计师对财务报表审计的责任

我们的目标是对财务报表整体是否不存在由于舞弊或错误导致的重大错报获取合理保证，并出具包含审计意见的审计报告。合理保证是高水平的保证，但并不能保证按照审计准则执行的审计在某一重大错报存在时总能发现。错报可能由于舞弊或错误导致，如果合理预期错报单独或汇总起来可能影响财务报表使用者依据财务报表作出的经济决策，则通常认为错报是重大的。

在按照审计准则执行审计的过程中，我们运用了职业判断，保持了职业怀疑。我们同时：

（1）识别和评估由于舞弊或错误导致的财务报表重大错报风险；对这些风险有针对性地设计和实施审计程序；获取充分、适当的审计证据，作为发表审计意见的基础。由于舞弊可能涉及串通、伪造、故意遗漏、虚假陈述或凌驾于内部控制之上，未能发现由于舞弊导致的重大错报的风险高于未能发现由于错误导致的重大错报的风险。

（2）了解与审计相关的内部控制，以设计恰当的审计程序，但目的并非对内部控制的有效性发表意见。

（3）评价管理层选用会计政策的恰当性和作出会计估计及相关披露的合理性。

（4）对管理层使用持续经营假设的恰当性得出结论。同时，根据获取的审计证据，就可能导致对ABC公司持续经营能力产生重大疑虑的事项或情况是否存在重大不确定性得出结论。如果我们得出结论认为存在重大不确定性，审计准则要求我们在审计报告中提请报表使用者注意财务报表中的相关披露；如果披露不充分，我们应当发表非无保留意见。我们的结论基于审计报告日可获得的信息。然而，未来的事项或情况可能导致ABC公司不能持续经营。

我们还就遵守关于独立性的相关职业道德要求向治理层提供声明，并就可能被合理认为影响我们独立性的所有关系和其他事项，以及相关的防范措施（如适用）与治理层进行沟通。

从与治理层沟通的事项中，我们确定哪些事项对本期财务报表审计最为重要，因而构成关键审计事项。我们在审计报告中描述这些事项，除非法律法规禁止公开披露这些事项，或在极其罕见的情形下，如果合理预期在审计报告中沟通某事项造成的负面后果超过在公众利益方面产生的益处，我们确定不应在审计报告中沟通该事项。

二、按照相关法律法规的要求报告的事项

[本部分的格式和内容，取决于法律法规对其他报告责任的性质的规定。法律法规规范的事项（其他报告责任）应当在本部分处理，除非其他报告责任与审计准则所要求的报告责任涉及相同的主题。如果涉及相同的主题，其他报告责任可以在审计准则所要求的同一报告要素部分中列示。当其他报告责任和审计准则规定的责任予以清楚地区分（如差异存在）时，允许将两者合并列示（即包含在“对财务报表出具的审计报告”部分中，并使用适当的副标题）。]

××会计师事务所　　　　中国注册会计师：×××（项目合伙人）
（盖章）　　　　（签名并盖章）
　　　　中国注册会计师：×××
　　　　（签名并盖章）
中国××市　　　　二〇×二年×月×日

四、在审计报告中沟通关键审计事项

《中国注册会计师审计准则第1504号——在审计报告中沟通关键审计事项》要求注册会计师在上市实体整套通用目的财务报表审计报告中增加关键审计事项部分，用于沟通关键审计事项。关键审计事项，是指注册会计师根据职业判断认为对当期财务报表审计最为重要的事项。在审计报告中沟通关键审计事项，可以提高已执行审计工作的透明度，从而提高审计报告的决策相关性和有用性。沟通关键审计事项还能够为财务报表使用者提供额外的信息，以帮助其了解被审计单位、已审计财务报表中涉及重大管理层判断的领域，以及注册会计师根据职业判断认为对当期财务报表审计最为重要的事项。沟通关键审计事项，还能够为财务报表预期使用者就与被审计单位、已审计财务报表或已执行审计工作相关的事项进一步与管理层和治理层沟通提供基础。

（一）确定关键审计事项的决策框架

根据关键审计事项的定义，注册会计师在确定关键审计事项时，需要遵循以下决策框架，如图5-1所示。

1.以“与治理层沟通的事项”为起点选择关键审计事项

《中国注册会计师审计准则第1151号——与治理层的沟通》要求注册会计师与被审计单位治理层沟通审计过程中的重大发现，包括注册会计师对被审计单位的重要会计政策、会计估计和财务报表披露等会计实务的看法，审计过程中遇到的重大困难，已与治理层讨论或需要书面沟通的重大事项等，以便治理层履行其监督财务报告过程的职责。

2.从“与治理层沟通的事项”中选出“在执行审计工作时重点关注过的事项”

重点关注的概念基于这样的认识：审计是风险导向的，注重识别和评估财务报表重大错报风险，设计和实施应对这些风险的审计程序，获取充分、适当的审计证据，以作为形成审计意见的基础。对注册会计师获取充分、适当的审计证据或对财务报表形成审计意见构成挑战的事项可能与注册会计师确定关键审计事项尤其相关。

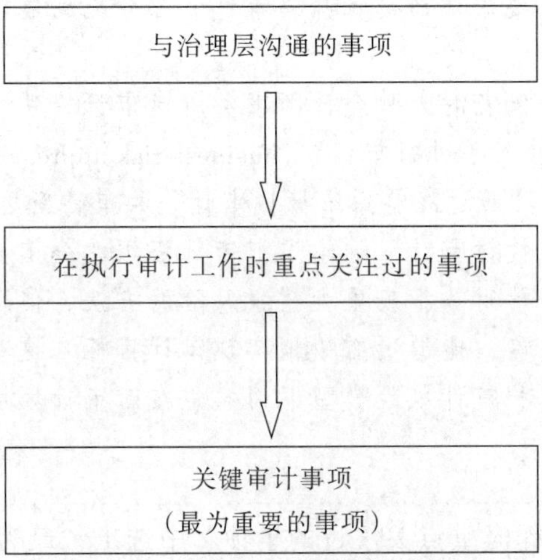

图 5-1　关键审计事项的决策框架

注册会计师重点关注过的领域通常与财务报表中复杂、重大的管理层判断领域相关，因而常涉及困难或复杂的注册会计师职业判断。相应地，重点关注过的事项通常影响注册会计师的总体审计策略以及对这些事项分配的审计资源和审计工作力度。这些影响可能包括高级审计人员参与审计业务的程度，或者注册会计师的专家或在会计、审计的特殊领域具有专长的人员（包括会计师事务所聘请或雇用的人员）对这些领域的参与等。

注册会计师在确定哪些事项属于重点关注过的事项时，需要特别考虑下列方面：

（1）评估的重大错报风险较高的领域或识别出的特别风险。

（2）与财务报表中涉及重大管理层判断（包括被认为具有高度不确定性的会计估计）的领域相关的重大审计判断。

（3）当期重大交易或事项对审计的影响。

【知识拓展 5-4】 风险导向审计简介

风险导向审计是指注册会计师以审计风险模型为基础进行的审计，是审计的专用术语。

风险导向审计（risk-oriented audit approach）以战略观和系统观思想指导重大错报风险评估和整个审计流程，其核心思想可以概括为：审计风险主要来源于企业财务报告的重大错报风险，而错报风险主要来源于整个企业的经营风险和舞弊风险。

传统模型：由于审计风险受到企业固有风险因素的影响，如管理人员的品行和能力、行业所处的环境、业务性质、容易产生错报的会计报表项目、容易遭受损失或被挪用的资产等导致的风险，又受到内部控制风险因素的影响，即账户余额或各类交易存在错报，内部控制未能防止、发现或纠正的风险，此外，还受到注册会计师实施审计程序未能发现账户余额或各类交易存在错报风险的影响，因此业界很快开发出了审计风险模型，即：审计风险=重大错报风险×检查风险。审计风险模型的出现，从理论上解决了注册会计师以制度为基础采用抽样审计的随意性，又解决了审计资源的分配问题，要求注册会计师将审计资源分配到最容易导致会计报表出现重大错报的领域。

以国际“四大”为代表的大型会计师事务所对审计方法论进行了创新，提出了“从被审计单位经营风险入手进行审计”（business risk approach to auditing，以下简称经营风险基础审计）和“透过战略系统棱镜审计”的审计新思维。“经营风险基础审计”和“透过战略系统棱镜审计”继承了把审计资源的分配向容易发生错报的领域倾斜的理念，改良了评估财务报表重大错报风险的方法，使得注册会计师对风险的评估结果更为全面、正确，能够更有效地实现审计目标。这些新思维并没有否定传统的风险导向审计思想和审计风险模型，而只是在新审计环境下对风险导向审计思想的深化和发展。

3.从“在执行审计工作时重点关注过的事项”中选出“最为重要的事项”，从而构成关键审计事项

在确定某一与治理层沟通过的事项的相对重要程度以及该事项是否构成关键审计事项时，需要考虑下列因素：

（1）该事项对预期使用者理解财务报表整体的重要程度，尤其是对于财务报表的重要性。

（2）与该事项相关的会计政策的性质或者与同行业其他实体相比，管理层在选择适当的会计政策时涉及的复杂程度或主观程度。

（3）从定性和定量方面考虑，与该事项相关的由于舞弊或错误导致的已更正错报和累积未更正错报（如有）的性质和重要程度。

（4）为应对该事项所需要付出的审计努力的性质和程度。这包括：为应对该事项而实施审计程序或评价这些审计程序的结果（如有）在多大程度上需要特殊的知识或技能；就该事项在项目组之外进行咨询的性质。

（5）在实施审计程序、评价实施审计程序的结果、获取相关和可靠的审计证据以作为发表审计意见的基础时，注册会计师遇到的困难的性质和严重程度，尤其是当注册会计师的判断变得更加主观时。

（6）识别出的与该事项相关的控制缺陷的严重程度。

（7）该事项是否涉及数项可区分但又相互关联的审计考虑。例如，长期合同的收入确认、诉讼或其他或有事项等方面，可能需要重点关注，并且可能影响其他会计估计。

从需要重点关注的事项中，确定哪些事项以及多少事项对本期财务报表审计最为重要属于职业判断问题。“最为重要的事项”并不意味着只有一项。需要在审计报告中包含的关键审计事项的数量可能受被审计单位规模和复杂程度、业务和经营环境的性质，以及审计业务具体事实和情况的影响。

（二）在审计报告中沟通关键审计事项

1.在审计报告中单设关键审计事项部分

为达到突出关键审计事项的目的，注册会计师应当在审计报告中单设一部分，以“关

键审计事项”为标题，并在该部分使用恰当的子标题逐项描述关键审计事项。关键审计事项部分的引言应当同时说明下列事项：

（1）关键审计事项是注册会计师根据职业判断，认为对本期财务报表审计最为重要的事项。

（2）关键审计事项的应对以对财务报表整体进行审计并形成审计意见为背景，注册会计师对财务报表整体形成审计意见，而不对关键审计事项单独发表意见。

需要强调的是，导致非无保留意见的事项、可能导致对被审计单位持续经营能力产生重大疑虑的事项或情况存在重大不确定性等，虽然符合关键审计事项的定义，但这些事项在审计报告中专门的部分披露，不在关键审计事项部分披露。进一步说，在关键审计事项部分披露的关键审计事项必须是已经得到满意解决的事项，即不存在审计范围受到限制，也不存在注册会计师与被审计单位管理层意见分歧的情况。

2.描述单一关键审计事项

为帮助财务报表使用者了解注册会计师确定的关键审计事项，注册会计师应当在审计报告中逐项描述每一个关键审计事项，并同时说明下列方面：

（1）该事项被认定为审计中最为重要的事项之一，因而被确定为关键审计事项的原因。

（2）该事项在审计中是如何应对的。注册会计师可以描述下列要素：第一，审计应对措施或审计方法中，与该事项最为相关或对评估的重大错报风险最有针对性的方面；第二，对已实施审计程序的简要概述；第三，实施审计程序的结果；第四，对该事项的主要看法。

在描述时，注册会计师还应当分别索引至财务报表的相关披露（如有），以使预期使用者能够进一步了解管理层在编制财务报表时如何应对这些事项。

为使预期使用者能够理解关键审计事项在对财务报表整体进行审计的背景下的重要程度，以及关键审计事项和审计报告其他要素（包括审计意见）之间的关系，注册会计师需要注意用于描述关键审计事项的语言，使之：第一，不暗示注册会计师在对财务报表形成审计意见时尚未恰当解决该事项；第二，将该事项与被审计单位的具体情形紧密相扣，避免使用通用或标准化的语言；第三，考虑该事项在相关财务报表披露（如有）中是如何处理的；第四，不包含或暗示对财务报表单一要素单独发表的意见。

需要特别强调的是，对某项关键审计事项的描述是否充分，属于职业判断问题。对关键审计事项进行描述的目的在于提供一种简明、不偏颇的解释，以使预期使用者能够了解为何该事项是对审计最为重要的事项之一，以及这些事项是如何在审计中加以应对的。

（三）不在审计报告中沟通关键审计事项的情形

一般而言，在审计报告中沟通关键审计事项，通常有助于提高审计的透明度，是符合公众利益的。

在极其罕见的情况下，关键审计事项可能涉及某些“敏感信息”，沟通这些信息可能为被审计单位带来较为严重的负面影响，如果合理预期在审计报告中沟通某事项造成的负面后果超过产生的公众利益方面的益处，注册会计师不应在审计报告中沟通该事项。

在某些情况下，法律法规禁止公开披露某事项，则注册会计师不应在审计报告中沟通该事项。例如，公开披露某事项可能妨碍相关机构对某项违法行为或疑似违法行为的调查。

（四）就关键审计事项与治理层沟通

治理层在监督财务报告的过程中担当重要角色。就关键审计事项与治理层沟通，能够使治理层了解注册会计师就关键审计事项作出的审计决策的基础以及这些事项将如何在审计报告中作出描述，也能够使治理层考虑鉴于这些事项将在审计报告中沟通，作出新的披露或提高披露质量是否有用。因此，注册会计师应就下列方面与治理层沟通：（1）注册会计师确定的关键审计事项；（2）根据被审计单位和审计业务的具体情况，注册会计确定不存在需要在审计报告中沟通的关键审计事项（如适用）。

根据《中国注册会计师审计准则第1504号——在审计报告中沟通关键审计事项》的规定，参考格式5-2列示了对上市实体财务报表出具的审计报告中沟通“商誉的减值测试”的参考格式。

参考格式5-2：关键审计事项——商誉的减值测试

相关信息披露详见财务报表附注——××

（一）事项描述

截至20×1年12月31日，集团因收购Y公司而确认了××万元的商誉。贵公司管理层于每年年末对商誉进行减值测试。本年度，Y公司产生了经营损失，该商誉出现减值迹象。

报告期末，集团管理层对Y公司的商誉进行了减值测试，以评价该项商誉是否存在减值。管理层采用现金流预测模型来计算商誉的可收回金额，并将其与商誉的账面价值相比较。该模型所使用的折现率、预计现金流，特别是未来收入增长率等关键指标需要作出重大的管理层判断。通过测试，管理层得出商誉没有减值的结论。

（二）实施的审计程序

我们针对管理层减值测试所实施的审计程序包括：

1.对管理层的估值方法予以了评估；

2.基于我们对相关行业的了解，我们质疑了管理层假设的合理性，如收入增长率、折现率等；

3.检查录入数据与支持证据的一致性，例如，已批准的预算以及考虑这些预算的合理性。

（三）实施审计程序的结果

我们认为，基于目前所获取的信息，管理层对商誉减值测试所使用的假设是合理的，相关信息在财务报表附注——××中所作出的披露是适当的。

五、非无保留意见

（一）发表非无保留意见的条件

非无保留意见是指保留意见、否定意见或无法表示意见。当存在下列情形之一时，注册会计师应当在审计报告中发表非无保留意见：（1）根据获取的审计证据，得出财务报表整体存在重大错报的结论；（2）无法获取充分、适当的审计证据，不能得出财务报表整体不存在重大错报的结论。

1.根据获取的审计证据，得出财务报表整体存在重大错报的结论

为了形成审计意见，针对财务报表整体是否不存在由于舞弊或错误导致的重大错报，注册会计师应当得出结论，确定是否已就此获取合理保证。在得出结论时，注册会计师需要评价未更正错报对财务报表的影响。

财务报表的重大错报可能源于以下三个方面：

（1）选择的会计政策的恰当性

在选择的会计政策的恰当性方面，当出现下列情形时，财务报表可能存在重大错报：①选择的会计政策与适用的财务报告编制基础不一致；②财务报表（包括相关附注）没有按照公允列报的方式反映交易和事项。

财务报告编制基础通常包括对会计处理、披露和会计政策变更的要求。如果被审计单位变更了重大会计政策，且没有遵守这些要求，财务报表可能存在重大错报。

【知识拓展5-5】 被审计单位变更会计政策时注册会计师应检查的内容

（1）会计政策变更是否符合会计准则和会计制度的规定。

（2）会计政策变更是否经过被审计单位有权限机构的批准。

（3）会计政策变更的会计处理是否恰当，如是否对比较信息进行了适当的调整。

（4）会计政策变更，包括会计政策变更的性质、内容和原因，比较信息中受影响的项目名称和调整金额，无法进行追溯调整的事实和原因，是否已充分披露。

（2）对所选择的会计政策的运用

在对所选择的会计政策的运用方面，当出现下列情形时，财务报表可能存在重大错报：①管理层没有按照适用的财务报告编制基础的要求一贯运用所选择的会计政策，包括管理层未在不同会计期间或对相似的交易和事项一贯运用所选择的会计政策（运用的一致性）；②不当运用所选择的会计政策（如运用中的无意错误）。

（3）账务报表披露的恰当性或充分性

在财务报表披露的恰当性或充分性方面，当出现下列情形时，财务报表可能存在重大错报：①财务报表没有包括适用的财务报告编制基础要求的所有披露；②财务报表的披露没有按照适用的财务报告编制基础列报；③财务报表没有作出必要的披露以实现公允反映。

2.无法获取充分、适当的审计证据，不能得出财务报表整体不存在重大错报的结论

如果注册会计师能够通过实施替代程序获取充分、适当的审计证据，则无法实施特定的程序并不构成对审计范围的限制。

下列情形可能导致注册会计师无法获取充分、适当的审计证据（也称为审计范围受到

限制）：

（1）超出被审计单位控制的情形

超出被审计单位控制的情形，例如：①被审计单位的会计记录已被毁坏；②重要组成部分的会计记录已被政府有关机构无限期地查封。

（2）与注册会计师工作的性质或时间安排相关的情形

与注册会计师工作的性质或时间安排相关的情形，例如：①被审计单位需要使用权益法对联营企业进行核算，注册会计师无法获取有关联营企业财务信息的充分、适当的审计证据以评价是否恰当运用了权益法；②注册会计师接受审计委托的时间安排，使注册会计师无法实施存货监盘；③注册会计师确定仅实施实质性程序是不充分的，但被审计单位的控制是无效的。

（3）管理层施加限制的情形

管理层对审计范围施加的限制致使注册会计师无法获取充分、适当的审计证据的情形，例如：①管理层阻止注册会计师实施存货监盘；②管理层阻止注册会计师对特定账户余额实施函证。

管理层施加的限制可能对审计产生其他影响，如注册会计师对舞弊风险的评估和对业务保持的考虑。

（二）确定非无保留意见的类型

注册会计师确定恰当的非无保留意见类型，取决于下列事项：（1）导致非无保留意见的事项的性质，是财务报表存在重大错报，还是在无法获取充分、适当的审计证据的情况下，财务报表可能存在重大错报；（2）注册会计师就导致非无保留意见的事项对财务报表产生或可能产生影响的广泛性作出的判断。

【知识拓展5-6】 广泛性的含义

广泛性是描述错报影响的术语，用以说明错报对财务报表的影响，或者由于无法获取充分、适当的审计证据而未发现的错报（如存在）对财务报表可能产生的影响。

根据注册会计师的判断，对财务报表的影响具有广泛性的情形包括下列方面：（1）不限于对财务报表的特定要素、账户或项目产生影响；（2）虽然仅对财务报表的特定要素、账户或项目产生影响，但这些要素、账户或项目是或可能是财务报表的主要组成部分；（3）当与披露相关时，产生的影响对财务报表使用者理解财务报表至关重要。

表5-1列示了注册会计师对导致发表非无保留意见的事项的性质和这些事项对财务报表产生或可能产生影响的广泛性作出的判断，以及注册会计师的判断对审计意见类型的影响。

表5-1　**注册会计师对导致发表非无保留意见的事项的判断**

导致发表非无保留意见的事项的性质	这些事项对财务报表产生或可能产生影响的广泛性	
	重大但不具有广泛性	重大且具有广泛性
财务报表存在重大错报	保留意见	否定意见
无法获取充分、适当的审计证据	保留意见	无法表示意见

1.发表保留意见

当存在下列情形之一时，注册会计师应当发表保留意见：

（1）在获取充分、适当的审计证据后，注册会计师认为错报单独或汇总起来对财务报表影响重大，但不具有广泛性。

注册会计师在获取充分、适当的审计证据后，只有当认为财务报表就整体而言是公允的，但还存在对财务报表产生重大影响的错报时，才能发表保留意见。如果注册会计师认为错报对财务报表产生的影响极为严重且具有广泛性，则应发表否定意见。因此，保留意见被视为注册会计师在不能发表无保留意见的情况下最不严厉的审计意见。

（2）注册会计师无法获取充分、适当的审计证据以作为形成审计意见的基础，但认为未发现的错报（如存在）对财务报表可能产生的影响重大，但不具有广泛性。

注册会计师因审计范围受到限制而发表保留意见还是无法表示意见，取决于无法获取的审计证据对形成审计意见的重要性，注册会计师在判断重要性时，应当考虑有关事项潜在影响的性质和范围以及在财务报表中的重要程度。只有当未发现的错报（如存在）对财务报表可能产生的影响重大但不具有广泛性时，才能发表保留意见。

例如，张三和李四注册会计师对ABC股份有限公司（以下简称ABC公司）2017年度的财务报表进行审计。其未经审计的有关财务报表项目金额如下：资产总额40 000万元，股东权益38 000万元。张三和李四注册会计师决定按资产总额的0.5%确定财务报表层次的重要性水平。张三和李四注册会计师在审计过程中发现以下问题：

（1）2017年6月购入一套办公用房屋，历史成本为800万元，ABC公司计提了一年的折旧（该公司办公用房屋的残值率为0，使用年限为40年）。

2017年应提折旧=800÷40÷12×6=10（万元）

2017年实际计提折旧=800÷40=20（万元）

因为多计提了10万元的折旧，注册会计师建议进行以下调整：

借：固定资产　　100 000

　贷：管理费用　　100 000

（2）2017年12月的管理费用中列支了大型计算机交换设备及配套工程支出300万元。

注册会计师建议进行以下调整：

借：固定资产　　3 000 000

　贷：管理费用　　3 000 000

如果ABC公司拒绝接受张三和李四注册会计师针对审计发现的上述事项所提出的相应的处理建议，张三和李四注册会计师应当出具保留意见类型的审计报告。

重要性水平=40 000×0.5%=200（万元）

审计差错汇总=300+10=310（万元）

审计差错超过重要性水平但不至于发表否定意见，因而出具保留意见的审计报告。

2.发表否定意见

在获取充分、适当的审计证据后，如果认为错报单独或汇总后对财务报表的影响重大且具有广泛性，注册会计师应当发表否定意见。

3.发表无法表示意见

如果无法获取充分、适当的审计证据以作为形成审计意见的基础，但认为未发现的错报（如存在）对财务报表可能产生的影响重大且具有广泛性，注册会计师应当发表无法表示意见。

在极其特殊的情况下，可能存在多个不确定事项，即使注册会计师对每个单独的不确定事项获取了充分、适当的审计证据，但由于不确定事项之间可能存在相互影响，以及可能对财务报表产生累积影响，注册会计师不可能对财务报表形成审计意见。在这种情况下，注册会计师应当发表无法表示意见。

（三）非无保留意见的审计报告的格式和内容

1.审计意见段

（1）标题

在发表非无保留意见时，注册会计师应当对审计意见段使用恰当的标题，如“保留意见”、“否定意见”或“无法表示意见”。审计意见段的标题能够使财务报表使用者清楚注册会计师发表了非无保留意见，并能够表明非无保留意见的类型。

（2）发表保留意见

当由于财务报表存在重大错报而发表保留意见时，注册会计师应当根据适用的财务报告编制基础在审计意见段中说明：注册会计师认为，除了形成保留意见的基础部分所述事项产生的影响外，财务报表在所有重大方面按照适用的财务报告编制基础编制，并实现公允反映。

当无法获取充分、适当的审计证据而导致发表保留意见时，注册会计师应当在审计意见段中使用“除……可能产生的影响外”等措辞。

（3）发表否定意见

当发表否定意见时，注册会计师应当根据适用的财务报告编制基础在审计意见段中说明：注册会计师认为，由于形成否定意见的基础部分所述事项的重要性，财务报表没有在所有重大方面按照适用的财务报告编制基础编制，未能实现公允反映。

例如，ABD公司2017年度净利润为16万元，注册会计师发现该公司账面反映的在建工程2号流水线工程项目2017年度因与施工方发生了质量纠纷，处于停建状态，该公司2017年度对上述项目有关借款利息资本化的金额为895万元。

在建工程处于停建状态，仍然把项目有关借款利息资本化，这种违反企业会计准则和企业会计制度的错误处理，影响了财务报表的公允反映。如果被审计单位拒绝调整，注册会计师应当发表否定意见。由于ABD公司2017年净利润仅为16万元，但2017年度对处于停建状态的项目利息资本化金额为895万元，如果把停止资本化的利息计入当期损益，ABD公司2017年度不仅没有盈利反而亏损了。这种影响收益趋势的错报，无论金额大小，从性质上考虑都足以影响财务报表总体的公允性。因此，注册会计师应当发表否定意见。

(4) 发表无法表示意见

当由于无法获取充分、适当的审计证据而发表无法表示意见时，注册会计师应当在审计意见段中说明：由于形成无法表示意见的基础部分所述事项的重要性，注册会计师无法获取充分、适当的审计证据以为发表审计意见提供基础，因此，注册会计师不对这些财务报表发表审计意见。

【小思考5-4】如果被审计单位存在关联交易，但注册会计师无法获取充分、适当的证据，应该出具什么类型的审计意见？

2.导致非无保留意见的事项段

(1) 审计报告格式和内容的一致性

如果对财务报表发表非无保留意见，除在审计报告中包含《中国注册会计师审计准则第1501号——对财务报表形成审计意见和出具审计报告》规定的审计报告要素外，注册会计师还应当直接在审计意见段之后增加一个部分，并使用恰当的标题，如“形成保留意见的基础”、“形成否定意见的基础”或“形成无法表示意见的基础”，说明导致发表非无保留意见的事项。审计报告格式和内容的一致性有助于提高使用者的理解和识别存在的异常情况。因此，尽管不可能统一非无保留意见的措辞和对导致非无保留意见的事项的说明，但仍有必要保持审计报告格式和内容的一致性。

(2) 量化财务影响

如果财务报表中存在与具体金额（包括定量披露）相关的重大错报，注册会计师应当在导致非无保留意见的事项段中说明并量化该错报的财务影响。举例来说，如果存货被高估，注册会计师就可以在审计报告的导致非无保留意见的事项段中说明该重大错报的财务影响，即量化其对所得税、税前利润、净利润和所有者权益的影响。如果无法量化财务影响，注册会计师应当在形成非无保留意见的基础部分说明这一情况。

(3) 存在与叙述性披露相关的重大错报

如果财务报表中存在与叙述性披露相关的重大错报，注册会计师应当在形成非无保留意见的基础部分解释该错报错在何处。

(4) 存在与应披露而未披露信息相关的重大错报

如果财务报表中存在与应披露而未披露信息相关的重大错报，注册会计师应当：①与治理层讨论未披露信息的情况；②在形成非无保留意见的基础部分描述未披露信息的性质；③如果可行并且已针对未披露信息获取了充分、适当的审计证据，在形成非无保留意见的基础部分包含对未披露信息的披露，除非法律法规禁止。

如果存在下列情形之一，则在形成非无保留意见的基础部分披露遗漏的信息是不可行的：①管理层还没有作出这些披露，或管理层已作出但注册会计师不易获取这些披露；②根据注册会计师的判断，在审计报告中披露该事项过于庞杂。

(5) 无法获取充分、适当的审计证据

如果因无法获取充分、适当的审计证据而导致发表非无保留意见，注册会计师应当在形成非无保留意见的基础部分说明无法获取审计证据的原因。

(6) 披露其他事项

即使发表了否定意见或无法表示意见，注册会计师也应当在形成非无保留意见的基础部分说明注意到的、将导致发表非无保留意见的所有其他事项及其影响。这是因为，对注册会计师注意到的其他事项的披露可能与财务报表使用者的信息需求相关。

3.非无保留意见对审计报告要素内容的修改

当发表保留意见或否定意见时，注册会计师应当修改形成无保留意见的基础部分的描述，以说明：注册会计师相信，注册会计师已获取的审计证据是充分、适当的，为发表非无保留意见提供了基础。

当由于无法获取充分、适当的审计证据而发表无法表示意见时，注册会计师应当修改审计报告的意见段，以说明：注册会计师接受委托审计财务报表；注册会计师不对后附的财务报表发表审计意见；由于形成无法表示意见的基础部分所述事项的重要性，注册会计师无法获取充分、适当的审计证据以作为对财务报表发表审计意见的基础。

当注册会计师对财务报表发表无法表示意见时，注册会计师应当修改无保留意见审计报告中形成审计意见的基础部分，不应提及审计报告中用于描述注册会计师责任的部分，也不应说明注册会计师是否已获取充分、适当的审计证据以作为形成审计意见的基础。

当注册会计师对财务报表发表无法表示意见时，注册会计师应当修改无保留意见审计报告中注册会计师对财务报表审计的责任部分，使之仅包含下列内容：

（1）注册会计师的责任是按照中国注册会计师审计准则的规定，对被审计单位财务报表执行审计工作，以出具审计报告。

（2）但由于形成无法表示意见的基础部分所述的事项，注册会计师无法获取充分、适当的审计证据以作为发表审计意见的基础。

（3）声明注册会计师在独立性和职业道德方面的其他责任。

（四）非无保留意见的审计报告的参考格式

根据《中国注册会计师审计准则第1502号——在审计报告中发表非无保留意见》的规定，参考格式5-3、参考格式5-4列示了对上市实体财务报表出具的非无保留意见的审计报告的参考格式。

参考格式5-3：由于财务报表存在重大错报而发表保留意见的审计报告

背景信息：

1.对上市实体整套财务报表进行审计。该审计不属于集团审计（即不适用《中国注册会计师审计准则第1401号——对集团财务报表审计的特殊考虑》）。

2.管理层按照企业会计准则编制财务报表。

3.审计业务约定条款体现了《中国注册会计师审计准则第1111号——就审计业务约定条款达成一致意见》关于管理层对财务报表责任的描述。

4.存货存在错报，该错报对财务报表影响重大但不具有广泛性（即保留意见是恰当的）。

5.适用的相关职业道德要求为中国注册会计师职业道德守则。

6.基于获取的审计证据，根据《中国注册会计师审计准则第1324号——持续经营》，注册会计师认为可能导致对被审计单位持续经营能力产生重大疑虑的相关事项或情况不存在重大不确定性。

7. 已按照《中国注册会计师审计准则第1504号——在审计报告中沟通关键审计事项》的规定沟通了关键审计事项。

8. 负责监督财务报表的人员与负责编制财务报表的人员不同。

9. 除财务报表审计外，按照法律法规的要求，注册会计师还承担法律法规要求的其他报告责任，且注册会计师决定在审计报告中履行其他报告责任。

审计报告

ABC股份有限公司全体股东：

一、对财务报表出具的审计报告

（一）保留意见

我们审计了ABC股份有限公司（以下简称ABC公司）财务报表，包括20×1年12月31日的资产负债表，20×1年度的利润表、现金流量表、股东权益变动表以及相关财务报表附注。

我们认为，除"形成保留意见的基础"部分所述事项产生的影响外，后附的财务报表在所有重大方面按照企业会计准则的规定编制，公允反映了ABC公司20×1年12月31日的财务状况以及20×1年度的经营成果和现金流量。

（二）形成保留意见的基础

ABC公司20×1年12月31日资产负债表中存货的列示金额为×元。管理层根据成本对存货进行计量，而没有根据成本与可变现净值孰低的原则进行计量，这不符合企业会计准则的规定。ABC公司的会计记录显示，如果管理层以成本与可变现净值孰低来计量存货，存货列示金额将减少×元。相应的，资产减值损失将增加×元，所得税、净利润和股东权益将分别减少×元、×元和×元。

我们按照中国注册会计师审计准则的规定执行了审计工作。审计报告的"注册会计师对财务报表审计的责任"部分进一步阐述了我们在这些准则下的责任。按照中国注册会计师职业道德守则，我们独立于ABC公司，并履行了职业道德方面的其他责任。我们相信，我们获取的审计证据是充分、适当的，为发表保留意见提供了基础。

（三）关键审计事项

关键审计事项是根据我们的职业判断，认为对本期财务报表审计最为重要的事项。这些事项是在对财务报表整体进行审计并形成意见的背景下进行处理的，我们不对这些事项提供单独的意见。除"形成保留意见的基础"部分所述事项外，我们确定下列事项是需要在审计报告中沟通的关键审计事项。

[按照《中国注册会计师审计准则第1504号——在审计报告中沟通关键审计事项》的规定描述每一关键审计事项。]

（四）管理层和治理层对财务报表的责任

[按照《中国注册会计师审计准则第1501号——对财务报表形成审计意见和出具审计报告》的规定报告，参见参考格式12-1。]

（五）注册会计师对财务报表审计的责任

［按照《中国注册会计师审计准则第1501号——对财务报表形成审计意见和出具审计报告》的规定报告，参见参考格式12-1。］

二、按照相关法律法规的要求报告的事项

［按照《中国注册会计师审计准则第1501号——对财务报表形成审计意见和出具审计报告》的规定报告，参见参考格式12-1。］

××会计师事务所　　　　　　　　中国注册会计师：×××（项目合伙人）
（盖章）　　　　　　　　　　　　（签名并盖章）
　　　　　　　　　　　　　　　中国注册会计师：×××
　　　　　　　　　　　　　　　　（签名并盖章）

中国××市　　　　　　　　　　　　二○×二年×月×日

参考格式5-4：由于注册会计师无法针对财务报表多个要素获取充分、适当的审计证据而发表无法表示意见的审计报告

背景信息：

1.对非上市实体整套财务报表进行审计。该审计不属于集团审计（即不适用《中国注册会计师审计准则第1401号——对集团财务报表审计的特殊考虑》）。

2.管理层按照企业会计准则编制财务报表。

3.审计业务约定条款体现了《中国注册会计师审计准则第1111号——就审计业务约定条款达成一致意见》关于管理层对财务报表责任的描述。

4.对财务报表的多个要素，注册会计师无法获取充分、适当的审计证据。例如，对被审计单位的存货和应收账软，注册会计师无法获取审计证据，这一事项对财务报表可能产生的影响重大且具有广泛性。

5.适用的相关职业道德要求为中国注册会计师职业道德守则。

6.负责监督财务报表的人员与负责编制财务报表的人员不同。

7.按照审计准则要求在注册会计师的责任部分作出更有限的表述。

8.除财务报表审计外，按照法律法规的要求，注册会计师负有其他报告责任，且注册会计师决定在审计报告中履行其他报告责任。

审计报告

ABC股份有限公司全体股东：

一、对财务报表出具的审计报告

（一）无法表示意见

我们接受委托，审计ABC股份有限公司（以下简称ABC公司）财务报表，包括20×1年12月31日的资产负债表，20×1年度的利润表、现金流量表、股东权益变动表以及相关财务报表附注。

我们不对后附的ABC公司财务报表发表审计意见。由于“形成无法表示意见的基础”部分所述事项的重要性，我们无法获取充分、适当的审计证据以作为对财务报表发表审计意见的基础。

（二）形成无法表示意见的基础

我们于20×2年1月接受ABC公司的审计委托，因而未能对ABC公司20×1年年初金额为×元的存货和年末金额为×元的存货实施监盘程序。此外，我们也无法实施替代审计程序获取充分、适当的审计证据。并且，ABC公司于20×1年9月采用新的应收账款电算化系统，由于存在系统缺陷导致应收账款出现大量错误。截至报告日，管理层仍在纠正系统缺陷并更正错误，我们也无法实施替代审计程序，以对截至20×1年12月31日的应收账款总额×元获取充分、适当的审计证据。因此，我们无法确定是否有必要对存货、应收账款以及财务报表其他项目作出调整，也无法确定应调整的金额。

（三）管理层和治理层对财务报表的责任

[按照《中国注册会计师审计准则第1501号——对财务报表形成审计意见和出具审计报告》的规定报告，参见参考格式12-1。]

（四）注册会计师对财务报表审计的责任

我们的责任是按照中国注册会计师审计准则的规定，对ABC公司的财务报表执行审计工作，以出具审计报告。但由于“形成无法表示意见的基础”部分所述的事项，我们无法获取充分、适当的审计证据以作为发表审计意见的基础。

按照中国注册会计师职业道德守则，我们独立于ABC公司，并履行了职业道德方面的其他责任。

二、对其他法律和监管要求的报告

[按照《中国注册会计师审计准则第1501号——对财务报表形成审计意见和出具审计报告》的规定报告，参见参考格式12-1。]

××会计师事务所　　　　　　　　　　中国注册会计师：×××
（盖章）　　　　　　　　　　　　　　（签名并盖章）
　　　　　　　　　　　　　　　　　　中国注册会计师：×××
　　　　　　　　　　　　　　　　　　（签名并盖章）
中国××市　　　　　　　　　　　　　二○×二年×月×日

六、在审计报告中增加强调事项段和其他事项段

（一）强调事项段的含义

审计报告的强调事项段是指审计报告中含有的一个段落，该段落提及已在财务报表中恰当列报或披露的事项，根据注册会计师的职业判断，该事项对财务报表使用者理解财务报表至关重要。

（二）增加强调事项段的情形

如果认为有必要提醒财务报表使用者关注已在财务报表中列报或披露，且根据职业判断认为对财务报表使用者理解财务报表至关重要的事项，在同时满足下列条件时，注册会计师应当在审计报告中增加强调事项段：（1）按照《中国注册会计师审计准则第1502号——在审计报告中发表非无保留意见》的规定，该事项不会导致注册会计师发表非无保留意见；（2）当《中国注册会计师审计准则第1504号——在审计报告中沟通关键审计事项》适用时，该事项未被确定为在审计报告中沟通的关键审计事项。

某一事项可能不符合《中国注册会计师审计准则第1504号——在审计报告中沟通关键审计事项》的规定，因而未被确定为关键审计事项（即该事项未被重点关注过），但根据注册会计师的判断，其对财务报表使用者理解财务报表至关重要（例如期后事项）。如果注册会计师认为有必要提请财务报表使用者关注该事项，根据审计准则的规定，该事项将包含在审计报告的强调事项段中。

某些审计准则对特定情况下在审计报告中增加强调事项段提出具体要求。这些情形包括：

1.法律法规规定的财务报告编制基础不可接受，但其是由法律或法规作出的规定。

2.提醒财务报表使用者注意财务报表按照特殊目的编制基础编制。

3.注册会计师在审计报告日后知悉了某些事实（即期后事项），并且出具了新的审计报告或修改了审计报告。

除上述审计准则要求增加强调事项的情形外，注册会计师可能认为需要增加强调事项段的情形举例如下：

1.异常诉讼或监管行动的未来结果存在不确定性。

2.提前应用（在允许的情况下）对财务报表有广泛影响的新会计准则。

3.存在已经或持续对被审计单位财务状况产生重大影响的特大灾难。

【同步案例5-1】 凯瑞德：关于对公司2015年度财务报告出具保留意见审计报告的专项说明（公告日期：2016-04-26）

中喜会计师事务所（特殊普通合伙）ZHONGXI CPAs（SPECIAL GENERAL PARTNERSHIP）关于对凯瑞德控股股份有限公司2015年度财务报告出具保留意见审计报告的专项说明中喜专审字〔2016〕第0627号。

深圳证券交易所：

我们接受委托，对凯瑞德控股股份有限公司（以下简称凯瑞德）2015年度财务报表进行审计并出具了中喜审字〔2016〕第1322号保留意见审计报告。

根据中国证券监督管理委员会（以下简称证监会）《公开发行证券的公司信息披露编报规则第14号——非标准无保留审计意见及其涉及事项的处理》及上海证券交易所《上海证券交易所股票上市规则》的规定，现将有关情况说明如下：

一、审计报告中导致保留意见事项段的内容

凯瑞德公司2015年度净亏损10 598.57万元，累计亏损32 443.63万元，经营性现金流为-1 744.35万元，银行借款1 432.50万元已逾期；2015年度公司股东会审议通过出售全部纺织资产，截至审计报告日，双方已完成部分资产交接，且将未交接部分资产托管给山东德棉集团指定第三方经营，而公司拟转型资产尚未办理过户手续，转型经营存在不确定性，上述事项导致公司持续经营能力存在重大不确定性；同时，如凯瑞德公司2015年度财务报表附注十二所述，公司涉及或有事项尚未解决，我们无法判断此事项对财务报表的影响。再者，存在担保事项可能产生的影响，也导致凯瑞德公司的持续经营能力存在重大不确定性。凯瑞德公司虽然在附注二（2）中提出了改善措施，但可能导致对公司持续经营能力产生重大疑虑的重大不确定性影响依然存在。

二、出具保留意见审计报告的依据和理由

根据《中国注册会计师审计准则第1502号——在审计报告中发表非无保留意见》与《中国注册会计师审计准则第1324号——持续经营》，由于经营性现金流出现负数，部分借款已逾期，2015年度公司股东会审议通过出售全部纺织资产，双方已完成部分资产交接，且将未交接部分资产托管给山东德棉集团指定第三方经营，而公司拟转型资产尚未办理过户手续，转型经营存在不确定性。凯瑞德虽然在附注二（2）中提出了改善措施，但可能导致对该公司持续经营能力产生重大疑虑的重大不确定性影响依然存在。根据《中国注册会计师审计准则第1502号——在审计报告中发表非无保留意见》与《中国注册会计师审计准则第1311号——对存货、诉讼和索赔、分部信息等特定项目获取审计证据的具体考虑》，公司涉及或有事项尚未解决，我们无法判断此事项对财务报表的影响。再者，存在担保事项可能产生的影响，也导致凯瑞德公司的持续经营能力存在重大不确定性。故我们对凯瑞德2015年度财务报表出具了保留意见的审计报告。

三、保留事项对报告期公司财务状况和经营成果的影响

由于公司或有事项对财务报表的影响具有不确定性，目前未能合理判断或有事项对期末财务报表的影响程度，同时，我们认为上述事项对凯瑞德2015年度财务状况和经营成果的影响并不具有广泛性。

虽然公司目前持续经营具有重大不确定性，但持续经营状况对公司报告期内的财务状况和经营成果没有影响。

四、保留意见涉及的事项是否明显违反企业会计准则及相关信息披露规范的规定

未发现保留意见涉及事项属于明显违反企业会计准则、制度及相关信息披露规范规定的情形。

五、使用目的

本专项说明仅供凯瑞德为2015年度报告披露之目的使用，未经本事务所书面同意，不得用于其他任何目的。

资料来源：佚名. 凯瑞德：关于对公司2015年度财务报告出具保留意见审计报告的专项说明［EB/OL］.［2016-04-26］. http：//cj.gw.com.cn/news/news/2016/0426/2413554.shtml.

思考：中喜会计师事务所出具保留意见的依据是什么？

解答：（1）在获取充分、适当的审计证据后，注册会计师认为错报单独或汇总起来对财务报表影响重大，但不具有广泛性。

（2）注册会计师无法获取充分、适当的审计证据以作为形成审计意见的基础，但认为未发现的错报（如存在）对财务报表可能产生的影响重大，但不具有广泛性。

（三）在审计报告中增加强调事项段时注册会计师采取的措施

1.将强调事项段作为单独的一部分置于审计报告中，并使用包含“强调事项”这一术语的适当标题。

2.明确提及被强调事项以及相关披露的位置，以便能够在财务报表中找到对该事项的详细描述。强调事项段应当仅提及已在财务报表中列报或披露的信息。

3.指出审计意见没有因该强调事项而改变。

在审计报告中包含强调事项段不影响审计意见。包含强调事项段不能代替下列情形：（1）根据审计业务的具体情况，按照《中国注册会计师审计准则第1502号——在审计报告中发表非无保留意见》的规定发表非无保留意见；（2）适用的财务报告编制基础要求管理层在财务报表中作出的披露，或为实现公允列报所需的其他披露；（3）按照《中国注册会计师审计准则第1324号——持续经营》的规定，当可能导致对被审计单位持续经营能力产生重大疑虑的事项或情况存在重大不确定性时作出的报告。

根据《中国注册会计师审计准则第1503号——在审计报告中增加强调事项段和其他事项段》的规定，参考格式5-5列示了对上市实体财务报表出具的带强调事项段的保留意见的审计报告的参考格式。

参考格式5-5：由于偏离适用的财务报告编制基础的规定导致的带强调事项段的保留意见审计报告

背景信息：

1.对非上市实体整套财务报表进行审计。该审计不属于集团审计（即不适用《中国注册会计师审计准则第1401号——对集团财务报表审计的特殊考虑》）。

2.管理层按照企业会计准则编制财务报表。

3.审计业务约定条款体现了《中国注册会计师审计准则第1111号——就审计业务约定条款达成一致意见》关于管理层对财务报表责任的描述。

4.由于偏离企业会计准则的规定导致发表保留意见。

5.适用的相关职业道德要求为中国注册会计师职业道德守则。

6.基于获取的审计证据，根据《中国注册会计师审计准则第1324号——持续经营》，注册会计师认为可能导致对被审计单位持续经营能力产生重大疑虑的相关事项或情况不存在重大不确定性。

7.在财务报表日至审计报告日之间，被审计单位的生产设备发生了火灾，被审计单位已将其作为期后事项披露。根据注册会计师的判断，该事项对财务报表使用者理解财务报表至关重要，但在本期财务报表审计中不是重点关注过的事项。

8.注册会计师未被要求，并且也决定不沟通关键审计事项。

9.负责监督财务报表的人员与负责编制财务报表的人员不同。

10.除财务报表审计外，按照法律法规的要求，注册会计师负有其他报告责任，且注册会计师决定在审计报告中履行其他报告责任。

审计报告

ABC股份有限公司全体股东：

一、对财务报表出具的审计报告

（一）保留意见

我们审计了ABC股份有限公司（以下简称ABC公司）财务报表，包括20×1年12月31日的资产负债表，20×1年度的利润表、现金流量表、股东权益变动表以及相关财务报表附注。

我们认为，除“形成保留意见的基础”部分所述事项产生的影响外，后附的财务报表在所有重大方面按照企业会计准则的规定编制，公允反映了ABC公司20×1年12月31日的财务状况以及20×1年度的经营成果和现金流量。

（二）形成保留意见的基础

ABC公司20×1年12月31日资产负债表中列示的以公允价值计量且其变动计入当期损益的金融资产为×元，管理层对这些金融资产未按照公允价值进行后续计量，而是按照其历史成本进行计量，这不符合企业会计准则的规定。如果按照公允价值进行后续计量，ABC公司20×1年度利润表中公允价值变动损益将减少×元，20×1年12月31日资产负债表中以公允价值计量且其变动计入当期损益的金融资产将减少×元。相应地，所得税、净利润和股东权益将分别减少×元、×元和×元。

我们按照中国注册会计师审计准则的规定执行了审计工作。审计报告的“注册会计师对财务报表审计的责任”部分进一步阐述了我们在这些准则下的责任。按照中国注册会计师职业道德守则，我们独立于ABC公司，并履行了职业道德方面的其他责任。我们相信，我们获取的审计证据是充分、适当的，为发表保留意见提供了基础。

（三）强调事项——火灾的影响

我们提醒财务报表使用者关注，财务报表附注×描述了火灾对ABC公司的生产设备造成的影响。本段内容不影响已发表的审计意见。

（四）管理层和治理层对财务报表的责任

[按照《中国注册会计师审计准则第1501号——对财务报表形成审计意见和出具审计报告》的规定报告，参见参考格式12-1。]

（五）注册会计师对财务报表审计的责任

[按照《中国注册会计师审计准则第1501号——对财务报表形成审计意见和出具审计报告》的规定报告，参见参考格式12-1。]

二、按照相关法律法规的要求报告的事项

[按照《中国注册会计师审计准则第1501号——对财务报表形成审计意见和出具审计报告》的规定报告，参见参考格式12-1。]

××会计师事务所 中国注册会计师：×××
（盖章） （签名并盖章）
中国注册会计师：×××
（签名并盖章）
中国××市 二○×二年×月×日

（四）其他事项段的含义

其他事项段是指审计报告中含有的一个段落，该段落提及未在财务报表中列报或披露的事项，根据注册会计师的职业判断，该事项与财务报表使用者理解审计工作、注册会计师的责任或审计报告相关。

（五）需要增加其他事项段的情形

如果认为有必要沟通虽然未在财务报表中列报或披露，但根据职业判断认为与财务报表使用者理解审计工作、注册会计师的责任或审计报告相关的事项，在同时满足下列条件时，注册会计师应当在审计报告中增加其他事项段：（1）未被法律法规禁止；（2）当《中国注册会计师审计准则第1504号——在审计报告中沟通关键审计事项》适用时，该事项未被确定为在审计报告中沟通的关键审计事项。

具体来讲，需要在审计报告中增加其他事项段的情形包括：

1.与使用者理解审计工作相关的情形

《中国注册会计师审计准则第1151号——与治理层的沟通》要求注册会计师就计划的审计范围和时间安排与治理层进行沟通，包括注册会计师识别的特别风险。尽管与特别风险相关的事项可能被确定为关键审计事项，根据《中国注册会计师审计准则第1504号——在审计报告中沟通关键审计事项》对关键审计事项的定义，其他与计划及范围相关的事项（比如计划的审计范围或审计时对重要性的运用）不太可能成为关键审计事项。然而，法律法规可能要求注册会计师在审计报告中沟通与计划及范围相关的事项，或者注册会计师可能认为有必要在其他事项段中沟通这些事项。

在极其特殊的情况下，即使由于管理层对审计范围施加的限制导致无法获取充分、适当的审计证据可能产生的影响具有广泛性，注册会计师也不能解除业务约定。在这种情况下，注册会计师可能认为有必要在审计报告中增加其他事项段，解释为何不能解除业务约定。

2.与使用者理解注册会计师的责任或审计报告相关的情形

法律法规或得到广泛认可的惯例可能要求或允许注册会计师详细说明某些事项，以进一步解释注册会计师在财务报表审计中的责任或审计报告。在这种情况下，注册会计师可以使用一个或多个子标题来描述其他事项段的内容。

但增加其他事项段不涉及以下两种情形：（1）除根据审计准则的规定有责任对财务报表出具审计报告外，注册会计师还有其他报告责任；（2）注册会计师可能被要求实施额外的规定的程序并予以报告，或对特定事项发表意见。

3.对两套以上财务报表出具审计报告的情形

被审计单位可能按照通用目的编制基础（如×国财务报告编制基础）编制一套财务报表，且按照另一个通用目的编制基础（如国际财务报告准则）编制另一套财务报表，并委托注册会计师同时对两套财务报表出具审计报告。如果注册会计师已确定两个财务报告编制基础在各自情形下是可接受的，可以在审计报告中增加其他事项段，说明该被审计单位根据另一个通用目的编制基础（如国际财务报告准则）编制了另一套财务报表以及注册会计师对这些财务报表出具了审计报告。

4.限制审计报告分发和使用的情形

为特定目的编制的财务报表可能按照通用目的编制基础编制，因为财务报表预期使用者已确定这种通用目的财务报表能够满足他们对财务信息的需求。由于审计报告旨在提供给特定使用者，注册会计师可能认为在这种情况下需要增加其他事项段，说明审计报告只是提供给财务报表预期使用者，不应被分发给其他机构或人员或者被其他机构或人员使用。

需要注意的是，其他事项段的内容明确反映了未被要求在财务报表中列报或披露的其他事项。其他事项段不包括法律法规或其他职业准则（如中国注册会计师职业道德守则中与信息保密相关的规定）禁止注册会计师提供的信息。其他事项段也不包括要求管理层提供的信息。

如果在审计报告中包含其他事项段，注册会计师应当将该段落作为单独的一部分，并使用“其他事项”或其他适当标题。

（六）与治理层的沟通

如果拟在审计报告中增加强调事项段或其他事项段，注册会计师应当就该事项和拟使用的措辞与治理层沟通。

与治理层的沟通能使治理层了解注册会计师拟在审计报告中所强调的特定事项的性质，并在必要时为治理层提供向注册会计师作出进一步澄清的机会。当然，当审计报告中针对某一特定事项增加其他事项段在连续审计业务中重复出现时，注册会计师可能认为没有必要每次在审计业务中重复沟通。

【小思考5-5】注册会计师发现其他信息中存在重大不一致的情况，而且需要修改其他信息而被审计单位拒绝修改，注册会计师应当采取什么措施？

本章小结

审计报告是审计人员和审计机构完成审计工作的最终产品，标志着审计任务的完成。根据不同的分类标准，对审计报告有不同的分类，最主要的分类是根据撰写审计报告主体将其分为：国家审计报告、注册会计师审计报告、内部审计报告。注册会计师审计报告的类型主要有无保留意见审计报告、保留意见审计报告、否定意见审计报告、无法表示意见审计报告。

本章主题词

审计报告　审计决定书　审计移送处理书　无保留意见　保留意见　否定意见　无法表示意见

复习思考题

1.什么是国家审计报告？
2.审计决定书和审计报告是什么关系？
3.编制内部审计报告有哪些基本要求？
4.简述注册会计师审计报告有哪些作用？
5.注册会计师审计报告的基本内容有哪些？
6.注册会计师签发每种类型的审计报告的条件是什么？
7.沟通关键审计事项的决策框架是什么？
8.不在审计报告中沟通关键审计事项的情形有哪些？

案例讨论

2001年，科龙财务报表出现问题，时任审计师安达信会计师事务所，由于无法执行满意的审计程序以获取合理的保证来确定所有重大交易均已被正确记录并充分披露而出具了拒绝表示意见的审计报告。2002年，德勤走马上任，为科龙审计了2002年至2004年的年报。

2002年审计报告：保留意见的审计报告。德勤对该份年报出具保留意见主要理由是不能确定年初科龙公司及合并的净资产是否真实，未取得科龙公司联营公司华意压缩机股份有限公司的财务报表以及认为应当调减科龙1亿元的净利润（其中包括转回的2 500万元存货跌价准备）。

2003年审计报告：无保留意见审计报告。出具无保留审计报告条件之一是，所有重大方面公允反映了被审计单位的财务状况、经营成果和现金流量。

2004年审计报告：保留意见的审计报告。主要是因为未能确认两家客户5.76亿元的应收账款，无法确定是否应该对销售退回计提准备。科龙当年的报表亏损6 400万元。

中国证监会认定的德勤对科龙审计过程中存在的主要问题包括：审计程序不充分、不适当，未发现科龙现金流量表重大差错等。

资料来源：杨艳琴. 审计学［M］. 天津：南开大学出版社，2014.

要求：1.从科龙电器审计失败的案例中，你有什么启发？
2.假设你担任审计项目组经理，你会如何审计科龙电器并出具何种意见类型的审计报告？

第六章　企业财务报表审计概述

【学习目标】

知识目标：理解并掌握企业财务报表的基本构成，各个报表之间的钩稽关系及各个业务循环，掌握财务报表审计的基本思路及常见的错弊形式。

能力目标：通过学习，能够深刻认识到各个报表之间的钩稽关系，理解不同报表之间形成的业务循环，会针对财务报表的不同错弊形式提出审计应对的基本思路。

【引导案例】

天健会计师事务所实际审计案例

2015年5月，中注协发布上市公司2014年年报审计情况快报第十五期数据显示：2015年1月1日—5月4日，40家有证券资格的会计师事务所（以下简称事务所）共为2 667家上市公司出具了财务报表审计报告。在上述2 667份审计报告中，标准审计报告2 569份，带强调事项段的无保留意见审计报告71份，保留意见审计报告18份，无法表示意见的审计报告9份。

其中，由天健会计师事务所审计的钱江摩托被出具了保留意见财务报表审计报告。保留意见的理由是：如财务报表附注所述，截至2014年12月31日，钱江摩托的全资子公司浙江钱江摩托进出口有限公司和控股子公司BENELLI Q.J.SRL应收QIANJIANG MOTOR（H.K）LIMITED及其关联方所及的委内瑞拉市场的货款余额为78 249 710.70美元（折合人民币478 809 979.77元），按账龄分析法计提坏账准备15 590 492.24美元（折合人民币95 398 222.00元）。由于委内瑞拉国实行外汇管制政策，且该国近期受国际原油价格暴跌等影响美元储备严重不足，玻利瓦尔与美元之间的汇率持续不稳定，因而上述应收账款的可收回性存在重大不确定性，进而可能对钱江摩托的财务状况、经营成果和现金流量产生重大不利影响。

由天健会计师事务所审计的星美联合被出具了无法表示意见财务报表审计报告。无法表示意见的理由是：如财务报表附注所述，截至财务报表批准报出日，星美联合的重大资产重组计划无实质性筹划，同时，星美联合2014年度未取得营业收入，已连续亏损两个会计年度，根据《深圳证券交易所股票上市规则》的规定，深圳证券交易所有权对星美联合公司股票交易实施退市风险警示。因此，星美联合持续经营能力存在重大不确定性。星美联合虽已对持续经营能力作出了评估，但未能就与评估持续经营能力相关的未来应对计划提供充分、适当的证据。因此，注册会计师无法判断星美联合运用持续经营假设编制2014年度财务报表是否适当。

资料来源：中国注册会计师协会网站http：//www.cicpa.org.cn/news/201804/t20180409_50870.html.

这一案例表明：对企业财务报表进行审计的过程中要关注众多因素，对于重要影响因素要有合理的审计应对思路，要综合考虑其对财务报表信息使用者决策的影响程度。

【知识拓展6-1】 中国注册会计师审计准则第1121号——对财务报表审计实施的质量控制

第四章 要求

第五节 业务执行

第二十八条 项目合伙人应当对下列事项负责：

（一）按照职业准则和适用的法律法规的规定指导、监督与执行审计业务；

（二）出具适合具体情况的审计报告。

第二十九条　项目合伙人应当对按照会计师事务所复核政策和程序实施的复核负责。

第三十条　在审计报告日或审计报告日之前，项目合伙人应当通过复核审计工作底稿和与项目组讨论，确信已获取充分、适当的审计证据，支持得出的结论和拟出具的审计报告。

第三十一条　项目合伙人应当：

（一）对项目组就疑难问题或争议事项进行适当咨询承担责任；

（二）确信项目组成员在审计过程中已就相关事项进行了适当咨询，咨询可能在项目组内部进行，或者在项目组与会计师事务所内部或外部的其他适当人员之间进行；

（三）确信这些咨询的性质、范围以及形成的结论已由被咨询者认可；

（四）确定这些咨询形成的结论已得到执行。

第三十二条　对上市实体财务报表审计以及会计师事务所确定需要实施项目质量控制复核的其他审计业务，项目合伙人应当：

（一）确定会计师事务所已委派项目质量控制复核人员；

（二）与项目质量控制复核人员讨论在审计过程中遇到的重大事项，包括在项目质量控制复核过程中识别出的重大事项；

（三）只有完成了项目质量控制复核，才能签署审计报告。

第三十三条　项目质量控制复核人员应当客观地评价项目组作出的重大判断以及在准备审计报告时得出的结论。

评价工作应当涉及下列内容：

（一）与项目合伙人讨论重大事项；

（二）复核财务报表和拟出具的审计报告；

（三）复核选取的与项目组作出的重大判断和得出的结论相关的工作底稿；

（四）评价在准备审计报告时得出的结论，并考虑拟出具审计报告的恰当性。

第三十四条　对上市实体财务报表审计，项目质量控制复核人员在实施项目质量控制复核时，还应当考虑：

（一）项目组就具体审计业务对会计师事务所独立性作出的评价；

（二）项目组是否已就涉及意见分歧的事项，或者其他疑难问题或争议事项进行适当咨询，以及咨询得出的结论；

（三）选取的用于复核的审计工作底稿，是否反映了项目组针对重大判断执行的工作，以及是否支持得出的结论。

第三十五条　如果项目组内部、项目组与被咨询者之间、项目合伙人与项目质量控制复核人员之间出现意见分歧，项目组应当遵守会计师事务所处理及解决意见分歧的政策和程序。

第一节 企业财务报表的构成

一、企业的主要财务报表

（一）资产负债表

1.资产负债表的含义

资产负债表是反映企业在某一特定日期全部资产、负债和所有者权益情况的会计报表，是企业经营活动的静态体现，根据“资产=负债+所有者权益”这一平衡公式，依照一定的分类标准和一定的次序，将某一特定日期的资产、负债、所有者权益的具体项目予以适当的排列编制而成。它表明企业在某一特定日期所拥有或控制的经济资源、所承担的现有义务和所有者对净资产的要求权。它是一张揭示企业在一定时点财务状况的静态报表，可以让所有阅读者在最短时间内了解企业经营状况。

2.资产负债表的结构

资产负债表一般有表首、正表两部分。其中，表首概括地说明报表名称、编制单位、编制日期、报表编号、货币名称、计量单位等。正表是资产负债表的主体，列示了用以说明企业财务状况的各个项目。

我国企业的资产负债表采用账户式结构，分左右两方，左方为资产项目，按资产的流动性大小排列；右方为负债及所有者权益项目，一般按要求清偿时间的先后顺序排列，在企业清算之前不需要偿还的所有者权益项目排在后面。账户式资产负债表中的资产各项目的合计等于负债和所有者权益各项目的合计，即资产负债表左方和右方平衡，每个项目又分为“期末余额”和“年初余额”两栏分别填列。通过账户式资产负债表，可以反映资产、负债、所有者权益之间的内在关系，即“资产=负债+所有者权益”。

采用企业会计准则的非金融企业的资产负债表格式见表6-1。

3.审阅资产负债表的基本思路

由于企业总资产在一定程度上反映了企业的经营规模，而它的增减变化与企业负债与股东权益的变化有极大的关系，当企业股东权益的增长幅度高于资产总额的增长时，说明企业的资金实力有了相对的提高；反之，则说明企业规模扩大的主要原因是来自于负债的大规模上升，进而说明企业的资金实力在相对降低，偿还债务的安全性亦在下降。

对资产负债表的一些重要项目，尤其是期初与期末数据变化很大，或出现大额红字的项目需要进一步分析和重点关注。例如，企业应收账款占总资产的比重过高，说明该企业资金被占用的情况较为严重，而其增长速度过快，说明该企业可能因产品的市场竞争能力较弱或受经济环境的影响，企业结算工作的质量有所降低。又如，企业年初及年末的负债较多，说明企业每股的利息负担较重，但如果企业在这种情况下仍然有较好的盈利水平，

表6-1

资产负债表

会企01表

编制单位：××公司　　　　20××年×月×日　　　　单位：元

资产	期末余额	年初余额	负债和所有者权益（或股东权益）	期末余额	年初余额
流动资产：			流动负债：		
货币资金			短期借款		
以公允价值计量且其变动计入当期损益的金融资产			以公允价值计量且其变动计入当期损益的金融负债		
衍生金融资产			衍生金融负债		
应收票据及应收账款			应付票据及应付账款		
预付款项			预收款项		
其他应收款			应付职工薪酬		
存货			应交税费		
持有待售资产			其他应付款		
一年内到期的非流动资产			持有待售负债		
其他流动资产			一年内到期的非流动负债		
流动资产合计			其他流动负债		
非流动资产：			流动负债合计		
可供出售金融资产			非流动负债：		
持有至到期投资			长期借款		
长期应收款			应付债券		
长期股权投资			其中：优先股		
投资性房地产			永续债		
固定资产			长期应付款		
在建工程					
工程物资			预计负债		
固定资产清理			递延收益		
生产性生物资产			递延所得税负债		
油气资产			其他非流动负债		
无形资产			非流动负债合计		
开发支出			负债合计		
商誉			所有者权益（或股东权益）：		
长期待摊费用			实收资本（或股本）		
递延所得税资产			其他权益工具		
其他非流动资产			其中：优先股		
非流动资产合计			永续债		
			资本公积		
			减：库存股		
			其他综合收益		
			盈余公积		
			未分配利润		
			所有者权益（或股东权益）合计		
资产总计			负债和所有者权益（或股东权益）总计		

说明企业产品的获利能力较佳、经营能力较强。再如，在企业股东权益中，如法定的资本公积金大大超过企业的股本总额，这预示着企业将有良好的股利分配政策。但与此同时，如果企业没有充足的货币资金作保证，预计该企业将会选择送配股增资的分配方案而非采用发放现金股利的分配方案。另外，在对一些项目进行审阅评价时，还要结合行业的特点进行，比如就房地产行业而言，如该企业拥有较多的存货，意味着企业有可能存在着较多的、正在开发的商品房基地和项目，一旦这些项目完工，将会给企业带来很高的经济效益。

（二）利润表

1.利润表的含义

利润表是反映企业在一定会计期间经营成果的报表。利润表主要提供有关企业经营成果方面的信息。例如，反映1月1日至12月31日经营成果的利润表，由于它反映的是某一期间的情况，所以是动态报表。编制利润表的主要目的是将企业经营成果的信息提供给各种报表用户，以供他们作为决策的依据或参考。

2.利润表的结构

利润表分项列示企业在一定会计期间因销售商品、提供劳务、对外投资等所取得的各种收入以及与各种收入相对应的费用、损失，并将收入与费用、损失加以对比结出当期的净利润。

在我国，利润表采用多步式，每个项目通常又分为“本月数”和“本年累计数”两栏分别列示。“本月数”栏反映各项目的本月实际发生数；在编报年度财务会计报告时，填列上年全年累计实际发生数。如果上年度利润表与本年度利润表的项目名称和内容不相一致，则按编报当年的口径对上年度利润表项目的名称和数字进行调整，填入本表“上年数”栏。

多步式利润表主要分四步计算企业的利润（或亏损）。第一步，以主营业务收入为基础，减去主营业务成本和主营业务税金及附加，计算主营业务利润；第二步，以主营业务利润为基础，加上其他业务利润，减去营业费用、管理费用、财务费用，计算出营业利润；第三步，以营业利润为基础，加上投资净收益、补贴收入、营业外收入，减去营业外支出，计算出利润总额；第四步，以利润总额为基础，减去所得税，计算净利润（或净亏损）。利润表编制的原理是“收入-费用=利润”的会计平衡公式和收入与费用的配比原则。

采用企业会计准则的非金融企业的利润表格式见表6-2。

3.审阅利润表的基本思路

通过比较和分析同一企业在不同时期，或不同企业在同一时期的资产收益率、成本收益率等指标，能够揭示企业利用经济资源的效率；通过比较和分析收益信息，可以了解某一企业收益增长的规模和趋势。如果一家企业多年来收益很少，获利能力不强甚至亏损，通常其偿债能力不会很强，所以，通过分析和比较利润表的有关信息，可以间接地解释、评价和预测企业的偿债能力，尤其是长期偿债能力，并揭示偿债能力的变化趋势。

表6-2　　利润表

会企02表

编制单位：××公司　　20××年×月×日　　单位：元

项　目	本期金额	上期金额
一、营业收入		
减：营业成本		
税金及附加		
销售费用		
管理费用		
研发费用		
财务费用		
其中：利息费用		
利息收入		
资产减值损失		
加：其他收益		
投资收益（损失以“一”号填列）		
其中：对联营企业和合营企业的投资收益		
公允价值变动收益（损失以“一”号填列）		
资产处置收益（损失以“一”号填列）		
二、营业利润（亏损以“一”号填列）		
加：营业外收入		
减：营业外支出		
三、利润总额（亏损总额以“一”号填列）		
减：所得税费用		
四、净利润（净亏损以“一”号填列）		
（一）持续经营净利润（净亏损以“一”号填列）		
（二）终止经营净利润（净亏损以“一”号填列）		
五、其他综合收益的税后净额		
（一）不能重分类进损益的其他综合收益		
1.重新计量设定受益计划变动额		
2.权益法下不能转损益的其他综合收益		
……		
（二）将重分类进损益的其他综合收益		
1.权益法下可转损益的其他综合收益		
2.可供出售金融资产公允价值变动损益		
3.持有至到期投资重分类为可供出售金融资产损益		
4.现金流量套期损益的有效部分		
5.外币财务报表折算差额		
……		
六、综合收益总额		
七、每股收益：		
（一）基本每股收益		
（二）稀释每股收益		

比较前后期利润表上各项收入、费用、成本及收益的增减变动情况，并查明其增减变动的原因，可以较为客观地评价各职能部门，各生产经营单位的绩效，以及这些部门和人员的绩效与整个企业经营成果的关系，以便评判各部门管理人员的功过得失，及时作出采购、生产销售、筹资和人事等方面的调整，使各项活动趋于合理。

（三）现金流量表

1.现金流量表的含义

现金流量表是以收付实现制为编制基础，反映企业在一定时期内现金收入和现金支出情况的报表。其组成内容与资产负债表和利润表相一致。通过现金流量表，可以概括反映经营活动、投资活动和筹资活动对企业现金流入流出的影响，对于评价企业的实现利润、财务状况及财务管理，要比传统的利润表提供更好的基础。现金流量表主要反映资产负债表中各个项目对现金流量的影响，并根据其用途划分为经营、投资及融资三个活动分类。现金流量表可用于分析一家机构在短期内有没有足够现金去应付开销。

2.现金流量表的结构

现金流量表分为主表和附表（即补充资料）两大部分。主表的各项目金额实际上就是每笔现金流入、流出的归属，而附表的各项目金额则是相应会计账户的当期发生额或期末与期初余额的差额。

现金流量表应当分别反映经营活动产生的现金流量、投资活动产生的现金流量和筹资活动产生的现金流量的总额以及它们相抵后的结果。现金流量总额是指分别反映现金流入和流出总额，而不以现金流入和流出相抵后的净额反映。企业应当合理划分经营活动、投资活动和筹资活动，对于某些现金收支项目或特殊项目，应当根据特定情况和性质进行划分，分别归并到经营活动、投资活动和筹资活动类别中，并一贯性地遵循这一划分标准。

根据资产负债表的平衡公式可得：现金=负债+所有者权益-非现金资产。这个公式表示，现金的增减变动受公式右边的所有因素的影响，负债、所有者权益的增加（减少）导致现金的增加（减少），非现金资产的减少（增加）导致现金的增加（减少），现金流量表中的内容尤其是采用间接法时就是根据资产、负债、所有者权益的增减变动额或本期净增加额填报的。

3.审阅现金流量表的基本思路

审阅现金流量及其结构，可以了解企业现金的来龙去脉和现金收支构成，评价企业经营状况、创现能力、筹资能力和资金实力。如果一家公司经营活动产生的现金流无法支付股利与保持股本的生产能力，从而导致它要采用借款的方式满足这些需要，那么这就说明，这家公司从长期来看无法维持正常情况下的支出。

将销售商品、提供劳务收到的现金与购进商品、接受劳务支付的现金进行比较，比率大，说明企业的销售利润大，销售回款情况良好，创现能力强。将销售商品、提供劳务收到的现金与经营活动流入的现金总额比较，可大致说明企业产品销售现款占经营活动流入的现金的比重，该比重大，则说明企业主营业务突出，营销状况良好。将本期经营活动现金净流量与上期比较，增长率越高，说明企业成长性越好。

一般来说，经营活动现金流入占现金总流入比重大的企业，经营状况较好，财务风险较低，现金流入结构较为合理；经营活动现金支出比重大的企业，其生产经营状况正常，现金支出结构较为合理。现金流量表所揭示的现金流量信息可以从现金角度对企业偿债能力和支付能力作出更可靠、更稳健的评价。企业的净利润是以权责发生制为基础计算出来的，而现金流量表中的现金流量是以收付实现制为基础的，通过对现金流量和净利润的比较分析，可以对收益的质量作出评价。

对现金流量表的审阅，既要掌握该表的结构及特点，分析其内部构成，又要结合利润表和资产负债表进行综合分析，以求全面、客观地评价企业的财务状况和经营成果。

【小思考6-1】编制现金流量表需要考虑哪些因素？

【知识拓展6-2】 信息技术对企业财务报告编制产生的影响

企业信息系统是记录财务信息和编制财务报告的主要承载平台，并通过与业务流程的密切结合，成为企业内部控制体系的有机组成部分，对保证财务报告及相关信息的真实、完整的控制目标具有重大意义。

伴随着信息技术的发展，以ERP系统为代表的信息系统在各行各业的大中小型企业中得到大规模普及，会计信息化迅速成熟。使用ERP系统的企业，业务操作同会计核算与财务报告编制不再是彼此之间相互割裂的环节，企业内部的信息孤岛也被逐渐化解，采购、库存、生产、销售、人事、研发等业务环节与财务核算充分整合，业务端和财务端已高度集成化；在信息集成和有效管控的前提下，信息系统根据业务逻辑的配置，能够对常规业务操作生成的信息进行自动化记账，大大提高了工作效率，并减少了人为干预可能带来的差错。因此，在信息化环境下，信息系统的使用对企业的会计核算与财务报告编制产生广泛而深远的影响：

1.会计信息实现全面数字化，传统的纸质单据、文件、手工记录、台账、日记账等纷纷以数字化的形式被信息系统存储、处理，或者虽然保留，但已降格为交易的附件以备查阅、核对之用。

2.信息系统封装了信息处理的过程，呈现给用户的会计信息往往是系统的最终处理结果；其内部处理逻辑、运算的中间过程，对系统的用户而言是独立的、不能随意更改的。

3.记账的方式由人工转为自动化，由于信息系统集成了业务端和财务端，对于企业的常规交易，信息系统在记录、处理业务端操作后，便可根据业务逻辑的配置规则，自动地生成相应的会计信息；这一过程通常不需要财务会计人员的干预。

4.信息系统内业务流程规范化程度高，控制、稽核、校验手段多样、严谨，规则执行一致程度高，能够从最大程度上杜绝人为因素的干预，降低随意性。

5.系统运用过程中的缺陷、问题和错误将产生广泛的影响。与传统的人工处理不同，信息系统处理信息的速度快、效率高，一旦在系统运用过程中存在缺陷、问题和错误，那么其产生的影响将远远大于传统的人工处理。

二、报表之间的钩稽关系

（一）数据上的钩稽关系

资产负债表是按照“资产=负债+所有者权益”编制的，它反映的是某一时点会计主体全部资产的分布状况及其相应来源。利润表是按照“收入-费用=利润”编制的，它反映的是一个期间会计主体经营活动成果的变动。由于等式“收入-费用=利润”的结果既会在利润表中反映，也会在资产负债表中反映。它们之间的联系可以用等式“资产=负债+所有者权益+收入-费用”表示。

资产负债表所有者权益部分“未分配利润”年初、期末数等于利润及利润分配表的利润分配部分的“年初未分配利润”“年末未分配利润”，年度之中，资产负债表所有者权益部分“未分配利润”期末数等于年初未分配利润与利润表的净利润之和。

资产负债表中期末“未分配利润”=利润表中“净利润”+资产负债表中“未分配利润”的年初数。

资产负债表中期末“应交税费”=应交增值税（按利润表计算本期应交增值税）+应交城市维护建设税及教育费附加（按利润表计算本期应交各项税费）+应交所得税（按利润表计算本期应交所得税）。这几项还必须与现金流量表中支付的各项税费项目相等。这其中按利润表计算各项目的计算方法如下：

现金流量表中的“现金及现金等价物净额”=资产负债表中“货币资金”期末余额-年初余额。

现金流量表中“销售商品、提供劳务收到的现金”=利润表中的主营业务收入+其他业务收入（一般指的是销售材料、提供劳务取得的收入）+按利润表中主营业务收入与其他业务收入之和计算的应交税金（应交增值税——销项税额）+（应收票据及应收账款的年初余额-期末余额）+（预收账款的期末余额-年初余额）-当期计提的坏账准备-票据贴现造成的借记财务费用额-非现金抵账+收回以前的坏账。

应收账款的年初余额-应收账款的期末余额=（应收账款的期初净额-应收账款的期末净额）+（坏账准备的年初余额-坏账准备的期末余额）。

现金流量表中“购买商品、接受劳务支付的现金”=利润表中的主营业务成本+其他业务成本（对应存货减少的部分，如销售材料结转的成本）+资产负债表中存货的意外减少（指的是未对应“主营业务成本”和“其他业务成本”的存货减少部分，如管理部门领用材料）+本期进项税发生额+（存货期末余额-存货年初余额）+（应付账款年初余额-应付账款期末余额）+（应付票据年初余额-应付票据期末余额）+（预付账款期末余额-预付账款年初余额）。

存货的期末余额-存货的年初余额=（存货的期末净额-存货的期初净额）+（存货跌价准备的期末余额-存货跌价准备的年初余额）。

现金流量表中“支付给职工以及为职工支付的现金”=资产负债表中应付职工薪酬年初余额+本期为职工支付的工资和福利总额（包含在生产成本、制造费用、管理费用中的职工薪酬）-资产负债表中应付职工薪酬期末余额。

现金流量表中“支付的各项税费”=（应交所得税的年初余额+利润表中的当期所得税费用-应交所得税的期末余额）+支付的各种税费+应交税费-应交增值税（已交税金）。

现金流量表中“支付的其他与经营活动有关的现金”=支付的其他管理费用+支付的销售费用+支付的制造费用。该项目反映企业除上述各项目外所支付的其他与经营活动有关的现金，如经营租赁支付的租金、罚款、差旅费、业务招待费、保险费等。

（二）逻辑上的钩稽关系

经营活动现金净流量与净利润比较，能在一定程度上反映企业利润的质量。也就是说，企业每实现1元的账面利润中，实际有多少现金支撑，比率越高，说明利润的质量越高。

销售商品、提供劳务收到的现金与主营业务收入比较，可以大致说明企业销售回收现金的情况及企业销售的质量。收现数所占比重大，说明销售收入实现后所增加的资产转换成现金的速度快、质量高。

分得股利或利润及取得债券利息收入所得到的现金与投资收益比较，可大致反映企业账面投资收益的质量。

经营活动现金净流量与流动负债比较，可以反映企业经营活动获得现金偿还短期债务的能力，比率越大，说明偿债能力越强。

经营活动现金净流量与全部债务比较，可以反映企业用经营活动中所获现金偿还全部债务的能力，这个比率越大，说明企业承担债务的能力越强。

现金（含现金等价物）期末余额与流动负债比较，可以反映企业直接支付债务的能力，比率越高，说明企业偿债能力越大。

经营活动现金净流量与总股本比较，可以反映每股资本获取现金净流量的能力，比率越高，说明企业支付股利的能力越强。

经营活动现金净流量与净资产比较，可以反映投资者投入资本创造现金的能力，比率越高，说明资本的创现能力越强。

【小思考6-2】资产负债表与利润表，资产负债表与现金流量表，现金流量表与利润表之间分别有什么钩稽关系？

第二节 企业财务报表中反映的业务循环

财务报表审计的组织方式大致有两种：一是账户法，通常对财务报表的每个账户余额单独进行审计；二是循环法，是将财务报表分成几个业务循环，即把紧密联系的交易种类和账户余额归入同一循环中，按业务循环组织实施审计。一般而言，账户法与多数被审计单位账户设置体系及财务报表格式相吻合，操作方便，但它将紧密联系的相关账户人为分割，容易造成整个审计工作的脱节和重复，影响审计效率；而循环法则更符合被审计单位的业务流程和内部控制设计的实际情况，有助于提高审计工作的效率与效果，因此常规财务报表审计更提倡采用循环法。本书在后续章节中将循环法与账户法结合使用，互相取长补短。

一、货币资金循环

（一）货币资金循环的主要业务活动

货币资金与多个交易循环都有直接关系。货币资金最初以投资或筹资的形式从投资者或债权人手中流入企业，企业用这些货币资金去购买生产经营所需的资源和劳务，并用购入的资源和劳务生产出企业准备出售的产品和服务，然后将这些完工的产品和服务出售给顾客以换回货币资金。最后，换回的货币资金一部分作为股利或利息支付给投资者和债权人，另一部分则用来购买新的资源和劳务，继续下一轮的经营循环。所以企业的全部经营活动的各个循环均可通过货币资金表现出来。如果从循环的角度来看企业的运转，货币资金是各循环的枢纽，起着“资金池”的作用，是经营活动的起点和终点，其增减变动与被审计单位各个循环的经营活动密切相关。

（二）货币资金循环涉及的主要文件资料

货币资金循环审计涉及的主要凭证和会计记录有：库存现金盘点表；银行对账单；银行存款余额调节表；库存现金、银行存款及其他货币资金的收付款原始单据、收付款凭证；库存现金、银行存款及其他货币资金的日记账及总账。

（三）货币资金循环涉及的关键内部控制

1.岗位分工控制

企业应当建立货币资金业务的岗位责任制，明确相关部门和岗位的职责权限，确保办理货币资金业务的不相容岗位相互分离、制约和监督。出纳人员不得兼任稽核、会计档案保管和收入、支出、费用、债权债务账目的登记工作。单位不得由一人办理货币资金业务的全过程。严禁未经授权的机构或人员办理货币资金业务或直接接触货币资金。对于重要货币资金收付业务，应当实行集体决策和审批，并建立责任追究制度。

2.授权批准控制

企业应当对货币资金业务建立严格的授权批准制度，明确审批人对货币资金业务的授权批准方式、权限、程序、责任和相关控制措施，规定经办人办理货币资金业务的职责范围和工作要求。审批人应当根据货币资金授权批准制度的规定，在授权范围内进行审批，不得超越审批权限。经办人应当在职责范围内，按照审批人的批准意见办理货币资金。对于审批人超越权限审批的货币资金业务，经办人员有权拒绝办理，并及时向审批人的上级授权部门报告。

3.付款业务流程控制

企业应当按照规定的程序办理货币资金支付业务。

（1）支付申请。单位有关部门或个人用款时，应当提前向审批人提交货币资金支付申请，注明款项的用途、金额、预算、支付方式等内容，并附有效经济合同或相关证明。

（2）支付审批。审批人根据其职责、权限和相应程序对支付申请进行审批。对不符合规定的货币资金支付申请，审批人应当拒绝批准。

（3）支付复核。复核人应当对批准后的货币资金支付申请进行复核，复核货币资金支付申请的批准范围、权限、程序是否正确，手续及相关单证是否齐备，金额计算是否准确，执法方式、支付单位是否妥当等。复核无误后，交由出纳人员办理支付手续。

（4）办理支付。出纳人员应当根据复核无误的支付申请，按规定办理货币资金支付手续，及时登记库存现金和银行存款日记账。

4.现金业务控制

企业应当加强现金库存限额的管理，超过库存限额的现金应及时存入银行。必须根据《现金管理暂行条例》的规定，结合本单位的实际情况，确定本单位现金的开支范围。不属于现金开支范围的业务应当通过银行办理转账结算。应当定期和不定期地进行现金盘点，确保现金账面余额与实际库存相符。若发现不符，要及时查明原因，作出处理。

【知识拓展6-3】 现金管理暂行条例　第二章　现金管理和监督

第五条　开户单位可以在下列范围内使用现金：

（一）职工工资、津贴；

（二）个人劳务报酬；

（三）根据国家规定颁发给个人的科学技术、文化艺术、体育等各种奖金；

（四）各种劳保，福利费用以及国家规定的对个人的其他支出；

（五）向个人收购农副产品和其他物资的价款；

（六）出差人员必须随身携带的差旅费；

（七）结算起点以下的零星支出；

（八）中国人民银行确定需要支付现金的其他支出。

前款结算起点定为1 000元。结算起点的调整，由中国人民银行确定，报国务院备案。

第六条　除本条例第五条第（五）、（六）项外，开户单位支付给个人的款项，超过使用现金限额的部分，应当以支票或者银行本票支付；确需全额支付现金的，经开户银行审核后，予以支付现金。

前款使用现金限额，按本条例第五条第二款的规定执行。

第七条　转账结算凭证在经济往来中，具有同现金相同的支付能力。

开户单位在销售活动中，不得对现金结算给予比转账结算优惠待遇；不得拒收支票、银行汇票和银行本票。

第八条　机关、团体、部队、全民所有制和集体所有制企业事业单位购置国家规定的专项控制商品，必须采取转账结算方式，不得使用现金。

第九条　开户银行应当根据实际需要，核定开户单位3天至5天的日常零星开支所需的库存现金限额。

边远地区和交通不便地区的开户单位的库存现金限额，可以多于5天，但不得超过15天的日常零星开支。

第十条　经核定的库存现金限额，开户单位必须严格遵守。需要增加或者减少库存现金限额的，应当向开户银行提出申请，由开户银行核定。

第十一条　开户单位现金收支应当依照下列规定办理：

（一）开户单位现金收入应当于当日送存开户银行。当日送存确有困难的，由开户银行确定送存时间。

（二）开户单位支付现金，可以从本单位库存现金限额中支付或者从开户银行提取，不得从本单位的现金收入中直接支付（即坐支）。因特殊情况需要坐支现金的，应当事先报经开户银行审查批准，由开户银行核定坐支范围和限额。坐支单位应当定期向开户银行报送坐支金额和使用情况。

（三）开户单位根据本条例第五条和第六条的规定，从开户银行提取现金，应当写明用途，由本单位财会部门负责人签字盖章，经开户银行审核后，予以支付现金。

（四）因采购地点不固定，交通不便，生产或者市场急需，抢险救灾以及其他特殊情况必须使用现金的，开户单位应当向开户银行提出申请，由本单位财会部门负责人签字盖章，经开户银行审核后，予以支付现金。

第十二条　开户单位应当建立健全现金账目，逐笔记载现金支付。账目应当日清月结，账款相符。

第十三条　对个体工商户、农村承包经营户发放的贷款，应当以转账方式支付。对确需在集市使用现金购买物资的，经开户银行审核后，可以在贷款金额内支付现金。

第十四条　在开户银行开户的个体工商户、农村承包经营户异地采购所需货款，应当通过银行汇兑方式支付。因采购地点不固定，交通不便必须携带现金的，由开户银行根据实际需要，予以支付现金。

未在开户银行开户的个体工商户、农村承包经营户异地采购所需货款，可以通过银行汇兑方式支付。凡加盖“现金”字样的结算凭证，汇入银行必须保证支付现金。

第十五条　具备条件的银行应当接受开户单位的委托，开展代发工资、转存储蓄业务。

第十六条　为保证开户单位的现金收入及时送存银行，开户银行必须按照规定做好现金收款工作，不得随意缩短收款时间。大中城市和商业比较集中的地区，应当建立非营业时间收款制度。

第十七条　开户银行应当加强柜台审查，定期和不定期地对开户单位现金收支情况进行检查，并按规定向当地人民银行报告现金管理情况。

第十八条　一个单位在几家银行开户的，由一家开户银行负责现金管理工作，核定开户单位库存现金限额。

各金融机构的现金管理分工，由中国人民银行确定。有关现金管理分工的争议，由当地人民银行协调、裁决。

第十九条　开户银行应当建立健全现金管理制度，配备专职人员，改进工作作风，改善服务设施。现金管理工作所需经费应当在开户银行业务费中解决。

5.银行结算业务控制

应当严格按照《支付结算办法》等国家有关规定，加强银行账户的管理，严格按照规定开立账户，办理存款、取款和结算。单位应当定期检查、清理银行账户的开立及使用情况，发现问题，及时处理。单位应当加强对银行结算凭证的填制、传递及保管等环节的管理与控制。单位应当严格遵守银行结算纪律，不准签发没有资金保证的票据；不准签发、取得和转让没有真实交易和债权、债务的票据，套取银行和他人资金；不准无理拒绝付款，任意占用他人资金；不准违反规定开立和使用银行账户。应当指定专人定期核对银行账户，每月至少核对一次，编制银行存款余额调节表，使银行存款账面余额与银行对账单调节相符。如调节不符，应查明原因，及时处理。

6.票据及有关印章的控制

企业应当加强与货币资金相关的票据的管理，明确各种票据的购买、保管、领用、背书转让、注销等环节的职责权限和程序，并专设登记簿进行记录，防止空白票据的遗失和被盗用。

企业应当加强银行预留印鉴的管理。财务专用章应由专人保管，个人名章必须由本人或其授权人员保管。严禁一人保管支付款项所需的全部印章。按规定需要有关负责人签字或盖章的经济业务，必须严格履行签字或盖章手续。

7.监督检查控制

企业应当建立对货币资金业务的监督检查制度，明确监督检查机构或人员的职责权限，定期或不定期地进行检查。货币资金监督检查的内容主要包括：货币资金业务相关岗位及人员的设置情况、货币资金授权批准制度的执行情况、支付款项印章的保管情况、票据的保管情况。

二、采购与付款循环

企业的采购与付款循环包括购买商品、劳务和固定资产，以及企业在经营活动中为获取收入而发生的直接或间接的支出。部分支出可能与产品收入直接相关，部分支出可能会形成企业资产，而这些资产又形成了企业经营活动的基础。一个企业的支出从性质、数量和发生频率上看是多种多样的。本书主要关注与购买货物和劳务以及应付账款的支付有关的控制活动以及重大交易。

（一）采购与付款循环的主要业务活动

以采购商品为例，采购与付款循环中的主要业务活动包括：

1.请购商品或劳务

仓库负责对需要购买的已列入存货清单的项目填写请购单，车间或其他部门也可以对所需要购买的但未列入存货清单的项目编制请购单。

2.编制订购单

采购部门收到请购单后，对经过批准的请购单发出订购单，并对每张订购单确定最佳的供货来源，充分考虑货物的价格、质量等问题。

3.验收商品

验收部门应核对所收物品与订购单上的要求是否相符，盘点及检查物品的数量、质量和规格有无问题，并对已收货的每张订购单按顺序编号填制一式多联的验收单。

4.存货储存

将已验收的物品妥善储存，存货储存区应相对独立，并限制无关人员接近。

5.编制付款凭证

货物验收后，应核对订购单、验收单和供货发票的一致性，确认负债，编制付款凭单，将经审核的付款凭单每日汇总后送会计部门，以编制记账凭证及登记有关分类账。

6.确认与记录负债

正确确认已验收货物和已接受劳务的债务，要准确、及时地记录负债。

7.付款

企业在付款前，应核对付款条件，并检查货币资金的充足性。在签发支票的同时应登记支票登记簿和相关日记账。已签发的支票连同有关发票、合同凭证等送交有关负责人审核签字，并将支票送交供应商。

8.会计记录

根据付款凭单、支票登记簿、付款日记账和有关记账凭证登记有关日记账、明细分类账和总分类账。

（二）采购与付款循环涉及的主要文件资料

1.请购单

请购单是由商品制造、资产使用等部门有关人员填写，送交采购部门，申请购买商品、劳务或其他资产的书面证明。

2.订购单

订购单是由采购部门填写，向另一企业购买订购单上所标定商品、劳务或其他资产的书面证明。

3.验收单

验收单是收到商品或资产时所填制的原始凭证，主要内容包括从供应商处收到的商品、劳务或其他资产的种类、数量、价格和规格等。

4.卖方发票

卖方发票是供应商出具的，交给买方以载明发运的物品或提供的劳务、应付金额和付款条件等内容的凭证。

5.付款凭单

付款凭单是载明已收到商品、劳务或其他资产的厂商、应付金额和付款日期的凭证。它是由商品采购企业的应付凭单部门编制的，是企业内部记录和支付负债的授权证明文件。

6.转账凭证

转账凭证是根据除库存现金和银行存款业务以外的有关转账业务的原始凭证编制的凭证，是记录转账业务的转账凭证。

7.付款凭证

付款凭证是用来记录现金和银行存款支出业务的记账凭证。它包括库存现金付款凭证和银行存款付款凭证。

8.应付账款明细账

应付账款通常是指因购买材料、商品或接受劳务供应等而发生的债务，这是买卖双方在购销活动中由于取得物资与支付贷款在时间上不一致而产生的负债。应付账款明细账是列示单个贷方（供应商）账户的明细分类账。

9.库存现金日记账和银行存款日记账

库存现金日记账是由出纳人员根据审核无误的现金收付凭证，序时逐笔登记的账簿。银行存款日记账是由出纳人员根据审核无误的银行存款收付凭证，序时逐笔登记的账簿。

10.卖方对账单

卖方对账单是由供货方按月编制的标明期初余额、本期购买、本期支付给卖方的款项和期末余额的凭证。

（三）采购与付款循环的关键内部控制

1.职责分离控制

采购与付款循环中需要进行职务分离的有：请购部门与采购部门要分离；付款审批人和付款执行人不能办理寻求供应商和索价业务；货物采购人不能同时担任货物的验收工作；货物的采购、储存和使用人不能担任账务的记录工作；接受各种劳务的部门或主管这些业务的人应与账簿记录的人分离；记录应付账款的人不能同时担任付款工作。

2.请购控制

（1）原材料和零部件的购进。一般首先由生产部门根据生产计划或即将签发的生产通知单提出请购单。材料保管人员接到请购单后应将材料保管卡上记录的库存数与生产部门的需要数量进行比较。当生产所需的材料和仓储所需后备数量合计已超过库存数量时，应同意采购。

（2）临时性物品的购进。通常由使用者而非仓储部门直接提出，由于这种需要很难列入计划之中，因此，使用者在请购单上一般要对采购需要进行描述，解释其目的和用途，请购单需由使用者的主管领导审批同意，并需经资金预算的负责人签字同意后，采购部门方可办理采购手续。

（3）由统一服务机构或公司提供的某些经常性服务项目，例如公用事业、报纸杂志、保安等服务项目，请购手续的处理通常是一次性的。当使用者最初需要这些服务时，应提出请购单，由负责资金预算的人进行审批。

（4）确定例如保险、广告、法律、审计等特殊服务项目的需要，一般由企业最高负责人审批同意。可参照过去的服务质量和收费标准，分析由专人提出的需要内容，包括选定的广告商、事务所以及收费水平等是否合理，经批准后，这些特殊服务项目才能进行。

3.订购控制

（1）订购数量控制

购货部门应首先对每一份请购单审查其请购数量是否在控制限额的范围之内，其次再检查使用物品和获得劳务的部门主管是否在请购单上签字同意。对于需大量采购的原材料、零部件等，必须做各种采购数量对成本影响的分析，是否将各种请购项目进行有效的分类，然后利用经济批量法来预测成本。

（2）供应商选择控制

购货部门在正式填制订购单之前必须向不同的供应商（通常要求两家以上）索取供应物品的价格、质量指标、折扣和付款条件以及交货时间等资料，比较不同供应商所提供的资料，选择最有利于企业生产和成本最低的供应商，与供应商签订合同。

（3）订货时间控制

关于何时订货的问题，主要由存货管理部门运用经济批量法和最低存货点来进行，而不是由订货部门确定。当请购单已提出时，购货部门应对这些请购单的处理结果及时告知仓储和生产部门。

在上述三个方面的决定作出之后，购货部门应及时填制订购单，并对其进行控制，主要是预先应对每份订购单进行编号；在订购单向供应商发出前，必须由专人检查该订购单是否得到授权人签字同意；由专人复查订购单的编制过程和内容；订购单的副本应递交给请购、保管与会计部门等。

4.验收控制

货物的验收应由独立于请购、采购和会计部门的人员来承担，其控制责任是检验收到的货物的数量和质量。

对于数量，验收部门在货运单上签字之前，应通过计数、过磅或测量等方法证明货运单上所列的数量，并要求两个收货人在收货报告单上签字。对于质量，验收部门应检验有无因运输损失而导致的缺陷，在货物质量检验需要有较高的专业知识或者必须经过仪器、实验才能进行的情况下，收货部门应将部分样品送交专家和实验室对其质量进行检验。每一项收到的货物必须在检验以后填制包括供应商名称、收货日期、货物名称、数量、质量以及运货人名称、原订购单编号等内容的收货报告单，并将其及时报告给请购、采购和会计部门。

5.应付账款的控制

应付账款的记录必须由独立于请购、采购、验收、付款的人员来进行；应付账款的入账还必须在取得和审核各种必要的凭证后才能进行；对于收到预付款项的交易，在收到供应商发票后应将预付金额冲抵部分发票金额，来记录应付账款；必须分别设置应付账款的总账和明细账；对于享有折扣的交易，应根据供应商的发票金额减去折扣金额的净额登记应付账款；每月应将应付账款明细账与客户的对账单进行核对。

6.付款控制

（1）支票准备

支票准备应独立于采购、付款确认和函证程序，所有付款都应有事前编号的支票，对已签发的支票应将其原始凭证加盖“已付款”印章，以避免重复付款，尽可能使用有安全保障的支票书写器或电脑生成的支票，对于空白支票应安全存放，作废的支票应立即注销等。

【知识拓展6-4】　不同行业类型的采购和费用支出

行业类型	典型的采购和费用支出
贸易业	产品的选择和购买、产品的存储和运输、广告促销费用、售后服务费用
一般制造业	生产过程所需的设备支出、原材料、低值易耗品、配件的购买与存储支出、市场经营费用、把产成品运达顾客或零售商处发生的运输费用、管理费用
专业服务业	律师、会计师、财务顾问的费用支出，包括印刷、通信、差旅费、电脑、车辆等办公设备的购置和租赁，书籍资料和研究设施的费用
金融服务业	建立专业化的、安全的计算机信息网络和用户自动存取款设备的支出，给付储户的存款利息，支付给其他银行的资金拆借利息、手续费，现金存放、现金运送和网络银行设施的安全维护费用，客户关系维护费用
建筑业	建材支出，建筑设备和器材的租金或购置费用，支付给分包商的费用；保险支出和安保成本；建筑保证金和许可审批方面的支出；交通费、通信费等。当在外地施工时还会发生建筑工人的食宿费用

（2）支付。付款前，应复核客户发票上的数量、价格和合计数以及折扣条件等，核对支票的金额，采购和付款应有各自独立的签名，对支票应采取函寄或其他安全方式送交。

（3）会计处理。会计部门及时记录付款业务，定期核对总账和日记账，注意未付账款，检查应付账款的明细账和有关文件，以防失去可能的现金折扣。

三、生产与存货循环

（一）生产与存货循环的主要业务活动

1.计划和安排生产

生产计划部门根据客户订购单或者对销售预测和产品需求的分析来决定生产授权。如决定授权生产，即签发预先按顺序编号的生产通知单。该部门通常应将发出的所有生产通知单顺序编号并加以记录控制。此外，通常该部门还需要编制一份材料需求报告，列示所需要的材料和零件及其库存。

2.发出原材料

仓库部门根据从生产部门收到的领料单发出原材料。领料单上必须列示所需的材料数量和种类，以及领料部门的名称。领料单可以一料一单，也可以多料一单，通常需一式三联。仓库发料后，将其中一联连同材料交给领料部门，一联留在仓库登记材料明细账，一联交会计部门进行材料收发核算和成本核算。

3.生产产品

生产部门在收到生产通知单及领取原材料后，将生产任务分解到每一个生产工人，并将所领取的原材料交给生产工人，据以执行生产任务。生产工人在完成生产任务后，将完成的产品交生产部门查点，然后转交检验员验收并办理入库手续；或是将所完成的产品移交下一个部门，做进一步加工。

4.核算产品成本

一方面，生产过程中的各种记录、生产通知单、领料单、计工单、入库单等文件资料都要汇集到会计部门，由会计部门对其进行检查和核对，了解和控制生产过程中存货的实物流转；另一方面，会计部门要设置相应的会计账户，会同有关部门对生产过程中的成本进行核算和控制。

5.储存产成品

产成品入库，须由仓库部门先行点验和检查，然后签收。签收后，将实际入库数量通知会计部门。仓库部门还应根据产成品的品质特征分类存放，并填制标签。

6.发出产成品

产成品的发出须由独立的发运部门进行。装运产成品时必须持有经有关部门核准的发运通知单，并据此编制出库单。出库单一般为一式四联，一联交仓库部门；一联由发运部门留存；一联送交顾客；一联作为给顾客开发票的依据。

（二）生产与存货循环涉及的主要文件资料

1.生产指令

生产指令是企业下达制造产品等生产任务的书面文件，如生产通知单等，用以通知供应部门组织材料发放，生产车间组织产品制造，会计部门组织成本计算。

2.领发料凭证

领发料凭证是企业为控制材料发出所采用的各种凭证，如材料发出汇总表、领料单、限额领料单、领料登记簿、退料单等。

3.产量和工时记录

产量和工时记录是登记工人或生产班组在出勤时间内完成产品数量、质量和生产这些产品所耗费工时数量的原始记录。常见的产量和工时记录主要有工作通知单、工序进程单、工作班产量报告、产量通知单、产量明细表、废品通知单等。

4.工薪汇总表及工薪费用分配表

工薪汇总表是为了反映企业全部工薪的结算情况，并据以进行工薪总分类核算和汇总整个企业工薪费用而编制的，它是企业进行工薪费用分配的依据。工薪费用分配表反映了各生产车间各产品应负担的生产工人工薪及福利费。

5.材料费用汇总分配表

材料费用汇总分配表是用来汇总反映各生产车间各产品所耗费的材料费用的原始记录。

6.制造费用汇总分配表

制造费用汇总分配表是用来汇总反映各生产车间各产品所应负担的制造费用的原始记录。

7.成本计算单

成本计算单是用来归集某一成本计算对象所应承担的生产费用，计算该成本计算对象的总成本和单位成本的记录。

8.存货明细账

存货明细账是用来反映各种存货增减变动情况和期末库存数量及相关成本信息的会计记录。

（三）生产与存货循环涉及的关键内部控制

从总体上看，生产与存货循环的内部控制包括三大系统：一是存货内部控制；二是职工薪酬内部控制；三是成本会计制度内部控制。

1.存货内部控制

（1）材料验收与仓储

为了保证已验收材料确实存在，需要将验收单与采购订单进行核对；对于长期未完成的验收单、采购订单都应及时调查以确保及时记账；文件一旦核对无误或已付款便应注明，以避免重复使用。不接受的原材料应与其他原材料作适当实物区分且进行单独备查记录、定期监督以确保及时退回给供应商。

为了确保已验收材料均确已准确记录，应定期由不负责日常存货保管或存货记录的人员来盘点实地存货，如有差异应及时调查和处理。盘点数应调节至存货记录，而存货记录应调节至总分类账。

为了确保所有已验收材料均已记录，应对验收单与采购订单进行核对；长期未完成的验收单、采购订单都应及时调查以确保及时记账。

（2）计划与安排生产

为了能够做到只有经过授权才进行生产，生产指令应经适当管理层批准。

（3）生产与发运

为了确保发出材料均已准确记录于适当期间，生产部门收到的原材料要记入生产部门的备查日志，定期将生产部门备查的日志记录与仓管部门的发出记录进行核对。

为了确保已记录的生产成本均为真实发生且与生产相关的实际直接及间接费用相一致，且均已记录于适当的会计期间，使用实际成本时，管理层应根据对每日生产活动的管理复核实际成本；使用标准成本法时，管理层核准标准成本并复核实际成本与标准成本之间的差异，重大的差异应予调查，且存货及销售成本的调整应经管理层的核准。为了确保所有存货流转已完整准确地记录于适当的会计期间，送至仓库的产成品要记入生产部门的日志；还要将该日志与仓管部门的入库记录相互核对。不接受的瑕疵制品、废料与其他制品作适当实物区分，且对其进行监督以确保及时报废或再加工。

为了确保完工产成品及产成品发运均于适当期间进行准确记录，验收单、出库单均预先连续编号并应记录入账，货物发运之前应由独立人员核对销售订单和发运货物，定期由不负责日常存货保管或存货记录的人员来盘点实地存货，如有差异应及时调查和处理。

（4）存货管理

为了确保存货是可销售的或可使用的，且已被适当保管、准确记录，应定期评估产成品的可销售性和原材料的可用性，包括实地存货盘点时的复核。存货应适当地储存于安全且环境良好的仓库，且限制仅经核准者才可进出。要及时对存货货龄进行分析。涉及存货数量及价格调整时，要经过管理层复核并批准。

2.职工薪酬内部控制

为了确保工薪账项均经恰当的批准，必须对以下五个关键点履行恰当的批准手续，经过特别审批或一般审批：批准上工；工作时间，特别是加班时间；工资、薪金或佣金；代扣款项；工薪结算表和工薪汇总表。

为了确保记录的工薪为实际发生的而非虚构的，工时卡经领班核准，用生产记录钟记录工时。

为了确保所有已发生的工薪支出已记录，工薪分配表、工薪汇总表必须完整反映已发生的工薪支出。

为了确保工薪以正确的金额，在恰当的会计期间及时记录于适当的账户，必须采用适当的工薪费用分配方法，并且前后各期一致；采用适当的账务处理流程；考勤、工薪发放、记录等职务要相互分离。

3.成本会计制度内部控制

为了确保生产业务是根据管理层一般或特定的授权进行的，对以下三个关键点应履行恰当手续，经过特别审批或一般审批：（1）生产指令的授权批准；（2）领料单的授权批准；（3）工薪的授权批准。

为了确保记录的成本是实际发生的，成本的核算必须是以经过审核的生产通知单、领发料凭证、产量和工时记录、工薪费用分配表、材料费用分配表、制造费用分配表为依据的。

为了确保所有耗费和物化劳动均已反映在成本中，生产通知单、领发料凭证、产量和工时记录、工薪费用分配表、材料费用分配表、制造费用分配表必须均事先编号并登记入账。

为了确保成本以正确的金额，在恰当的会计期间及时记录于适当的账户，必须采用适当的成本核算方法，并且前后各期一致；采用适当的费用分配方法，并且前后各期一致；采用适当的成本核算流程和账务处理流程；进行内部核查；存货保管人员与记录人员职务相分离，定期进行存货盘点。

四、销售与收款循环

（一）销售与收款循环涉及的主要业务活动

1.接受客户订购单

客户提出订货要求是整个销售与收款循环的起点，是购买某种货物或接受某种劳务的一项申请。客户的订购单只有在符合企业管理层的授权标准时才能被接受。企业在批准了客户订购单之后，下一步就应编制一式多联的销售单。

2.批准赊销信用

信用管理部门的职员在收到销售单管理部门的销售单后，应将销售单与该客户已被授权的赊销信用额度以及至今尚欠的账款余额加以比较。无论是否批准赊销，都要求被授权的信用管理部门人员在销售单上签署意见，然后再将已签署意见的销售单送回销售单管理部门。

3.按销售单供货

经批准的销售单的一联应被送达仓库，作为仓库按销售单供货和发货给装运部门的授权依据。仓储部门在收到经批准的销售单时供货。

4.按销售单装运货物

装运部门职员在装运之前，必须进行独立验证，以确定从仓库提取的商品都附有经批准的销售单，并且所提取商品的内容与销售单一致。

5.向客户开具账单

开具账单是指开具并向客户寄送事先连续编号的销售发票。开具账单必须是对所有实际装运的货物按已授权批准的商品价目表所列价格计价都开具账单。

6.记录销售

记录销售的过程包括区分赊销、现销，按销售发票编制转账凭证或库存现金、银行存款收款凭证，再据以登记销售明细账和应收账款明细账或库存现金、银行存款日记账。

7.办理和记录现金、银行存款收入

这项业务涉及有关货款的收回，库存现金、银行存款增加以及应收账款减少的活动。处理货币资金收入时最重要的是要保证全部货币资金必须如数、及时地记入库存现金、银行存款日记账或应收账款明细账，并如数、及时地将现金存入银行。

8.办理和记录销售退回、销售折扣与折让

客户如果对商品不满意，销售企业一般都会同意接受退货，或给予一定的销售折让；客户如果提前支付货款，销售企业则可能会给予一定的销售折扣。发生此类事项时，必须经授权批准，并应确保与办理此事有关的部门和职员各司其职，分别控制实物流和会计处理。

9.注销坏账

销售企业若认为某项货款再也无法收回，就必须注销这笔货款。对于这些坏账，正确的处理方法应该是获取货款无法收回的确凿证据，经适当审批后及时进行会计调整。

10.提取坏账准备

坏账准备提取的数额必须能够抵补企业以后无法收回的销货款。

（二）销售与收款循环涉及的主要文件资料

1.客户订购单

客户订购单即客户提出的书面购货要求。企业可以通过销售人员或其他途径，如采用电话、信函和向现有的及潜在的客户发送订购单等方式接受订货，取得客户订购单。

2.销售单

销售单是列示客户所订商品的名称、规格、数量以及其他有关信息的凭证，作为销售方内部处理客户订购单的凭证。

3.发运凭证

发运凭证即在发运货物时编制的，用以反映发出商品的规格、数量和其他有关内容的凭据。发运凭证的一联寄送给客户，其余联（一联或数联）由企业保留。这种凭证可用作向客户开具账单的依据。

4.销售发票

销售发票是一种用来表明已销售商品的名称、规格、数量、价格、销售金额、运费和保险费、开票日期、付款条件等内容的凭证。销售发票的一联寄送给客户，其余联由企业保留。销售发票也是在会计账簿中登记销售交易的基本凭据之一。

5.商品价目表

商品价目表是列示已经授权批准的、可供销售的各种商品的价格清单。

6.贷项通知单

贷项通知单是一种用来表示由于销售退回或经批准的折让而引起的应收销货款减少的凭证。这种凭证的格式通常与销售发票的格式相同，只不过它不是用来证明应收账款的增加，而是用来证明应收账款的减少。

7.应收账款账龄分析表

应收账款账龄分析表通常按月编制，反映月末尚未收回的应收账款总额和账龄，并详细反映每个客户月末尚未偿还的应收账款数额和账龄。

8.应收账款明细账

应收账款明细账是用来记录每个客户各项赊销、还款、销售退回及折让的明细账。各应收账款明细账的余额合计数应与应收账款总账的余额相等。

9.主营业务收入明细账

主营业务收入明细账是用来记录销售交易的明细账。它通常记载和反映不同类别商品或服务的营业收入的明细发生情况和总额。

10.折扣与折让明细账

折扣与折让明细账是用来核算企业销售商品时，按销售合同规定为了及早收回货款而给予客户的销售折扣和因商品品种、质量等原因而给予客户的销售折让情况的明细账。当然，企业也可以不设置折扣与折让明细账，而将该类业务直接记录于主营业务收入明细账。

11.汇款通知书

汇款通知书是与销售发票一起寄给客户，由客户在付款时再寄回销售单位的凭证。这种凭证注明了客户的姓名、销售发票号码、销售单位开户银行账号以及金额等内容。

12.库存现金日记账和银行存款日记账

库存现金日记账和银行存款日记账是用来记录应收账款的收回或现销收入以及其他各种现金、银行存款收入和支出的日记账。

13.坏账审批表

坏账审批表是用来批准将某些应收款项注销为坏账，仅在企业内部使用的凭证。

14.客户月末对账单

客户月末对账单是一种按月定期寄送给客户的用于购销双方定期核对账目的凭证。客户月末对账单上应注明应收账款的月初余额、本月各项销售交易的金额、本月已收到的货款、各贷项通知单的数额以及月末余额等内容。

15.转账凭证

转账凭证是指记录转账业务的记账凭证，它是根据有关转账业务（即不涉及现金、银行存款收付的各项业务）的原始凭证编制的。

16.收款凭证

收款凭证是指用来记录现金和银行存款收入业务的记账凭证。

（三）销售与收款循环涉及的关键内部控制

1.销售交易的内部控制

（1）适当的职责分离

企业应当将办理销售、发货、收款三项业务的部门（或岗位）分别设立；企业在销售合同订立前，应当指定专门人员就销售价格、信用政策、发货及收款方式等具体事项与客户进行谈判。谈判人员至少应有两人以上，并与订立合同的人员相分离；编制销售发票通知单的人员与开具销售发票的人员应相互分离；销售人员应当避免接触销货现款；应收票据的取得和贴现必须经由保管票据以外的主管人员书面批准。

（2）恰当的授权审批

其一，在销售发生之前，赊销必须经过正确审批；其二，非经授权审批，不得发出货物；其三，销售价格、销售条件、运费、折扣等必须经过审批；其四，审批人应当根据销售与收款授权批准制度的规定，在授权范围内进行审批，不得超越审批权限。对于超过企业既定销售政策和信用政策规定范围的特殊销售交易，企业应当进行集体决策。

（3）充分的凭证和记录

企业在收到客户订购单后，应立即编制预先编号的一式多联的销售单，分别用于批准赊销、审批发货、记录发货数量以及向客户开具账单和销售发票等。在这种制度下，只要定期清点销售单和销售发票，漏开账单的情形几乎很少发生。

（4）凭证的预先编号

由收款人员对每笔销售业务开具账单后，将发运凭证按顺序归档；而由另一位职员定期检查全部凭证的编号，并调查凭证缺号的原因。

（5）按月寄出对账单

由不负责现金出纳和销售及应收账款记账的人员按月向客户寄发对账单，能够促使客户在发现其应付账款余额不正确后及时反馈有关信息；对于账户余额中出现的所有核对不符的账项，由独立人员按月编制对账情况汇总报告并交管理层审阅。

（6）内部核查程序

由内部审计人员或其他独立人员核查销售交易的处理和记录，是实现内部控制目标所不可缺少的一项控制措施。

2.收款交易的内部控制

（1）现销控制

企业应当按照《现金管理暂行条例》《支付结算办法》等规定，及时办理销售收款业务；应将销售收入及时入账，不得账外设账，不得擅自坐支现金，销售人员应当避免接触销售现款。

（2）赊销控制

企业应当建立应收账款账龄分析制度和逾期应收账款催收制度。销售部门应当负责应收账款的催收，财会部门应当督促销售部门加紧催收。应当按客户设置应收账款台账，及时登记每一客户应收账款余额增减变动情况和信用额度使用情况。对长期往来客户应当建立起完善的客户资料，并对客户资料实行动态管理，及时更新。企业应当定期与往来客户通过函证等方式核对应收账款、应收票据、预收账款等往来款项。如有不符，应查明原因，及时处理。

（3）坏账控制

企业对于可能成为坏账的应收账款应当报告有关决策机构，由其进行审查，确定是否确认为坏账。企业发生的各项坏账，应查明原因，明确责任，并在履行规定的审批程序后作出会计处理。企业注销的坏账应当进行备查登记，做到账销案存。已注销的坏账又收回时应当及时入账，防止形成账外资金。

（4）应收票据控制

企业应收票据的取得和贴现必须经由保管票据以外的主管人员的书面批准。应有专人保管应收票据，对于即将到期的应收票据，应及时向付款人提示付款。已贴现票据应在备查簿中登记，以便日后追踪管理，并应制定逾期票据的冲销管理程序和逾期票据追踪监控制度。

【知识拓展6-5】《企业会计准则第14号——收入》最新修订情况

2017年7月5日，财政部修订发布了《企业会计准则第14号——收入》（以下简称新收入准则），这是我国企业会计准则体系修订完善、保持与国际财务报告准则持续全面趋同的重要成果。

（一）将现行收入和建造合同两项准则纳入统一的收入确认模型。

现行收入准则和建造合同准则在某些情形下边界不够清晰，可能导致类似的交易采用不同的收入确认方法，从而对企业财务状况和经营成果产生重大影响。新收入准则要求采用统一的收入确认模型来规范所有与客户之间的合同产生的收入，并且就“在某一时段内”还是“在某一时点”确认收入提供具体指引，有助于更好地解决目前收入确认时点的问题，提高会计信息的可比性。

（二）以控制权转移替代风险报酬转移作为收入确认时点的判断标准。

现行收入准则要求区分销售商品收入和提供劳务收入，并且强调在将商品所有权上的主要风险和报酬转移给购买方时确认销售商品收入，而在实务中有时难以判断。新收入准则打破商品和劳务的界限，要求企业在履行合同中的履约义务，即客户取得相关商品（或服务）控制权时确认收入，从而能够更加科学合理地反映企业的收入确认过程。

（三）对于包含多重交易安排的合同的会计处理提供更明确的指引。

现行收入准则对于包含多重交易安排的合同仅提供了非常有限的指引，具体体现在收入准则第十五条以及企业会计准则讲解中有关奖励积分的会计处理规定。这些规定远远不能满足当前实务需要。新收入准则对包含多重交易安排的合同的会计处理提供了更明确的指引，要求企业在合同开始日对合同进行评估，识别合同所包含的各单项履约义务，按照各单项履约义务所承诺商品（或服务）的单独售价的相对比例将交易价格分摊至各单项履约义务，进而在履行各单项履约义务时确认相应的收入，有助于解决此类合同的收入确认问题。

（四）对于某些特定交易（或事项）的收入确认和计量给出了明确规定。

新收入准则对于某些特定交易（或事项）的收入确认和计量给出了明确规定。例如，区分总额和净额确认收入、附有质量保证条款的销售、附有客户额外购买选择权的销售、向客户授予知识产权许可、售后回购、无须退还的初始费等，这些规定将有助于更好地指导实务操作，从而提高会计信息的可比性。

第三节　企业财务报表舞弊的主要形式与审计思路

自2012年1月1日起施行的《中国注册会计师审计准则第1141号——财务报表审计中与舞弊相关的责任》中对舞弊的定义，是指被审计单位的管理层、治理层、员工或第三方使用欺骗手段获取不当或非法利益的故意行为。审计人员的目标是：识别和评估由于舞弊导致的财务报表重大错报风险；通过设计和实施恰当的应对措施，针对评估的由于舞弊导致的重大错报风险，获取充分、适当的审计证据；恰当应对审计过程中识别出的舞弊或舞弊嫌疑。

一、企业财务报表舞弊的动因和主要形式

（一）企业财务报表舞弊的动因

分析财务报表舞弊的动因并根据风险评估了解哪些账户容易出现舞弊，可以识别未来需要进一步审查的领域。企业财务报表舞弊行为动因常常是多元的。从宏观层面来看，包括国家政治、经济体制改革不到位，企业领导追求业绩和政府官员追求政绩。从微观层面来看，包括企业为了获取超额经营业绩、发行股票或上市、配股、获取信贷资金和商业信用、减少纳税、避免处罚、炒作股票、推卸责任等。

（二）企业财务报表舞弊的主要形式

1.资产项目舞弊形式

（1）货币资金的舞弊。

货币资金分类舞弊，即财务报表上存在数额较大的货币资金，但其使用会受到限制。造成现金使用受限的原因可能是该资产处于质押或者冻结状态。这种情况会严重影响信息使用人对企业获利能力和偿债能力的判断。

货币资金挪用舞弊，即财务报表中的货币资金被控股股东大量私占，从而使得企业的可使用资金减少。

募集资金使用舞弊，即企业没有将募集到的资金用到事先约定的项目上，而是通过同行拆借的方式给母公司或者其他关联方使用。

（2）应收项目舞弊。

为了虚夸偿债能力，通过虚增应收项目来调高债权人比较关心的流动比率和速动比率等指标。

为了粉饰经营业绩，虚拟销售业务，虚增应收款项。

坏账准备不按规定计提，随意多提或少提，人为调节利润。

将成本、支出、费用计入其他应收款，从而达到虚增资产、粉饰利润的目的。

（3）存货舞弊。

为了调控存货的价值，通过虚报存货数量或者借用关联公司的存货充当自己的存货来

虚增资产价值。

随意变换使用存货计价方法，以调节存货价值。存货跌价损失不按规定计提，随意多提或少提，人为调节利润。

废品和合格品的故意混淆。比如，将不合格产品确认为合格品来增加合格产品的数量，或者合格产品划分为不合格产品，利用中间的成本差异人为调节利润。

虚增销售的同时结转产品成本从而造成存货的虚减。

【同步案例6-1】 美国审计史的塞翁失马——麦克森·罗宾斯欺诈案

1938年年初，长期贷款给罗宾斯药材公司的朱利安·汤普森公司，在审核罗宾斯药材公司财务报表时发现两个问题：其一，罗宾斯药材公司中的制药原料部门，原来是个利润率较高的部门，但该部门却一反常态地没有现金积累。而且，流动资金亦未见增加。相反，该部门还不得不依靠公司管理者重新调集资金来进行再投资以维持生产。其二，公司董事会曾开会决议，要求公司减少存货金额。但到1938年年底，公司存货反而增加了100万美元。汤普森公司立即表示在没有查明这两个疑问之前，不再予以贷款，并请求官方协调控制证券市场的权威机构——纽约证券交易委员会调查此事。

为了核实这些审计结论是否正确，调查人员对该公司1937年的财务状况与经营成果进行了重新审核。结果发现，1937年12月31日的合并资产负债表中列报的总资产为8 700万美元，但其中的1 907.5万美元是虚构的，包括虚构存货1 000万美元，虚构应收账款900万美元，虚构银行存款7.5万美元。

美国罗宾斯药材公司虚假财务报表案，敲响了传统审计方式仅仅停留在账面审计的警钟。原来罗宾斯药材公司的实际财务状况早已“资不抵债”，应立即宣布破产，药材公司的欺骗是经理部门人员串通合谋所致。罗宾斯药材公司在账表证上作文章，利用虚开发票和账单虚构存货和销售收入。为此，汤普森公司指控沃特豪斯会计师事务所，认为之所以给罗宾斯药材公司提供贷款是因为信赖了会计师事务所出具的审计报告。因此，他们要求沃特豪斯会计师事务所赔偿其全部损失。最后，在证券交易委员会的调解下，沃特豪斯会计师事务所退回历年来收取的审计费用共50万美元作为对汤普森公司债权损失的赔偿。塞翁失马焉知非福，罗宾斯药材公司的案件不但加速了美国工人审计准则的发展，同时还为建立现代美国审计的基本模式和评价内部控制制度基础上的抽样审计奠定了基础。

资料来源：佚名. 美国审计史的塞翁失马——麦克森·罗宾斯欺诈案［EB/OL］.［2008-04-04］. http://mall.cnki.net/magazine/Article/ZKJS200804040.htm.

思考：罗宾斯药材公司有什么舞弊行为？如果你是注册会计师，你该如何识别罗宾斯药材公司的舞弊行为？

解答：罗宾斯药材公司主要存在存货舞弊行为（虚构存货1 000万美元），作为一名注册会计师应该从以下三个方面来识别罗宾斯药材公司的存货舞弊行为：

（1）存货价值的操纵手法。

存货的价值确定涉及两个要素：数量和价格。确定现有存货的数量常常比较困难，因为货物总是在不断地被购入和销售；不断地在不同存放地点间转移以及投入到生产过程中。存货单位价格的计算同样可能存在问题，因为采用先进先出法以及其他计价方法所计算出来的存货价值将不可避免地存在较大差异。正因如此，复杂的存货账户体系往往成为极具吸引力的舞弊对象。

不诚实的企业常常利用以下几种方法的组合来进行存货造假：虚构不存在的存货，存货盘点操纵，以及错误的存货资本化。所有这些精心设计的方案有一个共同的目的，即虚增存货的价值。

（2）盘点的局限性。

证实存货数量的最有效途径是对其进行整体盘点。注册会计师必须合理、周密地安排盘点程序并谨慎地予以执行。盘点的时间应尽量接近年终结账日。在盘点时应尽可能采取措施以提高盘点的有效性，比如各存放点同时盘点、停止存货流动以及盘点数额达到合理的比例等。不过，即使注册会计师谨慎地执行了该程序，也不能保证发现所有重大舞弊。这是因为存货的盘点测试存在以下局限性：

①管理当局往往派代表跟随注册会计师，一方面记录下测试的结果，同时也可掌握测试的地点及进程等情况。这样，审计客户就有机会将虚构的存货加计到未被测试的项目中，从而增加存货的总体价值。

②在执行盘点测试程序时，注册会计师一般会事先通知客户测试的时间和地点以便其做好盘点前的准备工作。但是，对于那些有多处存货存放地点的公司，这种事先通知使管理当局有机会将存货短缺隐藏在那些注册会计师没有检查的存放地点。

③有时注册会计师并不执行额外的审计程序以进一步检查已经封好的包装箱。这样，为虚报存货数量，管理当局会在仓库里堆满空箱子。

（3）通过分析程序识别可能的存货舞弊。

既然靠监盘并不能发现所有重大舞弊行为，注册会计师必须执行分析程序。

一个不诚实的客户可通过多种途径去操纵存货信息。注册会计师必须从多种思维角度去看待那些数据，以最大可能地发现有关的舞弊行为。不仅要推测舞弊是如何进行的，而且要推测客户为什么要舞弊以及客户为什么要将这种违规做法作为首要的选择。也就是说，注册会计师要对管理当局进行重大存货舞弊的动机和机会进行评估以发现资产造假行为。

（4）长期资产舞弊。

虚增长期资产价值舞弊，即利用固定资产、长期应收款、待处理财产损失、长期待摊费用等增加企业资产的价值。

通常，企业虚增固定资产价值的舞弊方式有：少提折旧、利息资本化、收益性支出划为资本性支出、少提资产减值准备。

同时，由于计量属性从某种程度上带有很强的主观性，企业也可能通过历史成本、公允价值、现值等不同计量属性舞弊。

有些企业将一些已经实际发生的费用作为长期待摊费用、待处理财产损失等项目入账，通过调整成本费用的归属期，人为调节当期利润。

有些企业会人为调节广告费用、折旧费用、研发费用、预计损失、无形资产摊销等费用的计提或摊销的依据和比例，以达到调节利润的目的。

还有的企业会利用股权投资来调节利润，主要的舞弊手段是滥用长期股权投资的权益法和成本法。

2.负债项目舞弊手段

隐瞒长短期借款，少计应付账款及其他应付款，以粉饰企业的偿债能力。

不计提长短期借款利息，或者将不符合资本化条件的利息资本化，或者推迟到下一期间计提，以虚增当期利润。

利用应付款项，隐瞒营业收入。比如有些企业对预收账款长期挂账，不结转销售，不仅调节了利润也逃避了相关税费。

利用其他应付款项目舞弊，比如利用应付账款隐瞒退货情况，当出现退货时企业不抵销销售收入，而是增加存货，增加应他应付款；当企业经营状况较好时，管理层将部分收入计入其他应付款，起到降低利润、减少税收的作用，并且留待将来业绩不好时可以调出来优化盈利指标；将企业之间的民间融资计入其他应付款，有意掩盖负债的性质，骗取债权人的信任。

利用应付债券的发行，对溢价（折价）部分不进行摊销处理，这样不仅调节了利润也隐藏了利息变动情况以及市场变动对企业的影响。有些企业为了调节利润，对债券利息进行资本化处理，不仅增加了资产的入账价值，也减少了费用。

企业可能不披露存在的或有负债，例如未决诉讼、产品质量赔偿等，通过瞒报或者故意漏报的方式，粉饰财务报表。

【小思考6-3】除了传统的账表核对、账账核对、账证核对，注册会计师还可以运用哪几种查账方法检查长短期借款和应付账款舞弊？

3.所有者权益项目舞弊手段

最典型的所有者权益项目舞弊手段是假股真债，比如有部分企业，对于所有者权益中的股本较小而资本公积较大的情况，一般会解释为股东为避税和减资方便，以资本公积投入，但实际是民间集资、联建方的借贷投入，这在本质上不是企业的权益，而是一笔负债。

4.收入项目舞弊手段

为了虚增当期的业绩，提前确认销售收入，甚至虚构销售业务。最常见的做法就是在还未收到仓库的产品出库单，或还未向客户提供服务时，企业就根据销售合同开具发票提前入账。甚至为了完成本期销售目标，虚拟销售业务，通过虚开发票的方式，将根本不存在的销售收入登记入账，对方科目体现为"应收账款"。

为了隐瞒当期的业绩，推迟确认销售收入。推迟确认收入的做法主要是，企业管理层认为未来预期的经营业绩预期不理想时，为了平衡各期利润的差距，将应该计入当期的收入延迟计入下期。

为了粉饰主营业务，将偶然所得或非经营所得转移为经营所得。比如将补贴收入等确认为营业收入。

【同步案例6-2】昆明机床财务舞弊案例

作为经营业绩不佳的上市公司，为避免连续亏损而面临退市风险及业绩考核压力，通过虚增收入和利润粉饰业务是常用的造假手段。上市公司昆明机床（600806.SH，现*ST昆机）也为实现盈利而虚增收入，时任公司董事长王兴亲自策划公司连续三年共虚增收入4.83亿元，严重漠视广大投资者合法权益，严重背离忠实、诚信的义务。

在昆明机床造假案中，公司高管可谓齐上阵，不仅参与人数众多，更是精心将已经算作收入的未销售库存分散到昆明郊区的第三方仓库中，来规避检查，而公司虚抬合同价格、虚计收入涉及客户众多，调查组9人奔波于11个省市，才最终确认造假的证据。

一、昆明机床2013年至2015年通过跨期确认收入、虚计收入和虚抬合同价格三种方式虚增收入483 080 163.99元

经查，昆明机床2013年至2015年通过虚构合同、虚构发货单、虚构运输协议、设置账外产成品库房、提前确认销售收入等，以跨期确认收入和虚计收入的方式虚增收入，涉及客户123户，交易417笔，其中跨期确认收入222笔，虚计收入195笔。

2013年至2015年，昆明机床与相关经销商或者客户签订真实的销售合同，在经销商或客户支付部分货款后，产品未发货前即提前确认收入，将当年未实际按合同履约生产、发运机床的收入跨期确认至该年度，以达到虚增当年利润的目的。此外，昆明机床还存在将2014年实际履行合同取得的3笔收入调整确认至2015年度的情况。经查，昆明机床2013年跨期确认收入56笔，共计76 268 051.39元；2014年跨期确认收入59笔，共计41 229 649.47元；2015年跨期确认收入107笔，共计141 460 512.63元。

2013年至2015年，昆明机床与部分经销商或客户签订合同，经销商或客户虚假采购昆明机床产品并预付定金，但最终并不提货，后期将定金退回客户，或者直接按照客户退货进行处理，完成虚假销售。在此过程中，昆明机床虚构合同、发货单、运输协议等单据，通过虚构交易的方式来虚计收入，以达到虚增当年利润的目的。为避免虚计收入被审计人员发现，昆明机床采用在账外设立库房的方式，将存货以正常销售的方式出库，但存货并未实际发往客户，而是移送至账外库房。之后，昆明机床通过"二次"销售，虚构销售退回，或将产成品拆解为零配件从第三方虚构采购购回等方式处理账外存货，但原来虚计的应收账款无法冲减。为避免设立账外库房的事宜被审计人员察觉，昆明机床还要求出租外库的出租人将租金业务发票开具为运输费用发票。昆明机床2013年虚计收入115笔，共计122 352 581.32元；2014年虚计收入46笔，共计79 459 999.98元；2015年虚计收入34笔，共计20 203 582.87元。

此外，2013年至2014年，昆明机床还通过虚抬合同价格的方式虚增收入2 105 786.33元。昆明机床在与部分客户签订合同后，单边虚抬合同价格，其中，2013年昆明机床虚抬合同价格1 485 581.20元，涉及客户14户，机床44台；2014年虚抬合同价格620 205.13元，涉及客户10户，机床22台。

综上所述，昆明机床2013年至2015年通过跨期确认收入、虚增收入和虚抬合同价格三种方式虚增收入共计483 080 163.99元，其中2013年虚增收入200 106 213.92元，2014年虚增收入121 309 854.58元，2015年虚增收入161 664 095.50元。昆明机床虚增2013年度、2014年度、2015年度营业收入金额分别占公开披露的当期营业收入的19.44%、13.98%、20.82%。

资料来源：中国证监会. 中国证监会行政处罚决定书［EB/OL］.［2018-02-05］. http：//www.csrc.gov.cn/pub/zjhpublic/G00306212/201802/t20180209_334040.htm.

思考：通过昆明机床财务舞弊案例分析，常见的收入舞弊手法有哪些？

解答：常见的收入舞弊手法有以下四种：

（1）提前确认收入。

提前确认收入指的是公司在产品未经发出或不满足收入确认条件的情况下，提前确认营业收入，这种做法违背了会计准则中的收入确认原则。昆明机床在2013年至2015年间签订的所有销售合同中，有部分合同在经销商或客户预付部分货款后，未经发货便提前确认了当年的营业收入，将当年未转移风险和报酬的产品的销售收入提前至当年确认收入，从而实现提高当年经营绩效的效果。昆明机床通过提前确认收入而虚增收入的金额累计达到25 800万元。

（2）跨期确认收入。

跨期确认收入指的是公司把应该当期确认的营业收入延迟至以后年度进行确认的行为。经证监会调查，昆明机床在2013年发生了56笔跨期确认收入业务，涉及金额约7 627万元；在2014年发生了59笔跨期确认收入业务，涉及金额约4 123万元；在2015年发生了107笔跨期确认收入业务，涉及金额约14 146万元。

（3）伪造收入。

伪造收入指的是公司与客户或经销商合谋签订销售合同，但是却没有发生真实的销售业务，从而实现伪造收入的目的。2013年至2015年，昆明机床通过与一些客户或经销商合谋虚构销售合同，伪造销售业务，为了让销售业务显得真实，其经销商或客户还预付了部分货款，但昆明机床没有发出相应的存货，而是在一段时间之后把客户或经销商的预付货款通过个人账户退回，或者以客户退货为由冲销销售收入。为了避免虚构的销售业务在审计时出现破绽，昆明机床不仅虚构合同，还伪造库存商品出库单、货运单据等凭证。

（4）虚抬合同价格。

虚抬合同价格指的是公司单方面篡改合同价格，使得合同价格虚高。2013年至2014年，昆明机床在与客户或经销商签订合同之后，擅自单方面篡改合同价款，抬高合同价格，从而实现虚增营业收入的目的，累计虚增收入约210万元。

5.成本费用舞弊手段

跨期分摊产品的成本。比如，在完全成本法下，企业可能将本期和以后各期分摊的材料成本全部列入本期产品成本，或将应由以前各期预提的成本费用全部列入本期生产成本中，从而虚增本期成本费用，隐瞒利润。

虚增或虚减产品成本。比如，通过多计或少计生产工人人数和生产工时调节直接人工费用或其他成本费用项目，从而影响产成品成本的归集和销售成本的结转，操纵利润。

随意扩大或缩小开支范围。比如，利用“管理费用”账户核算内容的复杂性，超标准列支业务招待费、差旅费等提高企业费用水平，或是采用相反的手段降低企业费用水平，甚至可以通过加大或缩短长期待摊费用摊销期，来达到调节利润的目的。

故意不当使用借款费用核算方法。比如，在确定资产达到预定可使用状态时，仍以该资产还处于试生产阶段为借口，直至办理竣工决算手续期间所发生的利息费用均资本化，达到增大资产价值和提高当期利润的目的。

为了虚增主营业务利润，将一般经营性支出转移到非经营性支出。比如，有些经营困难的企业可能会实施重组计划，借助重组费用将经营性支出剥离为非经营性支出。

6.现金流舞弊手段

将融资活动现金流入转为经营活动现金流入。比如，将银行借款的现金流确认为经营活动现金流入。

将经营活动现金流出转为投资活动现金流出。比如，对于正常的经营费用进行不当的资本化处理，这种手段不仅会夸大盈利，而且也会夸大经营活动现金流量。再比如，将购买存货的现金流出按投资活动现金流出处理，也会夸大经营活动现金流量。

借助收购或者处置业务来夸大经营活动现金流量。比如，通过连续收购公司来直接获取经营现金流入；或者将出售业务部门的收入记录为经营现金流量。

借助不可持续业务来夸大经营活动现金流量。比如，通过拖延应付账款的付款时间来夸大经营现金流量，或者通过减少存货采购来夸大经营现金流量。

7.信息披露舞弊

信息披露舞弊主要包括信息披露虚假、信息披露延误、信息披露遗漏或隐瞒。比如，重大诉讼案、借款的限制条件、或有负债、对公司不利的重大突发事件、关联交易及主要投资公司重大信息等未能披露或者未能充分、恰当地披露。

【同步案例6-3】 九好集团审计失败案例

九好集团成立于2007年，首创“办公托管”模式，为客户量身定做行政后勤解决方案，提出针对上游供应商的“后勤物联网”模式以及针对下游客户的“后勤集承”模式。2015年年底，鞍重股份第一次发布与九好集团的重组预案，这次预案的发布使得复牌之后的鞍重股份股价一路上扬，连续拉出多个涨停板。2016年5月份证监会受理了鞍重股份报送的重组申请，然而，紧接着，证监会就接到了群众对九好集团涉嫌财务造假的举报，并着手进行调查。

经过10个月的调查，证监会披露九好集团通过各种虚假手段，2013年到2015年虚构银行存款3亿元，虚增服务费收入2.6亿元，将自己包装成价值37.1亿元的“优良”资产，与鞍重股份联手进行“忽悠式重组”，以期达到借壳上市的目的；同时证监会也公布了对相关涉事企业以及人员的处罚决定。

九好集团为掩饰虚构的3亿元银行存款而借款3亿元并进行存单质押，且借款和质押行为未对外披露。九好集团的行为违反了《上市公司重大资产重组管理办法》第三条、第四条的规定，构成了《上市公司重大资产重组管理办法》第五十五条第一款、第二款以及《中华人民共和国证券法》（以下简称《证券法》）第一百九十三条第一款所述“所披露的信息有虚假记载、误导性陈述或者重大遗漏”的行为。

九好集团从2015年3月开始通过外部借款购买理财产品或定期存单，于借款当日或次日通过将理财产品或定期存单为借款方关联公司质押担保，并通过承兑汇票贴现的方式将资金归还借款方，从而在账面形成并持续维持3亿元银行存款的假象。（1）2015年3月24日、25日，九好集团通过好融实业、杭州煜升科技有限公司（以下简称煜升科技）及郭丛军向杭州赛诺索斯进出口贸易有限公司（以下简称赛诺索斯）两次借款1.5亿元（合计3亿元），再从好融实业、煜升科技及郭丛军账户转入九好集团上海银行账户，然后用此资金两次购买期限为182天的上海银行“赢家公司客户人民币封闭式理财产品”1.5亿元（合计3亿元）。2015年3月25日，九好集团以其3亿元理财产品为赛诺索斯提供担保，赛诺索斯开具银行承兑汇票3亿元（两张承兑汇票，每张金额为1.5亿元）并随即贴现，贴现款直接归还赛诺索斯。贴票利息1 253 850.00元由杜晓芳代替九好集团向赛诺索斯支付。2015年9月，上述3亿元银行理财产品到期后，上海银行将理财产品资金解付直接归还银行存兑汇票。（2）2015年9月22日，九好集团又在杭州鑫合汇互联网金融服务有限公司（以下简称鑫合汇）的安排下，向宁波盈祥投资管理合伙企业（有限合伙企业，以下简称宁波盈祥）借款1.5亿元转入九好集团兴业银行账户。当日，九好集团把1.5亿元活期存款转化为半年期定期存单（期限为2015年9月22日至2016年3月21日），并以该存单为质押物与兴业银行杭州分行签订质押合同，为杭州煊隼贸易有限公司（以下简称煊隼贸易）当日开具的1.5亿元银行承兑汇票提供担保，兴业银行当日将该存单入库保管。当日，该票据贴现后资金归还宁波盈祥。2015年9月23日，九好集团再次重复上述过程，在兴业银行形成1.5亿元定期存款（期限为2015年9月23日至2016年3月22日），并继续以存单质押、票据贴现的方式将借款于当日归还宁波盈祥。在上述操作过程中，九好集团通过杜晓芳账户向鑫合汇下属中新力合股份有限公司支付现金流服务费18万元，向宁波盈祥支付“利息、融资服务费”12万元。2016年3月，九好集团3亿元银行存单到期后，被兴业银行直接解付承兑汇票。九好集团随即再次采用上述操作方式形成3亿元银行存款。

综上所述，九好集团于2015年1月虚构3亿元银行存款行为，2015年9月22日、23日通过借款形成3亿元银行定期存单，截至2015年12月31日上述3亿元银行存单处于质押状态，但九好集团在公开披露的“审计报告附注”及“重大资产重组报告书”中均未披露上述3亿元借款及3亿元定期存单质押事项。

资料来源：中国证监会．中国证监会行政处罚决定书（浙江九好办公服务集团有限公司、郭丛军、宋荣生等4名责任人员）[EB/OL]．[2017-04-21]． http：//www.csrc.gov.cn/pub/zjhpublic/G00306212/201705/t20170504_316147.htm?keywords=.

思考：通过阅读上文，针对九好集团的信息披露舞弊行为，思考应该运用怎样的审计对策。

解答：(1) 充分了解九好集团及其环境，以评估重大错报风险。

在风险导向审计中，了解被审计单位及其环境是必要程序。《中国注册会计师审计准则第1211号——通过了解被审计单位及其环境识别和评估重大错报风险》规定，注册会计师应当通过观察和检查、分析程序以及询问内部人员了解被审计单位及其环境，以充分识别和评估财务报表重大错报风险，设计和实施进一步审计程序。九好集团是一家后勤托管服务公司，主要业务模式是作为中介服务平台为客户寻找后勤服务供应商，根据成交额收取一定比例的服务费。商业模式较新，多为互联网平台业务，整个业务往来没有采购、生产、销售环节，没有具体的实物流。特殊的商业模式决定了采用如观察企业生产过程、询问企业的销售人员、盘点库存等传统的审计手段不能评估其重大错报风险。再者，九好集团作为中国后勤管理第一家，缺乏行业对比及专业的机构分析数据，加大了了解其行业发展和环境的难度。因此了解九好集团的性质及环境可以从企业规章制度入手。例如，看企业是否有完整的内部控制制度；查看内部审计人员对内控制度执行有效性的评估报告；职责分离的相关规定；企业的组织文化等。

(2) 执行有效的实质性程序。

重大错报风险评估是一种职业判断，其质量多取决于审计人员自身的实务经验，因此，在风险评估的基础上注册会计师有必要针对所有重大交易、账户余额和披露实施实质性程序。由于九好集团特殊的商业模式，审计人员应该从企业合同、财务资料入手，找到频繁、大额、异常的交易，再通过走访、函证等外部调查取证核实九好集团和供应商、客户交易的真实性，具体程序如下：

首先，全面执行实质性分析程序。通过对2015年九好集团披露的财务报表分析可以发现，九好集团2015年年末企业总资产为9.2亿元，货币资金为5.3亿元，货币资金占总资产的57.54%。根据三大报表之间的钩稽关系可知，如果虚构营业收入，不仅会在利润表上体现，资产负债表上的项目如货币资金、应收账款、存货甚至是在建工程也会有异常变动。由于九好集团不存在存货、在建工程项目，因此应该将审计重点放在货币资金、应收账款项目上。

其次，执行有效的细节测试。一是通过查询启信宝、公司网站甚至是实地走访可以获知与九好集团业务往来较为频繁的供应商和客户的真实情况。九好集团提供的1 200家供应商联系方式中，错号、空号263家，查无此人或长期无人接听的210家。二是调取企业信用报告和已开户清单。通过企业信用报告可以获知九好集团在银行的开户注销和贷款情况，以及隐藏的九好集团对借款关联方的担保行为。将调取的已开户清单和九好集团账面的银行账户进行双向核对，可以发现以公司名义开户但是账面没有的账户，如果存在销户，应该向被审计单位取得销户证明。三是实施有效的银行函证程序并核查银行流水。实施有效的银行函证可以获知九好集团定期存款被质押的情况。对已质押的定期存款，检查定期存款并与相应的质押合同核对，同时关注定期存款存单对应的质押借款有无入账。对于未质押的定期存款，检查开户证实书原件，确认该笔定期存款是否为被审计单位拥有或控制。在目前的金融环境下，银行流水造假难度大，通过核查银行流水可以发现九好集团通过银行流水体外循环的方式虚增的存款。

8.操纵合并报表范围

通过操纵合并报表范围粉饰业绩。比如，仅选择合并有利润的企业，而隐藏部分亏损以及资不抵债的企业；或者只合并部分企业的利润表，不合并资产负债表等。

9.账外设账

账外设账是企业采用截留收入、虚列费用等多种方式套取资金、另行设账，以记录不法经济活动。其主要方式有：账外库存现金账、银行存款账、其他资产账，即小金库；账外负债账，即通过民间借贷而获取的资金，再通过股东借款的形式进行转移；账外成本、权益、利润账等。

二、企业财务报表审计的主要思路

（一）常规审计思路

常规财务报表审计思路，主要是从现象上审查财务报表填列的内容是否完整，表内数字计算是否正确、平衡，有关项目填列是否准确等；从实质上分析财务报表反映的经济业务的合理性和合法性。

从现象上看，填列内容的完整性表现为：填报日期合理、表内应填项目填列齐全、有关人员签章齐全；表内相关数字的准确性表现为：表内小计数正确、合计数正确、资产负债表的总额左右平衡；有关项目填列准确表现为：对根据各有关总账账户的期末余额直接填列的项目，与各有关总账账户的期末余额核对相符；对需要根据汇总抵销或分析才能填列的项目，与各有关总账账户余额相加或相抵及分析的数额核对相符；对需要根据明细账账户期末余额或其合计数填列的项目，与各有关明细账账户期末余额及其合计数核对相符；资产负债表“年初余额”栏内各项数字，应与上年末资产负债表内“期末余额”栏内所列数字核对相符。

从实质上看，需要计算分析各种财务指标，评价其合理性、合法性，揭示现象背后的经济实质。

比如，计算资产负债率。资产负债率是指负债总额在全部资产中所占的比重。资产负债率反映被审计单位对债权人权益的保障程度，用以衡量被审计单位的偿债能力。资产负债率如果大于100%，表明被审计单位已资不抵债，视为达到破产的警戒线。

再比如，计算流动比率。流动比率是指被审计单位的全部流动资产与全部流动负债之间的比率。流动比率是衡量短期负债偿还能力最通用的比率，它表明被审计单位的流动资产在短期债务到期前，可以变为现金用于偿还流动负债的能力。流动比率越高，说明短期偿债能力和变现能力越强，反之则说明短期偿债能力和变现能力越弱。但是，如果流动比率过高，则表明流动资产占用多，意味着可能存在库存材料积压或产成品滞销问题。

（二）非常规审计思路

非常规审计思路就是根据审计人员的职业判断通过分析程序找到可能存在舞弊的特征，有的放矢地进行审计。

1.寻找财务舞弊的特征

企业财务舞弊的特征包括但不限于下列方面：

（1）行业或产业特征。比如新的会计或者管制要求、竞争的加剧、市场饱和或者公司为了赶上行业发展水平而采取的激进的会计政策，都可能导致舞弊发生。

（2）财务困境特征。陷入财务困境的管理层更有进行财务舞弊的动机，各国都把财务困境视为发生舞弊可能性的标识。

（3）管理层行为特征。比如高级管理者不诚实、人格异常、逃避责任、曾有过舞弊史、企业决策高度集权化、高级管理人员生活方式变化、高级管理人员行为变化等，在选择会计方法或者作出会计估计时过度的非财务管理干涉，高层管理者、法律顾问或者董事会成员的高流动性，高级管理层和外部审计师之间的紧张关系等，都是财务舞弊多发的特征。

（4）内部控制薄弱特征。内部控制制度不健全、执行无效，也是财务舞弊多发的特征之一。

（5）异常财务指标特征。财务指标变化异常很可能表明存在财务舞弊。比如应收账款大幅增加、资产质量下降、产品毛利率异常变动、销售收入异常增加及应计利润率上升、计提资产减值准备变动幅度较大等，都预示财务报表可能不正常。可能预示企业管理当局虚增利润的财务指标有：存货上升幅度超过销售收入、主营业务毛利率上升、存货周转率下降等。

（6）关联交易异常特征。比如，存在大量非常规关联交易可能是财务舞弊的信号。

（7）外部审计特征。比如，前期因财务舞弊而被出具非无保留意见审计报告，或者前期被出具非无保留意见审计报告的企业变更注册会计师，都意味着企业财务舞弊的风险较高。

2.使用舞弊检查技术

寻找财务报表舞弊特征是舞弊检查的第一步，接下来就要应用舞弊检查技术。舞弊检查技术包括执行分析程序、使用不可预知的审计程序、观察和检验、询问、面谈等。

使用这些技术能否得到满意的检查结果还取决于某些程序和态度。这些关键的程序和态度包括：审计人员在执行所有程序的同时均保持职业怀疑态度；在证据审核过程中考虑欺骗技术，包括伪造证据的可能性；在履行审计责任时要获得更多的审计证据。

【小思考6-4】注册会计师应如何选择常规或非常规的审计思路并保持应有的审计关注？

本章小结

企业的主要财务报表包括资产负债表、利润表和现金流量表。报表之间不仅存在数据上的的钩稽关系，也存在逻辑上的钩稽关系。财务报表审计的组织方式大致有两种：一是账户法，通常对财务报表的每个账户余额单独进行审计；二是循环法，是将财务报表分成几个循环，把紧密联系的交易种类和账户余额归入同一循环中，按业务循环组织实施审计。将循环法与账户法结合使用，可以互相取长补短。财务报表中的循环主要有货币资金循环、采购与付款循环、生产与存货循环、销售与收款循环。不同循环涉及不同且又相互关联的业务活动、文件资料和内部控制制度。企业财务报表舞弊的主要动因常常是多元的。企业财务报表舞弊的主要形式涵盖资产、负债、所有者权益、收入、费用、利润和现金流各个方面。企业财务报表的主要审计思路包括常规审计思路和非常规审计思路，比如针对舞弊风险使用专门的的舞弊检查技术。

本章主题词

财务报表　钩稽关系　循环法　财务报表舞弊　审计思路

复习思考题

1.如何运用财务报表审计的组织方式最有效？
2.货币资金循环中的关键内部控制可以控制哪些错报？
3.采购预付款循环中的关键内部控制可以控制哪些错报？
4.销售与收款循环中的关键内部控制可以控制哪些错报？
5.财务报表不同项目中的舞弊目标有何不同？
6.如何理解财务报表审计思路的应用？

案例讨论

为了营造净化市场环境的舆论氛围，自2015年11月14日起，由《大众证券报》和财信网举办的第五届（2015年）十大黑榜上市公司评选活动正式启动，同时开始向广大读者征集黑榜公司候选名单。根据征集结果并征求专家意见，共有30家上市公司入围候选名单，候选名单于2015年12月5日对外公布。2016年1月10日经过读者推荐、专家评选，“2015年十大黑榜上市公司”评选结果终于揭晓，它们是华锐风电、上海物贸、*ST云网、大有能源、皖江物流、中恒集团、匹凸匹、泸州老窖、山水文化和天目药业。

1.华锐风电（601558）。公司全称：华锐风电科技（集团）股份有限公司。上榜理由：财务造假遭顶格处罚。

情况概述：该公司在2014年靠着财务手法避开了暂停上市的危机，2015年前三季度再度巨亏超12亿元。祸不单行的是，该公司又收到证监会下发的行政处罚，对公司处以60万元的顶格罚款，对14位责任人员分别处以10万~30万元不等的罚款。在行政处罚下达前，上海、浙江和广东多位证券维权律师已经行动起来，他们带领投资者启动正式维权，该公司还有可能再次面临证监会的行政处罚。

2.上海物贸（600822）。公司全称：上海物资贸易股份有限公司。上榜理由：5亿元存货"不翼而飞"。

情况概述：上海物贸在2015年11月份的日常存货检查中，发现无锡金属材料分公司以及上海物贸炉料有限公司存放于山西省绛县明迈特有限公司仓库的铬矿仅剩余约24万吨，而账面记录应为57.25万吨，缺失的存货价值约为5亿元。该消息一出即引起市场广泛关注。上交所就该公司上述存货缺失事项发出问询函。而在此次事件前不久，该公司曾因4年虚增利润共2.66亿元遭到上海证监局的处罚。

3.*ST云网（002306）。公司全称：中科云网科技集团股份有限公司。上榜理由：违规确认收入，18位高管遭处罚。

情况概述：2015年9月，据证监会调查，该公司违规确认加盟费收入及股权收购合并日前收益、提前确认收入的行为违反企业会计准则关于收入和长期股权投资相关的会计处理规定，导致公司2012年年报及2014年一季报存在虚假陈述。在审议相关议案时，18名高管未尽勤勉义务。证监会决定，对该公司处以40万元罚款；对相关人员处以3万元到15万元不等的罚款。

4.大有能源（600403）。公司全称：河南大有能源股份有限公司。上榜理由：涉嫌欺诈发行，被罚款2 360万元。

情况概述：调查耗时近2年的大有能源信披违规案尘埃落定。2015年10月17日，该公司公告称收到证监会"行政处罚事先告知书"。据行政处罚告知书，大有能源2012年发布的"非公开发行股票预案"涉嫌欺诈发行，此外2013年半年报涉嫌信披违规。因该情形违反了《证券法》的相关规定，证监会拟决定对大有能源处以2 360万元罚款，对涉案28名人员处以共计157万元罚款。

5.皖江物流（600575）。公司全称：安徽皖江物流（集团）股份有限公司。上榜理由：多项违规遭交易所查处。

情况概述：2015年11月20日，上交所发文称，发现该公司存在以下违规行为：第一，公司2012年虚增收入约45.5亿元，占年报收入的14.05%，虚增利润约2.56亿元，占年报利润总额的51.36%；2013年虚增收入约4.6亿元，占年报收入的13.48%，虚增利润约2.34亿元，占年报利润总额的64.64%。第二，公司未在2011年年报披露淮矿物流为华中有色、上海中望等提供16亿元的动产差额回购担保业务。第三，2014年淮矿物流向中西部钢铁等公司提供共计2.2亿元的最高额担保，2013年至2014年淮矿物流为江苏匡克等8家公司承担最高额为13.05亿余元的动产差额回购担保。皖江物流未按规定披露上述事项，其中1.56亿元动产差额回购担保事项也未在2013年年报中披露。第四，2013年皖江物流未按规定披露淮矿物流与福鹏系公司30亿元债务转移情况。上交所决定，对皖江物流时任董事、常务副总经理汪某予以公开谴责，并公开认定5年内不得担任上市公司的高管。

6.中恒集团（600252）。公司全称：广西梧州中恒集团股份有限公司。上榜理由：董事长涉行贿罪被立案侦查。

情况概述：该公司2015年8月28日收到湖南省检察院的公函。公函称，根据最高检察院《关于许某清涉嫌犯罪线索指定管辖的通知》要求，湖南省检察院依法对公司董事长许某清以涉嫌单位行贿罪立案侦查并采取强制措施，案件正在侦查中。公开资料显示，中恒集团是一家以中药制造业为核心主导产业的上市公司，下属单位主要有广西梧州制药（集团）股份有限公司、广西梧州双钱实业有限公司、黑龙江鼎恒升药业有限公司等子公司。2006年，许某清正式入主中恒集团，任董事长兼总裁。

7.匹凸匹（600696）。公司全称：匹凸匹金融信息服务（上海）股份有限公司。上榜理由：信息披露屡出问题。

情况概述：2015年年初实控人变更协议的相关信披再次出现问题遭通报批评。2015年7月20日，匹凸匹大股东香港多伦投资曾因涉嫌短线交易收到上海证监局"行政处罚事先告知书"，上海证监局拟对香港多伦给予警告，并处以10万元罚款。2015年7月21日，匹凸匹发布一则立案进展风险提示公告称，因公司涉嫌未按规定披露信息和异常交易案，若因立案调查事项触及条例规定的欺诈发行或重大信息披露违法情况，公司股票将被实施退市风险警示。

8.泸州老窖（000568）。公司全称：泸州老窖股份有限公司。上榜理由：5亿元存款"蒸发"。

情况概述：2014年10月，泸州老窖宣布存在中国农业银行长沙迎新支行的1.5亿元银行存款丢失。2015年1月9日，泸州老窖再次公告称，存在中国工商银行南阳中州支行等地工行的共计3.5亿元银行存款亦不翼而飞。对于泸州老窖不翼而飞的5亿元存款，该公司在2014年度按照40%的比例计提了坏账准备。

9.山水文化（600234）。公司全称：山西广和山水文化传播股份有限公司。上榜理由：两大股东涉嫌信披违法被查。

情况概述：山水文化2015年10月22日公告称，公司第一、第二大股东黄某、北京六合逢春文化产业投资有限公司及丁某因涉嫌实施信息披露重大遗漏证券违法行为，根据《证券法》的有关规定，山西证监局决定对其进行调查。

10.天目药业（600671）。公司全称：杭州天目山药业股份有限公司。上榜理由：上市以来多次被罚。

情况概述：天目药业转让子公司深圳京柏医疗设备有限公司60%股权事项未按规定披露。此外，该公司2013年年度报告存在其他虚假记载，受托加工业按一般采购销售业务进行会计处理，虚增收入4 504.98万元，虚增成本4 504.98万元，用2012年预提费用冲减应收账款的坏账准备和存货的减值准备，虚增利润178.39万元。统计显示，天目药业在过去7年间3次受到行政处罚，并被上交所公开谴责、通报批评。

资料来源：大众证券报．"2015年十大黑榜上市公司"评选结果出炉［EB/OL］．［2016-01-09］．http：//stock.eastmoney.com/news/1406，20160109583778513.html.

要求：1.根据上述资料分析企业财务报表舞弊的主要形式及其动因。

2.根据上述资料中的案例公司数据，结合后面4章不同业务循环中涉及的舞弊风险对应，分析其舞弊手段与审计应对思路。

第七章　货币资金审计

【学习目标】

知识目标：本章要求学生理解并掌握货币资金内部控制测试，识别与评估货币资金存在的重大错报风险，掌握库存现金、银行存款的实质性程序。同时，还应了解货币资金舞弊的常见类型，特别是其中的“小金库”的表现形式、资金走向与相应的审计方法等内容。

能力目标：通过学习，能够识别与评估货币资金存在的重大错报风险，具体操作货币资金内部控制测试，执行库存现金、银行存款审计的实质性程序。

【引导案例】

会计出纳一肩挑　挪用公款2 000万元

湖北省潜江市一大型企业将会计与出纳岗位“二合一”，一名身兼两职的员工利用职务便利，挪用2 000万元公款用于炒股、赌博。4年后单位对账，才揭开了这一黑幕。此案经湖北省汉江中级人民法院审理查明：谭某利用职务之便，采取截留公款不入账、虚列支出等手段，挪用公款2 099万余元用于炒股、赌博及个人使用，案发时，尚有1 981余万元没有归还。为满足个人贪欲，谭某陷入了挪用、补亏、再挪用、再补亏的怪圈无法自拔。对于此时的谭某，仅仅靠其道德自律和洁身自好，恐无法使其抵挡巨额金钱的诱惑。法院一审以被告人谭某犯挪用公款罪，判处其有期徒刑15年。

资料来源：谢启东. 财政所长挪用公款赌博获刑8年当反思［EB/OL］.［2012-10-09］. http：//cpc.people.com.cn/pinglun/n/2012/1009/c241220-19201503.html.

这一案例表明：如果一个企业既不严格执行财务制度，又没有严格的内部监督机制，且会计、出纳一人兼任，如此巨大的财务管理漏洞，出问题是必然的。预防的途径，除了加强财务人员的道德及法律意识外，还应建立良好的内部控制制度，尤其是货币资金内部控制制度。

【小思考7-1】货币资金审计的审计目标是什么？

第一节　风险评估与控制测试

一、评估重大错报风险

货币资金是企业日常经营活动的起点和终点，其增减变动与被审计单位的日常经营活动密切相关，较多舞弊案件都与被审计单位的货币资金相关，一些非常规交易，特别是舞弊欺诈的目的就是套取货币资金，主要是通过其他项目的舞弊欺诈，最后反映在货币资金上而已，因此，货币资金审计必须与其他业务循环，比如销售与收款循环、采购与付款循环、生产与存货循环的审计结合起来，才能更加有效。

（一）与货币资金项目直接相关的重大错报风险信号

1.被审计单位不能提供银行对账单或银行存款余额调节表；

2.被审计单位存在长期或大量银行未达账项；

3.被审计单位银行存款明细账存在非正常转账的“一借一贷”；

4.被审计单位货币资金收支金额与现金流量表不匹配；

5.被审计单位存在大量异地银行账户，或者在没有经营业务的地区开立银行账户；

6.企业资金存放于管理层或员工个人账户；

7.被审计单位只能提供定期存款开户证实书复印件或不能提供定期存单；

8.被审计单位库存现金规模明显超过业务所需周转资金；

9.被审计单位银行账户开立数量与企业实际的业务规模不匹配；

10.被审计单位违反货币资金存放和使用规定（如上市公司未经批准开立账户转移募集资金、未经许可将募集资金转作其他用途等），现金交易比例较高，并与其所在的行业常用的结算模式不同；

11.被审计单位存在大额外币收付记录，而被审计单位并不涉足外贸业务；

12.被审计单位以各种理由不配合审计人员实施银行函证等。

（二）其他重大错报风险信号

1.存在没有具体业务支持或与交易不相匹配的大额资金往来；

2.长期大额预付款项挂账；

3.存在相当比例的定期存款，却又向银行高额举债，导致报告期末银行借款余额与银行存款余额双高；

4.开具的银行承兑汇票没有银行承兑协议支持；

5.银行承兑票据保证金余额与应付票据余额比例不合理；

6.付款方账户名称与销售客户名称不一致、收款方账户名称与供应商名称不一致等。

（三）货币资金舞弊常见类型

在实务中，货币资金舞弊常见的类型主要包括现金舞弊和银行存款舞弊两类。

现金舞弊的常见类型包括：坐支现金、套取现金、白条抵库、早收晚解、早支晚付、超额借款、公款私存、重复报销、变相报销、私设小金库等。

银行存款舞弊的常见类型包括：出借账户、多头开户、签发空头支票、私设小金库等。

小金库是指违反法律法规及其他有关规定，应列入未列入符合规定的单位账簿的各项资金（含有价证券）及其形成的资产。其表现形式包括：

（1）现金形态

现金形态存放的“小金库”在现实生活中非常普遍，其基本特点是金额相对较小，支配权一般掌握在个别部门或小部分利益团体手里，主要用于为个人或少数人谋取额外的福利。“小金库”的主要资金来源：一是收入不入账，直接将现金存放保险柜。二是采用虚列支出的方法套取现金。如以劳务费、办公费、工程费、假发票等方式套取现金。三是虚报人数、工资额，将差额部分单独存放，形成“小金库”。四是商业行为的各种回扣等。

（2）银行存款形态

这是当前“小金库”的主要形态，金额往往较大，支配权层级相对现金形式来说一般要高一些，主要由单位或部门支配。银行存款形态的“小金库”一般挂靠于二级单位或关联单位，有的以个人存款形式存在。

（3）有价证券形态

有价证券多为单位账外购买的国库券、债券、股票和购物卡等，一般来源于公用闲置资金，是“小金库”资金违法理财或套取（虚列支出）资金形成的产物。

（4）固定资产形态

固定资产形态的“小金库”多表现为设备、汽车、房屋等，不在账面反映，为“小金库”的进一步繁衍生息提供了基础。账外固定资产的主要来源有：一是历史上形成的账外资产清理不彻底遗留下来的；二是利用特殊资源与其他单位合作获取的；三是利用职权以应收不收或放松管制为交易手段，让相关单位购买车辆、楼房等大宗物品等，挂靠在外单位，在本单位不但不入账，就连账外账也没有，表面上可能表现为某种借用关系；四是获得捐赠固定资产。

（5）股权和债权形态

股权、债权往往是以一种契约或协议的形式出现，甚至是一种口头上的承诺。其来源可能是单位改制变迁过程中形成的股权、债权关系，没有在账上反映，形成账外“小金库”；也可能是以权利作为交换而形成的所谓“干股”，成为“小金库”。

【知识拓展7-1】“小金库”的使用方向和审计方法

（一）“小金库”的使用方向

1.弥补经费

其中有的是弥补正常经费的不足，但大部分经费的不足是因为提高了经费的支出标准、扩大了经费的列支范围而导致的。

2.购建资产

这些资产多为超标准配置的办公设备、车辆，个别是超规定兴建的办公楼。

3.发放奖金、津补贴、福利等

党政机关工作人员津补贴的发放有着严格的项目和标准规定，事业单位也有相关的规定要求，但仍有很多单位顶风作案，利用“小金库”超标准发放奖金、津补贴、福利等。

4.接待宴请、公款旅游

由于无论是党政机关还是事业单位均有严格的业务招待费开支标准限值，企业单位有超规定业务招待费不允许税前列支的要求，因此个别单位利用私设的“小金库”资金用于接待宴请，甚至公款旅游等。

5.礼品礼金支出

多为呈送上级单位或者主管部门的礼品礼金支出。

6.私分

特别是由小范围一些人员将“小金库”资金私自瓜分，这种行为涉嫌侵吞国有资产和贪污。

（二）“小金库”的审计方法

1.观察法

就是对被审计单位自然环境，特别是与财务有关的情况，比如新建的房屋建筑、新购车量等，进行观察和调查来获取一些线索。

2.询问法

询问要讲究方式方法，如果直接去问有关“小金库”的问题，可能会引起怀疑；如果以闲聊和唠家常的方式，就会消除对方戒备心理，从对方“不经意”的言语中掌握所要了解的情况，往往也会取得意想不到的效果。

3.分析法

在审计实施过程中将被审计单位收入和支出数据的纵向和横向对比相结合，即对比被审计单位的收入和各项奖金支出的构成，各年度有无大幅度变动情况，判断是否存在截留资金收入形成账外列支的行为疑点。

4.协查法

协查法就是要检查、查看会议纪要、会议记录、有关合同协议及会议安排等。在这些账外资料里，往往隐藏着会计账簿里看不到的东西，通过这些资料的协助审查往往会取得意外收获。

5.库存现金监盘法

库存现金监盘法是指对财务、业务等部门保管现金的场所进行突击监盘，将实物与账面数核对查证的方法和技术。审计人员应在事先不通知被审计单位有关人员的情况下，对财务、业务等保管人员保管的现金、存折和有价证券等进行突击监盘，再与调整后的库存现金、银行存款账面数据核对。如果调整后的账面现金余额小于实际库存现金，那么数额较大的盘盈可能是单位私设“小金库”所为。对于存放于保险柜的存折、存单，不管是单位户还是个人户，一般都是“小金库”。对于库存现金盈亏，应分别询问出纳、财务主管、单位负责人等主要知情人员，如果他们各执一词，则说明是存在问题的。

6.银行账户核查法

银行账户核查法是以银行账户为线索顺藤摸瓜的一种审查方法。从审计实践来看，“小金库”涉及的人员范围较小，但有的资金数额较大，因此资金的进出通常通过开设内部掌握的银行账户进行，而这种资金往来行为与单位正常的经济业务存在着千丝万缕的联系。因此，在审计过程中，应当注意观察分析被审计单位的账户往来情况，并与被审计单位提供的银行开户情况自查表和银行对账单进行核对。

7.大额收支抽查法

虚列支出和重复列支费用是形成“小金库”的重要手段之一。在审计过程中，要对被审计单位的大额现金收支行为进行重点关注。抽查较大的支出凭证，如招待费、办公用品、燃料费等，通过对其真实性进行审计，以此来发现被审计单位将资金转存于擅自设立的账户中的套取资金的行为。

8.资产清查追踪法

单位处置淘汰的办公用具、家具、设备及其他废料、低值易耗品更新替换下的固定资产处理残值、出租闲置的固定资产等收入，这些收入往往易被忽视或疏于管理，容易出现收入不入账的现象，形成“小金库”。

9.票据审核法

票据审核法就是以票据领购、使用、缴销、结存登记为线索，通过计算机排序、计算或人工摸排审核寻找差异的审查方法。单位的收支票据凭证应全部记账，且存根联、发票联、有的还有出入库联必须保持一致，并按照顺序编号。通常，检查时如果发现票据金额大于账面金额、缺页少号等问题，则说明被审计单位可能存在收入不入账、私设“小金库”等问题。

二、内部控制测试

(一) 了解货币资金内部控制

了解货币资金内部控制，是测试企业货币资金内部控制的重要步骤。审计人员要通过询问、观察等调查手段来收集必要的资料以了解货币资金内部控制，并将内部控制制度描述出来。如果被审计单位是中小企业，可以编写一份货币资金内部控制的书面说明，但是对于大型企业，则需要编制内部控制流程图或者内部控制问卷，以说明内部控制的情况。

比如，对银行存款内部控制的了解一般应当注意的内容包括：(1) 银行存款的收支是否按规定的程序和权限办理。(2) 银行账户是否存在与本单位经营无关的款项收支情况。(3) 是否存在出租、出借银行账户的情况。(4) 出纳与会计的职责是否严格分离。(5) 是否定期取得银行对账单并编制银行存款余额调节表等。

(二) 审查收款内部控制

企业收款的来源主要为现销、赊销收回及其他应收款项的结算。不同的收款来源，可以有不同的内部控制。收款内部控制的目的是确保全部应收的货币资金已收回，并及时准确地予以记录。如果货币资金收款内部控制不力，就极有可能发生贪污舞弊或者挪用资金的情况。出纳员同时兼记应收账款明细账，很可能发生循环挪用的情况。审计人员为了对货币资金收款的内部控制进行测试，应当选取适当样本的收款凭证进行审查。

比如，抽取并检查现金收款凭证。审计人员应按照现金收款凭证分类，选取适当的样本量，作如下检查：核对库存现金日记账的收入金额是否正确；核对现金收款凭证与应收账款明细账的有关记录是否相符；核对实收金额与销货发票是否一致等。

再比如，抽取并检查银行存款收款凭证。审计人员应当抽取适当的样本，审查收款凭证与银行存款日记账的收入日期、金额是否相符；审查收款凭证与银行对账单是否相符；审查收款凭证与应收账款明细账的有关记录是否相符；审查银行存款实收金额与销货发票是否一致等。

（三）审查付款内部控制

审计人员为了测试货币资金付款内部控制，应当选取适当样本的货币资金付款凭证进行相应的审查。

为测试现金付款内部控制，审计人员应按照现金付款凭证分类，选取适当的样本量，作如下检查：检查付款的授权批准手续是否符合规定；核对库存现金日记账的付出金额是否正确；核对现金付款凭证与应付账款明细账的记录是否一致；核对实付金额与购货发票是否相符等。

为测试银行存款付款内部控制，审计人员应当抽取适当的银行存款付款凭证，审查银行存款付款的授权、批准手续是否符合有关规定；审查银行存款日记账的支出金额是否无误；审查付款凭证与银行对账单是否相符；审查付款凭证与应付账款明细账的记录是否相符；审查银行存款的实际支出金额与购货发票是否一致等。

（四）审查备用金内部控制

审计人员应当选取适当样本的备用金收支凭证，进行相应的审查：核实备用金实存数与账面余额是否相符，如果发生差异，应查明原因；掌管备用金的部门或个人是否按规定使用，数额是否过大，报销和归还是否及时，有无贪污、挪用现象；备用金是否坚持对账、抽查制度，相关的会计记录是否正确。

（五）将货币资金日记账与总账核对

审计人员应当选取一定样本的库存现金日记账、银行存款日记账与总账进行核对。审计人员在选取一定期间的库存现金日记账、银行存款日记账后，应审查其有无计算错误，加总是否正确。如果在审查中发现的问题较多、较严重，说明被审计单位货币资金的会计记录不真实、不可靠。同时，审计人员还应该根据日记账提供的线索，核对总账中的库存现金、银行存款、应收账款、应付账款等有关账户的记录。

（六）审查银行存款余额调节表

审计人员应当选取一定期间的银行存款余额调节表进行审查，以确定银行存款记录的真实性和正确性。审计人员将银行存款余额调节表与银行存款日记账、银行对账单及总账进行核对，以核实被审计单位是否按月正确编制银行存款余额调节表，并定期复核。

（七）审查外币资金的折算方法

对于有外币货币资金的被审计单位，审计人员应当审查外币货币资金日记账以及对应的“财务费用”等账户的记录：企业有关外币货币资金的增减变动是否按照业务发生时的市场汇率或者业务发生当期期初的市场汇率折合为记账本位币；选用方法是否前后期保持一致；企业外币货币资金账户的余额是否按期末市场汇率折合为记账本位币，有关汇兑损益的计算和记录是否正确。

（八）评价货币资金内部控制

审计人员在完成上述测试程序后，就可以对货币资金的内部控制进行评价了。评价时，审计人员应该首先确定货币资金内部控制的可信赖程度，以及存在的薄弱环节和缺陷，然后据以确定在货币资金实质性程序中对哪些环节可以适当减少实质性审计程序，哪些环节应当增加实质性审计程序作重点审查，以降低审计风险。

【小思考7-2】在货币资金内部控制中，不相容岗位分离的基本要求是什么？

例如，陆丽会计师事务所自2015年开始接受海峰集团的委托，对海峰集团的年度财务报表进行审计。双方已经就年度报表审计签订了审计业务约定书，事务所派以王大壮为项目经理，以韩磊、孟冬东为组员的项目组，于2016年2月16日至4月16日对该集团2015年度的财务报表进行审计。本案例主要反映货币资金的审计过程及相关问题。

海峰集团是一家商业贸易类企业，主营建材批发零销售业务，同时兼营装修业务。集团对零售业务部分采用售价金额核算法，毛利率的计算结转采用分类毛利率法，定期对库存商品进行盘点。项目经理王大壮曾多次参与零售企业的审计业务，经验丰富。由于零售企业现金流量比较大，因此，他将货币资金审计作为重点项目来安排，也将重要性水平确定在较低的水平上，定为3 600元，王大壮亲自负责货币资金的审计工作，对货币资金项目进行了如下的控制测试：

首先，通过发放货币资金内部控制调查表等形式，对该集团货币资金内部控制的情况进行调查了解，调查表见表7-1，并运用检查凭证法、复核法和实地观察法，对货币资金内部控制情况进行了测试，然后，对货币资金内部控制进行评价。除了就调查表的内容进行询问外，还走访了部分收款员和售货员，并观察了几笔现场售货、交款的过程。经过观察后发现，该集团内设6个收款台，收款员每天下午4点后统一到财务部交款，并填制内部交款单，责任明确，由出纳将销货款送存银行，根据当天由银行提供的交款单回单联，及时登记银行存款日记账和销售明细账。

内部控制评价结论：该集团货币资金的内部控制岗位划分比较明确，出纳与记账由两个以上的人负责，日记账与总账定期进行核对，并且，能够按月及时编制银行存款余额调节表。同时，该集团的货币资金内部控制尚存在一定的缺陷，主要表现在以下几个方面：财务部稽核人员对收款台的现金盘点工作坚持得不够；通过审查支票登记簿发现，领用的票据号码不连续，存在一定程度的领用支票不登记的现象；对当天收取的销货款存在不能及时、足额送存银行的情况，现金坐支现象较严重；对现金和银行存款的支付，基本上能够坚持审批制度，但是，在审批的职责权限划分上不够明确，从抽查的支付凭证来看，经常出现对相同业务的审批，有时候是业务经理签字，有时候是财务经理签字，有时候是总经理签字，控制不够严格。基于上述情况，对货币资金审计的实质性程序应该更加严格。

海峰集团的内部控制调查表见表7-1。

表 7-1　　内部控制调查表

被审计单位名称：海峰集团

审计人员：王大壮

调查内容：货币资金　　被调查人：王健康　　日期：2016年3月5日

索引号：HBZJ　　页次：9

调　查　问　题	调查结果				备注
	是	否		不适用	
		较轻	较重		
1.出纳与会计岗位是否分离？	√				
2.现金的收支是否有真实合法的凭证？	√				
3.货币资金的支出是否有核准手续？		√			
4.是否控制坐支现金？			√		
5.出纳办理收付款手续后是否在收付款凭证上加盖“收讫”“付讫”戳记？		√			
6.是否定期和不定期盘点库存现金？	√				
7.是否对库存现金进行日清月结，做到账实相符？		√			
8.库存现金日记账与总账是否定期核对？		√			
9.有无防止白条支用现金的措施？		√			
10.超过库存限额的现金是否及时解缴银行？		√			
11.银行存款收付业务的授权是否与经办职务分离？	√				
12.银行票据的领用是否经过批准？		√			
13.银行票据的领用是否连续登记？			√		
14.银行存款日记账与总账是否由不同的人负责？	√				
15.现金与银行存款的支付是否坚持严格的审批制度？		√			
16.签发银行票据者与保管银行票据印鉴者是否分离？	√				
17.空白支票是否有购买、登记、保管、使用和收回的制度？	√				
18.银行存款日记账与总账是否定期核对？		√			
19.卖场内是否设置收款台集中收款？	√				
20.财务部门是否组织对各收款台现金进行突击盘点？			√		
21.每天是否统一内部交款时间？		√			
22.当天的销货款是否能够及时送存银行？		√			
23.是否按月编制银行存款余额调节表？	√				

第二节　库存现金审计的实质性程序

库存现金的审计目标有：确定被审计单位资产负债表上的库存现金在资产负债表日是否确实存在；确定记录的库存现金是否为被审计单位所拥有或控制；确定被审计单位所有应当记录的现金收支业务是否均已记录完毕，有无遗漏；确定库存现金是否以恰当的金额包括在财务报表的货币资金项目中，与之相关的计价调整是否已恰当记录；确定库存现金是否已按照企业会计准则的规定在财务报表中作出恰当的列报。

一、核查库存现金日记账与总账的余额是否一致

审计人员测试库存现金余额，首先是将库存现金日记账与总账的余额进行核对，看其是否相符，如果不相符，则应查明原因，并作相应调整。

二、监盘库存现金

监盘库存现金是库存现金审计的重要环节。监盘时，必须有被审计单位出纳员和会计主管人员参加，并由审计人员进行监盘。盘点和监盘库存现金时，通常按以下步骤进行：

（一）制订监盘计划，合理安排监盘工作

对库存现金的监盘最好实施突击性的检查。时间最好选择在某日下午下班时或次日上午上班前进行，盘点的范围一般应当包括被审计单位各部门经管的现金。参加库存现金盘点的人员必须由出纳员、财会部门负责人或会计主管及审计人员组成。在正式盘点现金之前，应要求被审计单位出纳将所有现金存入保险柜。如果被审计单位库存现金存放部门有两处或两处以上，应同时进行盘点或者先封存，再逐一盘点。

（二）监盘库存现金，编制库存现金监盘表

1.审阅库存现金日记账并与现金收付款凭证相核对。一方面检查库存现金日记账的记录与凭证的内容和金额是否相符；另一方面了解凭证日期与库存现金日记账日期是否相符或接近。

2.由出纳员根据库存现金日记账加计累计数额，结出现金余额；盘点保险柜的现金实存数，同时由审计人员编制“库存现金监盘表”，分币种、面值列示盘点金额。

3.将盘点金额与库存现金日记账余额进行核对，如有差异，应要求被审计单位查明原因并作出适当调整，如无法查明原因，应要求被审计单位按照管理权限批准后作出调整。

【小思考7-3】存货监盘与库存现金监盘的区别是什么？

4.若有冲抵库存现金的借条、未提现支票、未作报销的原始凭证，应在“库存现金监

盘表”中注明或作出必要的调整；在非资产负债表日进行监盘时，应调整至资产负债表日的余额。

三、审查库存现金收支业务的真实性、合法性

审计人员应进一步审查库存现金收支业务是否存在违规违纪的行为。库存现金收支业务的审查，主要是对库存现金日记账和库存现金收支凭证的审查。

（一）审查库存现金日记账

1.验算加总。为了查明被审计单位库存现金日记账记录的准确性和完整性，首先应当通过验算加总，复核收支总记录，并且适当核实单项经济业务的收支记录，注意库存现金日记账的记录中是否存在差错，有无隐瞒收入、虚列支出、贪污、挪用现金的问题。

2.审阅库存现金日记账的摘要栏。审计人员应当审阅库存现金日记账摘要栏的记录，看其是否真实清晰，库存现金收支业务事项是否正常，支出的金额是否超出库存现金规定的范围和限额。

3.审阅库存现金日记账是否逐日结出余额。审计人员应当审查库存现金日记账是否根据现金收支业务的发生逐笔登记，并且每日终了结出余额。同时，还应当关注将现金收入直接用作支出的情况。

（二）审查库存现金收款凭证

1.审查自制收款原始凭证时，审计人员应当审查凭证上填列的内容是否齐全；凭证和存根号码是否连续，有无缺号的情况；发票或收据存根上的日期是否与入账日期相符；凭证上的字迹是否清晰、有无涂改痕迹；未使用的发票或收据是否妥善保管，对作废的票证是否加盖“作废”戳记。

2.审查外来收款原始凭证时，审计人员除了按照会计准则的有关规定审查应当具备的条件外，还应当查实凭证上所列单位名称是否为被审计单位；凭证上记录的经济事项是否与被审计单位经济业务有关；经济事项与反映的相关金额是否正常。

（三）审查库存现金付款凭证

1.审计人员在审查自制现金付款凭证时，要注意被审计单位自制的原始凭证是否符合会计法规的要求；审查审批手续是否齐全；审查其记载的经济事项是否符合规定范围和规定标准。

2.审计人员在审查外来付款凭证时，应当查看其是否符合会计准则和政府有关部门规定的条件及规定的格式，公章是否清晰，日期、单价、金额等是否正常；注意凭证上的抬头是否与被审计单位相符，业务发生日期与实际付款日期是否相近，同一单位开出的票证近期有无多次在被审计单位出现的情况等。

四、审查库存现金收支的截止日期

审计人员应当对被审计单位资产负债表日前后若干天的库存现金收支凭证进行审查，以确定是否存在跨期事项，是否应考虑提出调整建议。

五、审查库存现金在资产负债表上的列报

根据有关会计准则的规定，库存现金在资产负债表中的“货币资金”项目下反映，审计人员应当在实施上述审计步骤后，确定库存现金账户的期末余额是否恰当，进而确定库存现金是否在资产负债表上得到恰当的列报。

例如，2016年3月9日下午6点，审计人员对海峰集团库存现金、库存现金日记账及现金收付款凭证进行了审阅和盘点，审计结果如下：

当日库存现金日记账结存余额为36 138元；

盘点库存现金的实际结存余额为31 628元；

2016年3月6日现金已收但尚未入账的收款凭证2张，金额合计为560元；

2016年3月7日现金已付但尚未入账的付款凭证3张，金额合计为1 070元；

该单位某职工与出纳员是好朋友，因临时急需写了一张白条，借款金额为2 000元；

该单位经银行核定的库存现金限额为6 000元。

要求：根据上述审计结果编制库存现金监盘表（见表7-2），指出被审计单位库存现金管理中存在的问题，并提出审计意见。

表7-2 **库存现金监盘表**

被审计单位：海峰集团	索引号：HBZJ-9
项目：库存现金	财务报表截止日/期间：2015年12月31日
编制：韩磊	复核：孟冬东
日期：2016年3月9日	日期：2016年3月10日

检查盘点记录					实有库存现金盘点记录						
项目	项次	人民币	美元	某外币	面额	人民币		美元		某外币	
						张	金额	张	金额	张	金额
盘点日账面库存余额	①	36 138			1 000元						
盘点日未记账凭证收入金额	②	560			500元						
盘点日未记账凭证支出金额	③	1 070									
盘点日账面应有金额	④=①+②-③	35 628			100元						

续表

检查盘点记录						实有库存现金盘点记录						
项目		项次	人民币	美元	某外币	面额	人民币		美元		某外币	
							张	金额	张	金额	张	金额
盘点实有库存现金数额		⑤	31 628			50元						
盘点日应有与实有差异		⑥=④-⑤	4 000			10元						
差异原因分析	白条抵库（张）		2 000			5元						
						2元						
						1元						
						0.5元						
						0.2元						
						0.1元						
追溯调整	报表日至审计日库存现金付出总额					合计						
	报表日至审计日库存现金收入总额											
	报表日库存现金应有余额											
	报表日账面汇率											
	报表日余额折合本位币金额											
本位币合计												

出纳员：林方丽　　　会计主管人员：王杰青　　　监盘人：韩磊　孟冬东

检查日期：2016年3月9日

审计分析说明：

存在的问题：库存现金短缺2 000元（35 628-（31 628+2 000）），应当进一步查明原因；白条抵库2 000元，违反现金管理制度；2笔收入业务、3笔支付业务入账不及时；超库存现金限额25 628元（31 628-6 000）。

建议：加强库存现金内部控制。

【知识拓展7-2】 对于现金交易比例较高的被审计单位，库存现金审计过程中的特殊考虑

审计人员通常要考虑了解和评估被审计单位现金交易比例较高的合理性，是否与其业务性质相匹配。关注现金使用范围是否符合相关规定，是否采取了适当措施保证现金收支完整、准确、安全。

在实施常规审计程序外，还可以考虑增加以下审计程序：

1.了解被审计单位现金交易的流程，分析可能产生的错误与舞弊风险。了解相关业务流程及与审计相关的控制活动，设计和实施控制测试，针对相关控制运行的有效性，获取充分、适当的审计证据。

2.结合对销售、采购交易等的审计，实施分析程序，包括但不限于销售、产能、采购、员工工资等财务信息与非财务信息匹配分析。

3.了解现金交易对方的情况。向主要的现金交易对方函证被审计期间内发生的交易金额。审计人员认为必要时，可以选取较大量采用现金结算的交易对方进行实地观察或询问。

4.追踪大额现金收入、支出的来源和去向，核对至原始单据。如存在与被审计单位生产经营无关的收支事项，需要查明原因，并评价是否存在舞弊风险。

5.对于以员工个人银行账户进行收款的交易，分析其合理性，了解被审计单位在为员工开户时，是否与开户银行签署相关账户设定使用权限的协议，若有，检查相关的合同协议并实施函证程序等。

第三节 银行存款审计的实质性程序

银行存款的审计目标有：确定被审计单位资产负债表中的银行存款在资产负债表日是否确实存在；确定记录的银行存款是否为被审计单位所拥有或控制；确定被审计单位所有应当记录的银行存款收支业务是否均已记录完毕，有无遗漏；确定银行存款是否以恰当的金额包括在财务报表的货币资金项目中，与之相关的计价调整已恰当记录；确定银行存款是否已按照企业会计准则的规定在财务报表中作出恰当的列报。

一、获取或编制银行存款余额明细表

从被审计单位获取或审计人员自己编制银行存款余额明细表，复核加计是否正确，并与总账数和日记账合计数核对是否相符，如果不相符，应查明原因，并考虑是否建议作出

审计调整。

二、实施实质性分析程序

根据银行存款平均余额（如年平均余额、月平均余额）测算利息收入，计算银行存款累计余额应收利息收入，分析比较被审计单位银行存款应收利息收入与实际利息收入的差异是否恰当，评估利息收入的合理性，检查是否存在高息资金拆借，确认银行存款余额是否存在，利息收入是否已经完整记录。结合财务费用中银行手续费的审计，分析货币资金交易量的合理性，关注是否存在被审计单位银行存款记录不完整的情形。

三、检查银行账户

1.了解并评价被审计单位开立账户的控制措施。检查报告期内被审计单位开户银行的数量及分布，与被审计单位实际经营的需要进行比较，判断其合理性，关注是否存在越权开立银行账户的情形。

2.检查被审计单位报告期银行账户性质。判断被审计单位报告期银行账户开设是否合理，尤其关注报告期内是否存在频繁更换银行及银行账号的现象，评价其理由是否充分。检查被审计单位是否存在开户银行户名不符或多头开户的情况。关注报告期内被审计单位注销账户的原因，判断其合理性。

3.检查银行账户的开立、使用、注销等情况。询问办理货币资金业务的相关人员（如出纳），了解银行账户的开立、使用、注销等情况。必要时，获取被审计单位已将全部银行存款账户信息提供给审计人员的书面声明。

4.如果有迹象表明被审计单位存在账外账、资金体外循环等舞弊风险，审计人员通常可以考虑对银行账户的完整性追加如下审计程序：

（1）亲自到人民银行或基本存款账户开户行查询并打印“已开立银行结算账户清单”，以确认被审计单位账面记录的银行账户是否完整。

（2）结合其他相关细节测试，关注原始单据中被审计单位的收（付）款银行是否包含在审计人员已获取的开立银行账户清单内。

四、检查定期存款

定期存款影响货币资金项目的存在认定以及权利和义务认定，如果被审计单位有定期存款，审计人员可以考虑实施以下审计程序：

1.获取或编制定期存款检查表，检查是否与账面记录金额一致，存款人是否为被审计单位，定期存款是否被质押或限制使用；向管理层询问定期存款存在的商业理由并评估其合理性。

2.在监盘库存现金的同时，监盘定期存款凭据。如果被审计单位在资产负债表日有大额未到期的定期存款，基于对风险的判断考虑选择在资产负债表日实施监盘。

3.对未质押的定期存款，需要核查开户证实书原件，以防止被审计单位提供的复印件是未质押（或未提现）前原件的复印件。在检查时，还要认真核对相关信息，包括存款人、金额、期限等，如有异常，需实施进一步审计程序。

4.对已质押的定期存款，检查定期存单复印件，并与相应的质押合同核对。对于质押借款的定期存单，关注定期存单对应的质押借款有无入账；对于超过借款期限但仍处于质押状态的定期存款，还应关注相关借款的偿还情况，了解相关质权是否已被行使；对于为他人担保的定期存单，关注担保是否逾期及相关质权是否已被行使。

5.函证定期存款相关信息。

6.结合财务费用审计测算利息收入的合理性，判断是否存在体外资金循环的情况。

7.对审计外勤工作结束日前已提取的定期存款，核对相应的兑付凭证、银行对账单等。

8.关注被审计单位是否在财务报表附注中对定期存款给予充分披露。

五、取得并检查银行对账单和银行存款余额调节表

取得并检查银行对账单和银行存款余额调节表是证实资产负债表中所列银行存款是否存在的重要程序。

【知识拓展7-3】 银行存款余额调节表

银行存款余额调节表

年 月 日

编制人： 日期： 索引号：

复核人： 日期： 页次：

户别： 币别：

项目
银行对账单余额（ 年 月 日）
加：企业已收、银行未入账金额
其中：1. 元
2. 元
减：企业已付、银行未入账金额
其中：1. 元
2. 元
调整后银行对账单金额
企业银行存款日记账金额（ 年 月 日）
加：银行已收、企业尚未入账金额
其中：1. 元
2. 元
减：银行已付、企业尚未入账金额
其中：1. 元
2. 元
调整后企业银行存款日记账金额
经办会计人员： （签字） 会计主管： （签字）

1.了解并评价被审计单位的银行存款管理控制，是否指定专人定期核对银行账户，职责分工是否符合要求。了解并评价银行存款余额调节表的编制和复核过程，银行存款账面余额与银行对账单是否调节一致，如果调节不一致，是否已查明原因，对需要进行账务调整的事项，是否及时进行处理。

2.如果对被审计单位银行对账单的真实性存有疑虑，审计人员可以在被审计单位协助下亲自到银行获取银行对账单。在获取银行对账单时，审计人员要全程关注银行对账单的打印过程。

3.选取银行对账单中记录的交易与被审计单位银行日记账记录进行核对，从被审计单位银行存款日记账上选取样本，核对至银行对账单；浏览银行对账单，选取大额异常交易，如银行对账单上有一收一付相同金额，或分次转出相同金额等，检查被审计单位银行存款日记账上有无该项收付金额记录。

4.核对资产负债表日银行存款余额调节表中的银行对账单余额是否与银行对账单余额及银行询证函回函一致，调节表中的企业银行存款日记账余额是否与被审计单位银行存款日记账上的余额一致，核对被审计单位银行存款日记账余额与银行对账单余额是否调节一致。

5.检查银行存款余额调节表中调节事项的性质和范围是否合理。如果被审计单位的银行存款余额调节表存在大额或较长时间的未达账项，审计人员需要核实其原因，查明未达账项是否正常，大额未达资金收入、支出是否合理。

6.如果存在跨期收支和跨行转账的调节项目，检查跨行转账业务是否同时对应转入和转出，未在同一期间完成的转账业务是否反映在银行存款余额调节表的调整事项中。

7.如果存在大额银行已收（付），被审计单位未收（付）款项，检查银行收（付）款项日期，查明被审计单位未收（付）款项的具体原因，确定被审计单位未记账时间差异是否合理，确定在资产负债表日是否需要提请被审计单位进行适当调整。

8.如果存在大额被审计单位已收（付），银行未收（付）款项，获取被审计单位的银行未收（付）票据明细清单，以及资产负债表日后银行对账单。检查银行未收（付）票据明细清单中是否存在支付没有载明收款人等异常的领款、签字不全、收（付）款地址不清的情况，评价是否存在舞弊。检查资产负债表日后银行对账单是否完整地记录了未达账项中银行未收（付）票据金额。确定在资产负债表日是否需要提请被审计单位进行适当调整。

六、函证银行存款余额

1.函证的目的

函证银行存款余额是证实资产负债表所列银行存款是否存在的重要程序。通过向往来银行函证，审计人员不仅可了解企业资产的情况，还可了解企业账面反映所欠银行债务的情况，并有助于发现企业未入账的银行借款和未披露的或有负债。

2.函证对象

审计人员应当对银行存款（包括零余额账户和在本期内注销的账户）及与金融机构往来的其他重要信息实施函证程序，除非有充分证据表明某一银行存款及与金融机构往来的其他重要信息对财务报表不重要且与之相关的重大错报风险很低。如果不对这些项目实施函证程序，审计人员应当在审计工作底稿中说明理由。审计人员需要考虑是否对在本期内注销的账户的银行进行函证，这通常是因为有可能存款账户已注销，但仍有银行借款或其他负债。

3.函证方式

银行存款函证的方式最好采用肯定式函证。

4.检查银行回函，编制银行存款函证结果汇总表

检查银行回函，确定被审计单位账面余额与银行函证结果的差异，编制银行存款函证结果汇总表，对不符事项作出适当处理。

银行询证函的格式见表7-3，仅供参考。

表7-3 **银行询证函**

银行询证函

编号：

××（银行）：

本公司聘请的××会计师事务所正在对本公司××年度财务报表进行审计，按照中国注册会计师审计准则的要求，应当询证本公司与贵行相关的信息。下列信息出自本公司记录，如与贵行记录相符，请在本函下端“信息证明无误”处签章证明；如有不符，请在“信息不符”处列明不符项目及具体内容；如存在与本公司有关的未列入本函的其他重要信息，也请在“信息不符”处列出其详细资料。回函请直接寄至××会计师事务所。

回函地址：　　邮编：　　电话：　　传真：　　联系人：

截至××年×月×日止，本公司与贵行相关的信息列示如下：

1.银行存款

账户名称	银行账号	币种	利率	余额	起止日期	是否被质押或用于担保或存在其他限制	备注

除上述列示的银行存款外，本公司并无在贵行的其他存款。

注：“起止日期”一栏仅适用于定期存款，如为活期或保证金存款，可只填写“活期”或“保证金”的字样。

2.银行借款

账户名称	币种	余额	借款日期	还款日期	利率	其他借款条件	抵（质）押品/担保人	备注

除上述列示的银行借款外，本公司并无自贵行的银行借款。

注：此项仅函证截至资产负债表日本公司尚未归还的借款。

续表

3.截至函证日之前12个月内注销的账户

账户名称	银行账号	币种	注销账户日

除上述列示的账户外，本公司并无截至函证日之前12个月内在贵行注销的其他账户。

4.本公司为其他单位提供的，以贵行为担保受益人的担保。

被担保人	担保方式	担保金额	担保期限	担保事由	担保合同编号	被担保人与贵行就担保事项往来的内容（贷款）等	备注

除上述列示的担保外，本公司并无其他以贵行为担保受益人的担保。

注：如采用抵押或质押方式提供担保的，应在备注中说明抵押或质押物情况。

5.本公司为出票人且由贵行承兑尚未支付的银行承兑汇票。

银行承兑汇票号码	票面金额	出票日	到期日

除上述列示的银行承兑汇票外，本公司并无由贵行承兑而尚未支付的其他银行承兑汇票。

6.本公司向贵行已贴现而尚未到期的商业汇票

商业汇票号码	付款人名称	承兑人名称	票面金额	票面利率	出票日	到期日	贴现日	贴现率	贴现净额

除上述列示的商业汇票外，本公司并无向贵行已贴现而尚未到期的其他商业汇票。

7.本公司存放于贵行的有价证券或其他产权文件

有价证券或其他产权文件名称	产权文件编号	数量	金额

除上述列示的有价证券或其他产权文件外，本公司并无存放于贵行的其他有价证券或其他产权文件。

注：此项不包括本公司存放在贵行保管箱中的有价证券或其他产权文件。

（公司盖章）

年　月　日

续表

以下仅供被询证银行使用
结论：1.信息证明无误。 （银行盖章） 经办人：　　　　　　　　　　　年　月　日
2.信息不符，请列示不符项目及具体内容（对于在本函前述第1项至第8项中漏列的其他重要信息，请列出详细资料）。 （银行盖章） 经办人：　　　　　　　　　　　年　月　日

【小思考7-4】银行存款函证和应收账款函证有什么区别？

七、审查银行存款收支业务的合法性、合规性

1.审查银行存款的收支事项是否以规定的合法凭证为依据，应按规定审批的支款事项是否经过审批。

2.对大额银行存款收支事项进行审查，看其是否有不符合规定的收入和支出。

3.审查开发支票与加盖印鉴是否分别管理，是否按规定签发不填金额的空白支票，有否签发远期支票和收支跨期入账情况，有否出借账户的行为。

八、审查银行存款收支的正确截止

1.对结账日前后一段时期内收支凭证进行审计，以确定是否存在跨期事项。

2.企业资产负债表上银行存款数字应当包括当年最后一天收到的所有存放于银行的款项，而不得包括其后收到的款项；同样，企业年终前开出的支票，不得在年后入账。

3.为了确保银行存款收付的正确截止，审计人员应当在清点支票及支票存根时，确定各银行账户最后一张支票的号码，同时查实该号码之前的所有支票均已开出。在结账日未开出的支票及其后开出的支票，均不得作为结账日的存款收付入账。

九、审查银行存款在资产负债表上的列报

根据有关会计准则的规定，银行存款在资产负债表中的“货币资金”项目下反映，审计人员应当在实施上述审计步骤后，确定银行存款账户的期末余额是否恰当，进而确定货币资金是否在资产负债表上得到恰当的列报。

【知识拓展7-4】《关于进一步规范银行函证及回函工作的通知》(财会〔2016〕13号)

各省、自治区、直辖市、计划单列市财政厅（局），各银监局，各政策性银行、大型银行、股份制银行、邮储银行、外资银行：

银行函证是注册会计师独立审计的核心程序之一，银行回函对于注册会计师在审计工作中识别财务报表错误与舞弊行为至关重要。为进一步规范银行函证及回函工作，保证审计工作质量，维护金融市场秩序，现将有关事项通知如下：

一、高度重视银行函证回函工作

银行函证回函工作是金融服务的内在组成部分，也关系到金融安全的维护与保障。高质高效的银行函证回函工作，有助于夯实市场主体会计信息质量、防范金融风险、维护金融秩序，有助于各政策性银行、商业银行、农村合作银行、农村信用社和村镇银行（以下统称银行）加强内部控制，降低运营风险、法律风险和声誉风险，推动社会信用体系的建设。

随着金融业务的创新发展，企业与银行之间资金往来的形式复杂多样，原询证函格式无法覆盖新的业务情形。另外，也存在着部分银行对回函工作不够重视、回函不完整、不及时等问题，损害了银行回函作为审计证据的可靠性，也易引发银行的经营风险。

各银行应从健全内部管理、防范金融风险、承担社会责任的高度，充分认识银行函证的重要性，提升服务意识，高度重视并切实做好银行函证的回函工作。

二、规范银行函证及回函工作

注册会计师应当根据具体业务的需要，从本通知所附银行询证函格式中选择适当的银行询证函，并确保函证的完整规范有效。注册会计师应当对银行询证函及回函中所列信息严格保密，仅用于审计（验资）目的，并按照执业准则的要求形成业务工作底稿。

各银行应严格规范银行函证回函工作。各银行原则上应当在被审计单位签署的银行询证函原件上确认、填写相关信息并签章；如不在询证函原件上回复而采用银行系统自动生成的相关报告并签章作为回复的，应对询证函列示的全部项目作出回应。银行应对回函信息的真实性和准确性负责。银行应于收到询证函之日起10个工作日内，按照询证函所载致送的会计师事务所地址，将回函直接寄往会计师事务所。会计师事务所对被审计单位开户行的回函真实性存有疑虑或开户行未对全部函证事项及时回函的情况下，可向开户行的上级行反映投诉，上级行应督促开户行积极配合办理，或由上级行直接办理。

三、严格银行函证回函的内部控制

为有效防范因银行函证回函不实导致的运营风险、法律风险和声誉风险，银行应在以下方面建立和完善银行函证回函工作的内部控制，并确保其有效运行：

（一）明确回函的工作流程，建立相应的授权机制和制衡机制，实现不相容职责的分离；

（二）规范询证函回函用章的管理制度，明确回函用章；

（三）校验询证函印章，确定其与预留印鉴一致无误后，方可办理回函业务；

（四）询证函回函人员应注意核查询证函内容及格式、留存相关回函复印件或影像文件，当发现询证函所载信息与银行信息不相符时，应在回函上按照要求列明不符事项；

（五）加强回函的复核控制，即由函证处理人员根据原始业务记录进行填写，并由主管人员根据授权复核后在回函上签字并加盖有效印章；

（六）建立完备的回函操作记录，记录中应体现处理过程及主管人员复核签字等内控程序；

（七）将回函工作纳入银行内审或内控检查范畴，并对所发现问题及回函投诉事项建立缺陷整改、责任认定和问责机制；

（八）银行函证受理部门名称、地址、联系电话应当公开透明。

四、建立健全银行函证集中处理机制

鼓励各银行对信息系统功能进行升级和扩展，使针对同一客户的所有信息能够集中显示，同时应当加强对信息系统的安全管理和授权管理。鼓励各银行建立银行函证的集中处理机制，如全国性或区域性银行函证处理中心，负责集中处理注册会计师或其他第三方的银行询证函，以保障回函工作的质量和效率。

五、加强回函监管工作

金融监管部门将强化监管，对于银行在办理回函工作中出现的失信行为，依照相关法律法规予以处理，追究法律责任。

本通知对银行的监管要求适用于企业集团财务公司。本通知自2016年10月1日起施行，《关于做好企业的银行存款、借款及往来款项函证工作的通知》（财协字〔1999〕1号）中有关银行询证函的相关规定同时废止。

例如，审计人员在2016年1月11日检查了某企业2015年12月份银行存款日记账的收支业务并与银行对账单核对。12月31日，银行对账单余额为335 658元，银行存款日记账为317 658元，核对后发现有下列不符情况：

1.12月23日，银行对账单上收到外地汇款7 600元，但日记账上无此记录。

2.12月25日，银行对账单付出7 600元（查系转账支票），但日记账无此记录。

3.12月30日，日记账上有存入转账支票2 000元，但对账单无此记录。

4.12月30日，日记账上有付出转账支票20 000元，但对账单无此记录。

根据上述资料编制的银行存款余额调节表见表7-4。

表7-4 **银行存款余额调节表** 单位：元

企业账项	金额	银行账项	金额
企业“银行存款”账户余额	317 658	银行“对账单”余额	335 658
加：银行已收企业未收	7 600	加：企业已收银行未收	2 000
减：银行已付企业未付	7 600	减：企业已付银行未付	20 000
调整后的余额	317 658	调整后的余额	317 658

同时简要分析出该企业在银行存款管理上存在的问题如下：第1、2笔经济业务有出租出借银行账户嫌疑，应进一步审查，建议加强银行存款账户管理。

【同步案例7-1】 中国证监会对利安达会计师事务所的行政处罚决定

2017年9月20日，证监会出示行政处罚书，由于利安达会计师事务所（以下简称利安达）对九好集团2013年至2015年度财务报表进行审计时，未勤勉尽责，出具的审计报告存在虚假记载，根据当事人违法行为的事实、性质、情节与社会危害程度，依据《证券法》第二百二十三条的规定，我会决定：一、没收利安达业务收入150万元，并处以750万元罚款。二、对蒋淑霞、李杰给予警告，并分别处以10万元罚款。

利安达对银行审计程序不到位。利安达对九好集团在兴业银行杭州分行3亿元定期存款的审计中，实施了函证程序，截至2016年4月21日审计报告出具日未收到回函。在浙江证监局提示过关注3亿元定期存单的情况下，利安达未执行有效审计程序，审计结论仍为"未见异常情况"，未能发现虚增3亿元银行存款及3亿元定期存单质押的事实。2016年6月2日收到银行回函，6月7日才对兴业银行杭州分行进行访谈，已晚于审计报告出具日。

上述行为违反《中国注册会计师审计准则第1312号——函证》第十二条、第十九条、第二十条和《中国注册会计师审计准则第1501号——对财务报表形成审计意见和出具审计报告》第十四条的规定。

当事人及其代理人主要提出如下申辩意见：第一，九好集团虚增3亿元银行存款是九好集团蓄意造假的结果，其应承担相应的会计责任，利安达履行了必要的审计程序，不应承担审计责任。经复核，我会认为：第一，对于九好集团3亿元定期存单，在浙江证监局已提示关注且银行未回函的异常情况下，利安达仅查询了网银和征信中心的企业信用报告。但网银页面仅显示存款是否存在，而企业信用报告由商业银行进行信息录入，存在滞后性。此外，审计工作底稿中存有一份单位存款质押合同，合同附件明确可见九好集团其中一笔1.5亿元的定期存款在2015年9月22日被质押。在此情况下，利安达仅进行简单查询，在查询结果与相关信息明显矛盾的情形下，未获取进一步审计证据，即出具了审计报告。

资料来源：中国证监会．中国证监会行政处罚决定书（利安达会计师事务所、蒋淑霞、李杰）[EB/OL]．[2017-09-20]． http: //www.csrc.gov.cn/pub/zjhpublic/G00306212/201710/t20171010_325105.htm?keywords=%E4%B9%9D%E5%A5%BD%E9%9B%86%E5%9B%A2.

思考： 通过利安达对银行存款审计不到位被处罚的事件，你认为会计师事务所应该如何提升银行存款审计过程？

解答：（1）控制函证。

银行存款函证，是银行存款审计的传统方法，也是证明银行存款存在性及所有权的主要手段。为了提高银行存款审计的质量、控制审计风险，在执行银行存款审计业务时，函证程序应该注意以下几个方面：

①审计人员必须取得被审计单位银行对账单，并根据对账单审计基准日的存款余额，填写银行询证函。

②对于本会计期间新开户和销户的银行账户，要取得有关资料，一并函证，特别是要函证销户账户的原开户行，以确认是否存在未入账贷款。

③银行询证函应该由审计人员直接发出并接收。

④对于银行账户较多的企业，要了解账户较多的原因，防止其他可能的审计风险。

（2）核对流水。

传统的银行存款审计只关注银行存款的期末余额，对银行存款流水不够重视。在实务中，特别是一些资金流量大的企业，可能存在一定的风险。为了控制资金挪用等风险，需要核对资金流水，寻找没有入账的资金收付。注册会计师需要注意以下几个方面：

①取得本期全部银行对账单，根据审计重要性水平，结合专业判断，确定需要核对的金额下限。

②将限额以上的资金流水和银行存款日记账进行核对。对于没有入账的资金收付，如果没有形成未达账项，肯定借贷双方都有发生，所以，为了减少核对工作量，可以只核对日记账贷方发生数。

③如果发现没有入账的资金收付，要认真查找原因，可能的原因主要包括被审计单位出借银行账户、收入不入账、挪用资金等。

（3）关注定期存款。

对于定期存款的审计，要足够重视，控制风险，注册会计师应特别注意以下几个方面：

①取得定期存单原件，不能用复印件代替。因为可能存在一些定期存单相关交易，在复印件上是难以发现的。

②要根据专业判断，对定期存单进行函证或抽样函证。函证必须由审计人员亲自管理。根据对被审计单位内部控制的判断，决定抽样的比例，如果在进行抽样函证时出现差异，必须查找原因并全部函证。

③要关注定期存单的转存。将存单的会计期间内转存过程与银行存款日记账进行核对，以确认所有的转存已全部入账。对于没有入账的转存业务，要关注其利息是否已经入账。难以逐笔核对的，要进行测算，发现不可接受的差异，要追查原因，还要根据业务约定提出管理建议。

（4）关注未达账项。

未达账项的审计，是对银行存款进行审计的主要方面之一，要根据未达账项的具体情况，作进一步核实。

①银收企未收。要查明款项来源和性质，必要时与合同进行核对，以确认是否属于应转未转的收入。特别是对于有避税要求和在各会计期间之间平衡利润要求的企业，对于大额银收企未收款项，要保持足够的职业谨慎。

②银付企未付。要查明款项的去向和性质，确认是否属于应计未计的费用。对于长期未达账项，要保持足够的职业敏感性，确认是否属于挪用资金或相关违规行为。必要时，可以向款项的去向单位函证交易的性质。

③企付银未付。要查明款项的去向和性质，确认是否属于虚转成本。必要时，可以向对方单位函证交易的性质。

④企收银未收。要查明款项的来源和性质，特别关注款项的真实性。必要时，要函证交易的性质，以确认是否属于虚构收入。

第四节　其他货币资金审计的实质性程序

其他货币资金的审计目标主要包括：确定被审计单位资产负债表中的其他货币资金在财务报表日是否确实存在，是否为被审计单位所拥有；确定被审计单位在特定期间内发生的其他货币资金收支业务，是否均已记录完毕，有无遗漏；确定其他货币资金的余额是否正确；确定其他货币资金是否已按照企业会计准则的规定在财务报表上作出恰当的列报。

一、获取或编制其他货币资金明细表

复核银行汇票存款、银行本票存款、信用卡存款、信用证保证金存款、存出投资款、外埠存款等加计是否正确，并与总账数和日记账明细账合计数核对是否相符。检查非记账本位币其他货币资金的折算汇率及折算是否正确。

二、取得并检查其他货币资金余额调节表

1. 取得被审计单位银行对账单，检查被审计单位提供的银行对账单是否存在涂改或修改的情况，确定银行对账单金额的正确性，并与银行回函结果核对是否一致，抽样核对账面记录的已付款金额及存款金额是否与对账单记录一致。

2. 获取资产负债表日的其他货币资金存款余额调节表，检查调节表中加计数是否正确，调节后其他货币资金日记账余额与银行对账单余额是否一致。

3. 检查调节事项的性质和范围是否合理，如存在重大差异应作审计调整。

三、检查其他货币资金收支的真实性

1. 函证银行汇票存款、银行本票存款、信用卡存款、信用证保证金存款、存出投资款、外埠存款等期末余额，编制其他货币资金函证结果汇总表，检查银行回函。

2. 验证外埠存款余额是否真实，外埠存款的使用是否符合规定的用途，有无擅自挪作他用的现象发生，外埠存款的各项支出是否定期及时报账等。

3. 验证银行汇票和银行本票的使用是否符合规定，对银行汇票发生转汇的，应当审查其用途与原先规定的用途一致，有无挪作他用的情况，审查退回余款是否及时入账。

4. 对于存出投资款，跟踪其资金流向，通过获取董事会决议等批准文件、开户资料、

授权操作资料进行审查。

5.对于信用卡存款，如果信用卡持有人是被审计单位员工，取得该员工的书面说明，检查对账单及流水，关注是否存在需要确认为费用及负债的事项。

6.如果投资于证券交易业务，通常结合交易性金融资产项目审计。核对证券账户名称是否与被审计单位相符，获取证券公司证券交易结算资金账户的资金及交易流水，抽查大额的资金存取，关注资金存取的财务账面记录与资金流水是否相符，损益核算是否正确。检查证券及余额是否与财务记录相符，以及是否存在出借、冻结或质押等情况。

7.如果投资于委托理财，索取委托理财合同，检查其可收回性及核算的真实性，执行函证程序，关注列报是否合理。

四、检查其他货币资金存款账户

检查其他货币资金存款账户的存款人是否为被审计单位，若存款人非被审计单位，应获取该账户户主和被审计单位的书面声明，确认资产负债表日是否需要调整。

五、其他货币资金截止测试

选取资产负债表日前后的凭证，对其他货币资金收支凭证实施截止测试，如有跨期收支事项，应考虑是否进行调整。

六、抽查大额其他货币资金收付记录

抽查大额其他货币资金收付记录，检查原始凭证是否齐全、记账凭证与原始凭证是否相符、账务处理是否正确、是否记录于恰当的会计期间等项内容。

七、关注特别情形

关注是否有质押或冻结等对变现有限制、或存放在境外、或有潜在回收风险的款项。对不符合现金及现金等价物条件的其他货币资金在审计工作底稿中予以列明，以考虑对现金流量表的影响。

八、检查其他货币资金的列报是否恰当

根据有关规定，其他货币资金在资产负债表的“货币资金”项目中反映，审计人员应确定其他货币资金的期末余额是否恰当，进而确定其他货币资金是否在资产负债表上恰当列报。关注被审计单位财务报表附注是否按库存现金、银行存款、其他货币资金分别列示货币资金情况。检查不符合现金及现金等价物条件的货币资金是否已经在现金流量表中恰当列报。保证金、定期存款、银行存款质押、司法冻结、限定用途等是否予以充分披露。

本章小结

货币资金审计必须与其他业务循环，比如销售与收款循环、采购与付款循环、生产与存货循环的审计结合起来，才能更加有效。在实务中，货币资金舞弊常见的类型主要包括现金舞弊和银行存款舞弊两类，其中最典型的是私设“小金库”。库存现金审计的实质性程序主要包括：核查库存现金日记账与总账的余额是否一致；监盘库存现金；审查库存现金收支业务的真实性、合法性；审查库存现金收支的截止日期；审查库存现金在资产负债表上的列报。银行存款审计的实质性程序主要包括：获取或编制银行存款余额明细表；实施实质性分析程序；检查银行账户；检查定期存款；取得并检查银行对账单和银行存款余额调节表；函证银行存款余额；审查银行存款收支的正确截止；审查银行存款在资产负债表上的列报。

本章主题词

货币资金　小金库　库存现金审计　银行存款审计　其他货币资金审计

复习思考题

1.货币资金内部控制测试的重点内容有哪些？

2.库存现金的审计目标及实质性程序的主要内容有哪些？

3.如何实施银行存款实质性程序？

4.评估货币资金的重大错报风险时，应关注哪些事项？

5.对现金交易比例较高的被审计单位，实施货币资金审计程序时，应进行哪些特殊考虑？

6.实施其他货币资金审计程序时，应特别关注哪些事项？

案例讨论

泸州老窖2014年11月11日晚间公告，公司已就1.5亿元银行存款失踪的事项向四川省高级人民法院提起诉讼，四川省高级人民法院立案受理审查。事件起于2013年4月15日，泸州老窖与中国农业银行长沙迎新支行签订（湘）农银协定存款字（开福）第0012号《中国农业银行单位协定存款协议》等四份协议。其后，公司根据协议先后分四次以网银方式汇入公司在农行迎新支行开设的存款账户共计2亿元。农行迎新支行向公司出具了存款证明书、对账单。2014年4月23日，第一笔5 000万元存款到期后，泸州老窖通过一般存款户转回了该笔存款及相应利息，但剩下的资金却不翼而飞。2014年9月25日，公司剩余1.5亿元存款到期。蹊跷的是，存款到期的第二天（9月26日），公司财务人员在转款时却被农行迎新支行告知公司账户上已无该笔资金，不能按时划转。

资料来源：财经网．泸州老窖1.5亿银行存款失踪案：四川高院已立案受理［EB/OL］．［2014-11-12］．http：//money.163.com/14/1112/08/AARAGB5S00253B0H.html.

要求：进一步查找资料，利用财务报表审计的思维与基本思路，深入分析泸州老窖1.5亿元银行存款失踪背后隐藏的真相。

第八章　采购与付款循环审计

【学习目标】

知识目标：理解并掌握采购与付款循环相关的重大错报风险识别与评估，内部控制制度测试程序，重点掌握应付账款、固定资产及相关账户审计的实质性程序。

能力目标：通过学习，能够对采购与付款循环业务进行风险评估、执行控制测试和实质性程序。

【引导案例】

獐子岛消失的扇贝

獐子岛位于大连港东56海里。獐子岛集团股份有限公司于2006年在深交所中小板上市。公司主要从事水产品养殖、加工等业务，主要产品为底播虾夷扇贝、鲍鱼、海参等。2014年10月14日，獐子岛停牌，称正在核查与底播增值海域相关的重大事项。2014年10月31日，公司发布公告，称受北黄海冷水团异常变化的影响，部分海域底播虾夷扇贝发生重大损失，决定对大额存货进行核销处理及计提大额存货跌价准备，合计影响净利润7.63亿元。该信息披露后，市场出现大量质疑声音，集中反映獐子岛涉嫌三年前底播虾夷扇贝苗种造假、大股东违规占用资金等问题。

2014年11月17日腾讯财经报道，獐子岛董秘孙某表示，在2011年，80%到90%的苗种是由公司采购而来。由于掌握着每年高达数亿元的苗种采购经费，负责采购的人员责任重大。

2012年3月，獐子岛内部人士举报，称有员工在虾夷扇贝苗种收购过程中收受贿赂。2012年3月28日，大连市长海县公安局立案调查此事。多位獐子岛内部人士向腾讯财经确认，被举报对象是时任獐子岛集团养殖事业一部副总经理的吴某，此人常年负责在海洋岛收购苗种。举报发生后，吴某被公司内部处理。他手下的至少两名工作人员，其中包括至少一名会计，被移交司法机关，并于2012年7月被宣判入刑。獐子岛董秘孙某未向腾讯财经透露这些工作人员的罪名。

据了解案情的人士透露，其中一名会计跟随吴某前往海洋岛收购苗种，负责记账。“吴某和苗种老板谈好之后，他检查每箱苗种数量，然后记入账本。”一个问题在于，由于收购的苗种太多，无法做到每箱都检查。

吴某负责采购多年，“一般都是他和卖苗业户商量好价钱，然后他（吴某）说有多少苗，会计就记多少苗。”另一位熟悉案情的人士告诉腾讯财经，在收苗过程中，最不可控的问题不是种苗的数量不对，而是“死亡率”带来的操作空间。当年收苗是在11月份，温度较低，扇贝苗会出现死亡的情况，因此公司会允许种苗存在一定的死亡比例，但“死亡率很难准确认定，所以操作空间非常大”。

在采购完苗种之后，带有活水舱的播苗船载着苗种驶向指定底播海域，把苗种撒向茫茫大海。“这期间播的是啥东西，谁知道？”上述知情人士表示。此次导致獐子岛巨额亏损的虾夷扇贝种苗，于2011年和2012年进行底播，当时恰是吴某带领的团队负责虾夷扇贝苗种的采购。2012年撤换掉吴某之后，獐子岛开始对采购环节进行改进。

2014年12月6日，中国青年网报道，证监会对獐子岛“巨亏”事件的核查及处理情况进行了介绍。经证监会核查，未发现獐子岛2011年年底播虾夷扇贝苗种采购、底播过程中存在虚假行为；未发现大股东长海县獐子岛投资发展中心存在占用上市公司资金行为；獐子岛存在决策程序、信息披露以及财务核算不规范等问题。

资料来源：佚名. 獐子岛8亿巨亏谜团：种苗采购舞弊案浮现［EB/OL］.［2014-11-17］. http://www.dljrw.com/show-157-139487-1.html.

这一案例表明：在采购与付款循环中存在重大错报风险的环节很多，由于一些企业的业务具有特殊性，因此查清某些错报的难度很大。

第一节　风险评估与控制测试

一、评估重大错报风险

采购与付款循环的主要重大错报风险，对上市公司而言，通常是低估费用和隐瞒应付账款，从而高估利润、粉饰财务状况。因此，实施实质性程序，如对收到的商品和付款实施截止测试，以获取交易是否已被计入正确会计期间的证据就显得非常重要；该交易循环中的另一项重大错报风险是采购的商品、资产被错误分类，即对本应资本化的予以费用化，或对本应费用化的予以资本化，这都将影响利润和资产或负债。此外，对于付款交易，还应关注被审计单位是否存在未经授权或无效的付款，是否将应计入费用的付款有意无意地冲销了不相关的应付账款。

【小思考 8-1】资本化与费用化的含义是什么？如何对二者进行区分？

(一) 重大错报风险的主要来源

1.管理层凌驾于内部控制之上

被审计单位管理层可能为了完成预算、满足业绩考核要求、保证从银行获得额外的资金、吸引潜在投资者、误导股东、影响公司股价而凌驾于内部控制之上，或通过把私人费用计入公司进行个人牟利而错报支出。常见的手段可能有：

(1) 把通常应当及时计入损益的费用资本化，然后通过资产的逐步摊销予以消化。这对增加当年的利润和留存收益都将产生影响。

(2) 平滑利润。通过多计准备或少计负债和准备，把损益控制在被审计单位管理层希望的水平。

(3) 利用特别目的实体把负债从资产负债表中剥离，或利用关联方间的定价优势制造虚假的收益增长趋势。

【知识拓展 8-1】 特别目的实体的概念

特别目的实体，又称为特殊目的实体（special purpose entity，SPE），在欧洲通常称为特殊目的载体（special purpose vehicle，SPV），是指接受发起人的资产组合，并发行以此为支持的证券的特殊实体。建立 SPE 是证券化的中心环节，它的基本操作流程是从资产原始权益人（即发起人）处购买证券化资产，以自身名义发行资产支持证券进行融资，再将所募集到的资金用于偿还购买发起人基础资产的价款。除了应用于资产证券化之外，SPE 还可用于风险隔离、金融工程以及规则规避等。

（4）通过复杂的税务安排推延或偷逃所得税和增值税。

（5）被审计单位管理层把私人费用计入企业费用，把企业资金当作私人资金运作。

（6）将本期采购并收到的商品计入下一会计期间；或者将下一会计期间采购的商品提前计入本期；未及时计提尚未付款的已经购买的服务支出等。

（7）低估准备和负债。在承受反映较高盈利水平和营运资本的压力下，被审计单位管理层可能试图低估准备和应付账款，包括低估对存货、应收账款应计提的减值以及对已售商品提供的担保（例如售后服务承诺）应计提的准备。这可能导致资产负债表分类错误以及财务报表附注不正确或披露不充分。

（8）不正确地记录外币交易。当被审计单位进口用于出售的商品时，可能由于采用不恰当的外币汇率而导致该项采购的记录出现差错。此外，还存在未能将诸如运费、保险费和关税等与存货相关的进口费用进行正确分摊的风险。

（9）故意以复杂的交易安排购买一定期间的多种服务，管理层为调节利润故意错误分配或计提购买服务的相关支出。

（10）不按照适当的计量属性确认存货的采购成本，导致存货成本和销售成本的核算不正确。

【小思考8-2】针对管理层凌驾于内部控制之上实施的审计程序有哪些？

2.舞弊和盗窃的固有风险

如果被审计单位经营大型零售业务，由于所采购商品和固定资产的数量及支付的款项庞大，交易复杂，容易造成商品发运错误，员工和客户发生舞弊和盗窃的风险较高。如果负责付款的会计人员有权接触应付账款主文档，并能够通过在应付账款主文档中擅自添加新的账户来虚构采购交易，风险也会增加。

3.在计算机环境下控制活动失效

在计算机环境下，注册会计师应当考虑特殊的控制活动对于采购与付款交易的适用性。其中最为重要的控制应着眼于计算机程序的更改和供应商主文档中重要数据的变动，因为这会对采购成本、应付账款带来影响，也会影响对差错和例外事项的处理过程和结果。

（二）需要关注的重大错报风险识别特征

针对采购与付款循环的重大错报风险，注册会计师需要关注的重大错报风险识别特征包括：

1.遗失连续编号的验收单，这表明采购交易可能未予入账。

2.出现重复的验收单或发票。

3.供应商发票与订购单或验收单不符。

4.供应商名称及代码与供应商主文档信息中的名称及代码不符。

5.在处理供应商发票时出现计算错误。

6.采购或验收的商品的存货代码无效。

7.处理采购或付款的会计期间出现差错。

8.通过电子货币转账系统把货款转入供应商的银行账户，但该账户并非供应商支付文档指定的银行账户。

9.账簿上记录的固定资产与业务没有明显的联系。

10.缺乏记录资产增加和报废的明细账，对固定资产的记录、报废和处置缺少足够的规定和程序。

11.总账与明细账不符。

12.存在固定资产的二手仓储场所，这些固定资产可能未到使用年限，但因为一些原因已经不再使用了。

总之，当被审计单位管理层具有高估利润的动机时，审计人员应当主要关注费用支出和应付账款的低估。

【知识拓展8-2】 采购与付款循环业务流程图

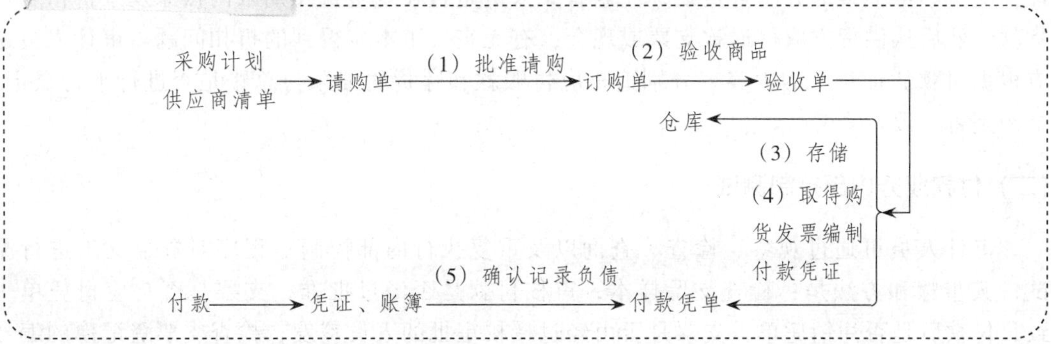

二、采购交易的内部控制测试

（一）请购商品或劳务内部控制的测试

请购制度有助于对订购单和购货发票的控制，从而使得控制测试的结果为进一步信赖该制度提供有力的证据。审计人员尤其关注对请购单提出和核准的控制程序。应选择若干张请购单，检查摘要、日期、数量和相应文件的完整性，审核核准的证据手续是否完整，有无核准人签字等。

（二）订购商品和劳务内部控制的测试

订购单是经核准的采购业务的执行凭证，审计人员通常更注意对订购单的填制和处理的控制，关注订购单是否全部准确处理并有效。进行测试时，应注意审查订购单的完整性，如编号、日期、摘要、数量、价格、规格、质量及运输要求等是否齐全，审查订购单是否附有请购单或其他授权文件。

（三）货物验收内部控制测试

审计人员应确定购货发票是否与验收单一致，验收部门是否独立行使职责，并编制正确的验收单，查询并观察验收部门在收货时对货物的检查情况，检查按编号顺序处理的验收单的完整性，即验收单的内容填写是否完整，查阅货物质量检验单的内容和处理程序。

三、付款交易的内部控制测试

由于采购和付款交易同属一个交易循环，联系紧密，因此，对付款交易的部分测试可与测试采购交易一并实施。当然，有些付款交易测试仍需单独实施。

(一) 应付账款内部控制测试

审计人员应检查购货业务的原始凭证，包括每一张记录负债业务增加的记账凭证是否均附有订购单、验收单、购货发票，审核这些原始凭证的数量、单价、金额是否一致，原始凭证上的各项手续是否齐全。应注意现金折扣的处理是否由经授权的经办人按规定处理，测试中可抽查部分购货发票，注意有关人员是否在现金折扣期限内按原发票价格支付货款，然后从供货方取得退款支票或现金，有无丧失了本应得到的折扣问题。审计人员还应根据付款凭证记录的内容，分别追查应付账款和存货明细账与总账是否进行平行登记，金额是否一致。

(二) 付款业务内部控制测试

审计人员可通过观察、检查、查询以及重复执行内部控制等程序对资金支出进行测试，其步骤和方法是：检查支票样本，审核付款是否经过批准，支票是否与应付凭单一致，付款后是否注销凭单，支票是否由经过授权审批的人员签发；检查支票登记簿的编号顺序，与相应的应付账款明细账和银行存款日记账核对，审查其金额是否一致；观察编制凭证和签发支票、签发支票与保管支票的职责分配是否符合内部控制原则；检查付款支票样本，确定资金支付是否完整地记录在适当的会计期间。

四、对采购与付款内部控制进行评价

对采购与付款内部控制进行评价，是为了对采购与付款业务执行实质性程序前确定对采购与付款内部控制的可依赖程度。审计人员在评价时，应注意分析采购与付款业务中认定可能发生的潜在的错报或漏报，哪些控制可以防止或者发现并纠正这些错报或漏报。通过比较必要的控制和现有控制，评价计划依赖的采购与付款业务内部控制的健全性和有效性。

例如，A公司对于采购合同的管理制定的内部控制制度如下：(1) 根据公司管理信息系统中标准合同模板拟定合同文本（标准合同模板经法律事务处确认），合同盖章生效前，需经法律事务处审核。(2) 经办人形成合同文本；采办部主任、商务部中心主任分别对合同内容进行审核；法律事务处审核确认；公司主管经理审批生效后由法律事务处盖章。(3) 采办部主管主任、采办部主任、商务部中心主任分别对采购价格进行审核。该公司第（1）项规定是为了防范合同没有完整包括法律规定的必要条款的风险；第（2）项规定是为了防范合同内容存在重大疏漏和欺诈以及采购合同未经有效授权的风险；第（3）项规定主要是为了防范采购合同价格未经审批的风险。

第二节　应付账款审计的实质性程序

一、应付账款的审计目标

应付账款是资产负债表上一项重要的流动负债，企业往往通过减记负债来“美化”其财务状况，因此，应付账款具有较高的固有风险。对于许多企业而言，应付账款的内部控制制度也远不如应收账款健全，因为它们有时可能完全依赖供货商提供的对账单来核对和控制应付账款。审计人员应特别关注应付账款的少记和漏记，即重点审查应付账款的“完整性”目标。所以应付账款的审计目标一般包括：确定应付账款的发生和偿还记录是否完整；确定应付账款期末余额是否正确；确定应付账款在财务报表上的披露是否恰当。

二、应付账款审计的实质性程序

（一）获取或编制应付账款明细表

获取或编制应付账款明细表，复核加计是否正确，并与报表数、总账数和明细账合计数核对是否相符。

（二）实施实质性分析程序

（1）针对已识别需要运用分析程序的有关项目，并基于对被审计单位及其环境的了解，通过进行以下比较，同时考虑有关数据间关系的影响，以建立有关数据的期望值：

①对本期期末应付账款余额和上期期末余额进行比较，分析其波动的原因；

②分析长期挂账的应付账款，要求被审计单位作出解释，判断被审计单位是否缺乏偿债能力或利用应付账款隐瞒利润；

③计算应付账款对存货的比率、应付账款对流动负债的比率，并与以前期间进行对比分析，评价应付账款整体的合理性；

④根据存货、主营业务收入和主营业务成本的增减变动幅度，判断应付账款增减变动的合理性等。

（2）确定可接受的差异额。

（3）将实际的情况与期望值相比较，识别需要进一步调查的差异。

（4）如果其差额超过可接受的差异额，调查并获取充分的解释和恰当的具有佐证性质的审计证据。

（5）评估分析程序的测试结果。如果认为存在未预期的重大差异，就需要对应付账款的发生额和余额实施更加详细的细节测试。

（三）函证应付账款

一般情况下，应付账款不需要函证，这是因为应付账款发生认定存在问题的可能性较小，虚列应付账款一般对被审计单位而言没有明显的益处。况且审计人员能够取得购货发票等外部凭证来证实应付账款的余额。但如果控制风险较高，某些应付账款明细账户金额较大或被审计单位处于财务困难时期，则应进行应付账款的函证。进行应付账款函证时应注意：

1.在选择函证对象时，应选择金额较大的债权人，以及在资产负债表中总金额不大，甚至为零，但为企业重要供货商的债权人。

2.在所选取的函证项目中，应包括余额为零甚至余额很小的账户，因为这些账户有可能被低估。

3.函证最好采用积极方式，并具体说明应付金额。

4.审计人员对函证的过程进行控制，要求债权人直接回函，并根据回函情况编制并分析函证结果汇总表，对未回函的，应考虑是否再次函证。

【知识拓展 8-3】 针对实施函证程序时需要关注的舞弊风险迹象，注册会计师可以采取的应对措施

实施函证程序时，注册会计师需要关注的舞弊风险迹象见【知识拓展 10-3】。

答：针对舞弊风险迹象，注册会计师根据具体情况可以实施的审计程序包括（出自《中国注册会计师审计准则问题解答第 2 号——函证》）：

1.验证被询证者是否存在、是否与被审计单位之间缺乏独立性，其业务性质和规模是否与被询证者和被审计单位之间的交易记录相匹配。

2.将与从其他来源得到的被询证者的地址（如与被审计单位签订的合同上签署的地址、网络上查询到的地址）相比较，验证寄出方地址的有效性。

3.将被审计单位档案中有关被询证者的签名样本、公司公章与回函核对。

4.要求与被询证者相关人员直接沟通讨论询证事项，考虑是否有必要前往被询证者工作地点以验证其是否存在。

5.分别在中期和期末寄发询证函，并使用被审计单位账面记录和其他相关信息核对相关账户的期间变动。

6.考虑从金融机构获得被审计单位的信用记录，加盖该金融机构公章，并与被审计单位会计记录相核对，以证实是否存在被审计单位没有记录的贷款、担保、开立银行承兑汇票、信用证、保函等事项。根据金融机构的要求，注册会计师获取信用记录时可以考虑由被审计单位人员陪同前往。在该过程中，注册会计师需要注意确认该信用记录没有被篡改。

（四）查找未入账的应付账款

为了防止企业低估负债，审计人员应检查被审计单位有无故意漏记应付账款的行为。

1.检查被审计单位在资产负债表日是否存在有材料入库凭证但未收到购货发票的经济业务。

2. 检查资产负债表日后收到的购货发票，关注购货发票的日期，确认其入账时间是否正确。

3. 检查资产负债表日后应付账款明细账贷方发生额的相应凭证，确认其入账时间是否正确。

4. 审计人员还可以通过询问被审计单位的会计采购人员，查阅资本预算、工作通知单和基建合同来进行。

如果审计人员通过这些审计程序发现某些未入账的应付账款，应将有关情况详细记入审计工作底稿，然后根据重要性确定是否需要建议被审计单位进行相应的调整。

（五）检查应付账款是否存在借方余额

检查应付账款是否存在借方余额，如果有，应查明原因，必要时建议被审计单位作重新分类调整。

【小思考 8-3】如何理解账项调整与重分类调整？

（六）检查有无不属于应付账款的其他应付款

结合预付账款明细余额，查明有无在应付账款和预付账款同时挂账的项目；结合其他应付款明细余额，查明有无不属于应付账款的其他应付款。如果有，应作出记录，必要时，建议被审计单位作重分类调整或会计误差调整。

（七）检查应付账款长期挂账的原因

检查应付账款长期挂账的原因，作出记录，注意其是否可能无须支付。对确实无法支付的应付账款的会计处理是否正确，相关依据及审批手续是否完备。

（八）检查债务重组时应付账款的会计处理

被审计单位和债权人进行债务重组的，审计人员应结合债务重组事项的专项审计，检查有关的会计处理是否正确。

【知识拓展 8-4】 债务重组中债务人与债权人的会计处理方法

《企业会计准则第 12 号——债务重组》指出，债务重组是在债务人发生财务困难的情况下，债权人按照其与债务人达成的协议或者法院的裁定作出让步的事项。

债务人的会计处理：

第四条　以现金清偿债务的，债务人应当将重组债务的账面价值与实际支付现金之间的差额，计入当期损益。

第五条　以非现金资产清偿债务的，债务人应当将重组债务的账面价值与转让的非现金资产公允价值之间的差额，计入当期损益。

转让的非现金资产公允价值与其账面价值之间的差额，计入当期损益。

第六条　将债务转为资本的，债务人应当将债权人放弃债权而享有股份的面值总额确认为股本（或者实收资本），股份的公允价值总额与股本（或者实收资本）之间的差额确认为资本公积。

重组债务的账面价值与股份的公允价值总额之间的差额，计入当期损益。

第七条　修改其他债务条件的，债务人应当将修改其他债务条件后债务的公允价值作为重组后债务的入账价值。重组债务的账面价值与重组后债务的入账价值之间的差额，计入当期损益。

修改后的债务条款如涉及或有应付金额，且该或有应付金额符合《企业会计准则第13号——或有事项》中有关预计负债确认条件的，债务人应当将该或有应付金额确认为预计负债。重组债务的账面价值，与重组后债务的入账价值和预计负债金额之和的差额，计入当期损益。

或有应付金额，是指需要根据未来某种事项出现而发生的应付金额，而且该未来事项的出现具有不确定性。

第八条　债务重组以现金清偿债务、非现金资产清偿债务、债务转为资本、修改其他债务条件等方式的组合进行的，债务人应当依次以支付的现金、转让的非现金资产公允价值、债权人享有股份的公允价值冲减重组债务的账面价值，再按照本准则第七条的规定处理。

债权人的会计处理：

第九条　以现金清偿债务的，债权人应当将重组债权的账面余额与收到的现金之间的差额，计入当期损益。债权人已对债权计提减值准备的，应当先将该差额冲减减值准备，减值准备不足以冲减的部分，计入当期损益。

第十条　以非现金资产清偿债务的，债权人应当对受让的非现金资产按其公允价值入账，重组债权的账面余额与受让的非现金资产的公允价值之间的差额，比照本准则第九条的规定处理。

第十一条　将债务转为资本的，债权人应当将享有股份的公允价值确认为对债务人的投资，重组债权的账面余额与股份的公允价值之间的差额，比照本准则第九条的规定处理。

第十二条　修改其他债务条件的，债权人应当将修改其他债务条件后的债权的公允价值作为重组后债权的账面价值，重组债权的账面余额与重组后债权的账面价值之间的差额，比照本准则第九条的规定处理。

修改后的债务条款中涉及或有应收金额的，债权人不应当确认或有应收金额，不得将其计入重组后债权的账面价值。

或有应收金额，是指需要根据未来某种事项出现而发生的应收金额，而且该未来事项的出现具有不确定性。

第十三条　债务重组采用以现金清偿债务、非现金资产清偿债务、债务转为资本、修改其他债务条件等方式的组合进行的，债权人应当依次以收到的现金、接受的非现金资产公允价值、债权人享有股份的公允价值冲减重组债权的账面余额，再按照本准则第十二条的规定处理。

（九）关注是否存在应付关联方账款

如果有，应通过了解关联交易事项目的、价格和条件，检查采购合同等方法确认该应付账款的合法性和合理性；通过向关联方或其他审计人员查询及函证等方法，以确认交易的真实性。

（十）验明应付账款在资产负债表上的披露是否恰当

一般来说，"应付票据及应付账款"项目应根据"应付账款"和"预付账款"科目所属明细科目的期末贷方余额的合计数填列。如果被审计单位为上市公司，则通常在其财务报表附注中应说明有无欠持有5%以上（含5%）表决权股份的股东单位账款；说明账龄超过3年的大额应付账款未偿还的原因，并在期后事项中反映资产负债表日后是否偿还。

【同步案例8-1】 美国巨人零售公司审计案例

巨人零售公司于1959年建立，总部设立在马萨诸塞州的詹姆斯福特。在60年代中期，巨人零售公司的销售增长速度，令人震惊。直至1972年，巨人零售公司已经拥有了112家零售批发商店。但就在那一年，巨人零售公司的管理部门面临着历史上第一次重大经营损失。为了掩盖这一真相，巨人零售公司的4个管理人员利用以下几种方法，篡改了1972年1月29日结束的会计年度的应付账款余额：

第一种方法：伪造对米尔布鲁克制造商的假退货。巨人零售公司的财务副总裁伪造了28个假的贷项通知单（红字发票），以此来抵减外发的应付给米尔布鲁克公司的账款。当注册会计师注意到这些贷项通知单并询问公司职员时，罗丝的两个助理审计人员先后得到了三个不同的解释。被分配调查此事的两位助理审计人员写了一份备忘录附在审计工作底稿中，对贷项通知单的真实性提出质疑。然而，负责巨人零售公司审计工作的事务所合伙人却认为已经搜集到充分的证据，可以证实贷项通知单的真实性，就不再继续追究了。

第二种方法：伪造对罗兹斯盖尔公司的假退货。巨人零售公司通过发出35份假造贷项通知单蓄意减少13万美元应付给另一个供应商罗兹斯盖尔公司的账款。然而，证券交易委员会后来的调查表明：许多发出通知的商店根本就没有购买过罗兹斯盖尔公司的产品。另外，证券交易委员会还发现，在罗兹斯盖尔公司的会计记录中，并无任何凭证或分录与已被巨人零售公司确认的贷项通知单有关。事务所的一位助理审计人员把这些通知单高举在光线下观察时，发现了单据中被掩藏起来的句子："只有在收到货物时才可以记账。"表面看来，这行字告诉巨人零售公司的会计人员：只有能被货物所冲减的成本已经反映到罗兹斯盖尔公司的卖方账户上，巨人零售公司才可以抵减应付账款。这样一来，如果巨人零售公司在货物上真正退回给罗兹斯盖尔公司并且已反映到应付账款科目之前，就把没有确认的已购入的商品退回登记入账，这是非常可疑的。经过双方的几次交涉，最终事务所合伙人由于收到了信件证实了这批由巨人零售公司收到的、然后又退给罗兹斯盖尔公司的有争议的货物确实"存在"，从而接受了巨人零售公司对此批贷项通知单的解释。

第三种方法：迫使部门经理米尔和莱瑟伪造差价退款的会计处理。巨人零售公司的管理部门曾向下属两个最大部门的经理米尔和莱瑟施加压力，要求他们假造一份名单，虚构几百个曾被供应商们因进价过高而要求退款的事项，这笔金额大约有17.7万美元。罗丝会计师事务所为调查这些问题，从巨人零售公司提供的名单中随意抽取几个供应商，然后给他们打电话，求证进价过高是否真实。然而，在15个电话的求证过程中，注册会计师居然允许巨人零售公司先同供应商联系并通知此事，接着又允许其打了个电话，再一次解释事务所要询问的事项。随后才把电话递给注册会计师，直至那时，罗丝会计师事务所的注册会计师才能与供应商通话。但在证券交易委员会后来的调查发现，在相同条件下，有三个供应商在被巨人零售公司说服后，向罗丝会计师事务所提供了假证明。

第四种方法：伪造健美产品退回的虚假会计分录。最后，经过仔细计划，巨人零售公司假造了发给健美产品制造商的贷项通知单，用根本没被确认的16.2万美元的商品退回，来减少应付账款。很明显，这些产品的退回从来没有发生过。联系巨人零售公司其他一些和应付账款有关的假会计分录，证券交易委员会指责罗丝会计师事务所没有能够充分调查到这些项目。

1978年，巨人零售公司的总裁和副总裁由于蓄意向证券交易委员会提交虚假的财务报表被定罪。在这之前，巨人零售公司的前任董事长和财务主管因为相同的指控被判有罪。这4个人都被判罚款以及入狱6~18个月。1979年1月，经过对巨人零售公司舞弊案件的长期调查，证券交易委员会发布了最后公告。根据调查结果，证券交易委员会批评了罗丝会计师事务所，并且在联邦法院处理此事前，暂停负责该公司审计的合伙人执业5个月。证券交易委员会同时要求，由独立专家中的一位陪审员，对罗丝会计师事务所的审计程序进行一次大规模的检查。

资料来源：李若山. 巨人零售公司审计案例——会计师事务所因屈服客户压力而执行了许多无效的审计程序，注册会计师难辞其咎的审计案例［J］. 注册会计师通讯，1998（11）：40-44.

思考：该案例中存在哪些失效的审计程序？

解答：（1）伪造对米尔布鲁克制造商的假退货中，审计人员得到了不同的解释，产生了质疑，高级审计人员对此不予重视。

（2）通过收到信件证实货物的“存在”，没有实地监盘。

（3）打电话询问疑点时，允许被审计单位事先与供应商联系并商量此事，并允许其再一次解释事务所要询问的事项后，再与事务所联系。

（4）对于虚假应付账款有关的会计分录没有仔细调查。

第三节 固定资产审计的实质性程序

由于固定资产使用期限长、价值大、更新慢，增减变化发生的频率较之流动资产来说要小得多，相对来说，发生数量上的差错或弊端也较少。因此，审计人员在制订整个审计计划时，通常安排用于固定资产审计的时间较少，审计程序与方法也比较简单。另一方面，由于固定资产单位价值高，且其价值总额在企业资产总额中一般都占有较大的比重，固定资产的的安全与完整性对企业的生产经营影响极大，所以，对固定资产的审计又必须予以高度重视。

一、固定资产审计的目标

固定资产的审计目标一般包括：确定固定资产是否存在；确定固定资产是否归被审计单位所有；确定固定资产及其累计折旧增减变动的记录是否完整；确定固定资产的期末余额是否正确；确定固定资产在财务报表上的披露是否恰当；确定折旧政策和方法是否符合国家有关法律法规政策，是否一贯遵循；确定折旧费用的计算、分摊是否正确、合理和一贯；确定累计折旧的期末余额是否正确；确定累计折旧在财务报表上的披露是否恰当；确定计提固定资产减值准备的方法是否恰当，固定资产减值准备的计提是否充分；确定固定资产减值准备的增减变动的记录是否完整；确定固定资产减值准备的期末余额是否正确；确定固定资产减值准备的披露是否恰当。

二、固定资产计价审计的实质性程序

(一) 获取或编制固定资产及累计折旧汇总表

获取或编制固定资产及累计折旧汇总表，检查固定资产的分类是否正确，复核加计是否正确，并与报表数、总账数和明细账合计数核对是否相符。

固定资产和累计折旧汇总表又称综合分析表，是审计固定资产及累计折旧的重要工作底稿，其格式见表8-1。

表8-1 固定资产和累计折旧汇总表

编制人： 日期：

被审计单位： 复核人： 日期：

固定资产类别	固定资产				累计折旧					
	期初余额	本期增加	本期减少	期末余额	折旧方法	折旧率	期初余额	本期增加	本期减少	期末余额
合计										

汇总表包括固定资产与累计折旧两部分，应按照固定资产类别分别填列。需要解释的是期初余额栏，审计人员对其进行审计应区分三种情况：一是在连续审计的情况下，应注意与上期审计工作底稿中的固定资产和累计折旧的期末余额审定数核对相符。二是在被审计单位变更会计师事务所时，后任审计人员应借调、参阅前任审计人员有关工作底稿，如果以前期间均由具有良好信誉的会计师事务所审计，则后任审计人员的审核范围通常仅限于一般性复核。三是如果被审计单位以前未经审计过，即在初次审计的情况下，审计人员

应对期初余额进行较为全面的审计，尤其是当被审计单位的固定资产数量多、价值大、占资产总额比重大时，最理想的方法是彻底审计自被审计单位设立起的“固定资产”和“累计折旧”账户中的所有重要的记录。这样既可核实期初余额的真实性，又可从中加深对被审计单位固定资产管理和会计核算工作的了解。

（二）实施实质性分析程序

1.针对已识别需要运用分析程序的有关项目，并基于对被审计单位及其环境的了解，通过进行以下比较，同时考虑有关数据间关系的影响，以建立有关数据的期望值：

（1）计算固定资产原值与本期产品产量的比率，并与以前期间比较，可能发现闲置固定资产或已减少固定资产未在账户上注销的问题。

（2）计算本期计提折旧额与固定资产总成本的比率，将此比率同上期比较，旨在发现本期折旧额计算上的错误。

（3）计算累计折旧与固定资产总成本的比率，将此比率同上期比较，旨在发现累计折旧额计算上的错误。

（4）比较本期各月之间、本期与以前各期之间的修理及维护费用，旨在发现资本性支出和收益性支出区分上可能存在的错误。

（5）比较本期与以前各期的固定资产增加和减少。由于被审计单位的生产经营情况在不断的变化，各期之间固定资产增加和减少的数额可能相差很大。审计人员应当深入分析其差异，并根据被审计单位以往和今后的生产经营趋势，判断差异产生的原因是否合理。

（6）分析固定资产的构成及其增减变动情况，与在建工程、现金流量表、生产能力等相关信息交叉复核，检查固定资产相关金额的合理性和准确性。

2.确定可接受的差异额。

3.将实际的情况与期望值相比较，识别需要进一步调查的差异。

4.如果其差额超过可接受的差异额，就需要调查并获取充分的解释和恰当的、佐证性质的审计证据。

5.评估分析程序的测试结果。如果认为存在未预期的重大差异，就需要对固定资产计价和累计折旧以及固定资产减值准备实施更加详细的细节测试。

（三）固定资产增加的审查

固定资产的增加有购置、自制建造、投资者投入、更新改造增加、债务人抵债增加等多种途径。其审计要点如下：

1.审查固定资产的增加是否列入预算控制

审查固定资产购建预算是否合理，主要应查明所确定的购建项目是否符合生产经营需要，资金来源是否合法；审查固定资产购建合同是否得到严格执行，主要应查明购建合同是否符合合同法，其中所列的项目数量和质量是否符合预算要求，价格是否合理，合同条款是否严格执行，有无违反规定的情况；审查固定资产购建支出是否符合规定，主要应查明固定资产购建的各项支出是否真实、合法，有无违反规定的情况；审查固定资产利用程度是否符合预定的要求，主要审查有无闲置、未使用、不需用或者不按用途使用的新增固定资产，对于以投资形式转入的固定资产，应重点查明固定资产的投入是否有相应的审批手续和合同，是否经过资产评估，投入的固定资产品名、型号、规格、数量是否与合同所规定的一致，投入固定资产是否为企业所需，有无以次充好的现象。

2.审查固定资产计价是否符合规定

固定资产计价的正确与否，影响折旧的提取和成本的计算。固定资产应该按照历史成本进行初始计量，即企业为取得某项固定资产按其全新状态所应支付的全部货币金额。但固定资产增加的途径不同，其原始价值计算方法也不同，如外购固定资产的成本包括购买价款、相关税费、使固定资产达到预定可使用状态前所发生的可归属于该项资产的运输费、装卸费、安装费和专业技术人员服务费等；投资转入固定资产应按照投资合同或协议约定的价值确定，但投资合同或协议约定价值不公允的除外；自行建造的固定资产的成本，由建造该项固定资产达到预定可使用状态前所发生的必要支出构成。因此，在审核固定资产的计价时，应区分不同的情况，逐项审查。

【知识拓展8-5】 针对固定资产的会计估计，注册会计师可以考虑的事项

针对固定资产的会计估计，《中国注册会计师审计准则问题解答第11号——会计估计》指出注册会计师可以考虑的事项包括：

（1）根据外部环境，包括行业发展趋势以及被审计单位在行业中的地位，考虑管理层编制财务预测所采用的假设，如业绩增长比例和折现率等；

（2）复核管理层作出的以前年度预测和该年度实际经营结果，考虑管理层作出准确预测的能力；

（3）如果获取与被审计单位管理层的预测相反的客观证据，需要根据该反面证据考虑管理层的会计估计；

（4）当被审计单位发生连续累计亏损时，注册会计师在评价管理层的预测时，需要充分考虑该连续累计亏损所提示的信息；

（5）资产的可收回金额应当根据资产的公允价值减去处置费用后的净额与资产预计未来现金流量的现值两者之间较高者确定，即如果资产预计未来现金流量的现值低于资产的账面价值，管理层还需要考虑公允价值减去处置费用的净额，并选取其中较高者作为考虑资产减值的依据。

3.审查固定资产的所有权是否归属于被审计单位

对于房地产类的固定资产，应查明所有权和使用权的证明文件；对于融资租入的固定资产，应验证有关合同，证实其是否属于融资租赁；对于汽车等运输设备，应验证有关准购证和执照、完税发票等，以证实其是否归被审计单位所有。

（四）固定资产减少的审查

固定资产的减少主要包括：出售、向其他单位投资转出、向债权人抵押转出、报废、毁损、盘亏等。有的被审计单位在全面清查固定资产时，常常会出现固定资产账实不符的情况，对于账存大于实存的现象，则可能是由于固定资产管理部门或使用部门不了解报废固定资产与会计核算两者间的关系，擅自报废固定资产而未及时通知财务部门作相应的会计核算所致；而对于实存大于账存的情况，则可能属于账外资产，但不论哪种情况均会造成财务报表反映失真。为了保护固定资产的安全和完整，必须对固定资产的减少进行严格审查，从而确定固定资产减少的合理性、合法性。审计人员应区分不同情况，对固定资产的减少实施相应的审计程序，重点包括：

1.检查减少固定资产的授权批准文件。

2.检查因不同原因减少的固定资产的会计处理是否符合有关规定，验证其数额计算的准确性。

3.结合“固定资产清理”和“待处理财产损溢——待处理固定资产损溢”科目，检查固定资产账面转销额是否正确。

4.复核本期是否有新增加的固定资产替换了原有的固定资产；分析资产处置损益等账户，查明有无处置固定资产所带来的收支；若某种产品因故停产，应追查其专用生产设备等的处理情况，向被审计单位的固定资产管理部门查询本期有无未作会计记录的固定资产减少业务。

（五）检查固定资产后续支出的核算是否符合规定

按照企业会计准则的规定，与固定资产有关的后续支出，如果是可能流入企业的经济利益超过了原先的估计，如延长了固定资产的使用寿命，或者使产品质量实质性提高，或者使产品成本实质性降低，则应当计入固定资产账面价值，其增计后的金额不应超过该固定资产的可收回金额。除此以外的后续支出，应当确认为当期费用，不再通过预提或待摊的方式核算。企业在日常核算中应依据上述原则判断固定资产后续支出应当资本化还是费用化。

（六）对固定资产进行实地观察

实施实地观察审计程序时，审计人员可以以固定资产明细账为起点进行实地追查，以证明会计记录中所列的固定资产确实存在，并了解其目前的使用状况；也可以以实地查看情况为起点追查至固定资产明细账，以获取实际存在的固定资产均已入账的证据。实地观察的重点是本期新增加的重要固定资产。有时观察范围也可扩展到以前期间增加的重要固定资产。观察范围的确定需要依据被审计单位内部控制的强弱、固定资产的重要性和审计人员的经验来判断。如为初次审计，则应适当扩大观察范围。

（七）检查固定资产的租赁

企业在生产经营过程中，有时可能有闲置的固定资产供其他单位租用，有时由于生产经营的需要，又需临时租用固定资产，租赁一般分为经营租赁和融资租赁两种。

1.检查经营性租赁固定资产

检查固定资产的租赁是否签订了合同、租约，手续是否完备，合同内容是否符合国家规定，是否经有关管理部门审批；租入的固定资产是否确属企业必需，或出租的固定资产是否确属企业闲置，双方是否认真履行合同，其中有无不正当交易；租入的固定资产有无占而不用的，租出的固定资产有无长期不收租金、无人过问，是否变相转让、馈赠等情况；租入的固定资产改良支出的核算是否符合规定。

2.检查融资性租赁固定资产

融资性租赁的租金包括固定资产的价值和利息，并且这种租赁的结果通常是固定资产的最终所有权归承租企业，故租入企业在租赁期间，对融资租入的固定资产按企业的固定资产处理，并进行折旧、维修。在检查融资性租赁固定资产时，除可参照经营性租赁固定资产的检查要点外，还应注意融资偿付的利息，其利率的计算是否与市场利率一致，融资租入固定资产的计价是否正确，并结合“长期应付款”“未确认融资费用”等科目检查相关的会计处理是否正确。

【小思考8-4】经营性租赁固定资产与融资性租赁固定资产的会计处理分别是如何进行的？

（八）检查未使用和不需用的固定资产

注册会计师应调查被审计单位有无已完工或已购建但尚未交付使用的新增固定资产，因改扩建而暂停使用的固定资产，以及多余或不使用的需要进行处理的固定资产，如有，应予以检查，以确定其是否真实。同时，还应调查未使用、不需用固定资产的购建启用及停用时点，并作出记录。

（九）检查固定资产的抵押、担保情况

结合银行借款等的检查，了解固定资产是否存在重大抵押、担保情况。如存在，应取证、记录，并提请被审计单位作出必要的披露。

（十）检查固定资产是否已在资产负债表上恰当披露

财务报表附注通常应说明固定资产的标准、分类、计价方法和折旧方法，各类固定资产的预计使用年限、预计净残值和折旧率，分类别披露固定资产在本期的增减变动情况，并应披露用作抵押、担保和本期从在建工程转入数、本期置换固定资产数等情况。

三、累计折旧审计的实质性程序

企业计提固定资产折旧，是为了把固定资产的成本分配于各个受益期，实现期间收入与费用的正确配比，折旧核算是一个成本分配过程。在不考虑固定资产减值准备的情况下，影响折旧的因素有折旧基数、固定资产残余价值、预计使用年限三个方面。在考虑固定资产减值准备的情况下，影响折旧的因素包括：折旧的基数、累计折旧、固定资产减值准备、固定资产预计净残值和固定资产尚可使用年限五个方面。在计算折旧时，对固定资产残余价值和清理费用只能人为估计；对固定资产的使用年限，由于固定资产的有形和无形损耗难以准确计算，因而也只能估计；同样，对固定资产减值准备的计提也带有估计的成分。因此，固定资产折旧主要取决于企业的折旧政策，具有一定程度的主观性。

（一）编制或索取固定资产及累计折旧汇总表

审计人员应通过编制或索取固定资产及累计折旧汇总表，概括了解被审计单位固定资

产折旧的计提情况，在此基础上，对表内有关数字进行加计复核，并与报表数、总账数和明细账进行核对。

（二）检查被审计单位采用的折旧政策和方法

检查被审计单位采用的折旧政策和方法是否符合国家有关法律、法规政策规定，确定其所采用的折旧方法能否在固定资产使用年限内合理分摊其成本，前后期是否一致，预计使用寿命和预计净残值是否合理。如果被审计单位采用加速折旧法，应该检查其批准文件，如果没有相应批准文件，应提请被审计单位调整应纳税所得额。

【小思考8-5】固定资产折旧有哪些政策和方法？

（三）对累计折旧实施实质性分析程序

首先，应对本期增加和减少的固定资产、使用年限长短不一和折旧方法不同的固定资产作适当调整，如果总的计算结果和被审计单位的折旧总额相近，且固定资产及累计折旧的内部控制较健全时，就可以适当减少累计折旧和折旧费用的其他实质性程序；其次，计算本期计提折旧额占固定资产原值的比率，并与上期比较，分析本期计提折旧额的合理性和准确性；最后，计算累计折旧占固定资产原值的比率，评估固定资产的老化率，并估计因闲置、报废等原因可能发生的固定资产损失，结合固定资产减值准备，分析其是否合理。

（四）重新计算折旧费用的计提是否正确

检查已计提减值准备的固定资产，是否按照该固定资产的账面价值以及尚可使用年限重新计算确定折旧率和折旧额；检查已全额计提减值准备的固定资产，是否已停止计提折旧；因更新改造而停止使用的固定资产是否已停止计提折旧，因大修理而停止使用的固定资产是否照提折旧；未使用、不需用和暂时闲置的固定资产是否按规定计提折旧。

（五）检查固定资产折旧的记录或文件

检查固定资产折旧的有关记录和文件，计提是否正确，并追查至固定资产登记卡；检查固定资产折旧费用的分配是否合理，与上期分配方法是否一致。

（六）检查累计折旧的会计处理是否正确

将“累计折旧”账户贷方的本期计提折旧额与相应的成本费用中的折旧费用明细账户的借方相比较，以查明所计提折旧金额是否已全部摊入本期产品成本或费用，一旦发现差异，应及时追查原因，并考虑是否应作适当调整。

（七）检查累计折旧的披露是否恰当

如果被审计单位是上市公司，应在其财务报表附注中按固定资产类别分项列示累计折旧期初余额、本期计提额、本期减少额和期末余额。

例如，审计人员在审计碧城公司2015年度固定资产折旧时，发现2014年12月初新增已投入使用的设备一台，原价2 000 000元，预计净残值为200 000元，预计使用年限为5年，使用年数总和法对该项固定资产计提折旧，其余各项固定资产均用直线法折旧，且该公司对这一事项在财务报表附注中未作列示。

审计人员认为该公司的固定资产折旧方法本期出现不一致，且未充分披露，这显然违反了企业会计准则。由此计算的该事项对资产负债表的影响如下：

该设备使用年数总和法计算的年折旧额=（2 000 000 200 000）×5÷15=600 000（元）

该机床使用直线法计算的年折旧额=（2 000 000–200 000）÷5=360 000（元）

所以，由于折旧方法的改变，使本年度多提折旧额240 000元，致使资产负债表中“固定资产”项目减少240 000元，利润表中的利润总额减少240 000元。

对此，审计人员要求被审计单位在财务报表附注中作这样的披露：本公司由于对原值为2 000 000元、预计净残值200 000元、预计使用年限5年的设备采用年数总和法进行折旧，与采用直线法相比，使本年度的折旧额增加240 000元，利润总额减少240 000元，特此予以披露。

四、固定资产减值准备审计的实质性程序

固定资产的可收回金额低于其账面价值称为固定资产减值。企业会计准则规定，企业应该在资产负债表日判断资产是否存在可能发生减值的迹象：资产的市价当期大幅度下跌，其跌幅明显高于因时间的推移或者正常使用而预计的下跌；企业经营所处的经济、技术或法律等环境以及资产所处的市场在当期或者将在近期发生重大变化，从而对企业产生不良影响；有证据表明资产已经陈旧过时或者已经损坏；市场利率或者其他市场投资报酬率在当期已经提高，从而影响企业计算资产预计未来现金流量现值的折算率，导致资产可收回金额大幅度降低。企业资产存在以上迹象之一者，则应该计提相应的减值准备。

（一）获取或编制固定资产减值准备明细表

获取或编制固定资产减值准备明细表，复核加计是否正确，并与报表数、总账数和明细账合计数核对是否相符。如不符，应查明原因，作出审计记录并进行审计调整。

（二）实施实质性分析程序

分析本期末固定资产减值准备数额占期末固定资产原价的比率，并与期初数比较，如有异常波动，查明原因，判断波动的合理性。

（三）检查固定资产减值准备的计提

检查固定资产减值准备的计提批准程序，要取得并核对书面报告等证明文件，主要应查明固定资产减值准备的计提方法是否符合规定，计提的依据是否充分，计提的数额是否恰当。检查相关会计处理是否正确，前后期是否一致，主要应查明：资产组的认定是否恰当；固定资产减值准备是否按单项计提；对于长期闲置不用、在可预见的未来不会再使用且已无转让价值的固定资产，对由于技术等原因已不可使用的固定资产，对虽然固定资产尚可使用，但使用后产生大量不合格产品的固定资产等，是否依照规定按其账面价值全额

计提减值准备；查明是否存在转回固定资产减值准备等违反会计准则的情况。

（四）检查固定资产减值准备在财务报表上的披露是否恰当

企业应当在财务报表附注中清晰地说明固定资产减值准备的确认标准和计提方法。检查固定资产减值准备的披露是否恰当，除了关注其在财务报表附注披露上的恰当性以外，还应当关注企业减值准备明细表中有关固定资产减值准备内容披露上的恰当性。如果被审计单位是上市公司，其财务报表附注中还应分项列示计提的固定资产减值准备金额、增减变动情况以及计提的原因。

第四节　其他相关账户审计的实质性程序

一、预付账款审计

预付账款是企业按购货合同的规定，预先支付给供货单位的货款，会计上通过“预付账款”或“应付账款”科目（借方）进行核算。预付账款是企业的一项流动资产，它在企业的购货环节产生。因此，预付账款的审计应结合采购与付款循环审计进行。在目前的环境下，由于各类商品比较丰富，基本属于买方市场，因此，一般企业发生预付业务的情况较少。所以，一般情况下，对金额较大的预付业务一定要多加关注。

（一）预付账款审计的目标

预付账款审计的目标一般包括：确定预付账款是否真实存在；确定预付账款是否归被审计单位所有；确定预付账款增减变动的记录是否完整；确定预付账款期末余额是否正确；确定预付账款在财务报表中的披露是否恰当。

（二）预付账款审计的实质性程序

1.获取或编制预付账款明细分类表

获取或编制预付账款明细分类表，复核加计是否正确，并与报表数、总账数和明细账合计数核对是否相符；同时请被审计单位协助，在预付账款明细表上标注截至审计日已收到货物并冲销预付账款项目，抽查其真实性和正确性。

2.执行实质性分析程序

将期末预付账款余额与上期期末余额进行比较，分析波动的原因；计算预付账款与主营业务成本的比率，与以前各期进行比较，分析异常变动的原因；将预付账款余额的增减幅度与主营业务成本的增减幅度进行比较，分析异常变动的原因；分析明细账余额，对于出现贷方余额的项目，应查明原因，必要时建议作重新分类调整。

3.函证预付账款

选择大额或异常的预付账款重要项目（包括零余额账户），函证其余额是否正确，并根据回函情况编制函证结果汇总表；对回函金额不相符的，要查明原因，作出记录或建议作适当调整；对未回函的，可再次发函，也可采用替代方法进行检查，如检查该笔债权的相关凭证资料，或抽查报表日后预付账款明细账及存货明细账，核实是否已收到货物并转销，并根据替代程序检查结果判断其债权的真实性或出现坏账的可能性。对未发询证函的预付账款，应抽查有关原始凭证。

4.检查预付账款的会计处理

结合应付账款明细账，查核有无重复付款或将同一笔已经付清的账款在预付账款和应付账款这两个项目同时挂账的情况；检查预付账款长期挂账的原因。

5.检查预付账款是否已在资产负债表上恰当披露

例如，2016年1月审计人员王大方对三丰电器公司预付账款进行审计时发现，该公司明细账2015年1月1日借方余额是600 000元，2015年借方、贷方均无发生额，2016年1月仍为借方余额是600 000元。据查，此预付款无购销合同，但有口头协议，实际未履行协议，客户单位为联发公司，业务为购买电脑。

这笔预付账款可能存在的问题：

（1）购销业务有纠纷。如购销双方在产品价格、质量等方面有分歧，故虽预付了部分款项，但实际业务并未成交。

（2）此预付账款纯属虚构。经办人员可能虚构预付账款，从而达到挪用此款的目的。

（3）此款被诈骗。可能无联发公司，或虽有联发公司，但无供货能力。

（4）可能是记账错误，或该预付账款已收回，但未销账。

针对上述情况，审计人员王大方认为无购货合同而预付货款，这是不合规的，应派人或发函到联发公司了解真实情况。若是双方因价格、质量方面的问题出现争执，希望双方共同协商解决，如难于成交，应退回预付款；若是记账有错误，则应要求立即更正，未销账也应立即销账；若是虚构预付款，则要严肃处理，追究舞弊人员的责任，并追回预付的账款，调整有关账目。

二、工程物资审计

工程物资是指企业为核算基建工程、更新改造工程、大修理工程准备的各种物资。

（一）工程物资的审计目标

工程物资的审计目标一般包括：确定工程物资是否存在；确定工程物资是否归被审计单位所有；确定工程物资增减变动的记录是否完整；确定工程物资的期末余额是否正确；确定工程物资在财务报表中的披露是否恰当。

（二）工程物资审计的实质性程序

1.获取或编制工程物资明细表

获取或编制工程物资明细表，复核加计是否正确，并与报表数、总账数和明细账合计数核对是否相符。如不符，应查明原因，作出审计记录并进行审计调整。

2.监盘工程物资

对工程物资实施监盘程序，确定其是否存在；账实是否相符，并检查有无积压、呆滞工程物资。

3.抽查原始凭证

抽查若干工程物资采购合同、发票、货物验收单等原始凭证，检查其内容是否齐全，是否经过授权批准，会计处理是否恰当。

4.检查工程物资的相关处理

检查工程物资领用手续是否齐全，使用是否合理；会计处理是否恰当；有无定期盘点制度，对盘盈、盘亏、报废、毁损的工程物资，是否将减去保险公司和过失人赔偿部分的净额，正确地冲减了在建工程成本或计入营业外支出；工程完工后剩余工程物资转入存货的是否将其所含增值税进项税额进行了正确的分离。

5.检查工程物资在资产负债表上的披露是否恰当

如果被审计单位是上市公司，应在其财务报表附注中分项列示各类工程物资的期初、期末余额。

三、在建工程审计

在建工程是指企业进行基建工程、安装工程、技术改造工程、大修理工程等发生的实际支出。

（一）在建工程的审计目标

在建工程的审计目标一般包括：确定在建工程是否存在；确定在建工程是否归被审计单位所有；确定在建工程的增减变动记录是否完整；确定计提在建工程减值准备的方法和比例是否恰当；在建工程减值准备的计提是否充分；确定在建工程的期末余额是否正确；确定在建工程在财务报表上的披露是否恰当。

（二）在建工程审计的实质性程序

1.获取或编制在建工程明细表

获取或编制在建工程明细表，复核加计是否正确，并与报表数、总账数和明细账合计数核对是否相符。在建工程报表数反映企业期末各项未完工程的实际支出，包括交付安装的设备价值，未完建筑安装工程已经耗用的材料、工资和费用支出、预付出包工程的价款、已经建筑安装完毕但未交付使用的工程等可收回金额，应根据在建工程科目的期末余额减去在建工程减值准备科目的期末余额后的金额填列。因此，其报表数应同在建工程总账数和明细账合计数减去相应的在建工程减值准备总账数和明细账合计数后的余额核对相符。

2.检查本期在建工程的增加数和减少数

对于重大建设项目，取得有关工程项目的立项批文、预算总额和建设批准文件，以及施工承包合同、现场监理施工进度报告等业务资料；对于支付的工程款，应抽查其是否按照协议、合同、工程进度或监理进度报告分期支付，付款授权批准手续是否齐备，会计处理是否恰当；对于借款费用、工程管理费用资本化问题，应检查资本化的起止日的界定、计算方法、计算过程、会计处理等是否合理与正确；对于完工转销的在建工程，应检查转销额的计算支付是否正确，是否存在将已交付使用的固定资产仍挂在在建工程账上的问题；检查已完工项目的竣工决算报告、验收交接单等相关凭证以及其他转出的原始凭证，检查会计处理是否正确。

3.检查在建工程期末余额的构成内容

检查在建工程期末余额的构成内容，并实地观察工程现场，确定在建工程是否存在，了解工程项目的实际完工进度，对在建工程累计发生额进行技术测定，并将其与账内数进行核对，检查其是否差距较大，判断其有无多计、虚计或少计、漏计工程费用的问题。

4.检查在建工程减值准备的计提

主要应查明在建工程减值准备的计提方法是否符合制度规定，计提的依据是否充分，计提的数额是否恰当，相关的会计处理是否恰当，前后期是否一致。

四、固定资产清理审计

（一）固定资产清理的审计目标

固定资产清理的审计目标一般包括：确定固定资产清理的记录是否完整，反映的内容是否正确；确定固定资产清理的期末余额是否正确；确定固定资产清理在财务报表附注中的披露是否恰当。

（二）固定资产清理审计的实质性程序

1.获取或编制固定资产清理明细表

获取或编制固定资产清理明细表，复核加计是否正确，并与报表数、总账数和明细账合计数核对是否相符。

2.检查固定资产清理的相关处理是否恰当

检查固定资产清理的发生是否有正当理由，是否经有关技术部门鉴定，固定资产清理的发生和转销是否经授权批准，相应的会计处理是否正确。结合固定资产等账项的审计，检查固定资产、累计折旧等的账面转入额是否正确。检查固定资产清理收入和费用的发生是否真实、准确，清理结果的计算是否正确。检查固定资产清理是否长期挂账，如有，应作出记录，必要时建议作适当调整。

3.检查固定资产清理是否恰当披露

检查固定资产清理是否在资产负债表上恰当披露。

五、应付票据审计

应付票据是指企业因购买材料、商品和接受劳务等，为延期付款而开出并承兑的商业汇票，包括银行承兑汇票和商业承兑汇票。由于应付票据大多是指向供货单位购入材料、商品和劳务时所开出的商业承兑票据，因此，对应付票据的审计需结合采购与付款业务一起进行。

（一）应付票据的审计目标

应付票据的审计目标一般包括：确定应付票据的发生和偿还记录是否完整；确定应付票据期末余额是否正确；确定应付票据在财务报表中的披露是否恰当。

（二）应付票据审计的实质性程序

1.获取或编制应付票据明细表

取得或编制应付票据明细表，并同有关明细账和总分类账相核对。一般来讲，应付票据明细表应列示票据类别及编号、出票日期、面额、到期日、收款人名称、利息率、付息条件、抵押品名称、数量、金额等。在进行核对时，应注意被审计单位有无漏报或错报票据，有无漏列作为抵押的资产，有无属于应付账款的票据，有无漏计、多计或少计应付利息费用等情况。

2.实施实质性分析程序

实施实质性分析程序，以证实应付票据的完整性和合理性及发现需要加以特别关注的方面。

3.函证应付票据

进行函证时，应选择应付票据的重要项目（包括零余额账户）进行函证。对于应付银行的重要票据，应结合银行存款余额一起函证。凡是当年度与客户单位有往来的银行均应成为函证对象，因为可能某一银行的存款虽已结清，但应付票据仍未销案。应付其他债权人的重要票据，应以客户单位名义，由审计人员直接向债权人发函。对未回函的，可再次函证，或采用其他替代审计程序以确定应付票据的真实性。

询证函应包括出票日、到期日、票面金额、未付金额、已付息期间、利息率以及票据的抵押品担保等内容。

4.复核带息应付票据

重点关注利息是否足额计提，其会计处理是否正确。

5.检查逾期未付票据

审计人员应审查有关会计记录和原始凭证，检查被审计单位有关到期仍未偿付的应付票据，如有逾期未付票据，应查明原因，是否已转入“应付账款”科目，其中带息应付票据是否已停止计息，确定是否存在抵押票据的情形，必要时，提请被审计单位予以披露。

6.确定应付票据是否恰当披露

确定应付票据是否已在资产负债表上恰当披露。

六、无形资产审计

无形资产是指企业拥有或者控制的没有实物形态的可辨认非货币性资产，主要包括专利权、非专利技术、商标权、著作权和土地使用权等。

（一）无形资产审计目标

无形资产审计的目标一般包括：确定无形资产是否存在；确定无形资产是否归被审计

单位所有；确定无形资产增减变动及其摊销的记录是否完整；确定无形资产的摊销政策是否恰当；确定无形资产减值准备的计提是否正确；确定无形资产的期末余额是否正确；确定无形资产的披露是否恰当。

（二）无形资产账面余额审计

1.获取或编制无形资产明细表，复核加计是否正确，并与报表数、总账数和明细账合计数核对是否相符。

2.检查无形资产账户核算的内容是否符合规定，尤其应该注意土地使用权的核算是否符合规定。

3.获取有关协议和董事会纪要等文件、资料，检查无形资产的性质、构成内容、计价依据，其所有权是否归被审计单位所有；检查无形资产的摊销政策是否符合有关规定，是否与上期一致，若改变摊销政策，检查其依据是否充分。

4.检查无形资产的增加

（1）审查投资者投入的无形资产是否符合有关规定，是否按投资各方确认的价值入账并经过适当的检查审批，并检查该确认价值是否公允，交接手续是否齐全。涉及国有资产的，应关注其是否有经国有资产管理部门评审备案或核准确认的评估报告。

（2）对自行取得或购入的无形资产，检查其原始凭证，确认计价是否正确，法律程序是否完备，会计处理是否正确。无形资产的价值是否与验资报告及资产评估结果确认书或合同协议等证明文件一致。

（3）对债务重组或非货币性资产交换取得的无形资产，检查有关合同或协议，确认其计价和会计处理是否正确。

（4）检查本期购入土地使用权相关税费计算、缴纳情况及相关会计处理是否正确。

5.检查无形资产的减少

检查无形资产转让的会计处理是否正确，注意转让的是所有权还是使用权；检查本期摊销额是否正确，会计处理是否正确。

6.检查无形资产减值准备

检查无形资产减值准备的计提是否正确，是否符合企业会计准则的规定。对于使用寿命较短的无形资产应逐项检查是否存在减值迹象，并作出相应记录。对使用寿命不确定的无形资产，无论其是否存在减值迹象，均应进行减值测试。若某项无形资产预计不能为被审计单位带来经济利益，检查是否将其账面价值予以转销。

7.检查无形资产的披露是否恰当

检查无形资产在资产负债表上的披露是否恰当。

（三）无形资产摊销审计

无形资产摊销审计是无形资产审计中的重要环节。无形资产摊销的审计目标主要有：确定无形资产摊销的记录是否完整；确定无形资产的摊销政策、方法是否恰当，是否与上期一致；若摊销政策改变，确定其依据是否充分。

审查使用寿命有限的无形资产的摊销应包括以下内容：

1.审查无形资产摊销基础的规范性。通过审阅、复核无形资产明细账及其相关会计凭证中注明的无形资产价值、时间和有效使用期限，并计算应摊销金额，关注摊销基础是否规范为无形资产的使用寿命，或者是使用寿命内的工作量，验证其应摊销金额是否是在预计的使用寿命内系统合理地摊销。

2.审查无形资产摊销范围的恰当性。关注其是否准确界定在使用寿命有限的无形资产范围之内，验证使用寿命不确定的无形资产是否按规定在持有期间内不摊销其价值。

3.审查无形资产摊销方法的合法性。关注选择的摊销方法是否恰当反映了该项无形资产有关经济利益的预期实现方式，如核查受技术陈旧因素影响较大的专利权等无形资产，是否采用类似固定资产加速折旧的方法（如双倍余额递减法、年数总和法、余额递减法）进行加速摊销。

4.审查无形资产摊销账务处理的正确性。关注无形资产应摊销金额是否正确，并以所服务的对象为基础分别计入相关成本或费用，如核查摊销额是否等于其成本扣除预计残值和减值准备后的余额。

5.审查无形资产残值确定的公正性。通过审阅“无形资产”账户及所属明细账，抽查复核某项无形资产在某一个计算期间的应摊销额，关注确认无形资产预计残值的标准是否合理，即使用寿命有限的无形资产的残值在一般情况下是否规范地视为零，验证该项无形资产摊销金额计算是否准确，在各期的摊销价值是否等额。

6.审查无形资产有效期估计的客观性。通过审阅企业无形资产有效期文件，复核计算各期应分摊的无形资产价值，并对比“无形资产”账户及所属明细账，关注企业相关文件和资料确定的无形资产有效期是否合理、无形资产在各期的应分摊价值与无形资产账面各期已摊销额记录是否一致，验证同一无形资产的有效期是否保持一致。

（四）无形资产减值准备审计

1.获取被审计单位本期计提减值准备的有关无形资产的相关技术鉴定、近期使用状态及其运转情况以及该项资产的技术发展、技术产业化信息、技术市场价格信息情况等详细资料，并分析判断其来源的可靠性和相关性。

2.通过实施“观察”、“检查”和“查询”等程序，了解和确认被审计单位计提无形资产减值准备理由的真实性和合理性，以及其存在的真实性。

3.获取被审计单位本期计提无形资产减值准备的计算和会计处理资料，复核和验算数额及会计处理的正确性和合理性，同时还应充分考虑无形资产使用价值和转让价值的合理性，结合无形资产项目审验其是否存在一定的回收可能，依据谨慎性原则确认其计提减值准备的合法性和合理性。

七、管理费用审计

（一）管理费用的审计目标

管理费用的审计目标一般包括：确定利润表中记录的管理费用是否已发生，且与被审计单位有关；确定所有应当记录的管理费用是否均已记录；确定与管理费用有关的金额及其他数据是否已恰当记录；确定管理费用是否均已记录于正确的会计期间；确定管理费用是否已记录于恰当的账户；确定管理费用是否已按照企业会计准则的规定在财务报表中作出恰当的列报。

（二）管理费用审计的实质性程序

1.取得或编制管理费用明细表。

取得或编制管理费用明细表，复核加计是否正确，与报表数、总账数及明细账数合计数核对是否相符；检查管理费用的明细项目，检查管理费用的明细项目的设置是否符合规定的核算内容与范围，结合成本费用的审计，检查是否存在费用分类错误，若分类错误，应提请被审计单位调整。

2.执行实质性分析。

（1）计算分析管理费用中各项目发生额及占费用总额的比率，将本期、上期管理费用各主要明细项目作比较分析，判断其变动的合理性。

（2）将管理费用实际金额与预算金额进行比较。

（3）比较本期各月份管理费用，对有重大波动和异常情况的项目应查明原因，检查费用的开支是否符合有关规定，计算是否正确，原始凭证是否合法，会计处理是否正确，必要时作适当处理。

（4）将管理费用中的职工薪酬、无形资产摊销、长期待摊费用摊销额等项目与各有关账户进行核对，分析其钩稽关系的合理性，并作出相应记录。

3.检查管理费用中的重要明细项目。

（1）公司经费，包括行政管理部门职工薪酬、物料消耗、低值易耗品摊销、办公费和差旅费，是否是经营管理中发生或应由公司统一负担的；检查相关费用报销的内部管理办法是否有合法原始凭证支持。

（2）董事会费，包括董事会成员津贴、会议费和差旅费等，检查相关董事会及股东会决议，是否在合规范围内开支费用。

（3）业务招待费的支出是否合理，如超过规定限额，是否已在计算应纳税所得额时调整。

（4）差旅费支出是否符合企业开支标准及报销手续。

（5）中介机构费、咨询费（含顾问费），检查是否按合同规定支付费用，有无涉及诉讼及赔偿款项支出，并关注是否存在或有损失。

（6）检查诉讼费用并结合或有事项审计，检查涉及的相关重大诉讼事项是否已在附注中进行披露，还需进一步关注诉讼状态，判断有无或有负债，或是否存在损失已发生而未入账的事项。

（7）无形资产的摊销额和筹建期间内发生的开办费核算是否符合规定，筹建期间发生的开办费（包括人员工资、办公费、培训费、差旅费、印刷费、注册登记费以及不计入固定资产成本的借款费用等）是否直接计入管理费用。

（8）上交母公司或其他关联方的管理费用是否有合法的单据及证明文件。

（9）对为被审计单位行政管理部门等发生的大额固定资产修理费，关注其原因。

（10）检查库存现金、存货等流动资产盘盈、盘亏处理是否符合规定。

（11）针对特殊行业，检查排污费等环保费用是否合理计提。

（12）检查大额支出、不均匀支出和有疑问支出的内容和审批手续、权限是否符合有关规定。

（13）对管理费用中的支出内容，关注有无不正常开支。

4.抽取资产负债表日前后若干天一定数量的凭证，实施截止性测试，对于重大跨期项目，应作必要调整。

5.检查管理费用是否已按照企业会计准则的规定在财务报表中作出恰当的列报。

本章小结

采购与付款循环的主要重大错报风险，对上市公司而言，通常是低估费用和隐瞒应付账款，从而高估利润、粉饰财务状况，因此，应付账款具有较高的固有风险，要重点审查应付账款的“完整性”目标。相对来说，固定资产发生数量上的差错或弊端较少，但是，由于固定资产单位价值高，且其价值总额在企业资产总额中一般都占有较大的比重，固定资产的安全与完整性对企业的生产经营影响极大，所以，对固定资产审计的重要性又必须予以高度重视。固定资产审计涉及固定资产计价、累计折旧和资产减值准备等内容，因为固定资产折旧主要取决于企业的折旧政策，固定资产减值准备涉及较多的专业判断，所以都具有一定程度的主观性，风险比较大。

本章主题词

采购与付款循环　应付账款审计　固定资产审计　低估负债

复习思考题

1.采购与付款循环的控制测试主要包括哪几个方面的内容？
2.在应付账款的实质性测试程序中，如何应用函证程序？
3.在应付账款的实质性测试程序中，如何查找未入账的应付账款？
4.简述固定资产审计的实质性测试程序。
5.简述采购与付款循环存在的重大错报风险。

案例讨论

2005年4月，四川长虹公布的2004年年报报出亏损37亿元，成为中国上市公司历史上首个发生巨额亏损的上市公司。根据年报披露，其发生巨亏的主要原因是该公司一次性计提了37亿余元的资产减值准备，包括对APEX公司按个别认定法计提的坏账准备25.97亿元，对存货计提的存货跌价准备10.13亿元，对南方证券公司委托理财项目全额计提的委托理财投资跌价准备1.828亿元。但长虹公司究竟是“真亏”还是“假亏”？有专家指出长虹之所以在2004年出现巨额亏损，部分原因在于坏账准备和存货跌价准备计提不当。对此本文搜集了该公司在2004年前后连续的财务数据进行分析。总体上，该公司2004年的净利润较其余年份的数值而言，异常波动到谷底，而2004年的坏账准备和存货跌价准备却猛然上升，2004年之后，净利润恢复盈利状态，同时存货跌价准备也迅速大幅度下降，初步断定该公司有利用减值进行舞弊的嫌疑。具体分析发现，1999年至2004年，四川长虹应收账款坏账准备呈逐步上升趋势，但对净利润影响有限。2003年坏账准备净计提额增长幅度较大，而2004年坏账准备净计提额更猛增至26.05亿元，较上年增长2 548.01%，占净亏损的百分比达到70.67%，所占比重很大，因此很有利用“大洗澡”进行财务舞弊的嫌疑，而且2005年和2006年的数据表明，该公司确实扭亏为盈，而且盈利幅度增长较大，这是得益于2004年的铺垫作用。

此外，四川长虹在1999—2002年的3年中，存货跌价准备计提额只是略有上升，但自2003年开始公司加大了存货跌价准备的计提力度，尤其在2004年该公司一次性计提了13亿元多的存货跌价准备，较上年增长320.66%，占净利润的比重达到36.04%。由此可见，2004年存货跌价准备的计提对该年度净利润同样也有显著影响，说明该公司利用存货跌价准备的计提掩盖了真实的财务状况，为以后的长远发展作出了一次牺牲。此后两年的财务数据也可以证实四川长虹在2004年度巨额亏损的真正“居心”，四川长虹2005年扭亏为盈并非源于公司经营绩效的改善，而主要归功于2004年巨额计提减值所带来的“大洗澡”效应。

资料来源：佚名. 利用减值准备舞弊的案例［EB/OL］.［2018-07-13］. http://www.njliaohua.com/lhd_5yty97fdhd02tjb2irbf_1.html.

要求：请分析四川长虹利用资产减值调节利润的主要手法及该案例的启示。

第九章　生产与存货循环审计

【学习目标】

知识目标：掌握生产与存货循环的重大错报风险及其评估；掌握生产与存货循环的内部控制测试；掌握存货的监盘以及计价测试；熟悉生产与存货循环其他相关账户的实质性程序。

能力目标：通过学习，能够对生产与存货循环业务进行风险评估、控制测试和执行实质性程序。

【引导案例】

獐子岛存货监盘

2014年三季报发布以后，獐子岛公司出示的巨亏解释受到多方质疑；同样，由于獐子岛所从事行业的特殊性，投资者也很难去核实公司说法的真实性。

据腾讯财经了解，在獐子岛巨亏事件中扮演第三方角色的大华会计师事务所，其在盘点时的中立性也值得商榷。据大华会计师事务所出示的监盘说明显示，在2014年10月18日、20日和25日三天的盘点中，盘点人员包括盘点船只的船长、船上作业人员、獐子岛公司的财务人员，以及会计师事务所的监盘人员。獐子岛镇政府工作人员向腾讯财经证实，盘点所用的船只和船上的工作人员皆来自獐子岛公司，工作人员操作捕捞，而大华会计师事务所进行监盘。獐子岛解释，之所以这样，是因为獐子岛工作人员对于“确切海域的点、经纬度的位置都很清楚”。大华会计师事务所会计师董群先在灾情发布会上曾描述监盘情况，“一网下去没有网到东西”。

资料来源：佚名．獐子岛8亿巨亏谜团：种苗采购舞弊案浮现［EB/OL］．［2014-11-17］．http：//www.dljrw.com/show-157-139487-1.html.

这一案例表明：存货的监盘活动是生产与存货循环审计流程中的重要一环，而且难度很大。

第一节　风险评估与控制测试

一、评估重大错报风险

有关采购与付款循环以及销售与收款循环的固有风险和检查风险，对生产与存货循环基本上是适用的。当然，生产与存货循环也有其自身的特点，本书以制造类企业为例进行说明。

【小思考9-1】制造业生产与存货循环所涉及的主要业务活动包括哪些？分别对应哪个部门？

（一）影响生产与存货交易和余额的重大错报风险的因素

1.交易的数量和复杂性。制造类企业交易的数量庞大，业务复杂，这就增加了错误和舞弊的风险。

2.成本基础的复杂性。制造类企业的成本基础是复杂的。虽然原材料和直接人工等直接费用的分配比较简单，但间接费用的分配就可能较为复杂，并且，同一行业中的不同企业也可能采用不同的认定和计量基础。

3.产品的多元化。产品的多元化可能要求聘请专家来验证其质量、状况或价值。另外，计算库存存货数量的方法也可能是不同的。例如，计量煤堆、筒仓里的谷物、钻石或者其他贵重的宝石、化工品和药剂产品的存储量的方法都可能不一样，这都会增加错误和舞弊的风险。

4.某些存货项目的可变现净值难以确定。例如价格受全球经济供求关系影响的存货，由于其可变现净值难以确定，会影响存货采购价格和销售价格的确定，并将影响审计人员对与存货计价认定有关的风险进行评估。

【小思考 9-2】存货可变现净值的确定分为哪几种情况？分别如何确定？

5.将存货存放在很多地点。大型企业可能将存货存放在很多地点，并且可以在不同的地点之间配送存货，这将增加商品途中毁损或遗失的风险，或者导致存货在两个地点被重复列示，也可能产生转移定价的错误或舞弊。

【知识拓展 9-1】转移定价

转移定价，一般指大企业集团尤其是跨国公司，利用不同企业不同地区税率以及免税条件的差异，将利润转移到税率低或可以免税的分公司，目的是使跨国公司避开一些东道国在资金调度上设置的政治和税收障碍并降低外汇交易成本，实现整个集团的税收最小化。这种价格不由交易双方按市场供求关系变化和独立竞争原则确定，而是根据跨国公司或集团公司的战略目标和整体利益最大化的原则由总公司上层决策者人为确定的，被称为转让价格。转移定价的手段包括通过关联企业之间的购销业务、劳务提供、资金往来以及设备的提供转移定价；其方法有按“成本加价”基础确定以及按“谈判价格”来确定两种方法。转移定价一方面背离了我国税收激励政策，对引进外资造成了负面影响；另一方面转移定价侵害了我国的税收管辖权，导致政府财政收入减少的同时，给外商投资企业的中方造成了巨大的损失。总之，转移定价会对我国经济发展的正常秩序造成严重危害。

6.寄存的存货。有时候存货虽然还存放在企业，但可能已经不归企业所有。反之，企业的存货也可能被寄存在其他企业。

（二）需要关注的重大错报风险识别特征

1.异常或可疑的订购单、装运单和收货单；

2.显著的监盘测试差异；

3.长时间未投入使用的存货；

4.存货总额中有大量的高成本项目；

5.存货的调整分录不断增加；

6.在会计期末结账后的重大存货账户转回分录；

7.销售被退回并归入存货，但是没有列入实地盘点的范围，比如一个公司“非故意地”将一个产品发送给客户，然后告诉对方发错了，并请求客户将产品送回；

8.过多的公司、工厂间存货转移，但是很少或者根本没有相关的控制或文件记录；

9.在工薪单上虚构员工；

10.可以更改员工数据主文档的员工在没有授权的情况下更改总工薪的付费标准，或者将工薪支付给错误的员工；

11.为员工并未工作的工时支付工薪；

12.电子货币转账系统的银行账户不正确等。

二、控制测试

（一）计划和安排生产环节

在计划和安排生产环节，被审计单位可能存在的风险有生产规模可能不适当；可能因生产过量导致存货滞销，或者因产量不足导致存货脱销。为了应对这些风险，被审计单位的内部控制应该包括：根据销售需求量对存货生产数量实施自动化监督，以显示具体存货项目的再次订购数量和经济订购数量、计划和生产进度，由生产部门监控，并取得生产经理批准等。针对此类风险，审计人员要检查授权生产的证据。

在计划和安排生产环节，被审计单位可能存在的另一风险是产品可能没有按照客户要求的规格生产，导致顾客拒收而滞销。为了应对这一风险，被审计单位的内部控制应该包括：在生产开始前，获取客户对于产品设计和规格的认可，计划和生产进度由生产部门监控，并取得生产经理批准。针对此类风险，审计人员要检查客户签署的认可函和生产经理批准的证据。

（二）生产环节

在生产环节，被审计单位可能存在的风险是原材料的发出可能未经授权或者发出用于生产的原材料可能不正确；原材料缺货可能导致生产延误；发出的原材料可能未分配或者未正确分配到生产任务中。为了应对这些风险，被审计单位的内部控制应该包括：将事先编号的原材料通知单录入系统，生成发出原材料给工厂以供生产的原材料发出通知单；每日打印发出至生产过程的原材料，以及包含在生产任务通知单中的原材料发出通知单代码；每日打印未完成的原材料通知单和没有分配到特定生产任务的原材料发出通知单；由经授权的生产人员签署所有生产任务或供生产使用的原材料通知单；由生产经理复核载有每日发出至生产过程中的原材料信息的打印文件，并与由生产人员签署的原材料通知单核对一致；由生产人员监督没有完成的原材料通知单，并跟进发出原材料的延误；由生产人员分别就每个生产阶段逐个签署生产任务通知单，以表明为每一项生产任务所记录的原材料是完整和准确的。针对此类风险，审计人员要检查生产经理复核生产任务通知单、跟进未分配的原材料和未完成的原材料通知单的情况，在期末查询没有分配的原材料发出通知单对在产品的影响。

针对在生产环节原材料可能被盗的风险，被审计单位要确保原材料仓储的实物安全，仅允许经授权的人员进入原材料仓库；在生产地点安置监控录像机，控制安全通道；对于生产高价值或高度危险产品的地方，设置严密的安保系统。针对此类风险，审计人员通过询问和观察以获取该项控制被执行的证据。

在不同生产阶段间转移商品时，被审计单位可能存在的风险有：直接人工工时可能未被记录或者未被分配至正确的生产任务；直接机器工时可能未被记录或者未被分配至正确的任务。为了应对这一风险，被审计单位的内部控制应该包括每天在各生产任务上花费的人工时间要与按照每个员工的计时工资时间或工时记录比对一致；对分配到生产任务中直接人工工时与每天的工时记录的差异要打印在例外报告上；每天计入生产任务的机器工时要与机器生产能力总数比对一致，未分配的工时要打印在例外报告上；每日生产报告累计所有生产任务所耗费的工时，并与每日工时总数比对一致，由管理层复核每日生产报告以及对直接人工总工时分配的调节表；由管理层复核例外报告，并改正分配直接人工工时和机器工时中的错误。针对此类风险，审计人员要检查管理层复核生产报告和工时调节表的证据；检查管理层复核工时差异例外报告的证据，并检查其纠正例外报告所反映的错误的证据。

在不同生产阶段间转移商品时，被审计单位可能存在的风险还有在产品可能未包括移送下一个生产阶段之前的所有累计成本。为了应对这种风险，被审计单位应该记录各个生产阶段的产品移动，但在产品转移到下一个阶段前需经授权的生产人员的电子签名；下一生产阶段的成本核算直到前一生产阶段已经完成才能进行记录。每日生产报告记录生产任务从一个阶段转移到下一阶段的日期和时间，并识别授权转移的员工；每个连续性生产阶段最后的累计成本也要在每日生产报告中反映；经授权人员的电子签名要显示在生产任务通知单和每日生产报告中，以表明在批准向下一阶段转移生产任务前，该人员已经检查并确认所有的直接材料、人工和机器工时成本是正确和完整的；生产管理层检查已分配的成本，询问不一致的情况。针对此类风险，审计人员对于期末在产品，要检查授权将生产任务转移至下一阶段的相关签名；比较原材料、人工工时和机器工时与完成该阶段生产任务的说明书，并检查生产经理监督和更正差异的证据。

(三) 转移产品至产成品仓库环节

在转移产品至产成品仓库环节，被审计单位可能存在的风险是产成品仓库人员可能未记录接收的已完成产品，或接收了生产的残次品。为了应对这种风险，被审计单位内部控制应该规定产成品仓库人员通过电子签名显示接收已完工产品，以完成产品从在产品到完工产品的转移；由计算机将已完工产品转移的数量和成本记录至完工产品存货主文档；由计算机生成关于所有生产任务已转移至产成品存货的完工生产报告；由质量控制人员检查每一生产阶段完工的存货，以确保其在送达产成品仓库前符合质量标准；损坏的产品或者不符合质量标准的产品应当立即撤出并处理；检查人员认为合格后在生产任务通知单上签字；除了他们的电子签名，产成品仓库人员还应当通过在有关生产任务通知单上的签章证明已经接收了有关的产成品；生产经理每日检查完工生产报告，询问并调整所有与预期不一致的成本和数量。针对此类风险，审计人员应该检查接收完工产品到产成品仓库的证据；检查管理层复核完工生产报告和追踪出现的误差的证据；使用计算机辅助审计方法，将完成的生产任务与转移到产成品仓库的完工产品进行比对，检查转移的数量、成本是否一致。

在转移产品至产成品仓库环节，被审计单位可能存在的风险还有产成品可能被盗。为了应对这种风险，被审计单位应该定期打印存货主文档中的产成品记录，反映仓库中的存货项目；对产成品进行实物保护，如仅有经授权的员工才可以进入到仓库；在产成品仓库有选择地安装监控摄像机；由管理层持续地对存货进行盘点，并调整存货实物数量和存货主文档中存货余额之间的差异；对接收的产成品、采购和销售的商品实施截止测试。针对此类风险，审计人员应该询问并观察安全措施的充分性；监盘和观察客户持续或定期的盘点程序，并调整记录在存货主文档中的存货余额；检查对于存货损耗和对期末完工产品、采购商品、销售商品实施截止测试产生的调整。

（四）记录生产的产品环节

在记录生产的产品环节，被审计单位可能存在的风险有，分配至生产的存货的成本可能存在错误，包括：分配至生产的原材料的金额发生错误；直接人工工时和机器工时未正确分配到生产任务或分配的金额不正确。为了应对这种风险，被审计单位应在每日生产报告中详细记录分配给各项任务的直接材料、人工工时和机器工时，并将其与发出原材料、计时工资记录和机器工时记录进行比较；将比对不一致的直接成本生成例外报告；由管理层复核每日生产报告和例外报告，并采取措施纠正在产品在各阶段转移过程中的错误和分配错误。针对此类风险，审计人员应该检查每日生产报告和例外报告，获取管理层复核及采取相关措施的证据。

在记录生产的产品环节，被审计单位可能存在的风险还有，分配给在产品和产成品的间接费用成本可能没有正确计算，可能未分配至正确的生产任务，或导致应该被费用化的部分可能被计入存货成本。为了应对这种风险，被审计单位通常应用计算机以直接人工、直接机器工时或者其他特定的生产流程为基础来分配间接成本；每日生产报告应该反映标准成本差异以及间接费用的分配；由管理层定期审批间接费用分配率和分配基础或分配至在产品的标准成本；由管理层定期复核并调查标准成本差异，并根据市场中的有关销售价格考虑产品的可变现净值。针对此类风险，审计人员应该检查管理层对标准成本、费用的分配率和分配基础的审批；询问会计政策的一贯性；检查管理层复核标准成本差异以及产品可变现净值的证据。

在记录生产的产品环节，被审计单位可能存在的风险还有，已完工产品的生产成本可能没有转移到产成品中。为了应对这种风险，被审计单位应该在每日完工产品报告中反映转移到产成品中的成本，以及经授权的生产人员批准这一转移和经授权的产成品仓库人员接收完工产品至产成品仓库的签字；由生产管理层复核每日的产成品报告，询问并调整与预期不一致的成本或产量。针对此类风险，审计人员应该使用计算机辅助审计方法，将完工产品与产成品仓库接收的产品的成本和数量进行核对；检查每日完工产品报告以及管理层复核的证据。

（五）保管存货和维护存货主文档环节

保管存货和维护存货主文档环节，被审计单位可能存在的风险有，记录的存货数量可能与实际存货数量不一致。为了应对这种风险，被审计单位应该定期或者持续执行存货盘点，调整存货主文档中的存货余额和总分类的余额；对接收的完工产品、外购和销售的商品实施截止测试。针对此类风险，审计人员应该检查存货盘点记录的存货余额；检查授权调整已记录存货余额的证据。

保管存货和维护存货主文档环节，被审计单位可能存在的风险还有，存货主文档中总额可能和存货总分类账的金额不一致。为了应对这种风险，被审计单位应该由计算机将总分类账和存货主文档中的总额进行持续的比对，并打印比对不一致的交易和余额的例外报告；对接收的产成品、外购和销售的商品实施截止测试；对存货主文档和存货总分类账中存货的损耗和错误进行调整。针对此类风险，审计人员应该检查管理层复核和经授权调整的证据。

保管存货和维护存货主文档环节，被审计单位可能存在的风险还有，存货过时或者状况恶化，以至于其账面价值可能超过了可变现净值。为了应对这种风险，被审计单位应该打印出各存货项目的销售量，以及与现有销售需求对应的当前库存情况；经常复核过时毁损的存货，定期对存货项目计提减值的准备作出决定；期末按照过往经验和一贯的会计政策计算存货跌价准备；检查存货的销售情况以及各存货项目的最后销售日，以便识别销售缓慢和没有销售出去的存货。针对此类风险，审计人员应该检查管理层复核存货过时和存货减值的证据；询问计算存货减值准备人员的胜任能力；确认行业标准并考虑被审计单位的假设是否合理；测试确定存货销售量的程序化的控制。

保管存货和维护存货主文档环节，被审计单位可能存在的风险还有，控制环境和控制活动可能未能使管理层关注存货的变动、计量或者计价，以及与之高度相关的财务报表中可能存在潜在错报和舞弊。为了应对这种风险，被审计单位应该让高级管理层的监控主要涉及以下方面：生产量和生产成本；原材料和产成品存货水平；根据存货盘点的数量和存货主文档以及存货的损耗和丢失情况进行调整；与销售需求有关的脱销和储存过量情况；标准成本差异和间接费用分配应当与企业的实际情况和行业的一般情况匹配；监控关键业绩指标。针对此类风险，审计人员应该检查管理层监控程序和关键业绩指标的有效性。

【同步案例9-1】 广西贵糖（集团）股份有限公司存货内控失败案例

广西贵糖（集团）股份有限公司（以下简称贵糖股份）是A股上市公司，于1993年成立，1998年11月11日在深圳证券交易所正式挂牌交易，股票代码为000833，公司以制糖、造纸为主业。2013年4月，贵糖股份被致同会计师事务所（以下简称致同）出具了否定意见的内部控制审计报告。致同在内部控制审计报告中指出，贵糖股份公司蔗渣、原煤等大宗原材料的成本核算基础薄弱，部分暂估入账的大宗原材料缺少原始凭证（如包括原材料数量、供应商名称等信息的入库单），影响该等存货的发出成本结转与期末计价的正确性，与此相关的财务报告内部控制运行失效。

贵糖股份的存货控制缺陷并非某一单独环节出现漏洞，而是从存货取得、验收入库、仓储保管、领用发出到盘点处置等各个环节都存在着不同程度的管控缺陷。(1) 存货取得环节，包装物糖袋、三造包装物、造纸原材料和其他备品备件及零配件的积压，带来的存货积压风险。(2) 验收入库环节，缺乏有效的存货验收入库控制，导致部分暂估入账的大宗原材料缺乏原始凭证，从而使存货计价、成本结转等后续会计业务核算丧失准确性。(3) 仓储保管环节，包装物糖袋出现风化碎裂现象、机械热磨浆板露堆垛中风吹雨淋日晒，出现潮湿返黄、破溶、溶烂现象说明公司仓储保管方法不适当、监管不严密，导致一部分原材料变质、损坏，不能使用，导致企业资产受到损失。(4) 领用发出环节，原材料领用计量不准确，反映其审核不严格、手续不完备。(5) 盘点处置环节，存货账实差异的处理不及时。原辅材料、备品备件及零配件积压很长时间有些是因生产产品改变无法再使用及可使用的，说明闲置、报废处置责任不明确、无人过问及处理。

2013年9月5日，该公司收到广西证监局出具的《关于对广西贵糖（集团）股份有限公司采取出具警示函措施的决定》，公司需在9月30日之前提交整改报告并接受检查。2013年9月28日，贵糖股份董事会发布了《关于中国证监会广西监管局警示函的整改报告》。尽管致同发表的内部控制审计意见得到了监管机构的支持，同时促进了贵糖股份内部控制的改进，但由于发表内部控制否定意见造成了审计师与管理层不可调和的紧张关系，任期不满一年就被贵糖股份管理层解聘。2013年10月22日，贵糖股份第六届第十六次董事会正式决定改聘中审亚太会计师事务所（以下简称中审亚太）为公司2013年度财务报表和内部控制的审计机构，而中审亚太为贵糖股份2013年的财务报表和内部控制均发表了标准无保留审计意见。

资料来源：代斌. 贵糖股份存货内控失败案例分析［J］. 经贸实践，2015（9）：257.

陈小英. 企业存货内部控制刍议——以贵糖股份公司为例［J］. 中国农业会计，2014（10）：26-28.

思考：针对贵糖股份出现的存货内部控制缺陷，你有哪些改善建议？

解答：(1) 增强风险防范意识。企业的治理层和管理层应增强风险防范意识，有效监控存货的风险。同时企业也应对全体员工进行风险防范和知识培训，提高全体员工的素质，以便企业内部控制更好地实施。

(2) 建立健全存货内部控制制度。首先，应建立完善的存货岗位责任制，明确内部相关部门和岗位的职责、权限，不相容岗位相分离；其次，建立科学合理的存货管控流程，制定合理的采购计划、有效的存货验收入库制度、仓储保管制度、严格的存货领用发出制度以及认真做好存货盘点处理工作。

(3) 聘请声誉良好、有较高执业水平的会计师事务所，同时，企业相关部门及人员也要认真配合事务所的相关工作，保持良好、深入的沟通，根据事务所的建议及时采取相应的整改措施。

第二节　存货审计的实质性程序

存货审计，尤其是对年末存货余额的测试，通常是审计中最复杂也最费时的部分。导致存货审计复杂的主要原因包括：(1) 存货通常是资产负债表中的一个主要项目，而且通常是构成营运资本的最大项目。(2) 企业必须将存货置放于便于产品生产和销售的不同地方，这种分散使得对它的实物控制和盘点都很困难。(3) 存货项目的多样性也给审计带来了困难，例如，化学制品、宝石、电子元件以及其他的高科技产品。(4) 存货本身的陈旧以及存货成本的分配也使得存货的估价存在困难。(5) 不同企业采用的存货计价方法存在多样性。

一、存货的审计目标

通过对存货实施实质性程序，要找到两个方面的证据：数量和金额。数量和金额决定了存货的期末余额，因此，在审计过程中要重点关注能证实存货数量和金额的两个审计程序：存货监盘、存货计价测试。

审计人员监盘存货的目标在于获取有关存货数量和状况的审计证据，以证明被审计单位记录的所有存货确实存在，已经反映了被审计单位拥有的全部存货，并属于被审计单位的合法财产。需要注意的是，存货监盘可能获取的是有关存货所有权的部分审计证据。但是，存货监盘本身并不足以供审计人员确定存货的所有权，审计人员可能需要执行其他实质性审计程序以应对所有权认定的相关风险。

二、存货的实质性分析程序

1.根据对被审计单位的经营活动、供应商的发展历程、贸易条件、行业惯例和行业现状的了解，确定营业收入、营业成本、毛利以及存货周转和费用支出项目的期望值。

2.根据本期存货余额组成、存货采购、生产水平与以前期间和预算的比较，定义营业收入、营业成本和存货可接受的重大差异额。

3.比较存货余额和预期周转率。

4.计算实际数和预计数之间的差异，并同管理层使用的关键业绩指标进行比较。

5.通过询问管理层和员工，调查实质性分析程序得出的重大差异额是否表明存在重大错报风险，是否需要设计恰当的细节测试程序以识别和应对重大错报风险。

6.形成结论，即实质性分析程序能够提供充分、适当的审计证据，或需要对交易和余额实施细节测试以获取进一步的审计证据。

三、存货的监盘程序

(一) 存货监盘的含义

存货监盘是指审计人员现场观察被审计单位存货的盘点，并对已经盘点的存货进行适当的检查。存货监盘有两层含义：一是审计人员应当现场观察被审计单位存货的盘点活动或盘点程序；二是审计人员还应当对已经盘点的存货进行适当抽查。在实务中，审计人员需要恰当区分被审计单位对存货盘点的责任和审计人员对存货监盘的责任，在执行存货监盘过程中不应协助被审计单位的存货盘点工作。

如果存货对财务报表是重要的，审计人员应当实施下列审计程序，对存货的存在和状况获取充分、适当的审计证据：(1) 在存货盘点现场实施监盘（除非不可行)；(2) 对期末存货记录实施审计程序，以确定其是否准确反映实际的存货盘点结果。在某些情况下，如果商品存储于公共仓库或者是审计人员无法参加监盘，审计人员必须执行充分的函证或其他程序以证实存货的存在性。

（二）存货监盘的计划

1.制订存货监盘计划的基本要求

审计人员应当根据被审计单位存货的特点、盘存制度和存货内部控制的有效性等情况，在评价被审计单位管理层制定的存货盘点程序的基础上，编制存货监盘计划，对存货监盘作出合理安排。

2.制订存货监盘计划应考虑的相关事项

（1）与存货相关的重大错报风险。存货通常具有较高水平的重大错报风险，影响存货重大错报风险的因素具体包括：存货的数量和种类、成本归集的难易程度、陈旧过时的速度或易损坏程度、遭受失窃的难易程度。外部因素也会对重大错报风险产生影响。例如，技术进步可能导致某些产品过时，从而导致存货价值更容易发生高估。

（2）与存货相关的内部控制的性质。在制订存货监盘计划时，应当了解被审计单位与存货相关的内部控制，并根据内部控制的完善程度确定进一步审计程序的性质、时间安排和范围。与存货相关的内部控制涉及被审计单位供、产、销各个环节，包括采购、验收、仓储、领用、加工、装运出库等方面。

（3）对存货盘点是否制定了适当的程序，并下达了正确的指令。审计人员在复核或与管理层讨论其存货盘点程序时，应当考虑下列主要因素，以评价其能否合理地确定存货的数量和状况：盘点的时间安排；存货盘点范围和场所的确定；盘点人员的分工及胜任能力；盘点前的会议及任务布置；存货的整理和排列，对毁损、陈旧、过时、残次及所有权不属于被审计单位的存货的区分；存货的计量工具和计量方法；在产品完工程度的确定方法；存放在外单位的存货的盘点安排；对存货收发截止的控制；对盘点期间存货移动的控制；盘点表单的设计、使用与控制；盘点结果的汇总以及盘盈或盘亏的分析、调查与处理。如果认为被审计单位的存货盘点程序存在缺陷，应当提请被审计单位调整。

（4）存货盘点的时间安排。如果存货盘点在财务报表日以外的其他日期进行，除实施存货监盘相关审计程序外，还应当实施其他审计程序，以获取审计证据，确定存货盘点日与财务报表日之间的存货变动是否已得到恰当的记录。

（5）被审计单位是否一贯采用永续盘存制。存货数量的盘存制度一般为实地盘存制和永续盘存制。存货盘存制度不同，需要作出的存货监盘安排也不同。如果被审计单位通过实地盘存制确定数量，则审计人员要参加此种盘点。如果被审计单位采用永续盘存制，审计人员应在年度中一次或多次参加盘点。

（6）存货的存放地点，确定适当的监盘地点。审计人员应了解所有的存货存放地点，既可以防止被审计单位或自己发生任何遗漏，也有助于恰当地分配审计资源。审计人员通常应当重点考虑被审计单位的重要存货存放地点，特别是金额较大可能存在重大错报风险的存货地点，将这些存货地点列入监盘范围。对其他无法在存货盘点现场实施存货监盘的存货存放地点，审计人员应当实施替代审计程序，以获取有关存货的存在和状况的充分、适当的审计证据。

（7）是否需要专家协助。审计人员可能不具备其他专业领域专长与技能。在确定资产数量或资产实物状况（如矿石堆），或在收集特殊类别存货（如艺术品、稀有玉石、房地产、电子器件、工程设计等）的审计证据时，审计人员可以考虑利用专家的工作。

3.存货监盘计划的主要内容

（1）存货监盘的目标、范围及时间安排。存货监盘的主要目标包括获取被审计单位资产负债表日有关存货数量和状况以及有关管理层存货盘点程序可靠性的审计证据，检查存货的数量是否真实完整，是否归属被审计单位，存货有无毁损、陈旧、过时、残次和短缺等状况。

存货监盘范围的大小取决于存货的内容、性质以及与存货相关的内部控制的完善程度和重大错报风险的评估结果。

存货监盘的时间，包括实地察看盘点现场的时间、观察存货盘点的时间和对已盘点存货实施检查的时间等，应当与被审计单位实施存货盘点的时间相协调。

（2）存货监盘的要点及关注事项。存货监盘的要点主要包括审计人员实施存货监盘程序的方法、步骤，各个环节应注意的问题以及所要解决的问题。审计人员需要重点关注的事项包括盘点期间的存货移动、存货的状况、存货的截止确认、存货的各个存放地点及金额等。

（3）参加存货监盘人员的分工。审计人员应当根据被审计单位参加存货盘点人员分工、分组情况、存货监盘工作量的大小和人员素质情况，确定参加存货监盘的人员组成以及各组成人员的职责和具体的分工情况，并加强督导。

（4）检查与抽盘存货的范围。审计人员应当根据对被审计单位存货盘点和对被审计单位内部控制的评价结果确定检查存货的范围。在实施观察程序后，如果认为被审计单位内部控制设计良好且得到有效实施，存货盘点组织良好，可以相应缩小实施检查和抽盘程序的范围。

（三）执行存货监盘程序

1.评价管理层用以记录和控制存货盘点结果的指令和程序

审计人员需要考虑这些指令和程序是否包括下列方面：（1）适当控制活动的运用；（2）准确认定在产品的完工程度，过时或毁损的存货项目，以及第三方拥有的存货；（3）在适用的情况下用于估计存货数量的方法；（4）对存货在不同存放地点之间的移动以及截止日前后期间出入库的控制。

2.观察管理层制定的盘点程序的执行情况

这有助于审计人员获取有关管理层指令和程序是否得到适当设计和执行的审计证据。尽管盘点存货时最好能保持存货不发生移动，但在某些情况下存货的移动是难以避免的。如果在盘点过程中被审计单位的生产经营仍将持续进行，审计人员应通过实施必要的检查程序，确定被审计单位是否已经对此设置了相应的控制程序，确保在适当的期间内对存货作出准确记录。

审计人员一般应当获取盘点日前后存货收发及移动的凭证，检查库存记录与会计记录期末截止是否正确。审计人员在对期末存货进行截止测试时，通常应当关注：

（1）所有在截止日以前入库的存货项目是否均已包括在盘点范围内，并已反映在截止日以前的会计记录中。任何在截止日以后入库的存货项目是否均未包括在盘点范围内，也未反映在截止日以前的会计记录中。

（2）所有在截止日以前装运出库的存货商品是否均未包括在盘点范围内，且未包括在截止日的存货账面余额中；所有截止日以后装运出库的存货商品是否均已包括在盘点范围内，且包括在截止日的存货账面余额中。

（3）所有已确认为销售但尚未装运出库的商品是否均未包括在盘点范围内，且未包括在截止日的存货账面余额中；所有已记录为购货但尚未入库的存货是否均已包括在盘点范围内，并已反映在会计记录中。

【小思考9-3】如果将货到单未到的存货纳入了盘点范围，但没有暂估入账，会对利润有何影响？为什么？

3.检查存货

在存货监盘过程中检查存货，虽然不一定确定存货的所有权，但有助于确定存货的存在，以及识别过时、毁损或陈旧的存货。审计人员应当把所有过时、毁损或陈旧存货的详细情况记录下来，这既便于进一步追查这些存货的处置情况，也能为测试被审计单位存货跌价准备计提的准确性提供证据。

4.执行抽盘

在对存货盘点结果进行测试时，审计人员可以从存货盘点记录中选取项目追查至存货实物，以及从存货实物中选取项目追查至盘点记录，以获取有关盘点记录准确性和完整性的审计证据。需要说明的是，审计人员应尽可能避免让被审计单位事先了解将抽盘的存货项目。审计人员在实施抽盘程序时发现差异，很可能表明被审计单位的存货盘点在准确性或完整性方面存在错误。由于抽盘的内容通常仅仅是已盘点存货中的一部分，所以在抽盘中发现的错误很可能意味着被审计单位的存货盘点还存在着其他错误。一方面，审计人员应当查明原因，并及时提请被审计单位更正；另一方面，审计人员应当考虑错误的潜在范围和重大程度，在可能的情况下，扩大抽查范围以减少错误的发生。审计人员还可要求被审计单位重新盘点。重新盘点的范围可限于某一特殊领域的存货或特定盘点小组。

5.需要特别关注的情况

（1）存货盘点范围。在被审计单位盘点存货前，审计人员应当观察盘点现场，确定应纳入盘点范围的存货是否已经适当整理和排列，并附有盘点标识，防止遗漏或重复盘点。对未纳入盘点范围的存货，审计人员应当查明未纳入的原因。对所有权不属于被审计单位的存货，审计人员应当取得其规格、数量等有关资料，确定是否已单独存放、标明，且未被纳入盘点范围。

（2）对特殊类型存货的监盘。对某些特殊类型的存货而言，或者没有标签，或者其数量难以估计，或者其质量难以确定，或者盘点人员无法对其移动实施控制。对于这些特殊类型的存货，审计人员可以首先了解被审计单位计划采用的盘点方法，并评估其盘点方法是否满足会计核算的需要，即保证存货在财务报表中得以恰当计量和披露。在此基础上，审计人员需要运用职业判断，根据被审计单位所处行业的特点、存货的类型和特点以及内部控制等具体情况，设计针对特殊类型存货的具体监盘程序。比如，堆积型存货（如糖、煤、钢废料）通常既无标签也不做标记，在估计存货数量时存在困难，可以考虑运用工程估测、几何计算、高空勘测，并依赖详细的存货记录。在某些情况下，对于特定类型的存货（例如矿藏、贵金属等），被审计单位可能会聘请外部专业机构协助进行存货盘点。

例如，某一电力企业有较大数量的存煤燃料，其管理层选择聘请外部的专业测量公司使用仪器设备采集煤堆的形状特征数据以计算存煤的体积，同时采集相关数据（例如水分比例等）以计算其堆积密度，然后利用体积和密度数据计算出盘点煤量。在这种情况下，审计人员需要评价外部测量公司的胜任能力、专业素质和客观性，检查其煤堆测量计划和测量报告，并在监盘过程中关注被审计单位和外部测量公司所采用仪器设备的精准度、测量方法的适当性、体积和密度计算方法的合理性等因素。

【知识拓展9-2】 对特殊类型存货的监盘（见表9-1）

表9-1　**对特殊类型存货的监盘**

存货类型	盘点方法与潜在问题	可供实施的审计程序
木材、钢筋盘条、管子	通常无标签，但在盘点时会做上标记或用粉笔标识。 难以确定存货的数量或等级	检查标记或标识。 利用专家或被审计单位内部有经验人员的工作
堆积型存货（如糖、煤、钢废料）	通常既无标签也不做标记。 在估计存货数量时存在困难	运用工程估测、几何计算、高空勘测，并依赖详细的存货记录。 如果堆场中的存货堆不高，可进行实地监盘，或通过旋转存货堆加以估计
使用磅秤测量的存货	在估计存货数量时存在困难	在监盘前和监盘过程中均应检验磅秤的精准度，并留意磅秤的位置移动与重新调校程序。 将检查和重新衡量程序相结合。 检查称量尺度的换算问题
散装物品（如贮窖存货，使用桶、箱、罐、槽等容器储存的液体、气体、谷类粮食、流体存货等）	在盘点时通常难以识别和确定。 在估计存货数量时存在困难。 在确定存货质量时存在困难	使用容器进行监盘或通过预先编号的清单列表加以确定。 使用浸蘸、测量棒、工程报告以及依赖永续存货记录。 选择样品进行化验与分析，或利用专家的工作
贵金属、石器、艺术品与收藏品	在存货辨认与质量确定方面存在困难	选择样品进行化验与分析，或利用专家的工作
生产纸浆用木材、牲畜	在存货辨认与数量确定方面存在困难。 可能无法对此类存货的移动实施控制	通过高空摄影以确定其存在，对不同时点的数量进行比较，并依赖永续存货记录

6.存货监盘结束时的工作

（1）再次观察盘点现场，以确定所有应纳入盘点范围的存货是否均已盘点。

（2）取得并检查已填用、作废及未使用盘点表单的号码记录，确定其是否连续编号，查明已发放的表单是否均已收回，并与存货盘点的汇总记录进行核对。审计人员应当根据自己在存货监盘过程中获取的信息对被审计单位最终的存货盘点结果汇总记录进行复核，并评估其是否正确地反映了实际盘点结果。如果存货盘点日不是资产负债表日，审计人员应当实施适当的审计程序，确定盘点日与资产负债表日之间存货的变动是否已得到恰当的记录，并将盘点数倒挤至资产负债表日，检查记录的准确性。

【知识拓展9-3】 如果被审计单位在盘点过程中无法停止存货的移动，注册会计师应如何处理？

一般而言，被审计单位在盘点过程中停止生产并关闭存货存放地点以确保停止存货的移动，有利于保证盘点的准确性。但特定情况下，被审计单位可能由于实际原因无法停止生产或收发货物。

在这种情况下，注册会计师可以根据被审计单位的具体情况考虑其无法停止存货移动的原因及其合理性。同时，注册会计师可以通过询问管理层以及阅读被审计单位的盘点计划等方式，了解被审计单位对存货移动所采取的控制程序和对存货收发截止影响的考虑。例如，如果被审计单位在盘点过程中无法停止生产，可以考虑在仓库内划分出独立的过渡区域，将预计将在盘点期间领用的存货移至过渡区域、对盘点期间办理入库手续的存货暂时存放在过渡区域，以此确保相关存货只被盘点一次。

在实施存货监盘程序时，注册会计师需要观察被审计单位有关存货移动的控制程序是否得到执行。同时，注册会计师可以向管理层索取盘点期间存货移动相关的书面记录以及出、入库资料作为执行截止测试的资料，以为监盘结束的后续工作提供证据。

资料来源：《中国注册会计师审计准则问题解答第3号——存货监盘》.

（四）特殊情况的处理

1.在存货盘点现场实施存货监盘不可行

在某些情况下，实施存货监盘可能是不可行的。这可能是由存货性质和存放地点等因素造成的，例如，存货存放在对审计人员的安全有威胁的地点。如果在存货盘点现场实施存货监盘不可行，审计人员应当实施替代审计程序，以获取有关存货的存在和状况的充分、适当的审计证据。如果不能实施替代审计程序，或者实施替代审计程序可能无法获取有关存货的存在和状况的充分、适当的审计证据，审计人员需要按照相关规定出具合适的审计意见。

2.因不可预见的情况导致无法在存货盘点现场实施监盘

有时，由于不可预见情况而可能导致无法在预定日期实施存货监盘，两种比较典型的情况包括：一是审计人员无法亲临现场，即由于不可抗力导致其无法到达存货存放地实施存货监盘；二是气候因素，即由于恶劣的天气导致审计人员无法实施存货监盘程序，或由于恶劣的天气无法观察存货，如木材被积雪覆盖。如果由于不可预见的情况无法在存货盘点现场实施监盘，审计人员应当另择日期实施监盘，并对间隔期内发生的交易实施审计程序。

3.由第三方保管或控制的存货

如果由第三方保管或控制的存货对财务报表是重要的，审计人员应当实施下列一项或两项审计程序，以获取有关该存货存在和状况的充分、适当的审计证据：①向持有被审计单位存货的第三方函证存货的数量和状况；②实施检查或其他适合具体情况的审计程序。根据具体情况，审计人员可能认为实施其他审计程序是适当的。其他审计程序可以作为函证的替代程序，也可以作为追加的审计程序。

其他审计程序包括但不限于：

（1）实施或安排其他审计人员实施对第三方的存货监盘（如可行）；

（2）获取其他审计人员或服务机构审计人员针对用以保证存货得到恰当盘点和保管的内部控制的适当性而出具的报告；

（3）检查与第三方持有的存货相关的文件记录，如仓储单；

（4）当存货被作为抵押品时，要求其他机构或人员进行确认。

4.存货存放在多个地点

如果被审计单位的存货存放在多个地点，审计人员可以要求被审计单位提供一份完整的存货存放地点清单，包括期末库存量为零的仓库、租赁的仓库，以及第三方代被审计单位保管存货的仓库等，并考虑其完整性。根据具体情况下的风险评估结果，审计人员可以考虑执行以下一项或多项审计程序：

（1）询问被审计单位除管理层和财务部门以外的其他人员，如营销人员、仓库人员等，以了解有关存货存放地点的情况；

（2）比较被审计单位不同时期的存货存放地点清单，关注仓库变动情况，以确定是否存在因仓库变动而未将存货纳入盘点范围的情况发生；

（3）检查被审计单位存货的出、入库单，关注是否存在被审计单位尚未告知审计人员的仓库（如期末库存量为零的仓库）；

（4）检查费用支出明细账和租赁合同，关注被审计单位是否租赁仓库并支付租金，如果有，该仓库是否已包括在被审计单位提供的仓库清单中；

（5）检查被审计单位“固定资产——房屋建筑物”账户明细清单，了解被审计单位可用于存放存货的房屋建筑物。

在获取完整的存货存放地点清单的基础上，审计人员可以根据不同地点所存放存货的重要性以及对各个地点与存货相关的重大错报风险的评估结果，选择适当的地点进行监盘，并记录选择这些地点的原因。

例如，B注册会计师负责对常年审计客户甲公司2017年度财务报表进行审计，甲公司经营范围涉及多个行业，审计项目组实施存货监盘的部分事项如下：

（1）由于突降大雪，导致B注册会计师无法按照预计的时间抵达存货监盘现场，注册会计师决定检查甲公司生产记录以及出入库凭证来验证存货的存在。

（2）甲公司生产的A产品存放在不同的仓库中，由于盘点人手不足，甲公司决定在不同日期对A产品进行盘点。

（3）由于甲公司的盘点人手不足，为了提高审计效率，B注册会计师派审计助理协助被审计单位进行盘点。

（4）甲公司生产的钢材委托外地专用仓库保管，B注册会计师认为到实地监盘路途遥远，浪费大量时间，并且需要耗费大量的交通费、差旅费，认为存货监盘不可行，所以向保管钢材的仓库函证。

（5）B注册会计师对甲公司盘点的存货执行抽盘，抽取样本规模50个，发现1个样本项目存在盘点错误，要求甲公司在盘点记录中更正了该项错误。B注册会计师认为该错误在金额和数量方面均不重要，因此，对抽盘结果表示满意，不再实施其他审计程序。

上述事项（1）至（5）中B注册会计师存在如下不恰当的做法：

（1）如果由于不可预见的情况无法在存货盘点现场实施监盘，注册会计师应当另择日期实施监盘，并对间隔内发生的交易实施审计程序。

（2）针对同种存货，应该在同一日期进行盘点。

（3）存货盘点是甲公司的责任，注册会计师不应参与盘点工作。

（4）审计中的困难、时间或成本等事项本身，不能作为注册会计师省略不可替代的审计程序或满足于说服力不足的审计证据的正当理由。

（5）注册会计师在实施抽盘程序时发现差异，很可能表明甲公司的存货盘点在准确性或完整性方面存在错误，应当查明原因，并考虑错误的潜在范围和重大程度。

四、存货计价审计

（一）存货的计价测试

存货计价测试主要是针对被审计单位所使用的存货单位成本是否正确所做的测试。存货计价审计表见表9-2。

表9-2 **存货计价审计表**

日期	品名及规格	入库			发出			余额		
		数量	单价	金额	数量	单价	金额	数量	单价	金额

1.计价方法说明：

2.情况说明及审计结论：

1.存货计价审计样本的选择

存货计价审计的样本，应从存货数量已经盘点、单价和总金额已经计入存货汇总表的结存存货中选择。选择样本时应着重选择结存余额较大且价格变化比较频繁的项目，同时考虑所选样本的代表性。

2.存货计价方法的确认

存货的计价方法多种多样，被审计单位应结合适用的会计准则的基本要求选择符合自身特点的方法。审计人员除应掌握被审计单位的存货计价方法外，还应对这种计价方法的合理性与一贯性予以关注，没有足够理由，计价方法在同一会计年度内不得变动。

3.计价测试

进行计价测试时，审计人员首先应对存货价格的组成内容予以审核，然后按照所了解的计价方法对所选择的存货样本进行计价测试。测试时，应尽量排除被审计单位已有计算程序和结果的影响，进行独立测试。测试结果出来后，应与被审计单位账面记录对比，编制对比分析表，分析形成差异的原因。如果差异过大，应扩大测试范围，并根据审计结果考虑是否应提出审计调整建议。

4.审查存货跌价准备

在存货计价审计中，由于被审计单位对期末存货采用成本与可变现净值孰低的方法计价，所以审计人员应充分关注其对存货可变现净值的确定及存货跌价准备的计提。企业确定存货的可变现净值，应当以取得的确凿证据为基础，并且考虑持有存货的目的以及资产负债表日后事项的影响等因素。

存货跌价准备的实质性程序包括：

（1）获取或编制存货跌价准备明细表，复核加计正确，并与总账数和明细账合计数核对相符。

（2）检查存货跌价准备计提和存货损失转销的批准程序，取得书面报告、销售合同或劳务合同等证明文件。

（3）评价存货跌价准备的计提依据和计提方法是否合理，是否充分考虑了持有存货的目的及资产负债表日后事项的影响等因素。

（4）若被审计单位为建造承包商，对其执行中的建造合同，应检查预计总成本是否超过合同总收入，如果超过，跌价准备计提是否合理，会计处理是否正确。

（5）比较本期实际损失发生数与前期存货跌价准备的余额，以评价上期存货跌价准备计提的合理性。

（6）如果被审计单位出售或核销已经计提跌价准备的存货，应检查相应的跌价准备的会计处理是否正确。

（7）注意已计提跌价准备的存货价值又得以恢复的，是否在原已计提的跌价准备的范围内转回，依据是否充分，并记录转回金额。

（8）检查被审计单位是否于期末对存货进行了检查分析，存货跌价准备的计算和会计处理是否正确。

（9）确定存货跌价准备的披露是否恰当。

（二）存货成本的计价测试

【知识拓展9-4】 针对存货的计价，注册会计师应考虑的事项（出自《中国注册会计师审计准则问题解答第11号——会计估计》）

（1）结合相关行业数据（如存货周转天数）或同行业其他公司的信息考虑管理层对存货可变现净值的估计是否合理，包括考虑供应商和客户等上下游相关产品的售价信息；

（2）结合执行存货监盘观察到的情况，考虑被审计单位对残次冷背存货的会计处理是否恰当；

（3）询问财务部之外的其他人员（如负责销售或营运的人员），获取他们对被审计单位存货价值的考虑；

（4）分析存货的估计售价以确定存货的可变现净值是否高于或低于其成本；

（5）关注管理层在考虑存货的可变现净值时是否考虑了进一步加工成本和预计销售费用以及相关税费。

存货成本计价测试主要涉及直接材料成本审计、直接人工成本审计、制造费用审计等内容。

1.直接材料成本的审计

直接材料成本的审计一般应从审阅材料和生产成本明细账入手，抽查有关的费用凭证，验证企业产品直接耗用材料的数量、计价和材料费用分配是否真实、合理。其主要审计程序通常包括：

（1）抽查产品成本计算单，检查直接材料成本的计算是否正确，材料费用的分配标准与计算方法是否合理和适当，是否与材料费用分配汇总表中该产品分摊的直接材料费用相符。

（2）检查直接材料耗用数量的真实性，有无将非生产用材料计入直接材料费用的情况。

（3）分析比较同一产品前后各年度的直接材料成本，如有重大波动应查明原因。

（4）抽查材料发出及领用的原始凭证，检查领料单的签发是否经过授权，材料发出汇总表是否经过适当的人员复核，材料单位成本计价方法是否适当，是否正确、及时入账。

（5）对采用定额成本或标准成本的被审计单位，应检查直接材料成本差异的计算、分配与会计处理是否正确，并查明直接材料的定额成本、标准成本在本年度内有无重大变更。

2.直接人工成本的审计

（1）抽查产品成本计算单，检查直接人工成本的计算是否正确，人工费用的分配标准与计算方法是否合理和适当，是否与人工费用分配汇总表中该产品分摊的直接人工费用相符。

（2）将本年度直接人工成本与前期进行比较，查明其异常波动的原因。

（3）分析比较本年度各个月份的人工费用发生额，如有异常波动，应查明原因。

（4）结合应付职工薪酬的检查，抽查人工费用会计记录及会计处理是否正确。

（5）对采用标准成本法的被审计单位，应抽查直接人工成本差异的计算、分配与会计处理是否正确。并查明直接人工的标准成本在本年度内有无重大变更。

3.制造费用的审计

（1）获取或编制制造费用汇总表，并与明细账、总账核对相符，抽查制造费用中的重大数额项目及例外项目是否合理。

（2）审阅制造费用明细账，检查其核算内容及范围是否正确，并应注意是否存在异常交易事项，如有，则应追查至记账凭证和原始凭证，重点查明被审计单位有无将不应列入成本费用的支出（如投资支出，被没收的财物，支付的罚款、违约金等）计入制造费用的情况。

（3）对制造费用实施截止测试，即检查资产负债表日前后若干天的制造费用明细账及其凭证，确定有无跨期入账的情况。

（4）检查制造费用的分配是否合理。重点查明制造费用的分配方法是否符合被审计单位自身的生产技术条件，是否体现受益原则；分配方法一经确定，是否在相当时期内保持稳定，有无随意变更的情况；分配率和分配额的计算是否正确，有无以人为估计数代替分配数的情况。对按预定分配率分配费用的企业，还应查明计划与实际差异是否及时调整。

【小思考9-4】制造费用的分配方法有哪些？请分别进行简述。

（5）对于采用标准成本法的被审计单位，应抽查标准制造费用的确定是否合理，计入成本计算单的数额是否正确，制造费用的计算、分配与会计处理是否正确，并查明标准制造费用在本年度内有无重大变动。

第三节　应付职工薪酬审计的实质性程序

应付职工薪酬的审计目标一般包括：确定资产负债表中记录的应付职工薪酬是否存在；确定所有应当记录的应付职工薪酬是否均已记录；确定记录的应付职工薪酬是否为被审计单位应当履行的现时义务；确定应付职工薪酬是否以恰当的金额包括在财务报表中，与之相关的计价调整是否已恰当记录；确定应付职工薪酬是否已按照企业会计准则的规定在财务报表中作出恰当列报。

一、获取或编制应付职工薪酬明细表

获取或编制应付职工薪酬明细表，复核加计是否正确，并与报表数、总账数和明细账合计数核对是否相符。

二、实施实质性分析程序

1.针对已识别需要运用分析程序的有关项目，并基于对被审计单位及其环境的了解，通过进行以下比较，同时考虑有关数据间关系的影响，以建立有关数据的期望值。

（1）比较被审计单位员工人数的变动情况，检查被审计单位各部门各月工薪费用的发生额是否有异常波动，若有，则查明波动原因是否合理。

（2）比较本期与上期工薪费用总额以及预期的工薪费用总额，要求被审计单位解释其增减变动或差异原因，或取得公司管理层关于员工工薪标准的决议。计算年平均工资或平均工资率，并同以前年度或预算相比较。

（3）比较社会保险费（包括医疗、养老、失业、工伤、生育保险费）、住房公积金、工会经费、职工教育经费和辞退福利等项目的本期实际计提数与按照相关规定独立计算的

预期计提数，要求被审计单位解释其增减变动或差异原因。

（4）核对下列相互独立部门的相关数据：工薪部门记录的工薪支出与出纳记录的工薪支付数，工薪部门记录的工时与生产部门记录的工时。对工资的提取和发放按月进行比较，分析各月工资的提取和发放情况。或按照不同部门、不同车间、不同生产线计算相关比率，

2.确定可接受的差异额。

3.将实际的情况与期望值相比较，识别需要进一步调查的差异。

4.如果其差额超过可接受的差异额，调查并获取充分的解释和恰当的佐证审计证据（如通过检查相关的凭证）

5.评估实质性分析程序的测试结果。

三、检查工薪、奖金、津贴和补贴

1.计提是否正确，依据是否充分

将执行的工薪标准与有关规定核对，并对工薪总额进行测试：被审计单位如果实行工效挂钩制度，应取得有关主管部门确认的效益工薪发放额认定证明，结合有关合同文件和实际完成的指标，检查其计提额是否正确，是否应作纳税调整；结合员工社保缴纳情况，明确被审计单位员工的范围，检查是否与关联公司员工工薪混淆列支。具体审计程序包括：

（1）将企业职工名单（或抽查某部门人员名单）与劳动人事部门掌握的人员名单核对，查看企业有无虚列人员名单，滥发奖金、工资，偷漏个人所得税等问题。

（2）在资产负债表中，审查应付职工薪酬数额与应付职工薪酬账户余额是否相符，并比较企业本期应付职工薪酬与上期应付职工薪酬，如差额较大，应进一步查明原因，审查企业是否超出工资总额计划控制指标。

（3）通过审查“工资结算汇总表”，查证企业是否将应计入福利费的补助、医药费等不应包括在工资总额内核算的开支计入了工资总额。

（4）通过审查“工资费用分配汇总表”，审计企业工资费用分配是否正确，有无将应在专项工程中列支的工资计入生产成本等混淆工资界限的问题。同时对照有关账目审计，查证工资是否被如实、准确地记入“制造费用”“管理费用”“生产成本”等账户中。

（5）审查、核对“工资结算汇总表”和应付职工薪酬账户中的代扣款项，是否真实、一致及账务处理是否正确，如有疑点则可对原始凭证进行审查。

2.检查分配方法与上年是否一致

除因解除与职工的劳动关系给予的补偿直接计入管理费用外，被审计单位是否根据职工提供服务的受益对象，分情况进行账务处理。

3.检查发放金额是否正确，代扣款项及其金额是否正确

4.检查是否存在属于拖欠性质的职工薪酬，并了解拖欠的原因

【知识拓展9-5】　职工薪酬在公司盈余管理中的主要表现形式

一是利用职工薪酬的成本费用化与资本化的选择进行盈余管理。根据公司经营业绩的状况，在从事生产经营的部分职工薪酬与从事基建的部分职工薪酬之间进行调节，可以达到调节盈利的目的。

二是通过隐瞒或虚构职工人数进行盈余管理。其表现形式有：将部分职工的薪酬在母公司与合并范围外的关联企业之间来回列支；直接隐瞒员工人数，支付其薪酬时计入借款或往来款，或者虚构职工人数，增加职工薪酬支出，对该部分职工薪酬进行账外核算等。

三是利用提前或延后确认因解除与职工劳动关系给予补偿而产生的预计负债。实践中当公司因解除劳动关系给予补偿而产生的负债较大时，公司可根据当年经营业绩情况进行盈余管理。

四是利用特定性质职工进行盈余管理。公司为了得到税收优惠政策，对相关人员的人数进行调剂，从而达到税法规定的指标，实现盈余管理。

四、检查社会保险费等项目

检查社会保险费（包括医疗、养老、失业、工伤、生育保险费）、住房公积金、工会经费和职工教育经费等计提（分配）和支付（使用）的会计处理是否正确，依据是否充分。

五、检查辞退福利

1.对于职工没有选择权的辞退计划，检查按辞退职工数量、辞退补偿标准计提辞退福利负债金额是否正确。

2.对于自愿接受裁减的建议，检查按接受裁减建议的预计职工数量、辞退补偿标准等计提辞退福利负债金额是否正确。

3.检查辞退福利预期在年度报告期结束后12个月内不能完全支付的，是否按照其他长期职工福利的有关规定进行了处理。

4.检查计提辞退福利负债的会计处理是否正确，是否将计提金额计入当期管理费用。

5.检查辞退福利支付凭证是否真实、正确。

六、检查非货币性福利

1.检查以自产产品发放给职工的非货币性福利，是否根据受益对象，按照该产品的公允价值，计入相关资产成本或当期损益，同时确认应付职工薪酬；对于难以认定受益对象的非货币性福利，是否直接计入当期损益和应付职工薪酬。

2.检查无偿向职工提供住房的非货币性福利，是否根据受益对象，将该住房每期应计提的折旧计入相关资产成本或当期损益，同时确认应付职工薪酬。对于难以认定受益对象的非货币性福利，是否直接计入当期损益和应付职工薪酬。

3.检查租赁住房等资产供职工无偿使用的非货币性福利，是否根据受益对象，将每期应付的租金计入相关资产成本或当期损益，并确认应付职工薪酬。对于难以认定受益对象的非货币性福利，是否直接计入当期损益和应付职工薪酬。

七、检查应付职工薪酬是否已按照规定作出恰当列报及期后付款情况

检查应付职工薪酬的期后付款情况，并关注在资产负债表日至财务报表批准报出日之间，是否有确凿证据表明需要调整资产负债表日原确认的应付职工薪酬事项。

第四节 其他相关账户审计的实质性程序

一、材料采购或在途物资的实质性程序

1.获取或编制材料采购（或在途物资，下同）明细表，复核加计正确，与总账数、明细账合计数核对相符。

2.检查期末材料采购，核对有关凭证。对大额材料采购，追查至相关的购货合同及购货发票，复核采购成本的正确性，并抽查期后入库情况。必要时，发函询证。

3.查阅资产负债表日前后若干天的材料采购增减变动的有关账簿记录和收料报告单等资料。检查有无跨期现象。如有，则应作出记录，必要时提出调整建议。

4.对采用计划成本核算的，审核材料采购项目有关材料成本差异发生额的计算和处理是否正确。

5.审核有无长期挂账的材料采购，如有，应查明原因，必要时提出调整建议。

6.确定材料采购的披露是否恰当。

【小思考9-5】材料采购中的主要风险有哪些？

二、原材料的实质性程序

1.获取或编制原材料明细表，复核加计正确，并与总账数、明细账合计数核对相符；同时抽查明细账与仓库台账、卡片记录。检查是否核对相符。

2.执行实质性分析程序：

（1）编制本期主要原材料增减变动表，分析其变动规律，并与上期比较，如果存在差异，分析原因。

（2）将主要原材料的本期各月间及上期的单位成本进行比较，分析其波动原因，对异

常项目进行调查并予以记录。

3.执行存货监盘程序。

4.检查原材料的入账基础和计价方法是否正确，前后期是否一致；自原材料明细表中选取适量品种：

（1）在以实际成本计价时，将其单位成本与购货发票核对。

（2）在以计划成本计价时，将其单位成本与被审计单位制定的计划成本核对，同时关注被审计单位计划成本制定的合理性。

5.对于通过非货币性资产交换、债务重组、企业合并以及接受捐赠等取得的原材料，检查其入账的有关依据是否真实、完备，入账价值和会计处理是否符合相关规定。

6.检查投资者投入的原材料是否按照投资合同或协议约定的价值入账，并检查约定的价值是否公允，交接手续是否齐全。

7.检查与关联方的购销业务是否正常，关注交易价格、交易金额的真实性及合理性。

8.了解被审计单位原材料发出的计价方法，前后期是否一致，并抽取主要材料复核其计算是否正确；对于不能替代使用的原材料，以及为特定项目专门购入或制造的原材料，检查是否采用个别计价法确定发出成本；若原材料以计划成本计价，还应检查材料成本差异的发生和结转金额是否正确。

9.结合期末市场采购价，分析主要原材料期末结存单价是否合理。

10.编制本期发出材料汇总表，与相关科目钩稽核对，并抽查复核月度发出材料汇总表的正确性。

11.审核有无长期挂账的原材料，如有，应查明原因。必要时提出调整建议。

12.查阅资产负债表日前后若干天的原材料增减变动记录和原始凭证，检查有无跨期现象，如有，则应记录，必要时提出调整建议。

13.结合原材料的盘点。检查期末有无料到单未到情况，如有，应查明是否已暂估入账，其暂估价是否合理。

14.结合长、短期借款等项目，了解是否有用于债务担保的原材料，如有，则应取证并作出相应的记录，同时提请被审计单位作恰当披露。

15.确定原材料的披露是否恰当。

三、材料成本差异的实质性程序

1.获取或编制材料成本差异明细表，复核加计正确，并与总账数、明细账合计数核对相符。

2.对本期内各月的材料成本差异率实施实质性分析程序，并与上期进行比较，检查是否存在异常波动。计算方法是否前后期一致，是否存在调节成本的现象。

3.结合以计划成本计价的原材料、包装物等的入账基础测试，检查材料成本差异的发生额是否正确。

4.抽查若干月发出材料汇总表，检查材料成本差异是否按月分摊，使用的差异率是否为当月实际差异率，差异的分配是否正确，分配方法前后期是否一致。

5.确定材料成本差异的披露是否恰当。

四、库存商品的实质性程序

1.获取或编制库存商品明细表，复核加计正确，并与总账数、明细账合计数核对相符；同时抽查明细账与仓库台账、卡片记录，检查是否相符。

2.执行实质性分析程序：

（1）编制本期库存商品增减变动表，分析其变动规律，并与上期比较，如果存在差异，分析原因。

（2）将主要库存商品的本期各月间及上期的单位成本进行比较，分析其波动原因，对异常项目进行调查并予以记录。

3.执行存货监盘程序。

4.检查库存商品的入账基础和计价方法是否正确，前后期是否一致；自库存商品明细表中选取适量品种。

（1）在以实际成本计价时，将其单位成本与成本计算单或购货发票核对。

（2）在以计划成本计价时，将其单位成本与被审计单位制定的计划成本核对，同时关注被审计单位计划成本制定的合理性。

（3）对于通过非货币性资产交换、债务重组、企业合并以及接受捐赠取得的库存商品，检查其入账的有关依据是否真实、完备，入账价值和会计处理是否符合相关规定。

5.检查投资者投入的库存商品是否按照投资合同或协议约定的价值入账并同时检查约定的价值是否公允，交接手续是否齐全。

6.检查与关联方的商品购销交易是否正常，关注交易价格、交易金额的真实性与合理性。

7.抽查库存商品入库单，核对库存商品的品种、数量与入账记录是否一致；检查产成品入库的实际成本是否与“生产成本”科目的结转额相符。

8.了解被审计单位库存商品发出计价方法，并抽取主要库存商品检查其计算是否正确；对于不能替代使用的库存商品，以及为特定项目专门制造的库存商品，检查是否采用个别计价法确定发出成本；若库存商品以计划成本计价，还应检查产品成本差异的发生和结转金额是否正确。

9.编制本期库存商品发出汇总表，与有关科目钩稽核对，并抽查复核月度库存商品发出汇总表的正确性。

10.审阅库存商品明细账，检查有无长期挂账的库存商品，如有，应查明原因，必要时提出适当的处理建议。

11.查阅资产负债表日前后若干天的库存商品增减变动记录和原始凭证，检查有无跨期现象，如有，则应作出记录，必要时进行调整。

12.结合外购库存商品的盘点，检查期末有无货到单未到的情况，如有应查明是否已暂估入账，暂估价是否合理。

13.结合长、短期借款等项目，了解是否有用于债务担保的库存商品，如有，应取证并作相应记录，同时提请被审计单位作恰当披露。

14.确定库存商品的披露是否恰当。

五、发出商品的实质性程序

1.获取或编制发出商品明细表，复核加计正确，并与总账数、明细账合计数核对相符。

2.执行实质性分析程序：

（1）编制本期发出商品增减变动表，分析其变动规律，并与上期比较，如果存在差异应分析其原因。

（2）对主要发出商品本期各月间及上期的单位成本进行比较，分析其波动原因，对异常项目进行调查并予以记录。

3.了解被审计单位对发出商品结转的计价方法，并抽取主要发出商品检查其计算是否正确；若发出商品以计划成本计价，还应检查产品成本差异发生和结转金额是否正确。

4.编制本期发出商品发出汇总表，与相关科目钩稽核对，并抽查复核月度发出商品发出汇总表的正确性。

5.必要时，对发出商品的期末余额应函询核实。

6.检查发出商品退回的会计处理是否正确。

7.查阅资产负债表日前后若干天的发出商品增减变动记录和原始凭证，检查有无跨期现象。如有，应作出记录，必要时进行调整。

8.审核有无长期挂账的发出的商品，如有，应查明原因，必要时提出调整建议。

9.确定发出商品的披露是否恰当。

六、营业成本审计的实质性程序

营业成本是指企业从事对外销售商品、提供劳务等主营业务活动和销售材料、出租固定资产、出租无形资产、出租包装物等其他经营活动所发生的实际成本。以制造业的产成品销售为例，它是由期初库存产品成本加上本期入库产品成本，再减去期末库存产品成本求得的。

营业成本的审计目标一般包括：确定记录的营业成本是否已发生，且与被审计单位有关；确定营业成本记录是否完整；确定与营业成本有关的金额及其他数据是否已恰当记录；确定营业成本是否已记录于正确的会计期间；确定营业成本的内容是否正确；确定营业成本与营业收入是否配比；确定营业成本的披露是否恰当。

1.主营业务成本审计

（1）获取或编制主营业务成本汇总明细表，复核加计是否正确，并与报表数、总账数和明细账合计数核对是否相符。

（2）复核主营业务成本汇总明细表的正确性，与库存商品等科目钩稽，并编制生产成本与主营业务成本倒轧表（见表9-3）。

（3）检查主营业务成本的内容和计算方法是否符合有关规定，前后期是否一致，并作出记录。

表9-3 生产成本与主营业务成本倒轧表

项 目	未审数	调整或重分类金额借（贷）	审定数
原材料期初余额			
加：本期购进			
减：原材料期末余额			
其他发出额			
直接材料成本			
加：直接人工成本			
制造费用			
生产成本			
加：在产品期初余额			
减：在产品期末余额			
产品生产成本			
加：产成品期初余额			
减：产成品期末余额			
主营业务成本			

（4）对主营业务成本执行实质性分析程序，检查本期内各月间及前期同一产品的单位成本是否存在异常波动，是否存在调节成本的现象。

（5）抽取若干月份的主营业务成本结转明细清单，结合生产成本的审计，检查销售成本结转数额的正确性，比较计入主营业务成本的商品品种、规格、数量与计入主营业务收入的口径是否一致，是否符合配比原则。

（6）检查主营业务成本中重大调整事项（如销售退回）的会计处理是否正确。

【小思考9-6】资产负债表日或资产负债表日以前实现的销售在资产负债表日后期间退回，应如何进行正确的会计处理？

（7）在采用计划成本、定额成本、标准成本或售价核算存货的情况下，检查产品成本差异或商品进销差价的计算、分配和会计处理是否正确。

（8）确定主营业务成本的披露是否恰当。

例如，注册会计师审查某公司的主营业务成本，发现主营业务成本明细表与有关明细账、总账完全相符，有关数据见表9-4。

表9-4 主营业务成本相关数据 单位：元

原材料期初余额	15 000	制造费用	18 000
本期购进原材料	37 500	在产品期初余额	34 500
原材料期末余额	12 000	在产品期末余额	37 500
本期销售材料	4 500	产成品期初余额	60 000
直接人工成本	22 500	产成品期末余额	57 000

审计人员通过对有关记账凭证和原始凭证进行审计，发现以下问题：

（1）经盘点证实，期末在产品的实际金额为50 000元；

（2）领而未用的原材料共计4 500元，未作假退料处理；

（3）在建工程发生的人工工资3 000元计入生产成本。

根据以上资料编制的“生产成本与主营业务成本倒轧表”见表9-5。

表9-5　**生产成本与主营业务成本倒轧表**　单位：元

项目	未审数	调整或重分类金额借（贷）	审定数
原材料期初余额	15 000		15 000
加：本期购进	37 500		37 500
减：原材料期末余额	12 000		16 500
其他发出额			
直接材料成本	40 500	借：4 500	36 000
加：直接人工成本	22 500		19 500
制造费用	18 000		18 000
生产成本	81 000	贷：3 000	73 500
加：在产品期初余额	34 500		34 500
减：在产品期末余额	37 500		50 000
产品生产成本	78 000		58 000
加：产成品期初余额	60 000	借：12 500	60 000
减：产成品期末余额	57 000		57 000
主营业务成本	81 000		61 000

审计结论：该公司主营业务成本多计20 000元，导致营业利润少计20 000元。

2.其他业务成本审计

（1）获取或编制其他业务收入、其他业务成本明细表。复核加计正确，与总账数和明细账合计数核对相符；并注意其他业务成本是否有相应的收入。

（2）与上期其他业务收入、其他业务成本比较，检查是否有重大波动，如有，应查明原因。

（3）检查其他业务成本内容是否真实，计算是否正确，配比是否恰当，并选择要抽查原始凭证予以核实。

（4）对异常项目，应追查入账依据及有关法律文件是否充分。

（5）确定其他业务成本的披露是否恰当。

本章小结

本章介绍了生产与存货循环的重大错报风险评估以及控制测试，讲述了生产与存货循环的实质性程序，主要包括存货审计的实质性程序、应付职工薪酬审计的实质性程序、其他相关账户审计的实质性程序。本章的重点是存货审计的实质性程序，尤其要关注存货监盘和存货的计价测试。存货监盘是指审计人员现场观察被审计单位存货的盘点，并对已经盘点的存货进行适当的检查。制订存货监盘计划应考虑的相关事项包括：与存货相关的重大错报风险；与存货相关的内部控制的性质；被审计单位对存货盘点是否制定了适当的程序，并下达了正确的指令；存货盘点的时间安排；被审计单位是否一贯采用永续盘存制；存货的存放地点；是否需要专家协助等。存货监盘计划的主要内容包括：存货监盘的目标、范围及时间安排；存货监盘的要点及关注事项；参加存货监盘人员的分工；检查与抽盘存货的范围。执行存货监盘程序除了要评价管理层用以记录和控制存货盘点结果的指令和程序、观察管理层制定的盘点程序的执行情况、检查存货、执行抽盘之外，还要关注一些特别情况，比如对特殊类型存货的监盘。针对一些特殊情况，比如因不可预见的情况导致无法在存货盘点现场实施监盘、由第三方保管或控制的存货、存货存放在多个地点等情况，审计人员要执行一些特殊的审计程序。在存货的计价成本中，直接材料、直接人工、制造费用的测试都会影响存货成本，存货成本直接会影响营业成本。应付职工薪酬的审计中要重视实质性程序。其他相关账户的审计是存货具体项目的审计，重点要关注营业成本的审计。

本章主题词

存货审计　存货监盘　计价测试　应付职工薪酬审计　营业成本审计

复习思考题

1. 简述存货审计的目标。
2. 存货监盘和存货盘点有何区别？
3. 如何进行生产与存货循环的控制测试？
4. 存货监盘计划包括哪些内容？
5. 如何进行存货监盘？
6. 如果三大成本项目分配标准不适当，会导致什么后果？

案例讨论

柳钢股份2013年7月12日公告称，因2012年钢铁市场形势严峻，为应对危机，公司积极挖掘内部管理效益等举措。经认真研究，以前公司在生产经营管理方面比较粗放，当期成本核算不真实，且形成大量账外物资，对此进行了整治。在2012年9月初，由公司对生产现场未使用的机旁备件进行清理核查，共查出已出库而未使用的机旁备品备件15万余件，价值8 126.32万元。这部分资产全部被计入公司2012年度营业外收入，致使公司当年营业外收入达到9 300万元，同比增加339.09%。

财报数据显示，柳钢股份2012年年末存货约为63.25亿元，其中原材料约为57.02亿元，在产品约为4.95亿元，库存商品约为1.28亿元。公司2012年税前利润约为1.26亿元，其中营业外收支净额约为8 100万元，贡献税前利润超过60%。正是这一笔营业外收入，大大增加了公司利润。

柳钢股份证券部工作人员对《证券市场周刊》表示，这两年公司在实行“优质增效、二次创业”活动，可能出于降低成本的考虑，公司财务部门与机动工程部门一起审查。对“十里钢城”进行了一次较长时间的存货盘查。其表示，因为公司的工厂在当地较为分散，存货盘查时间较长。

“柳钢股份的审计师未能勤勉尽职”。资深注册会计师、时任江苏南通注册会计师协会副秘书长刘志耕对《证券市场周刊》表示，这主要表现在年报审计与内控审计等方面。“注册会计师究竟有没有去车间实地查看在产品?”刘志耕说，“如此多数量的备品备件长时间领用不合情理、不合配比关系，注册会计师却没有将实存资产与账载资产进行核对，没有履行必要的实质性测试程序，最起码注册会计师在该问题上没有尽职。稍有经验的注册会计师都知道，如果企业效益好，生产车间多领用、少耗用是家常便饭，因此，有责任心、有经验的注册会计师应该有这个职业敏感。”

资料来源：张剑锋. 柳钢股份八千万存货漏报 致同会计所涉嫌弄虚作假［EB/OL］.［2013-07-16］. http：//money.163.com/13/0716/19/93U74L0100253B0H.html.

要求：请从公司内部管理、注册会计师审计两个不同角度分析此案例产生的原因与后果，并提出可行的对策建议。

第十章 销售与收款循环审计

【学习目标】

知识目标：通过学习了解销售与收款循环的重大错报风险，掌握关键控制环节的控制测试，理解并掌握销售与收款循环涉及的营业收入、应收账款、坏账准备及其他相关账户审计的主要实质性程序，尤其是分析程序、截止测试和函证方法的具体运用。

能力目标：能够识别和评估销售与收款循环的重大错报风险，能够执行该循环的控制测试和营业收入、应收账款、坏账准备及其他相关账户审计的主要实质性程序。

【引导案例】

案例一 德勤拒绝续任科龙审计 指出其销售收入多处可疑

科龙电器于2005年5月12日宣布，公司方面已经于前一天接获通知，其时任香港审计师德勤-关黄陈方会计师行和中国内地审计师德勤华永会计师事务所有限公司将不会在6月举行的股东大会上寻求续任公司审计师。德勤方面表示，拒绝续任的主要原因是对科龙电器的审计范围限制及有关交易的会计记录表示不满意。之前，德勤方面提出科龙2004年5.76亿元销售收入有多个可疑之处，其中逾一半没有凭证可证明交易属实，且直至2005年4月28日止，有5.56亿元货款仍未收回。另外，德勤认为，科龙也没有凭据可证明其不在财务报表中为2亿元的退货额计提减值准备的做法是正确的。

资料来源：邹华．德勤不满科龙会计记录 拒绝续任审计［EB/OL］．［2005-05-13］．http：//tech.sina.com.cn/it/2005-05-13/0241606159.shtml.

这一案例表明：在安然事件、世通事件以后，许多会计师事务所对上市公司弄虚作假的问题显得非常谨慎，因此会计师事务所在发现上市公司财务报表可能出现问题而无法纠正的时候，他们不排除可能会选择退出审计。另外，销售收入舞弊是舞弊风险较高的领域。

案例二 应收账款占营收比例超100%

据《证券日报》2015年9月11日报道，通过同花顺数据统计，随着上市公司2015年半年报数据披露完毕，总计有2 716家上市公司公布了2015年上半年的应收账款数据，总计额度达到3.06万亿元。其中有可对比数据的上市公司2 593家，2015年上半年的应收账款总额为3.04万亿元，相比2014年同期的应收账款总额2.62万亿元，增长16.14%。值得一提的是，数据显示，2015年上半年，在上述2 593家上市公司，有474家公司的应收账款占公司营业收入的比例超过100%，包括ST宜纸、铁岭新城、天和防务等上市公司。

资料来源：张敏．2 593家上市公司累计应收账款超3万亿元［EB/OL］．［2015-09-11］．http：//news.10jqka.com.cn/20150911/c581722635.shtml.

这一案例表明：较大金额的应收账款将影响公司的资金周转速度和经营活动的现金流量，上市公司营业收入和应收账款的关系是衡量企业回款能力的一个重要指标。如果公司的回款速度放缓，或公司不能有效管理应收账款，将对公司资金周转和经营业绩产生影响。

第一节 风险评估与控制测试

被审计单位可能有各种各样的收入来源，处于不同的控制环境，存在复杂的合同安排，这些情况对收入交易的会计核算可能存在诸多影响，比如不同交易安排下的收入确认时间和依据可能不尽相同。

一、评估重大错报风险

收入是利润的来源，直接关系到企业的财务状况和经营成果。有些企业为了达到粉饰财务报表的目的常常采用虚增或隐瞒收入等方式实施舞弊。中国注册会计师审计准则要求注册会计师基于收入确认存在舞弊风险的假定，评价哪些类型的收入、收入交易或认定会导致舞弊风险。另外，收入的复杂性可能导致收入确认容易发生错误。

舞弊风险可能与财务报表整体广泛相关，进而影响多项认定。本书重点说明如何评估与收入确认相关的重大错报风险，尤其是舞弊风险。

（一）在识别和评估与收入确认相关的重大错报风险时考虑舞弊风险

审计人员在识别和评估与收入确认相关的重大错报风险时，应当基于收入确认存在舞弊风险的假定，评价哪些类型的收入、收入交易或认定导致舞弊风险。

假定收入确认存在舞弊风险，并不意味着审计人员应当将与收入确认相关的所有认定都假定为存在舞弊风险。审计人员需要结合对被审计单位及其环境的了解，考虑收入确认舞弊可能如何发生。被审计单位不同，管理层实施舞弊的动机或压力不同，其舞弊风险所涉及的具体认定也不同，审计人员需要作出具体分析。例如，如果管理层难以实现预期的利润目标，则可能有高估收入的动机或压力（如提前确认收入或记录虚假的收入），因此，收入的发生认定存在舞弊风险的可能性较大，而完整性认定则通常不存在舞弊风险；相反，如果管理层有隐瞒收入而降低税负的动机，则审计人员需要更加关注与收入完整性认定相关的舞弊风险。再如，如果管理层预期难以达到下一年度的销售目标，而已经超额实现了本年度的销售目标，就可能倾向于将本期的收入推迟至下一年度确认。

（二）通过实施风险评估程序识别与收入确认相关的舞弊风险

风险评估程序是审计人员通过了解被审计单位及其环境，以识别和评估重大错报风险而实施的审计程序。风险评估程序应当包括询问管理层以及被审计单位内部其他人员、分析程序、观察和检查程序。

实施风险评估程序，对审计人员识别与收入确认相关的舞弊风险至关重要。例如，审计人员通过了解被审计单位生产经营的基本情况、销售模式和业务流程、与收入相关的生产技术条件、收入的来源和构成、收入交易的特性、收入确认的具体原则、所在行业的特殊事项、重大异常交易的商业理由、被审计单位的业绩衡量等，有助于其考虑收入虚假错报可能采取的方式，从而设计恰当的审计程序以发现此类错报。

审计人员应当评价通过实施风险评估程序和执行其他相关活动获取的信息是否表明存在舞弊风险因素。例如，如果审计人员通过实施风险评估程序了解到，被审计单位所处行业竞争激烈并伴随着利润率下降，而管理层过于强调提高被审计单位利润水平的目标，则审计人员需要警惕管理层通过实施舞弊高估收入，从而高估利润的风险。

（三）常用的收入确认舞弊手段

了解被审计单位通常采用的收入确认舞弊手段，有助于审计人员更加有针对性地实施审计程序。被审计单位通常采用的收入确认舞弊手段举例如下：

1.为了达到粉饰财务报表的目的而虚增收入或提前确认收入

（1）利用与未披露关联方之间的资金循环虚构交易。

（2）通过未披露的关联方进行显失公允的交易。例如，以明显高于其他客户的价格向未披露的关联方销售商品。

（3）通过出售关联方的股权，使之从形式上不再构成关联方，但仍与之进行显失公允的交易，或与未来或潜在的关联方进行显失公允的交易。

（4）通过虚开商品销售发票虚增收入，而将货款挂在应收账款中，并可能在以后期间计提坏账准备，或在期后冲销。

（5）为了虚构销售收入，将商品从某一地点移送至另一地点，以出库单和运输单据为依据记录销售收入。

（6）在与商品相关的风险和报酬尚未全部转移给客户之前确认销售收入。例如，销售合同中约定被审计单位的客户在一定时间内有权无条件退货，而被审计单位隐瞒退货条款，在发货时全额确认销售收入。

（7）通过隐瞒售后回购或售后租回协议，而将以售后回购或售后租回方式发出的商品作为销售商品确认收入。

（8）采用完工百分比法确认劳务收入时，故意低估预计总成本或多计实际发生的成本，以通过高估完工百分比的方法实现当期多确认收入。

（9）在采用代理商的销售模式时，在代理商仅向购销双方提供帮助接洽、磋商等中介代理服务的情况下，按照相关购销交易的总额而非净额（扣除佣金和代理费等）确认收入。

（10）当存在多种可供选择的收入确认会计政策或会计估计方法时，随意变更所选择的会计政策或会计估计方法。

（11）选择与销售模式不匹配的收入确认会计政策。

2.为了达到报告期内降低税负或转移利润等目的而少计收入或延后确认收入

（1）被审计单位将商品发出、收到货款并满足收入确认条件后，不确认收入，而将收到的货款作为负债挂账，或转入本单位以外的其他账户。

（2）被审计单位采用以旧换新的方式销售商品时，以新旧商品的差价确认收入。

（3）在提供劳务或建造合同的结果能够可靠估计的情况下，不在资产负债表日按完工百分比法确认收入，而推迟到劳务结束或工程完工时确认收入。

（四）通常表明被审计单位在收入确认方面可能存在舞弊风险的迹象

舞弊风险迹象，是审计人员在审计过程中发现的、需要引起对舞弊风险警觉的事实或情况。存在舞弊风险迹象并不必然表明发生了舞弊，但了解舞弊风险迹象，有助于审计人员对审计过程中发现的异常情况产生警觉，从而更有针对性地采取应对措施。

通常表明被审计单位在收入确认方面可能存在舞弊风险的迹象举例如下：

（1）审计人员发现，被审计单位的客户是否付款取决于下列情况：①能否从第三方取得融资；②能否转售给第三方（如经销商）；③被审计单位能否满足特定的重要条件。

（2）未经客户同意，在销售合同约定的发货期之前发送商品。

(3) 未经客户同意，将商品运送到销售合同约定地点以外的其他地点。

(4) 被审计单位的销售记录表明，已将商品发往外部仓库或货运代理人，却未指明任何客户。

(5) 在实际发货之前开具销售发票，或实际未发货而开具销售发票。

(6) 对于期末之后的发货，在本期确认相关收入。

(7) 实际销售情况与订单不符，或者根据已取消的订单发货或重复发货。

(8) 已经销售给货运代理人的商品，在其后有大量退回。

(9) 销售合同或发运单上的日期被更改，或者销售合同上加盖的公章并不属于合同所指定的客户。

(10) 在接近期末时发生了大量或大额的交易。

(11) 交易之后长期不进行结算。

(12) 在被审计单位业务或其他事项没发生重大变化的情况下，询证函回函相符比例明显异于以前年度。

(13) 发生大量异常的现金交易，或被审计单位有非正常的资金流转及往来，特别是有非正常现金收付的情况。

(14) 应收款项收回时，付款单位与购买方不一致，存在较多代付款的情况。

(15) 交易标的对交易对手而言不具有合理用途。

(16) 主要客户自身规模与其交易规模不匹配。

二、控制测试

(一) 信用控制和赊销环节

在信用控制和赊销环节，被审计单位可能存在的风险有：可能向没有获得赊销授权或超出了其信用额度的客户赊销。为了应对此类风险，被审计单位的内部控制应该包括订购单上的客户代码与应收账款主文档记录的代码一致；保证目前未偿付余额加上本次销售额在信用限额范围内；只有上述两项均满足才能获得发货批准并生成发运凭证；信用控制程序包括复核信用申请、收入和信用状况的支持性信息，批准信用限额，授权增设新的账户，以及适当授权超过信用限额的人工控制。针对此类风险，审计人员要通过询问员工、检查相关文件证实上述控制的实施，并评价其有效性。

(二) 发运商品环节

在发运商品环节，被审计单位可能存在的风险有：可能在没有批准发运凭证的情况下发出了商品；已发出商品可能与发运凭证上的商品种类和数量不符；客户可能拒绝承认已收到商品。为了应对此类风险，被审计单位的内部控制应该包括：当客户订购单在系统中获得发货批准时，系统自动生成连续编号的发运凭证；计算机把所有准备发出的商品与销售单上的商品种类和数量进行比对；打印种类或数量不符的例外报告，并暂缓发货；商品打包发运前，对商品和发运凭证内容进行独立核对；在发运凭证上签字以示商品已与发运凭证核对且种类和数量相符；销售人员关注快到期的发运凭证和未完成的订购单，督促尽快向客户发货；保安人员只有当商品附有发运凭证时才能放行；客户要在发运凭证上签字以作为收到商品且商品与订购单一致的证据；管理层复核例外报告和暂缓发货的清单，并解决问题。针对此类风险，审计人员要执行观察、检查程序；检查发运凭证上相关员工和客户的签名，作为发货的证据；检查例外报告和暂缓发货的清单。

（三）开具发票环节

在开具发票环节，被审计单位可能存在的风险有：商品发运可能未开具销售发票。为了应对此类风险，被审计单位的内部控制应该包括：发货以后系统根据发运凭证及相关信息自动生成连续编号的销售发票；定期打印销售发票；系统自动复核连续编号的发票和发运凭证的对应关系，并定期生成例外报告，复核例外报告并调查原因。针对此类风险，审计人员要执行观察程序；要检查例外报告。

在开具发票环节，被审计单位可能存在的风险还有由于定价或产品摘要不正确，以及订购单或发运凭证或销售发票代码输入错误，可能使销售价格不正确。为了应对此类风险，被审计单位的内部控制应该包括：通过逻辑准入系统控制定价主文档的更改；只有得到授权的员工才能进行更改；系统通过使用和检查主文档版本序号，确定正确的定价主文档版本已经被上传；系统检查录入的产品代码的合理性；核对经授权的有效的价格更改清单与计算机获得的价格更改清单是否一致；如果发票由手工填写或没有定价主文档，则有必要对发票的价格进行独立核对。针对该风险，审计人员要检查文件以确定价格更改是否经授权；重新执行以确定打印出的更改后价格与授权是否一致（这可以使用计算机辅助审计方法加以实施）；通过检查IT的一般控制和收入交易的应用控制，确定正确的定价主文档版本是否已被用来生成发票；检查发票中价格复核人员的签名；通过核对经授权的价格清单与发票上的价格，重新执行检查。

在开具发票环节，被审计单位可能存在的风险还有发票上的金额可能出现计算错误。为了应对这一风险，被审计单位的内部控制应该包括：每张发票的单价、计算、商品代码、商品摘要和客户账户代码均由计算机程序控制；如果由计算机控制的发票开具程序的更改是受监控的，在操作控制帮助下，可以确保使用的是正确的发票生成程序版本；系统代码有密码保护，只有经授权的员工才可以更改；定期打印所有系统上作出的更改；如果由手工开具发票，独立复核发票上计算的增值税和总额的正确性；上述程序的所有更改由上级复核和审批。针对该风险，审计人员要检查与发票计算金额正确性相关的人员的签名；重新计算发票金额，证实其是否正确；询问发票生成程序更改的一般控制情况，确定是否经授权以及现有的版本是否正在被使用；检查有关程序更改的复核审批程序。

（四）记录赊销环节

在记录赊销环节，被审计单位可能存在的风险有销售发票入账的会计期间可能不正确。为了应对这一风险，被审计单位的内部控制应该包括：系统根据销售发票的信息自动汇总生成当期销售入账记录；定期执行人工销售截止性测试程序；检查发票打印件的编号是否连续；复核并调查所有与发票不匹配的发运凭证。针对该风险，审计人员要检查发票，重新执行销售截止检查程序。

在记录赊销环节，被审计单位可能存在的风险还包括销售发票可能记入不正确的应收账款账户。为了应对这一风险，被审计单位的内部控制应该包括：系统将客户代码、商品发送地址、发运凭证、发票与应收账款主文档中的相关信息进行比对；应收账款客户主文档中明细余额的汇总金额应与应收账款总分类账核对；向客户发送月末对账单，调查并解决客户质询的差异。针对该风险，审计人员要检查应收账款客户主文档中明细余额汇总金额的调节结果与应收账款总分类账是否核对相符，以及负责该项工作的员工签名；检查客户质询信件并确定问题是否已得到解决。

为了应对记录赊销环节的所有风险，被审计单位的内部控制应该包括管理层根据关键业绩指标复核实际业绩。例如：实际销售与计划销售；实现的毛利率；应收账款周转天数；当前已逾期的应收账款账龄分析；注销坏账占逾期应收账款的比率。针对该风险，审计人员要检查用于证明识别和解决与关键业绩指标不符的实际业绩问题的文件；询问管理层针对上述问题所采取的解决措施。

（五）记录现金销售环节

在现金销售环节，可能存在的风险有现金销售可能没有在销售时被记录；收到的现金可能没有存入银行。为了应对这一风险，被审计单位的内部控制应该包括：现金销售通过统一的收款台用收银机集中收款，并自动打印销售小票，销售小票应交予客户；通过监视器监督收款台；每个收款台都打印每日现金销售汇总表；计算每个收款台收到的现金，并与相关销售汇总表调节相符；独立检查所有收到的现金已存入银行。针对该风险，审计人员要实地检查收银台、销售点并询问管理层，以确定在这些地方是否有足够的物理监控；检查结算记录上负责计算现金和与销售汇总表相调节工作的员工的签名；检查存款单和销售汇总表上的签名，证明已实施复核；重新检查已存入金额和销售汇总表金额。

（六）应收账款收款环节

在应收账款收款环节，可能存在的风险有客户使用支票支付货款，收取后可能未被存入银行。为了应对这一风险，被审计单位的内部控制应该包括：应收账款的内容和收取的数额都通过终端记录；任何可用于流通的支票必须被严格控制，由收款人在收到款项清单上签字；如果存款清单没有在收取支票时自动生成，由负责生成存款清单的人员在支票签收清单上签字，以证明收到了这些款项；独立检查所有收到的支票都被存入银行。针对该风险，审计人员要检查在收到款项清单上的签字；检查支票签收清单上相关人员的签字；检查支票签收清单和存款清单上相关人员的签字；对所有通过邮寄收到的支票是否都被存入银行重新执行一次检查。

在应收账款收款环节，可能存在的风险还有客户通过电子货币转账系统或银行汇款支付的款项收取后可能没有被记录。为了应对这一风险，被审计单位的内部控制应该包括：无论客户通过电子货币转账系统还是银行汇款直接支付，均应分别将汇款通知上的金额与银行每日的电子货币转账清单或直接汇款清单进行比对。针对该风险，审计人员要检查清单上相关人员的签名；重新执行比对程序。

（七）记录收款环节

在记录收款环节，可能存在的风险有收款可能被记入不正确的应收账款账户。为了应对这一风险，被审计单位的内部控制应该包括：在录入应收账款账户的代码时，姓名和其他信息均取自主文档并在终端上显示；将终端显示的信息与汇款通知或支票的相关信息进行比较；向客户发送月末对账单，对客户质询的差异应予以调查并解决。针对该风险，审计人员要检查客户质询信件并确定问题是否已被解决；询问尚未解决的质询和计划采取的措施。

在记录收款环节，可能存在的风险还有应收账款记录的收款与银行存款可能不一致。针对这一风险，被审计单位的内部控制应该包括：在编制存款清单时，系统自动贷记应收账款；定期独立编制银行存款余额调节表。针对该风险，审计人员要检查负责编制银行存款余额调节表的员工签名。

为了应对记录收款环节的所有风险，被审计单位的内部控制应该包括：将每日现金汇总表和收款清单与银行存款清单相比较；客户对应收账款的质询和解决措施明确：应收账款主文档汇总金额与应收账款总分类账之间定期调节；按时编制银行存款余额调节表；在应收账款账龄分析表中反映长期无法收回的金额；将实际业绩与关键业绩指标进行比较。针对该风险，审计人员要询问这些事项；检查证明实施这些监控程序的记录和文件。

第二节　营业收入审计的实质性程序

营业收入审计目标一般包括：确定利润表中记录的营业收入是否已发生，且与被审计单位有关；确定所有应当记录的营业收入是否均已记录；确定与营业收入有关的金额及其他数据是否已恰当记录，包括对销售退回、销售折扣与折让的处理是否适当；确定营业收入是否已记录于正确的会计期间；确定营业收入是否已按照企业会计准则的规定在财务报表中作出恰当的列报。

一、主营业务收入审计的实质性程序

（一）获取或编制主营业务收入明细表

从被审计单位获取或自己编制主营业务收入明细表，然后复核加计是否正确，并与总账数和明细账合计数核对是否相符，结合其他业务收入科目与报表数核对是否相符。

（二）实施实质性分析程序

（1）针对已识别需要运用分析程序的有关项目，并基于对被审计单位及其环境的了解，通过进行以下比较，同时考虑有关数据间关系的影响，以建立有关数据的期望值：

①将本期的主营业务收入与上期的主营业务收入、销售预算或预测数等进行比较，分析主营业务收入及其构成的变动是否异常，并分析异常变动的原因。

②计算本期重要产品的毛利率，与以前年度和预算或者同行业公司的销售毛利率相比较，检查是否存在异常，各期之间是否存在重大波动，查明原因。

③比较本期各月各类主营业务收入的波动情况，与往年或预算或者同行业公司的销售

情况相比较，分析其变动趋势是否正常，是否符合被审计单位季节性、周期性的经营规律，查明异常现象和重大波动的原因。

④分析异常项目的销售，例如对大额销售以及未从销售记录过入销售总账的销售应予以调查，对临近年末的异常销售记录更应加以特别关注。

⑤根据增值税发票申报表或普通发票，估算全年收入，与实际收入金额比较。

⑥将销售收入变动幅度与销售商品及提供劳务收到的现金、应收账款、存货、税金等项目的变动幅度进行比较。

⑦分析销售收入等财务信息与投入产出率、劳动生产率、产能、水电能耗、运输数量等非财务信息之间的关系。

⑧分析销售收入与销售费用之间的关系，包括销售人员的人均业绩指标、销售人员薪酬、差旅费用、运费，以及销售机构的设置、规模、数量、分布等。

⑨将应收账款周转率、存货周转率等关键财务指标与可比期间数据、预算数或同行业其他企业数据进行比较等。

（2）确定可接受的差异额。

（3）将实际的情况与期望值相比较，识别需要进一步调查的差异。

（4）如果其差额超过可接受的差异额，调查并获取充分的解释和恰当的、佐证性质的审计证据。

（5）评估分析程序的测试结果。如果认为存在未预期的重大差异，就需要对营业收入发生额和应收账款余额实施更加详细的细节测试。

【知识拓展10-1】通过实施分析程序，审计人员识别出异常关系后可能采取的调查方法

审计人员通过实施分析程序，可能识别出异常关系，或异常变动趋势，就可以有目的、有针对性地评估重大错报风险，为设计和实施应对措施提供基础。例如，如果注册会计师发现被审计单位不断地为完成销售目标而增加销售量，或大量销售因不能收现而导致应收账款大量增加，需要对销售收入的真实性予以额外关注；如果注册会计师发现被审计单位临近期末销售量大幅增加，需要警惕将下期收入提前确认的可能性；如果注册会计师发现单笔大额收入能够减轻被审计单位盈利方面的压力，或使被审计单位完成销售目标，需要警惕被审计单位虚构收入的可能性。如果发现异常货偏离预期的趋势或关系，注册会计师需要认真调查其原因，评价是否与表明可能存在由于舞弊导致的重大错报风险。涉及期末收入和利润的异常关系尤其值得关注，例如在报告期的最后几周内记录了不寻常的大额收入或异常交易。

审计人员可能采取的调查方法举例如下：

（1）如果注册会计师发现被审计单位的毛利率变动较大或与所在行业的平均毛利率差异较大，注册会计师可以采用定性分析与定量分析相结合的方法，从行业及市场变化趋势、产品销售价格和产品成本要素等方面对毛利率变动的合理性进行调查。

（2）如果注册会计师发现应收账款余额较大，或其增长幅度高于销售收入的增长幅度，注册会计师需要分析具体原因（如赊销政策和信用期限是否发生变化等），并在必要时采取恰当的措施，如扩大函证比例、增加截止测试和期后收款测试的比例等。

(3) 如果注册会计师发现被审计单位的收入增长幅度明显高于管理层的预期。可以询问管理层的适当人员，并考虑管理层的答复是否与其他审计证据一致，例如，如果管理层标示收入增长是由于销售量增加所致，注册会计师可以调查与市场需求相关的情况。

(三) 获取产品价格目录，抽查售价是否符合价格政策

注意销售给关联方或关系密切的重要客户的产品价格是否合理，有无以低价或高价结算的方法相互之间转移利润的现象。

(四) 抽取本期一定数量的凭证进行检查

抽取本期一定数量的发运凭证，审查存货出库日期、品名、数量等是否与销售发票、销售合同、记账凭证等一致。抽取本期一定数量的记账凭证，审查入账日期、品名、数量、单价、金额等是否与销售发票、发运凭证、销售合同等一致。对于出口销售，应当将销售记录与出口报关单、货运提单、销售发票等出口销售单据进行核对，必要时向海关函证。

(五) 对应收账款实施函证程序

结合对应收账款实施的函证程序，选择主要客户函证本期销售额，可以确认销售业务的真实发生（详见后文应收账款函证）。

(六) 实施销售的截止测试

对销售实施截止测试，其目的主要在于确定被审计单位主营业务收入的会计记录归属期是否正确：应记入本期或下期的主营业务收入是否被推延至下期或提前至本期。

1.核对账证

选取资产负债表日前后若干天一定金额以上的发运凭证，与应收账款和收入明细账进行核对；同时，从应收账款和收入明细账选取在资产负债表日前后若干天一定金额以上的凭证，与发运凭证核对，以确定销售是否存在跨期现象。

2.复核销售和发货水平

复核资产负债表日前后销售和发货水平，确定业务活动水平是否异常，并考虑是否有必要追加实施截止测试程序。

3.检查销售退回

取得资产负债表日后所有销售退回的记录，检查是否存在提前确认收入的情况。

4.调整重大跨期销售

在审计中审计人员应该注意把握三个与主营业务收入确认有着密切关系的日期：一是发票开具日期；二是记账日期；三是发货日期（服务业则是提供劳务的日期）。这里的发票开具日期是指开具增值税专用发票或普通发票的日期；记账日期是指被审计单位确认主

营业务收入实现并将该笔经济业务记入主营业务收入账户的日期；发货日期是指仓库开具出库单并发出库存商品的日期。检查三者是否归属于同一适当会计期间是主营业务收入截止测试的关键所在。围绕上述三个重要日期，在审计实务中，审计人员可以考虑选择三条审计路径实施主营业务收入的截止测试。

一是以账簿记录为起点。从资产负债表日前后若干天的账簿记录查至记账凭证，检查发票存根与发运凭证，目的是证实已入账收入是否在同一期间已开具发票并发货，有无多记收入。这种方法的优点是比较直观，容易追查至相关凭证记录，以确定其是否应在本期确认收入，特别是在连续审计两个以上会计期间时，检查跨期收入十分便捷，可以提高审计效率。缺点是缺乏全面性和连贯性，只能查多记，无法查漏记，尤其是本期漏记收入延至下期而审计时被审计单位尚未及时登账时，不易发现应记入而未记入报告期收入的情况。因此，使用这种方法主要是为了防止多计收入。

二是以销售发票为起点。从资产负债表日前后若干天的发票存根查至发运凭证与账簿记录，确定已开具发票的货物是否已发货并于同一会计期间确认收入。具体做法是，抽取若干张在资产负债表日前后开具的销售发票的存根，追查至发运凭证和账簿记录，查明有无漏记收入现象。这种方法的优点是较全面、连贯，容易发现漏记的收入；缺点是较费时费力，有时难以查找相应的发货及账簿记录，而且不易发现多记的收入。使用该方法时应注意两点：①相应的发运凭证是否齐全，特别应注意有无报告期内已作收入而下期初用红字冲回，并且无发货、收货记录，以此来调节前后期利润的情况。②被审计单位的发票存根是否已全部提供，有无隐瞒。为此，应查看被审计单位的销售发票存根的连续编号是否完整，并考虑查看发票领购簿，尤其应关注普通发票的领购和使用情况。因此，使用这种方法主要是为了防止少计收入。

三是以发运凭证为起点。从资产负债表日前后若干天的发运凭证查至发票开具情况与账簿记录，确定主营业务收入是否已记入恰当的会计期间。该方法的优缺点与方法二类似，使用这种方法主要也是为了防止少计收入。

（七）检查销售退回、折扣与折让

存在销货退回的，检查相关手续是否符合规定，结合原始销售凭证检查其会计处理是否正确，结合存货项目审计关注其真实性。

另外，企业在销售交易中，往往会因产品品种不符、质量不符合要求以及结算方面的原因发生销售折扣与折让，是对收入的抵减，直接影响收入的确认和计量。因此，审计人员应重视折扣与折让的审计。首先，要获取或编制折扣与折让明细表，复核加计正确，并与明细账合计数核对相符。其次，取得被审计单位有关折扣与折让的具体规定和其他文件资料，并抽查较大的折扣与折让发生额的授权批准情况，与实际执行情况进行核对，检查其是否经授权批准，是否合法、真实。再次，检查销售折扣与折让是否及时足额提交对方，有无虚设中介、转移收入、私设账外“小金库”等情况。最后，还要检查折扣与折让的会计处理是否正确。

（八）检查特殊的销售行为

特殊的销售行为如附有销售退回条件的商品销售、委托代销、售后回购、以旧换新、商品需要安装和检验的销售、分期收款销售、出口销售、售后租回等，审计人员要选择恰当的审计程序进行审核。

对于附有销售退回条件的商品销售，如果对退货部分能作合理估计的，确定其是否按估计不会退货部分确认收入；如果对退货部分不能作合理估计的，确定其是否在退货期满时确认收入。

对于售后回购，分析特定销售回购的实质，判断其是属于真正的销售交易，还是属于融资行为。

对于以旧换新销售，确定销售的商品是否按照商品销售的方法确认收入，回收的商品是否作为购进商品处理。

对于出口销售，确定其是否按离岸价格、到岸价格或成本加运费价格等不同的成交方式，确认收入的时点和金额。

(九) 检查向关联方销售

检查向关联方销售的情况，记录其交易品种、价格、数量、金额以及占主营业务收入总额的比例。对于合并范围内的销售活动，记录应予合并抵销的金额。

【知识拓展 10-2】关联方

根据《企业会计准则第36号——关联方披露》第三条，一方控制、共同控制另一方或对另一方施加重大影响，以及两方以上同受一方控制、共同控制或重大影响的，构成关联方。

第四条 下列各方构成企业的关联方。

(一) 该公司的母公司。

(二) 该公司的子公司。

(三) 与该企业受同一母公司控制的其他企业。

(四) 对该企业实施共同控制的投资方。

(五) 对该企业施加重大影响的投资方。

(六) 该企业的合营企业。

(七) 该企业的联营企业。

(八) 该企业的主要投资者个人及其关系密切的家庭成员。主要投资者个人，是指能够控制、共同控制一个企业或者对一个企业施加重大影响的个人投资者。

(九) 该企业或其母公司的关键管理人员及其关系密切的家庭成员。关键管理人员，是指有权利并负责计划、指挥和控制企业活动的人员。与主要投资者个人或关键管理人员密切关系的家庭成员，是指在处理与企业的交易时可能影响该个人或受该个人影响的家庭成员。

(十) 该企业主要投资者个人、关键管理人员或与其关系密切的家庭成员控制、共同控制或施加重大影响的其他企业。

（十）确定主营业务收入的列报是否恰当

确定主营业务收入在财务报表中的列报是否恰当。

二、其他业务收入审计的实质性程序

（一）获取或编制其他业务收入明细表

获取或编制其他业务收入明细表，复核加计是否正确，并与总账数和明细账合计数核对是否相符，结合主营业务收入科目与营业收入报表数核对是否相符。

（二）实施实质性分析程序

计算本期其他业务收入与其他业务成本的比率，并与上期该比率比较，检查是否有重大波动，如有，应查明原因。

（三）检查其他业务收入的内容

检查其他业务收入内容是否真实、合法，收入确认原则及会计处理是否符合规定，择要抽查原始凭证予以核实。对异常项目，应追查入账依据及有关法律文件是否充分。

（四）抽查记账凭证

抽查资产负债表日前后一定数量的记账凭证，实施截止测试，追踪到销售发票、收据等，确定入账时间是否正确，对于重大跨期事项作必要的调整建议。

（五）确定其他业务收入列报是否恰当

确定其他业务收入在财务报表中的列报是否恰当。

例如，注册会计师韩玉带队负责对林胜股份有限公司（以下简称林胜公司）2015年度财务报表进行审计。与产品生产和销售有关的主要资料如下：

资料一：林胜公司主要从事丁产品的生产和销售，无明显产销淡旺季。产品销售采用赊销方式，正常信用期为20天。

在丁产品生产成本中，A原材料成本占重大比重。A原材料在2015年年初、年末库存均为零。丁产品的发出计价采用移动加权平均法。

资料二：2015年度，林胜公司所处行业的统计资料显示，生产丁产品所需A原材料主要依赖进口，汇率因素导致A原材料采购成本大幅上涨；替代产品面市使丁产品的市场需求减少，市场竞争激烈，导致销售价格明显下跌。

资料三：林胜公司2015年度未经审计财务报表及相关账户记录反映：

（1）丁产品2014年度和2015年度的销售记录见表10-1。

（2）丁产品2015年度收发存记录见表10-2。

（3）与销售丁产品相关的应收账款变动记录见表10-3。

根据上述资料，假定不考虑其他条件，运用分析程序可以识别出林胜公司2015年度

表 10-1　　丁产品2014年度和2015年度的销售记录

产品名称	2015年度（未审数）			2014年度（已审数）		
	数量（吨）	营业收入（万元）	营业成本（万元）	数量（吨）	营业收入（万元）	营业成本（万元）
丁产品	900	50 000	40 000	800	40 000	34 000

表 10-2　　丁产品2015年度收发存记录

日期及摘要	入库			出库			库存		
	数量（吨）	单价（万元）	金额（万元）	数量（吨）	单价（万元）	金额（万元）	数量（吨）	单价（万元）	金额（万元）
年初余额							0	0	0
1月3日入库	80	60	4 800				80	60	4 800
1月4日出库				70	60	4 200	10	60	600
2月9日入库	80	55	4 400				90	55.56	5 000
（略）									
11月30日出库				75	52	3 900	75	52	3 900
12月2日入库	75	48	3 600				150	50	7 500
12月9日出库				150	50	7 500	0	0	0
年末余额							0	0	0

表 10-3　　与销售丁产品相关的应收账款变动记录

日期及摘要	借方（万元）	贷方（万元）	余额（万元）
2015年年初余额			3 000
2015年1月2日收款		2 700	300
2015年1月4日赊销	5 000		5 300
（略）			
2015年11月30日收款		2 500	600
2015年12月9日赊销	9 000		9 600
2015年年末余额			9 600
2016年年初余额			9 600
2016年1月25日赊销	3 000		12 600
2016年1月31日余额			12 600

财务报表存在的重大错报风险，分析程序如下：

①2014年度已审数中丁产品的毛利率=（40 000-34 000）÷40 000×100%=15%，2015年度未审数丁产品的毛利率=（50 000-40 000）÷50 000×100%=20%，但是根据资料二显示“替代产品面市使丁产品的市场需求减少，市场竞争激烈，导致销售价格明显下跌”，所以很可能存在虚增收入的情况。

②因为林胜公司无明显产销淡旺季，但丁产品在12月份却有大量的出库，很可能表明存在虚构销售的重大错报风险。

③从“与销售丁产品相关的应收账款变动记录”中可以看出2015年12月9日赊销产生的应收账款在2016年1月31日都没有收回，但是“产品销售采用赊销方式，正常信用期为20天”，所以应收账款很可能存在坏账计提不足或虚构收入等重大错报风险。

④因为汇率因素导致A原材料采购成本大幅上涨，将会导致丁产品的成本上升，但是丁产品2015年的入库单价却下降，很可能表明存货成本存在重大错报风险，从而产品销售成本存在被低估的重大错报风险。

⑤因为市场竞争激烈，丁产品的市场需求减少，但是丁产品2015年度收发存记录显示12月有大额该产品出库，产品年末余额为0，很可能存在虚构产品出库、虚构销售的情况，该存货期末余额也很可能被低估。

林胜公司2015年度财务报表存在的重大错报风险主要与下列报表项目的认定相关：

①营业收入项目的发生、准确性、截止认定；

②营业成本项目的发生、准确性、截止认定；

③应收账款项目的存在、计价和分摊认定；

④存货项目的计价和分摊、完整性认定。

第三节 应收账款审计的实质性程序

应收账款和坏账准备的审计目标一般包括：确定资产负债表中记录的应收账款是否存在；确定所有应当记录的应收账款是否均已记录；确定记录的应收账款是否为被审计单位拥有或控制；确定应收账款是否可收回，坏账准备的计提方法和比例是否恰当，计提是否充分；确定应收账款及其坏账准备期末余额是否正确；确定应收账款及其坏账准备是否已按照企业会计准则的规定在财务报表中作出恰当列报。

一、取得或编制应收账款明细表

从被审计单位获取或审计人员自己编制应收账款明细表，复核加计是否正确，并与总账数和明细账合计数核对是否相符；结合坏账准备科目与报表数核对是否相符。应当注意，应收账款报表数反映企业因销售商品、提供劳务等应向购买单位收取的各种款项，减去已计提的相应的坏账准备后的净额。因此，其报表数应同应收账款总账数和明细账数分别减去与应收账款相应的坏账准备总账数和明细账数后的余额核对相符。

二、执行应收账款的分析程序

1.针对已识别需要运用分析程序的有关项目，并基于对被审计单位及其环境的了解，通过进行以下比较，同时考虑有关数据间关系的影响，以建立有关数据的期望值：

①复核应收账款借方累计发生额与主营业务收入关系是否合理，并将当期应收账款借方发生额占销售收入净额的百分比与管理层考核指标比较，与被审计单位相关赊销政策比较，如存在异常应查明原因。

②计算应收账款周转率、应收账款周转天数等指标，并与被审计单位相关赊销政策、被审计单位以前年度指标、同行业同期相关指标对比分析，检查是否存在重大异常。

③分析有贷方余额的项目，查明原因，必要时，建议作重分类调整。

④结合其他应收款，预收账款等往来项目的明细余额，调查有无同一客户多处挂账、异常余额等，如有，应作出记录，必要时提出调整建议等。

2.确定可接受的差异额。

3.将实际的情况与期望值相比较，识别需要进一步调查的差异。

4.如果其差额超过可接受的差异额，调查并获取充分的解释和恰当的、佐证性质的审计证据。

5.评估分析程序的测试结果。如果认为存在未预期的重大差异，就需要对营业收入发生额和应收账款余额实施更加详细的细节测试。

三、检查应收账款账龄分析是否正确

1.获取或编制应收账款账龄分析表

审计人员可以通过获取或编制应收账款账龄分析表来了解应收账款的可收回性。编制应收账款账龄分析表时，可以考虑选择重要的客户及其余额列示，而将不重要的或余额较小的汇总列示。应收账款账龄分析表中应收账款的合计数减去已计提的相应坏账准备后的净额，应该等于资产负债表中的应收账款项目余额。

2.测试应收账款账龄分析表计算的准确性

测试应收账款账龄分析表计算的准确性，并将应收账款账龄分析表中的合计数与应收账款总分类账余额相比较，并调查重大调节项目。可以通过检查原始凭证，如销售发票、运输记录等，测试账龄划分的准确性。

例如，甲公司主要从事汽车轮胎的生产和销售，其销售收入主要来源于国内销售和出口销售。ABC会计师事务所负责甲公司2016年度财务报表审计，并委派A注册会计师担任项目负责人。甲公司编制的应收账款账龄分析表摘录见表10-4。

根据以上资料，假定不考虑其他条件，在应收账款账龄分析表中，国内客户于2016年12月31日账龄2~3年的金额（4 341万元）大于2015年12月31日账龄1~2年的金额（4 169万元），这不符合逻辑。

表10-4 **应收账款账龄分析表** 单位：万元

客户类别	人民币	其中：			
2016年12月31日账龄分析					
		1年以内	1~2年	2~3年	3年以上
国内客户	41 158	28 183	7 434	4 341	1 200
国外客户	15 345	10 981	2 164	2 200	0
合计	56 503	39 164	9 598	6 541	1 200
2015年12月31日账龄分析					
客户类别	人民币	其中：			
		1年以内	1~2年	2~3年	3年以上
国内客户	31 982	23 953	4 169	3 860	0
国外客户	14 046	11 337	2 539	170	0
合计	46 028	35 290	6 708	4 030	0

四、向债务人函证应收账款

函证应收账款的目的在于证实应收账款账户余额的真实性、正确性，防止或发现被审计单位及其有关人员在销售交易中发生的错误或舞弊行为。通过函证应收账款，可以比较有效地证明被询证者（即债务人）的存在和被审计单位记录的可靠性。

审计人员应当考虑被审计单位的经营环境、内部控制的有效性、应收账款账户的性质、被询证者处理询证函的习惯做法及回函的可能性等，以确定应收账款函证的范围、对象、方式和时间。

（一）函证的范围和对象

除非有充分证据表明应收账款对被审计单位财务报表而言是不重要的，或者函证很可能是无效的，否则，审计人员应当对应收账款进行函证。如果审计人员不对应收账款进行函证，应当在审计工作底稿中说明理由。如果认为函证很可能是无效的，审计人员应当实施替代审计程序，获取相关、可靠的审计证据。

函证数量的多少、范围是由诸多因素决定的，主要有：①应收账款在全部资产中的重要性，若应收账款在全部资产中所占的比重较大，则函证的范围应相应大一些。②被审计单位内部控制的强弱，若内部控制制度较健全，则可以相应减少函证量；反之，则应相应扩大函证范围。③以前期间的函证结果，若以前期间函证中发现过重大差异，或欠款纠纷较多，则函证范围应相应扩大一些。

一般情说下，审计人员应选择以下项目作为函证对象：大额或账龄较长的项目；与债务人发生纠纷的项目；重大关联方项目；主要客户（包括关系密切的客户）项目；交易频繁但期末余额较小甚至余额为零的项目；可能产生重大错报或舞弊的非正常的项目。

（二）函证的方式

审计人员可采用积极的或消极的函证方式实施函证，也可将两种方式结合使用。

参考格式10-1、参考格式10-2提供了积极式询证函的格式；参考格式10-3列示了消极式询证函的格式。

参考格式10-1　　**积极式询证函（格式一）**

企业询证函

编号：

××（公司）：

本公司聘请的××会计师事务所正在对本公司××年度财务报表进行审计，按照中国注册会计师审计准则的要求，应当询证本公司与贵公司的往来账项等事项。下列数据出自本公司账簿记录，如与贵公司记录相符，请在本函下端“信息证明无误”处签章证明；如有不符，请在“信息不符”处列明不符金额。回函请直接寄至××会计师事务所。

回函地址：

邮编：　　电话：　　传真：　　联系人：

1.本公司与贵公司的往来账项列示如下：

单位：元

截止日期	贵公司欠	欠贵公司	备注

2.其他事项。

本函仅为复核账目之用，并非催款结算。若款项在上述日期之后已经付清，仍请及时函复为盼。

（公司盖章）

年　月　日

结论：1.信息证明无误。

（公司盖章）

年　月　日

经办人：

2.信息不符，请列明不符的详细情况：

（公司盖章）

年　月　日

经办人：

（三）函证时间的选择

审计人员通常以资产负债表日为截止日，在资产负债表日后适当时间内实施函证。如果重大错报风险评估为低水平，审计人员可选择资产负债表日前适当日期为截止日实施函证，并对所函证项目自该截止日起至资产负债表日止发生的变动实施实质性程序。

参考格式 10-2　　**积极式询证函（格式二）**

企业询证函

编号：

××（公司）：

本公司聘请的××会计师事务所正在对本公司××年度财务报表进行审计，按照中国注册会计师审计准则的要求，应当询证本公司与贵公司的往来账项等事项。请列示截止××年×月×日贵公司与本公司往来款项余额。回函请直接寄至××会计师事务所。

回函地址：

邮编：　　　　电话：　　　　传真：　　　　联系人：

本函仅为复核账目之用，并非催款结算。若款项在上述日期之后已经付清，仍请及时函复为盼。

（公司盖章）

年　月　日

1.贵公司与本公司的往来账项列示如下：

单位：元

截止日期	贵公司欠	欠贵公司	备 注

2.其他事项。

（公司盖章）

年　月　日

经办人：

参考格式 10-3　　**消极式询证函格式**

企业询证函

编号：

××（公司）：

本公司聘请的××会计师事务所正在对本公司××年度财务报表进行审计，按照中国注册会计师审计准则的要求，应当询证本公司与贵公司的往来账项等事项。下列数据出自本公司账簿记录，如与贵公司记录相符，则无须回复；如有不符，请直接通知会计师事务所，并请在空白处列明贵公司认为是正确的信息。回函请直接寄至××会计师事务所。

回函地址：

邮编：　　　　电话：　　　　传真：　　　　联系人：

1.本公司与贵公司的往来账项列示如下：

截止日期	贵公司欠	欠贵公司	备 注

2.其他事项。

本函仅为复核账目之用，并非催款结算。若款项在上述日期之后已经付清，仍请及时核对为盼。

（公司盖章）

年　月　日

××会计师事务所：

上面的信息不正确，差异如下：

（公司盖章）

年　月　日

经办人：

（四）函证的控制

审计人员通常利用被审计单位提供的应收账款明细账户名称及客户地址等资料据以编制询证函，但审计人员应当对确定需要确认或填列的信息、选择适当的被询证者、设计询证函以及发出和收回询证函保持控制。

1.询证函发出前的控制

在询证函发出前，审计人员需要恰当地设计询证函，并对询证函上的各项资料进行充分核对，注意事项可能包括：①询证函中填列的需要被询证者确认的信息是否与被审计单位账簿中的有关记录保持一致；②考虑选择的被询证者是否适当，包括被询证者对被函证信息是否知情、是否具有客观性、是否拥有回函的授权等；③是否已在询证函中正确填列被询证者直接向审计人员回函的地址；④是否已将被询证者的名称、地址与被审计单位有关记录进行核对，以确保询证函中的名称、地址等内容的准确性。

可以执行的程序包括但不限于：通过拨打公共查询电话核实被询证者的名称和地址；通过被询证者的网站或其他公开网站核对被询证者的名称和地址；将被询证者的名称和地址信息与被审计单位持有的相关合同等文件核对；对于供应商或客户，可以将被询证者的名称、地址与被审计单位收到或开具的增值税专用发票中的对方单位名称、地址进行核对。

2.发出询证函的控制

根据审计人员对舞弊风险的判断，以及被询证者的地址和性质、以往回函情况、回函截止日期等因素，询证函的发出和收回可以采用邮寄、跟函、电子形式函证（包括传真、电子邮件、直接访问网站等）等方式。

①通过邮寄方式发出询证函时采取的控制措施。为避免询证函被拦截、篡改等舞弊风险，在邮寄询证函时，审计人员可以在核实由被审计单位提供的被询证者的联系方式后，不使用被审计单位本身的邮寄设施，而是独立寄发询证函（例如，直接在邮局投递）。

②通过跟函的方式发出询证函时采取的控制措施。如果审计人员认为跟函的方式（即审计人员独自或在被审计单位员工的陪伴下亲自将询证函送至被询证者，在被询证者核对并确认回函后，亲自将回函带回的方式）能够获取可靠信息，可以采取该方式发送并收回询证函。

③如果审计人员根据具体情况选择通过电子方式发送询证函，在发函前可以基于对特定询证方式所存在风险的评估，考虑相应的控制措施。

【小思考 10-1】在通过电子邮件进行函证时，注册会计师应该注意考虑哪些问题？

3.收到回函后的控制

收到回函后，根据不同情况，审计人员可以分别实施以下程序，以验证回函的可靠性。在验证回函的可靠性时，审计人员需要保持职业怀疑。

（1）通过邮寄方式收到的回函。通过邮寄方式发出询证函并收到回函后，审计人员可以验证以下信息：被询证者确认的询证函是否是原件，是否与审计人员发出的询证函是同一份；回函是否由被询证者直接寄给审计人员；寄给审计人员的回邮信封或快递信封中记录的发件方名称、地址是否与询证函中记载的被询证者名称、地址一致；回邮信封上寄出方的邮戳显示发出城市或地区是否与被询证者的地址一致；被询证者加盖在询证函上的印章以及签名中显示的被询证者名称是否与询证函中记载的被询证者名称一致。

（2）通过跟函方式收到的回函。对于通过跟函方式获取的回函，审计人员可以实施以下审计程序：了解被询证者处理函证的通常流程和处理人员；确认处理询证函人员的身份和处理询证函的权限，如索要名片、观察员工卡或姓名牌等；观察处理询证函的人员是否按照处理函证的正常流程认真处理询证函，例如，该人员是否在其计算机系统或相关记录中核对相关信息。

（3）以电子形式收到的回函。对以电子形式收到的回函，由于回函者的身份及其授权情况很难确定，对回函的更改也难以发觉，因此可靠性存在风险。电子函证程序涉及多种确认发件人身份的技术，如加密技术、电子数码签名技术、网页真实性认证程序。当审计人员存有疑虑时，可以与被询证者联系以核实回函的来源及内容，例如，当被询证者通过电子邮件回函时，审计人员可以通过电话联系被询证者，确定被询证者是否发送了回函。必要时，审计人员可以要求被询证者提供回函原件。

（4）对询证函的口头回复。只对询证函进行口头回复不是对审计人员的直接书面回复，不符合函证的要求，因此，不能作为可靠的审计证据。在收到对询证函口头回复的情况下，审计人员可以要求被询证者提供直接书面回复。如果仍未收到书面回函，审计人员需要通过实施替代程序，寻找其他审计证据以支持口头回复中的信息。

【知识拓展10-3】实施函证程序时，审计人员需要关注的舞弊风险迹象

1. 管理层不允许寄发询证函；

2. 管理层试图拦截、篡改询证函或回函，如坚持以特定的方式发送询证函；

3. 被询证者将回函寄至被审计单位，被审计单位将其转交审计人员；

4. 审计人员跟进访问被询证者，发现回函信息与被询证者记录不一致；

5. 从私人电子信箱发送的回函；

6. 收到同一日期发回的、相同笔迹的多份回函；

7. 位于不同地址的多家被询证者的回函邮戳显示的发函地址相同；

8. 收到不同被询证者用快递寄回的回函，但快递的交寄人或发件人是同一个人或是被审计单位的员工；

9. 回函邮戳显示的发函地址与被审计单位记录的被询证者的地址不一致；

10. 不正常的回函率，例如，与以前年度相比，回函率异常偏高或回函率重大变动；

11. 被询证者缺乏独立性，例如：被审计单位及其管理层能够对被询证者施加重大影响以使其向审计人员提供虚假或误导信息（如被审计单位是被询证者唯一或重要的客户或供应商）。

审计人员可通过函证结果汇总表的方式对询证函的收回情况加以控制。函证结果汇总表见表10-5。

表10-5 应收账款函证结果汇总表

被审计单位名称： 制表： 日期：

结账日： 年 月 日 复核： 日期：

询证函编号	债务人名称	债务人地址及联系方式	账面金额	函证方式	函证日期		回函日期	替代程序	确认余额	差异金额及说明	备注
					第一次	第二次					
合计											

（五）对不符事项的处理

对应收账款而言，因登记入账的时间不同而产生的不符事项主要表现为：①询证函发出时，债务人已经付款，而被审计单位尚未收到货款；②询证函发出时，被审计单位的货物已经发出并已作销售记录，但货物仍在途中，债务人尚未收到货物；③债务人由于某种原因将货物退回，而被审计单位尚未收到；④债务人对收到的货物的数量、质量及价格等方面有异议而全部或部分拒付货款等。如果不符事项构成错报，审计人员应当评价该错报是否表明存在舞弊，并重新考虑所实施审计程序的性质、时间和范围。

（六）对函证结果的总结和评价

①如果函证结果表明存在不可接受的的审计差异，审计人员应重新考虑对内部控制的原有评价是否适当，控制测试的结果是否适当；分析程序的结果是否适当；相关的风险评价是否适当等。

②如果函证结果表明存在可接受的审计差异，审计人员则应当估算应收账款总额中可能出现的累计差错是多少，估算未被选中进行函证的应收账款的累计差错是多少。为取得对应收账款累计差错更加准确的估计，也可以进一步扩大函证范围。

③如果函证结果表明没有审计差异，则可以合理地推论，全部应收账款总体是正确的。

【小思考10-2】如何对函证过程保持控制？应实施哪些程序？

五、对未函证应收账款实施替代审计程序

通常，审计人员不可能对所有应收账款进行函证，因此，对于未函证应收账款，审计人员应抽查有关原始凭据，如销售合同、销售订购单、销售发票副本、发运凭证及回款单据等，以验证与其相关的应收账款的真实性。

六、检查坏账的确认和处理

首先，审计人员应检查有无债务人破产或者死亡的，以及破产或以遗产清偿后仍无法收回的，或者债务人长期未履行清偿义务的应收账款；其次，应检查被审计单位坏账的处理是否经授权批准，有关会计处理是否正确。

七、检查应收账款的贴现、质押或出售

检查银行存款和银行借款等询证函的回函、会议纪要、借款协议和其他文件，确定应收账款是否已被贴现、质押或出售，应收账款贴现业务属质押还是出售，其会计处理是否正确。

八、对应收账款实施关联方及其交易审计程序

标明应收关联方的款项，实施关联方及其交易审计程序，并注明合并财务报表时应予抵销的金额；对关联企业、有密切关系的主要客户的交易事项作专门核查：(1) 了解交易事项目的、价格和条件，作比较分析；(2) 检查销售合同、销售发票、发运凭证等相关文件资料；(3) 检查收款凭证等货款结算单据；(4) 向关联方或有密切关系的主要客户函证，以确认交易的真实性、合理性。

九、坏账准备的实质性程序

1.取得或编制坏账准备明细表，复核加计是否正确，与坏账准备总账数、明细账合计数核对是否相符。

2.实施分析程序。通过比较前期坏账准备计提数和实际发生数，以及检查期后事项，评价应收账款坏账准备计提的合理性。

3.将应收账款坏账准备本期计提数与资产减值损失相应明细项目的发生额核对是否相符。

4.检查应收账款坏账准备计提和核销的批准程序，取得书面报告等证明文件，评价计提坏账准备所依据的资料、假设及方法。

5.实际发生坏账损失的，检查转销依据是否符合有关规定，会计处理是否正确。对于被审计单位在被审计期间内发生的坏账损失，审计人员应检查其原因是否清楚，是否符合有关规定，有无授权批准，有无已作坏账处理后又重新收回的应收账款，相应的会计处理是否正确。

6.已经确认并转销的坏账重新收回的，检查其会计处理是否正确。

7.检查函证结果。对债务人回函中反映的例外事项及存在争议的余额，审计人员应查明原因并作记录。必要时，应建议被审计单位作相应的调整。

8.确定应收账款坏账准备的披露是否恰当。

十、确定应收账款的列报是否恰当

如果被审计单位为上市公司，则其财务报表附注通常应披露期初、期末余额的账龄分析，期末欠款金额较大的单位账款，以及持有5%以上（含5%）股份的股东单位账款等情况。

例如，注册会计师王政对陆翔有限责任公司（以下简称陆翔公司）2015年度财务报表进行审计，在审计应收账款项目时，选取了4个应收账款明细账户，对截至2015年12月31日的余额实施函证，并根据回函结果编制了应收账款函证结果汇总表。审计工作底稿中有关内容摘录见表10-6。

表10-6 **审计工作底稿中有关内容摘录**

客户编号	客户名称	公司账面金额（万元）	回函金额（万元）	差异金额（万元）	回函方式	审计说明
1-1	A公司	8 500	5 000	3 500	原件	（1）
1-2	B公司	8 036	4 036	4 000	原件	（2）
1-3	C公司	9 527	9 527	0	传真件	（3）
2-1	E公司	3 269	未回函	不适用	未回函	（4）

审计说明：

（1）回函直接寄回会计师事务所。经询问陆翔公司财务经理得知，回函差异是由于A公司的回函金额已扣除其在2015年12月31日以电汇的方式向陆翔公司支付的一笔3 500万元的货款，陆翔公司于2016年1月4日实际收到该笔款项，并记入2016年应收账款明细账中。王政认为该回函差异不构成错报，无须实施进一步的审计程序。

（2）回函直接寄回会计师事务所。经询问陆翔公司财务经理得知，回函差异是由于陆翔公司在2015年12月31日向B公司发出一批产品（合同价款4 000万元），同时确认了应收账款4 000万元及相应的销售收入，B公司于2016年1月5日收到这批产品。其回函未将该4 000万元款项包括在回函金额中。王政认为该回函差异不构成错报，无须实施进一步的审计程序。

（3）回函由C公司直接传真至会计师事务所。王政认为回函没有差异，无须实施进一步的审计程序。

（4）未收到回函。执行替代测试程序：从应收账款借方发生额选取样本，检查相关的销售合同、销售发票、出库单以及相关记账凭证，并确认这些文件中的记录是一致的。没有发现异常，王政认为无须实施进一步的审计程序。

针对上述审计说明（1）至（4）项，假定不考虑其他条件，注册会计师王政实施的审计程序及其结论存在以下不当之处：

（1）因为注册会计师王政未对被审计单位资产负债表日后是否真实收到3 500万元货款进行追查。建议结合货币资金审计，确认被审计单位在资产负债表日后是否实际收到客户A的3 500万元货款。

（2）因为注册会计师王政未向B公司进一步函证。建议向B公司再次函证，询证B公司于2016年1月5日是否收到这批产品，以验证赊销业务的真实性。

(3) 因为注册会计师王政未向C公司获取询证函回函原件。建议收到传真件后，还需要求C公司将原件寄回到会计师事务所。

(4) 因为注册会计师王政未再次向E公司实施函证。建议应再次向E公司实施函证；或者通过电话等方式查清未回函原因再执行替代审计程序。

【知识拓展10-4】虚假应收账款的预警标志

1.月末销售收入和相应的应收账款的意外上升；

2.期末结账后的大额折扣、准备、赊销或者退回；

3.来自于关联方或者陌生名称、地址的客户以及没有明显商业关系的客户的大额应收账款；

4.应收账款余额的增加快于销售的增加；

5.组织根据销售额而不是应收账款的回收支付佣金；

6.应收账款余额的增加伴随着销售成本的稳定不变或者下降以及毛利率的相应上升；

7.延长应收账款的账龄或者给予延长的信用条件；

8.期末客户应收账款余额的过度注销；

9.重新划分应收账款账龄；

10.过度使用不记名客户账户；

11.过期应收账款的上升趋势。

第四节 其他相关账户审计的实质性程序

一、应收票据审计

企业以收取客户商业汇票方式进行赊销时，一般要进行销货、收取票据、计息、贴现、收款等活动，在此过程中要涉及一些凭证和账簿，这些都是应收票据的审计范围。

(一) 应收票据的审计目标

应收票据的审计目标一般包括：确定应收票据是否存在；确定应收票据是否归被审计单位所有；确定应收票据及其坏账准备增减变动的记录是否完整；确定应收票据可否收回，坏账准备的计提方法和比例是否恰当，计提是否充分；检查应收票据及其坏账准备期末余额是否正确；确定应收票据及其坏账准备的披露是否恰当。

(二) 应收票据的实质性程序

1.获取或编制应收票据明细表。复核加计正确，并与总账数和明细账合计数核对相符；结合坏账准备科目与报表数核对相符。在复核加计正确及与上述有关数额核对相符的基础上，注册会计师应抽查部分票据，并追查至相关文件资料，判断其内容是否正确，有无应转应收账款的逾期应收票据，以及虽未逾期但有确凿证据表明不能够收回或收回可能性不大的应收票据。

2.取得被审计单位“应收票据备查簿”。核对其是否与账面记录一致。请被审计单位协助，在应收票据明细表上标出至审计时已兑现或已贴现的应收票据，作常规检查，如核对收款凭证等，以确认其在资产负债表日的真实性。

3.检查库存票据。注意票据的种类、号数、签收的日期、到期日、票面金额、合同交易号、付款人、承兑人、背书人姓名或单位名称，以及利率、贴现率、收款日期、收回金额等是否与应收票据登记簿的记录相符；关注是否对背书转让的票据负有连带责任；注意是否存在已作质押的票据和银行退回的票据。

4.必要时选取部分票据向出票人函证。证实其存在性和可收回性，并编制函证结果汇总表。对于大额票据，应取得相应销售合同或协议、销售发票和出库单等原始交易资料进行核对，以证实是否存在真实的交易。

5.复核带息票据的利息计算是否正确。注意逾期应收票据是否已按规定停止计提利息，并检查其会计处理是否正确。如果注册会计师复算得出的应计利息金额与账面所列金额不符，应加以分析，特别要对“财务费用——利息收入”账户中那些与应收票据账户中所列任何票据均不相关的贷方金额加以注意，因为这些贷项可能代表据以收取利息的票据未曾入账。

6.检查贴现的应收票据。复核其贴现息计算是否正确，会计处理是否正确。编制已贴现和已转让但未到期的商业承兑汇票清单，并检查是否存在贴现保证金。

7.确定应收票据的披露是否恰当。检查被审计单位资产负债表中应收票据项目的数额是否与审定数相符，是否剔除了有关的风险和报酬业已转移的已贴现票据。

【小思考 10-3】对应收票据进行函证时，应当对谁进行函证？

二、预收账款审计

（一）预收账款审计目标

预收账款的审计目标一般包括：确定期末预收账款是否存在；确定期末预收账款是否为被审计单位应履行的偿还义务；确定预收账款的发生及偿还记录是否完整；确定预收账款的期末余额是否正确；确定预收账款的披露是否恰当。

（二）预收账款的实质性程序

1.获取或编制预收账款明细表。复核加计正确，并与报表数、总账数和明细账合计数核对相符；检查是否存在借方余额，必要时进行重分类调整；检查是否存在应收、预收两方挂账的项目，必要时作出调整。

2.请被审计单位协助，在预收账款明细表上标出截至审计日已转销的预收账款。对已转销金额较大的预收账款进行检查，核对记账凭证、仓库发货单、货运单据、销售发票等，并注意这些凭证日期的合理性。

3.抽查预收账款有关的销售合同或协议、仓库发货记录、货运单据和收款凭证。检查已实现销售的商品是否及时转销预收账款，确定预收账款期末余额的正确性和合理性。

4.选择预收账款的若干重大项目函证，根据回函情况编制函证结果汇总表。函证测试样本通常应考虑选择大额或账龄较长的项目、关联方项目以及主要客户项目。对于回函金额不符的，应查明原因并作出记录或建议作适当调整；对于未回函的，应再次函证或通过检查资产负债表日后已转销的预收账款是否与仓库发运凭证、销售发票相一致等替代程序，确定其是否真实、正确。

5.检查账龄超过一年的预收账款未结转的原因并作出记录。

6.对预收账款中按税法规定应预缴税费的预收销售款，结合应交税费项目检查是否及时、足额缴纳有关税费。

7.确定预收账款的列报是否恰当。

三、应交税费审计

（一）应交税费审计目标

应交税费的审计目标一般包括：确定期末应交税费是否存在；确定期末应交税费是否为被审计单位应履行的义务；确定应计和已缴税费的记录是否完整；确定应交税费的期末余额是否正确；确定应交税费的披露是否恰当。

（二）应交税费的实质性程序

1.取得或编制应交税费明细表。复核加计正确，并与报表数、总账数和明细账合计数核对相符；核对年初应交税费与税务机关的认定数是否一致，作出记录，如有差额，查明原因，必要时建议做适当调整。

2.首次接受委托时，取得被审计单位的纳税鉴定、纳税通知、减免税批准文件等，了解被审计单位适用的税种、附加税费、计税（费）基础、税（费）率，以及征、免、减税（费）的范围与期限。连续接受委托时，关注其变化情况。

3.取得税务部门汇算清缴或其他确认文件、有关政府部门的专项检查报告、税务代理机构专业报告、被审计单位纳税申报资料等，分析其有效性，并与上述明细表及账面数据进行核对。必要时，向主管税务部门函证应交税费的本期应交数和期末未交数。对于超过法定缴纳期限的税费，应取得主管税务机关的批准文件。

4.检查被审计单位获得税费减免或返还时的会计处理是否正确，依据是否充分、合法和有效。

5.检查企业所得税

结合所得税费用项目，确定应纳税所得额和企业所得税税率，复核本期应交所得税的计算是否正确，是否按规定进行了会计处理；抽查本期缴纳所得税资料，确定本期已交数的正确性。

6.检查增值税

（1）获取或编制应交增值税明细表，复核其正确性，并与明细账核对相符；将应交增值税明细表与被审计单位增值税纳税申报表核对，检查进项税额、销项税额的入账与申报期间是否一致，金额是否相符，如不一致，应分析原因，并作出记录。

（2）检查进项税。①通过“原材料”等相关科目匡算进项税是否合理；②抽查一定期间的进项税抵扣汇总表，检查是否与应交增值税明细表总额一致，如有差异，查明差异原因并作适当处理；③抽查一定数量的重要进项税发票，注意进口货物、购进的免税农产品、接受投资或捐赠、接受应税劳务等应计的进项税额是否按规定进行了会计处理；因存货改变用途或发生非常损失等应计的进项税额转出数是否正确计算，会计处理是否正确。

（3）检查销项税。①检查适用税率是否符合税法规定；②根据已审定的主营业务收入、其他业务收入及税法规定视同销售行为的有关记录，复核销项税额，并注意视同销售行为计税依据的确定是否正确。

（4）取得出口退税申报材料及办理出口退税有关凭证，复核出口退税的正确性、合法性和及时性。

（5）经主管税务机关批准，实行核定征收率征收增值税的单位，应检查其是否按照有关规定正确执行。如果按照核定征收率计算的增值税金额大于申报增值税金额，应注意超过申报额部分的会计处理是否正确。

（6）抽查本期已交增值税纳税资料，确定已交数的正确性。

【小思考10-4】在检查增值税专用发票时，应当注意哪些问题？

7.检查消费税

结合税金及附加等项目，根据审定的应税消费品销售额（或数量），检查消费税的计税依据是否正确，适用税率（或单位税额）是否符合税法，是否按规定进行了会计处理，并分项复核本期应交消费税税额；抽查本期已交消费税纳税资料，确定已交数的正确性。

8.检查土地增值税

根据审定的土地使用权及其地上物（或称房地产）转让收入与其规定的扣除金额，复核房地产转让增值额；结合税金及附加等项目，根据房地产转让增值额和按规定适用的税率复核应交土地增值税税额；抽查本期已交土地增值税纳税资料，确定已交数的正确性。

9.检查城市维护建设税

结合税金及附加等项目，根据审定的计税基础和按规定适用的税率，复核本期应交城市维护建设税税额；抽查本期已交城市维护建设税纳税资料，确定已交数的正确性。

10.检查其他税（费）项及代扣税（费）项

（1）了解被审计单位按国家或当地政府的税制规定应交纳的其他税（费）项，并采用适当的程序作相应检查。

（2）了解并获取被审计单位已发生的代扣税（费）项，如：代扣国外企业所得税；代扣个人所得税。

（3）根据各项应纳税收入（所得）额，计算应纳税费，并与明细账核对。

（4）审核支付凭证是否具有当地税务机关的统一发票（或缴款书），是否已自行申报缴纳。

（5）获取有关的合同、协议，根据涉及上列税（费）项的条款，确定（或与税务机关联系）是否应由客户代扣；如客户属于扣缴义务人时，则应复核本年度的应纳税费，核对或调整其相关的债权、债务。

11.确定应交税费的披露是否恰当

四、税金及附加审计

（一）税金及附加审计目标

税金及附加的审计目标一般包括：确定记录的税金及附加是否已发生，且与被审计单位有关；确定税金及附加记录是否完整；确定与税金及附加有关的金额及其他数据是否已恰当记录；确定税金及附加是否已记录于正确的会计期间；确定税金及附加的内容是否正确；确定税金及附加的披露是否恰当。

【知识拓展10-5】税金及附加

2016年12月财政部发布财会〔2016〕22号文，文件规定“全面试行营业税改征增值税后，“营业税金及附加”科目名称调整为“税金及附加”科目，该科目核算企业经营活动发生的消费税、城市维护建设税、资源税、教育费附加及房产税、城镇土地使用税、车船税、印花税等相关税费；利润表中的“营业税金及附加”项目调整为“税金及附加”项目。

（二）税金及附加的实质性程序

1.取得或编制税金及附加明细表。复核加计正确，并与报表数、总账数和明细账合计数核对相符。

2.确定被审计单位的纳税（费）范围与税（费）种是否符合国家规定。

3.根据审定的应税消费品销售额（或数量），按规定适用的税率，分项计算、复核本期应纳消费税税额。

4.根据审定的应税资源税产品的课税数量，按规定适用的单位税额，计算、复核本期应纳资源税税额。

5.检查城市维护建设税、教育费附加等项目的计算依据是否和本期应纳增值税、消费税合计数一致，并按规定适用的税率或费率计算、复核本期应纳城建税、教育费附加等。

6.复核各项税费与应交税费等项目的钩稽关系。

7.确定被审计单位减免税的项目是否真实，理由是否充分，手续是否完备。

8.确定税金及附加是否已在利润表上作恰当披露。

五、销售费用审计

(一) 销售费用审计目标

销售费用的审计目标一般包括：确定记录的销售费用是否已发生，且与被审计单位有关；确定销售费用记录是否完整；确定与销售费用有关的金额及其他数据是否准确；确定销售费用是否已记录于正确的会计期间；确定销售费用的内容是否正确；确定销售费用的列报是否恰当。

(二) 销售费用的实质性程序

1.取得或编制销售费用明细表。复核加计正确，并与总账和明细账合计数核对相符；与报表数核对相符。

2.将本期与上期销售费用各明细项目作比较分析，必要时，比较本期各月销售费用，如有重大波动和异常情况应查明原因。

3.检查各明细项目是否与被审计单位销售商品和材料、提供劳务以及销售机构经营有关，是否合规、合理，计算是否正确。

4.核对有关费用项目与累计折旧、应付职工薪酬等项目的钩稽关系，作交叉索引。

5.针对销售费用各明细项目，选择重要或异常凭证，检查原始凭证是否真实有效、会计处理是否正确。注意广告费和业务宣传费划分是否合理，是否符合税前列支条件。

6.抽取资产负债表日前后一定数量的凭证，实施截止测试，对于重大跨期项目，应建议作必要调整。

7.如果被审计单位是商品流通企业且已将管理费用科目的核算内容并入本科目核算，应同时实施管理费用审计程序。

8.确定销售费用的列报是否恰当。

例如，澳达公司2×17年5月产品销售费用明细账见表10-7：

表10-7 产品销售费用明细账 单位：元

2×17年		摘要	包装费	运输费	装卸费	保险费	广告费	展览费	其他
月	日								
5	1	付产品包装费	2 500						
5	2	付报刊广告费					3 000		
5	3	付甲公司展览费						9 500	
5	3	付运费		650					
5	5	招待客户用餐费							1 050
5	7	付装卸费			400				
5	8	付赔偿金							6 000

续表

2×17年		摘要	包装费	运输费	装卸费	保险费	广告费	展览费	其他
月	日								
5	11	B产品包装费	3 000						
5	13	付车站装卸费			860				
5	18	付销售合同违约金							4 000
5	22	付电台广告费					4 000		
5	26	付运输保险费				1 480			
5	31	付门市部职工工资							2 650
5	31	付门市部差旅费							1 200
5	31	销售费用结转	5 500	650	1 260	1 480	7 000	9 500	14 900

通过审阅澳达公司产品销售明细表发现如下错误：

①“招待客户用餐费”应记入“管理费用”账户；“付赔付金”“付销售合同违约金”应记入“营业外支出”账户。

澳达公司产品销售费用明细账混淆费用支出界限，影响了对企业损益的正确反映，同时也影响了应纳税计算的准确性。

②销售费用的结转见产品销售费用明细账（见表10-8）中的最后一行记录。

表10-8 **产品销售费用明细账** 单位：元

2×17年		摘要	包装费	运输费	装卸费	保险费	广告费	展览费	其他
月	日								
5	1	付产品包装费	2 500						
5	2	付报刊广告费					3 000		
5	3	付甲公司展览费						9 500	
5	3	付运费		650					
5	7	付装卸费			400				
5	11	B产品包装费	3 000						
5	13	付车站装卸费			860				
5	22	付电台广告费					4 000		
5	26	付运输保险费				1 480			
5	31	付门市部职工工资							2 650
5	31	付门市部差旅费							1 200
5	31	销售费用结转	5 500	650	1 260	1 480	7 000	9 500	3 850

【同步案例10-1】金亚科技涉嫌欺诈 虚构回款虚增收入和利润

日前，证监会依法对金亚科技2014年度报告虚假陈述给予60万元顶格罚款，对董事长、实际控制人周旭辉合计给予90万元顶格罚款，对多名直接责任人员给予处罚。案件查办过程中，根据有关线索，证监会同时对金亚科技涉嫌欺诈发行等违法犯罪问题进行了全面查处。证监会调查发现，金亚科技为了达到发行上市条件，通过虚构客户、虚构业务、伪造合同、虚构回款等方式虚增收入和利润，骗取首次公开发行（IPO）核准。其中2008年、2009年1月至6月虚增利润金额分别达到3 736万元、2 287万元，分别占当期公开披露利润的85%、109%。上述行为涉嫌构成欺诈发行股票罪。

调查还发现，金亚科技和相关人员还存在伪造金融票证、挪用资金以及违规披露、不披露重要信息等犯罪嫌疑。根据《行政执法机关移送涉嫌犯罪案件的规定》(国务院令第310号)，证监会专门与公安机关进行了会商，决定将金亚科技及相关人员涉嫌欺诈发行等犯罪问题移送公安机关依法追究刑事责任。

目前，证监会正在对金亚科技IPO保荐机构、证券服务机构及其从业人员的执业行为进行全面调查。初步查明，保荐机构联合证券、审计机构广东大华德律会计师事务所、法律服务机构天银律师事务所涉嫌出具含有虚假内容的证明文件，证监会依法严肃处理。

证监会新闻发言人表示，欺诈发行、违规披露严重违反信息披露制度，严重损害广大投资者合法权益，严重破坏市场诚信基础，始终是证监会监管执法的重中之重。本案移送是证监会综合运用行政刑事惩戒体系遏制IPO环节违法犯罪、净化市场环境的重要工作举措。证监会将全力支持公安司法机关的侦查、起诉和审判工作，依法严肃追究违法主体的法律责任。市场各方应以此案为鉴，保证披露信息真实、准确、完整，共同维护资本市场长期健康稳定发展。

资料来源：佚名. 金亚科技涉嫌欺诈 虚构回款虚增收入和利润［EB/OL］.［2018-06-27］. https：//money.gucheng.com/201806/3449026.shtml.

思考：注册会计师应当如何关注收入舞弊？

解答：(1) 对营业收入进行分析性复核；

(2) 结合应收账款函证，确定销售的真实性；

(3) 结合存货监盘，了解存货是否真实发出；

(4) 关注日后退货、收款的相关记录；

(5) 关注其他项目的审计结果予以佐证。

本章小结

营业收入审计目标最重要的是确定利润表中记录的营业收入是否已发生或者是否均已记录，可以通过营业收入审计的实施实质性分析程序发现其重大错报风险重点领域。对销售实施截止测试，可以确定被审计单位主营业务收入的会计记录归属期是否正确。在审计实务中，审计人员可以考虑选择三条审计路径实施主营业务收入的截止测试。结合对应收账款实施的函证程序，选择主要客户函证本期销售额，可以确认销售业务的真实发生，可以证实应收账款账户余额的真实性、正确性，防止或发现被审计单位及其有关人员在销售交易中发生的错误或舞弊行为。函证数量的多少、范围是由诸多因素决定的，主要有：应收账款在全部资产中的重要性、被审计单位内部控制的强弱以及以前期间函证的结果。审计人员可采用积极的或消极的函证方式实施函证，也可将两种方式结合使用。审计人员通常利用被审计单位提供的应收账款明细账户名称及客户地址等资料据以编制询证函，但审计人员应当对确定需要确认或填列的信息、选择适当的被询证者、设计询证函以及发出和收回询证函保持控制。

本章主题词

销售与收款循环　主营业务收入审计　截止测试　应收账款审计　坏账准备审计　函证

复习思考题

1. 对主营业务收入进行截止测试可供选择的审计路线有哪几条？各有何优缺点？在实务中可以并用吗？
2. 销售费用审计的主要内容有哪些？
3. 主营业务收入审计中如何充分利用分析程序？
4. 应收账款的函证有哪几种方式？分别适用于什么情况？
5. 如何对应收账款函证进行控制？

案例讨论

2015年上半年国内经济增速放缓，不确定性进一步加强；对应A股市场，自2015年7月以来出现持续下跌。由此，陆续披露的上市公司半年报，成为经济研究及个股投资最佳的微观分析窗口。在这些财报中，相较收入、利润这样直观的经营表现，应收账款这一科目的统计，在经济颓靡的背景下，对上市公司未来经营风险的预警，更具分析意义。

据上证报记者统计，按申万行业分类，截至2015年8月28日收盘，27个行业中绝大多数应收账款同比出现不同程度的涨幅，其中文化传媒、军工、计算机最为明显，部分公司甚至出现应收增、营收降的情况，投资者应高度关注其经营风险。

具体来看，27个行业中应收账款涨幅最高的当属文化传媒，幅度达到46.98%；涨幅排名二至五位的分别为国防军工、计算机、医药生物和交通运输业，具体涨幅依次为38.01%、34.08%、27.23%和27.10%。

结合营业收入来看，国防军工、建筑材料和机械设备这三个行业在应收账款走高的前提下，营业收入反而出现了下滑，对下半年经营情况提出了预警。其中，应收账款增幅达到38.01%的军工业，其整体利润却同比下降10.48%；建材业应收账款增幅和利润降幅分别为18.79%和28.37%；机械设备业的这两项数据分别为13.61%和21.07%。

具体到公司而言，在应收账款涨幅最高的文化传媒业中，有29家公司应收账款同比出现增长，其中5家公司的增幅超过100%，分别是互动娱乐、北京文化、游族网络等。其中，互动娱乐的同比涨幅最高，达到263%，公司曾多次在2015年一季报、2014年年报和2014年半年报中对相关事宜作出解释。

互动娱乐一季报中显示，应收账款报告期末数较年初数增加了2.26亿元，增幅为160.25%，主要系公司并购春天融和致合并范围（应收账款）增加及产销规模扩大，在信用期内暂未收到货款所致。

在军工类企业应收账款增幅榜中，有3家企业应收账款增幅超过了100%，其中增幅最高的为上海佳豪，其应收账款额度从去年同期的6 542万元增加到2015年年中的2.21亿元，增幅为237%。公司曾在2015年一季度对其进行解释，称是部分销售款尚未回笼的缘故。

在应收款整体同比增幅排名第三的计算机行业，已有93家公司发布半年报，出现应收款增加的家数占比87%，其中任子行、中科曙光、汇金股份这三家公司同比增幅领先，分别为276%、121%、110%，另有21.7%的公司增幅位于50%~100%区间。涨幅排名第一的任子行解释称，应收账款大幅增加是由公司销售额度增加导致。

在众多应收账款出现大幅上涨的公司中，中成股份尤为值得关注。中成股份2014年同期应收账款为946.78万元，2015年涨到1.09亿元，涨幅达到1 051%。尽管应收账款净额并不太高，但公司营业收入的大幅缩水却不禁让人浮想联翩。2014年半年报显示公司营业利润为9.11亿元，而2015年同期仅为5.23亿元，缩水幅度达到43%。对于大幅上涨的应收账款，公司曾解释因报告期内增加埃塞肯色糖厂项目应收工程进度款所致。

资料来源：佚名. 三大行业应收账款预警［EB/OL］.［2015-08-31］. http：//stock.10jqka.com.cn/20150831/c581405120.shtml.

要求：请分析这些数据中应收账款与营业收入不匹配凸显出来的审计风险，并指出财务报表审计中实施实质性程序的重点领域。

第十一章 企业内部控制审计

【学习目标】

知识目标：通过本章的学习，使学生了解企业内部控制审计的基本程序，出具内部控制审计报告的基本要求；掌握内部控制缺陷的种类，理解出具不同内部控制审计意见类型的条件，掌握如何撰写不同意见类型的内部控制审计报告。

能力目标：能够识别和评估企业内部控制的关键风险点，能够执行内部控制测试程序，搜集证据并出具内部控制审计报告。

【引导案例】

2017年年报审计情况快报（第八期）

截至2018年4月1日，40家事务所共为738家上市公司出具了内部控制审计报告，其中，沪市主板519家，深市主板190家，中小企业板26家，创业板3家。从审计报告意见类型看，736家上市公司被出具了无保留意见审计报告，2家上市公司被出具了否定意见的审计报告。在736家被出具无保留意见审计报告的上市公司中，有15家被出具了带强调事项段的无保留意见审计报告。

资料来源：中注协发布上市公司2017年年报审计情况快报（第八期）.http：//www.cicpa.org.cn/news/201804/t20180409_50870.html.

这一案例表明：上市公司内部控制要按年度接受注册会计师审计，审计报告类型包括无保留意见和非无保留意见。投资者在作出投资决策时，不仅要考虑上市公司的财务报表审计报告，同时也要关注内部控制审计报告。

第一节　企业内部控制审计概述

一、企业内部控制审计的定义

企业内部控制审计，是指会计师事务所接受委托，对特定基准日内部控制设计与运行的有效性进行审计。

【知识拓展11-1】企业内部控制审计定义中所包含的五层含义

（1）实施内部控制审计的主体是会计师事务所和注册会计师；
（2）内部控制审计的对象是“控制文件与控制信息资料”；
（3）内部控制审计的目标是为了保证企业的内部控制的有效性；
（4）注册会计师是对特定基准日的内部控制进行审计；
（5）建立健全和有效实施内部控制，评价内部控制的有效性是企业管理层的责任，具体来讲是董事会的责任。

健全有效的内部控制对保证企业财务报告的可靠性至关重要。安然、世通等一系列公司财务舞弊事件使各国政府监管机构、企业界、会计职业界、投资者更加重视内部控制，政府监管机构也将监管重点从单纯注重财务报告本身可靠性转向同时注重保证财务报告可靠性机制的建设，要求企业披露内部控制相关信息，并要求聘请注册会计师对内部控制的有效性进行审计。例如，美国《萨班斯—奥克斯利法案》和日本《金融商品交易法》要求审计师对企业财务报告内部控制进行审计。

2010年4月26日，我国财政部等五部委发布《企业内部控制审计指引》，自2011年1月1日起首先在境内外同时上市的公司执行，2012年1月1日起扩大到在上海证券交易所、深圳证券交易所主板上市的公司施行，在此基础上，择机在中小板和创业板上市公司施行，同时鼓励非上市大中型企业提前执行。执行企业内控规范体系的企业，必须对本企业内部控制的有效性进行自我评价，披露年度自我评价报告，同时聘请具有证券期货业务资格的会计师事务所对其财务报告内部控制的有效性进行审计，出具审计报告。

【知识拓展11-2】内部控制的含义

内部控制是由企业董事会、监事会、经理层和全体员工实施的、旨在实现控制目标的过程。内部控制的目标是合理保证企业经营管理合法合规、资产安全、财务报告及相关信息真实完整，提高经营效率和效果，促进企业实现战略发展。

二、企业内部控制审计基准日

内部控制审计基准日，是指注册会计师评价内部控制在某一时日是否有效所涉及的基准日，也是被审计单位评价基准日，即最近一个会计期间截止日。

注册会计师基于基准日（如12月31日）内部控制的有效性发表意见，而不是对财务报表涵盖的整个期间（如1年）的内部控制的有效性发表意见。但这并不意味着注册会计师只关注企业基准日当天的内部控制。对有些内部控制，注册会计师需要考查足够长的运行时间，才能得出内部控制是否有效的结论。

三、企业内部控制审计的范围

内部控制的目标涉及合理保证财务报告相关信息的可靠性、资产的安全完整、遵守法律法规、提高经营的效率效果、促进实现企业的发展战略等诸多方面。目前，实行内部控制审计的国家均将审计范围限定在财务报告内部控制。我国《企业内部控制审计指引》规定，注册会计师应当对财务报告内部控制的有效性发表审计意见，并对财务报告内部控制审计过程中注意到的非财务报告内部控制的重大缺陷，在内部控制审计报告中增加“非财务报告内部控制重大缺陷描述段”予以披露。

（一）财务报告的内部控制

财务报告的内部控制是指企业为了合理保证财务报告及相关信息真实完整而设计和运行的内部控制，以及用于保护资产安全的内部控制中与财务报告可靠性目标相关的控制。从注册会计师审计的角度，财务报告内部控制包括的内容主要有：企业层面的内部控制；业务流程、应用系统和交易层面的内部控制。

1.企业层面的内部控制

（1）与控制环境相关的控制。比如，对诚信和道德价值沟通和落实、对胜任能力的重视、治理层的参与程度、管理层的理念和经营风格、组织结构、职权与责任的分配、人力资源政策与实务。

（2）针对管理层和治理层凌驾于内部控制之上的风险而设计的内部控制。比如，针对关联交易的控制。

（3）被审计单位的风险评估过程。比如，如何识别经营风险、估计其重要性、评估其发生的可能性、采取措施应对和管理风险及其结果。

（4）对内部信息传递和期末财务报告流程的控制。比如，会计政策选择和运用的程序、调整分录和合并分录的编制与批准。

（5）对控制有效性的内部监督和内部控制评价。

（6）集中化的处理与控制、监控经营成果的控制以及重大经营控制和风险管理实务的政策。

2.业务流程、应用系统和交易层面的内部控制

（1）业绩评价。比如，对实际与预算、预测与前期、经营数据和财务数据、内部数据和外部数据作出的评价。

（2）信息处理。比如，应用控制中的对计算准确性的检查、对账户和试算平衡表的审核、对例外报告的人工跟进；再比如，信息技术一般控制中的程序变动控制、限制接触程序或数据的控制。

（3）实物控制。比如，保护资产的实物安全、对接触计算机程序和数据文档设置授权、定期盘点并将盘点记录与控制记录相核对。

（4）职责分离。比如，将交易授权、记录交易以及资产保管等职责分配给不同的员工。

（二）非财务报告内部控制

非财务报告内部控制就是指除财务报告内部控制之外的其他控制，通常是指为了合理保证除财务报告及相关信息、资产安全外的其他控制目标的实现而设计和运行的内部控制。

四、内部控制审计与财务报表审计的整合

内部控制审计与财务报表审计是既有联系又有区别的两项审计业务。表13-1对内部控制审计与财务报表审计进行了比较。

由表13-1可见，在内部控制审计中，要求注册会计师对企业内部控制设计和运行的有效性进行测试。在财务报表审计中，也要求注册会计师了解企业的内部控制，并在必要时测试内部控制。可见，这两种审计具有相通之处，可以相得益彰，这正是需要将两者整合进行的原因。另外，由于两种审计的目标不同，在设计和实施整合审计工作时，注册会计师对内部控制设计与运行的有效性进行测试，要同时实现两个目的：（1）获取充分、适当的证据，支持在内部控制审计中对内部控制有效性发表的意见；（2）获取充分、适当的证据，支持在财务报表审计中对控制风险的评估结果。

根据整合审计的要求，在内部控制审计与财务报表审计中获取的审计证据应当相互印证，相互利用。具体体现在：

表13-1 **内部控制审计与财务报表审计比较**

比较项目	内部控制审计	财务报表审计
审计目的	对财务报告内部控制的有效性发表审计意见，并对内部控制审计过程中注意到的非财务报告内部控制的重大缺陷，在内部控制审计报告中增加“非财务报告内部控制重大缺陷描述段”予以披露	对财务报表是否符合企业会计准则，是否公允地反映被审计单位的财务状况和经营成果发表意见
了解和测试内部控制的目的	了解和测试内部控制的直接目的是对内部控制设计和运行的有效性发表意见	了解内部控制是为了评估重大错报风险，测试内部控制是为了进一步证明了解内部控制得出的初步结论，了解和测试内部控制的最终目的服务于对财务报表发表审计意见的目的
测试内部控制的范围	对所有重要账户、各类交易和列报的相关认定，都要了解和测试相关的内部控制	在财务报表审计中，只有在以下两种情况下才强制要求对内部控制进行测试： ①在评估认定层次重大错报风险时，预期控制的运行是有效的（即在确定实质性程序的性质、时间安排和范围时，注册会计师拟信赖控制运行的有效性）。 ②仅实施实质性程序并不能够提供认定层次充分、适当的审计证据
测试内部控制的时间	对特定基准日内部控制的有效性发表意见，不需要测试整个会计期间，但要测试足够长的期间	一旦确定需要测试，则需测试内部控制在整个拟信赖的期间的运行有效性
测试样本量	对结论可靠性的要求高，测试的样本量大	对结论可靠性要求取决于计划从控制测试中得到的保证程度（或减少实质性程序工作量的程度），样本量相对要小
内部控制测试结果报告	①对外披露； ②以积极的方式对内部控制是否有效发表审计意见	①通常不对外披露内部控制的情况，除非是内部控制影响对财务报表发表的审计意见。 ②以管理建议书的方式向管理层或治理层报告财务报表审计过程中发现的内部控制重大缺陷，但注册会计师没有义务专门实施审计程序，以发现和报告内部控制重大缺陷

在内部控制审计中，注册会计师在对内部控制有效性形成结论时，应同时考虑财务报表审计中实施的所有针对控制设计和运行有效性测试的结果。在财务报表审计中，注册会计师在评估控制风险时，应当同时考虑内部控制审计中实施的所有针对控制设计和运行有效性测试的结果。如果在内部控制审计中识别出某项控制缺陷，注册会计师应当评价该项缺陷对财务报表审计中拟实施的实质性程序的性质、时间安排和范围的影响。

在内部控制审计中，注册会计师应当评价财务报表审计中实施的实质性程序的结果对控制有效性结论的影响。评价内容应当包括：(1) 注册会计师作出的、与选择和实施实质性程序相关的风险评估，尤其是与舞弊相关的风险评估；(2) 发现的违反法规行为和关联方交易方面的问题；(3) 表明管理层在选择会计政策和作出会计估计时存在偏见的情况；(4) 实施实质性程序发现的错报。

第二节 计划审计工作

一、总体要求

注册会计师应当恰当地计划内部控制审计工作，并对助理人员进行适当的督导。在计划整合审计工作时，注册会计师需要评价下列事项对财务报表和内部控制是否有重要影响，以及有重要影响的事项将如何影响审计工作：(1) 与企业相关的风险，包括在评价是否接受与保持客户和业务时，注册会计师了解的与企业相关的风险情况以及在执行其他业务时了解的情况；(2) 相关法律法规和行业概况；(3) 企业组织结构、经营特点和资本结构等相关重要事项；(4) 企业内部控制最近发生变化的程度；(5) 与企业沟通过的内部控制缺陷；(6) 重要性、风险等与确定内部控制重大缺陷相关的因素；(7) 对内部控制有效性的初步判断；(8) 可获取的、与内部控制有效性相关的证据的类型和范围；(9) 与评价财务报表发生重大错报的可能性和内部控制有效性相关的公开信息；(10) 企业经营活动的相对复杂程度等。

二、重视风险评估的作用

在内部控制审计中，注册会计师应当以风险评估为基础，确定重要账户、列报及其相关认定，选择拟测试的控制，以及确定针对所选定控制所需收集的证据。

内部控制的特定领域存在重大缺陷的风险越高，给予该领域的审计关注就越多。内部控制不能防止或发现并纠正由于舞弊导致的错报风险，通常高于其不能防止或发现并纠正由错误导致的错报风险。注册会计师应当更多地关注高风险领域，而没有必要测试那些即使有缺陷也不可能导致财务报表重大错报的控制。

在进行风险评估以及确定审计程序时，企业的组织结构、业务流程或业务单元的复杂程度可能产生的重要影响均是注册会计师应当考虑的因素。

三、利用其他相关人员的工作

在计划审计工作时，注册会计师需要评估是否利用他人（包括企业的内部审计人员、内部控制评价人员、其他人员以及在董事会及其审计委员会指导下的第三方）的工作以及利用的程度，以减少可能本应由注册会计师执行的工作。

如果决定利用内部审计人员的工作，注册会计师应当按照《中国注册会计师审计准则第1411号——利用内部审计人员的工作》的规定办理。

如果拟利用他人的工作，注册会计师则需要评价该人员的专业胜任能力和客观性。在评价他人的专业胜任能力时，注册会计师应当考虑其专业资格、专业经验与技能等相关因素。在评价他人的客观性时，注册会计师应当考虑是否存在某些因素，将削弱或者增强其客观性。当然，无论其专业胜任能力如何，注册会计师都不应利用那些客观程度较低的人员的工作。同样的，无论其客观程度如何，注册会计师都不应利用那些专业胜任能力较低的人员的工作。通常认为，企业内部负责监督、稽核或合规工作的人员，如内部审计人员，通常拥有较高的专业胜任能力和客观性，注册会计师可以考虑更多地利用这些人员的相关工作。

在内部控制审计中，注册会计师利用他人工作的程度还受到与被测试控制相关的风险的影响。与某项控制相关的风险越高，可利用他人工作的程度就越低，注册会计师就需要更多地对该项控制亲自进行测试。

如果其他注册会计师负责审计企业的一个或多个分部、分支机构、子公司等组成部分的财务报表和内部控制，注册会计师应按照《中国注册会计师审计准则第1401号——对集团财务报表审计的特殊考虑》的规定，确定是否利用其他注册会计师的工作。

建立健全和有效实施内部控制，评价内部控制的有效性是企业董事会的责任。在实施审计工作的基础上对内部控制的有效性发表审计意见，是注册会计师的责任。因此，注册会计师应当对发表的审计意见独立承担责任，其责任不因为利用企业内部审计人员、内部控制评价人员和其他相关人员的工作而减轻。无论是否利用其他注册会计师的工作，注册会计师都不应在内部控制审计报告中提及其他注册会计师的工作。

四、确定重要性水平

在计划内部控制审计工作时，注册会计师应使用与财务报表审计相同的重要性水平。

【小思考11-1】重要性水平在确定之后可以改变吗？

第三节　实施审计工作

一、总体要求

在内部控制审计中，注册会计师应当运用自上而下的方法选择拟测试的控制。自上而下的方法应按照下列思路展开：(1) 从财务报表层次初步了解内部控制整体风险；(2) 识别企业层面控制；(3) 识别重要账户、列报及其相关认定；(4) 了解错报的可能来源；(5) 选择拟测试的控制。

自上而下的方法是注册会计师识别风险及选择拟测试的控制的思路，但并不一定是实施审计工作的顺序。

二、识别企业层面控制

（一）企业层面控制的内容

企业层面控制包括：（1）与控制环境（内部环境）相关的控制；（2）针对管理层凌驾于控制之上的风险而设计的控制；（3）企业的风险评估过程；（4）集中化的处理和控制，包括共享的服务环境；（5）监控经营成果的控制；（6）监督其他控制的控制，包括内部审计职能、审计委员会的活动及内部控制自我评价；（7）对期末财务报告流程的控制；（8）针对重大经营控制及风险管理实务的政策。

（二）考虑企业层面不同控制的差异

注册会计师应当测试对评价内部控制有效性有重要影响的企业层面控制。注册会计师对企业层面控制的评价，可能增加或减少本应对其他控制所进行的测试。企业层面控制在性质和精确度上存在着差异，注册会计师应当从下列方面考虑这些差异对其他控制及其测试的影响：（1）某些企业层面控制，如与控制环境相关的控制，对及时防止或发现相关认定的错报的可能性有重要影响。虽然这种影响是间接的，但这些控制仍然可能影响注册会计师拟测试的其他控制，以及测试程序的性质、时间安排和范围。（2）某些企业层面控制旨在识别其他控制可能出现的失效情况，能够监督其他控制的有效性，但还不足以精确到及时防止或发现相关认定的错报。当这些控制运行有效时，注册会计师可以减少对其他控制的测试。（3）某些企业层面控制本身能够精确到足以及时防止或发现相关认定的错报。如果一项企业层面控制足以应对已评估的错报风险，注册会计师就不必测试与该风险相关的其他控制。

（三）识别期末财务报告流程控制

期末财务报告流程包括：（1）将交易总额登入总分类账的程序；（2）与会计政策的选择和运用相关的程序；（3）总分类账中会计分录的编制、批准等处理程序；（4）对财务报表进行调整的程序；（5）编制财务报表的程序。

注册会计师应当从下列方面识别期末财务报告流程：（1）企业财务报表的编报流程，包括输入、处理及输出；（2）期末财务报告流程中运用信息技术的程度；（3）管理层中参与期末财务报告流程的人员；（4）期末财务报告流程涉及的经营场所；（5）调整分录及合并分录的类型；（6）管理层、董事会和审计委员会对期末财务报告流程进行监督的性质及范围。

由于期末财务报告流程通常发生在管理层评估日之后，注册会计师一般只能在该日之后测试相关控制。

三、识别重要账户、列报及其相关认定

注册会计师应当识别重要账户、列报及其相关认定。

如果某账户或列报具有合理可能性包含了一个错报，该错报单独或连同其他错报将对财务报表产生重大影响（需要同时考虑多报和少报的风险），则该账户或列报为重要账户或列报。判断某账户或列报是否重要，应当依据其固有风险，而不应考虑相关控制的影响。

如果某财务报表认定具有合理可能性包含了一个或多个错报，这个或这些错报将导致财务报表发生重大错报，则该认定为相关认定。判断某认定是否为相关认定，应当依据其固有风险，而不应考虑相关控制的影响。

为识别重要账户、列报及其相关认定，注册会计师应当从下列方面评价财务报表项目及附注的错报风险因素：(1) 账户的规模和构成；(2) 易于发生错报的程度；(3) 账户中处理的或列报中反映的交易的业务量、复杂性及同质性；(4) 账户或列报的性质；(5) 与账户或列报相关的会计处理及报告的复杂程度；(6) 账户发生损失的风险；(7) 由账户或列报中反映的活动引起重大或有负债的可能性；(8) 账户记录中是否涉及关联方交易；(9) 账户或列报的特征与前期相比发生的变化。

在识别重要账户、列报及其相关认定时，注册会计师还应当确定导致财务报表发生重大错报的可能来源。注册会计师可通过考虑在特定的重要账户或列报中错报可能发生的领域和原因，确定潜在错报的可能来源。

在内部控制审计中，注册会计师在识别重要账户、列报及其相关认定时应当评价的风险因素，与财务报表审计中考虑的因素相同。因此，在这两种审计中识别的重要账户、列报及其相关认定应当相同。

在财务报表审计中，注册会计师可能针对非重要账户、列报及其相关认定实施实质性程序。

如果某潜在重要账户或列报的各组成部分存在的风险差异较大，企业可能需要采用不同的控制以应对这些风险，注册会计师应当分别予以处理。

四、了解错报的可能来源

注册会计师应当执行下列工作，了解潜在错报的可能来源以选择拟测试的控制：(1) 了解与相关认定有关的交易的处理流程，包括这些交易如何生成、批准、处理及记录；(2) 验证注册会计师已识别出业务流程中可能发生重大错报（包括舞弊导致的错报）的环节；(3) 识别管理层用于应对这些潜在错报的控制；(4) 识别管理层用于及时防止或发现未经授权的、导致财务报表发生重大错报的资产取得、使用或处置的控制。穿行测试通常是达到上述目的的最有效的方式。穿行测试是指追踪某笔交易从发生到最终被反映在财务报表中的整个处理过程。在执行穿行测试时，注册会计师使用的文件和信息技术应当与企业员工使用的相同。注册会计师在执行穿行测试时，通常需要综合运用询问、观察、检查相关文件及重新执行控制等程序。

在执行穿行测试时，针对重要处理程序发生的环节，注册会计师可以询问企业员工对企业规定程序及控制的了解程度。这些试探性提问连同穿行测试中的其他程序，可以帮助注册会计师充分了解业务流程，识别必要控制设计无效或出现缺失的重要环节。试探性提问不应仅限于关注穿行测试所选定的单笔交易，这有助于注册会计师了解业务流程处理的不同类型的重大交易。

【知识拓展11-3】需要实施穿行测试的情况

在某些特定情况下，注册会计师一般会实行穿行测试，这些情况包括：

（1）存在较高固有风险的复杂领域；

（2）以前年度审计中识别出的缺陷（需要考虑缺陷的严重程度）；

（3）由于引入新的人员、新的系统、收购和采取新的会计政策而导致新流程发生重大变化。

五、选择拟测试的控制

注册会计师应当评价控制是否足以应对评估的每个相关认定的错报风险，并选择其中对形成评价结论具有重要影响的控制进行测试。

对特定的相关认定而言，可能有多项控制应对评估的错报风险；反之，一项控制可能应对评估的多个相关认定的错报风险。注册会计师没有必要测试与某个相关认定有关的所有控制。

在确定是否测试某项控制时，注册会计师应当考虑该项控制单独或连同其他控制，是否足以应对评估的某项相关认定的错报风险，而不论该项控制的分类和名称如何。

六、测试控制设计的有效性

注册会计师应当测试控制设计的有效性。如果控制由拥有有效执行控制所需的授权和专业胜任能力的人员按规定执行，能够实现控制目标，从而有效地防止或发现可能导致财务报表发生重大错报的错误或舞弊，则表明控制的设计是有效的。

注册会计师在测试控制设计的有效性时，应当综合运用询问适当人员、观察企业经营活动和检查相关文件、穿行测试等程序。

七、测试控制运行的有效性

（一）控制运行有效性的含义

注册会计师应当测试控制运行的有效性。如果控制正在按照设计运行，且执行人员拥有有效执行控制所需的授权和专业胜任能力，则表明控制的运行是有效的。

（二）风险与拟获取证据的关系

在测试所选定控制运行的有效性时，注册会计师应当根据与控制相关的风险，确定所需获取的证据。与控制相关的风险包括控制可能无效的风险和因控制无效而导致重大缺陷的风险。与控制相关的风险越高，注册会计师需要获取的证据就越多。

下列因素影响与某项控制相关的风险：（1）该项控制拟防止或发现的错报的性质和重要程度；（2）相关账户、列报及其认定的固有风险；（3）交易的数量和性质是否发生变化，进而可能对该项控制设计或运行的有效性产生不利影响；（4）相关账户或列报是否曾经出现错报；（5）企业层面控制（特别是监督其他控制的控制）的有效性；（6）该项控制的性质及其执行频率；（7）该项控制对其他控制（如控制环境或信息技术一般控制）有效性的依赖程度；（8）执行该项控制或监督该项控制执行的人员的专业胜任能力，以及其中的关键人员是否发生变化；（9）该项控制是人工控制还是自动化控制；（10）该项控制的复杂程度，以及在运行过程中依赖判断的程度。

（三）控制测试程序

注册会计师在测试控制运行的有效性时，应当综合运用询问适当人员、观察企业经营活动、检查相关文件以及重新执行控制等程序。

注册会计师实施控制测试的程序，按提供证据的效力，由弱到强排序为：询问、观察、检查、重新执行。询问本身并不能为得出控制是否有效的结论提供充分、适当的证据。

控制测试程序的性质在很大程度上取决于拟测试控制的性质。某些控制可能存在反映控制运行有效性的文件记录，而另外一些控制，如管理理念和经营风格，可能没有书面的运行证据。对缺乏正式的控制运行证据的企业或业务单元，注册会计师可以通过询问并结合运用其他程序，如观察活动、检查非正式的书面记录和重新执行某些控制，获取有关控制是否有效的充分、适当的证据。

注册会计师通过测试控制有效性获取的证据，取决于其实施程序的性质、时间安排和范围的组合。此外，就单项控制而言，注册会计师应当根据与控制相关的风险对测试程序的性质、时间安排和范围进行适当的组合，以获取充分、适当的证据。

【小思考 11-2】控制测试程序一定要实施吗？

（四）控制测试涵盖的期间

对于某项控制，测试的范围越大，获取的证据就越多。控制测试涵盖的期间越长，提供的控制有效性的证据也就越多。控制测试实施的时间越接近于管理层评估日，提供的控制有效性的证据越有力。为获取充分、适当的证据，注册会计师应当在下列两个因素之间作出平衡，以确定控制测试的时间：（1）尽量在接近管理层评估日实施控制测试；（2）控制测试需要涵盖足够长的期间。

注册会计师旨在对截至某特定日期（通常是年末）内部控制的有效性出具报告。如果已获取截至期中某日期控制运行有效性的证据，注册会计师应当确定还需要获取哪些补充证据，以证实剩余期间控制的运行情况。在将期中测试的结果更新至年末时，注册会计师应当考虑下列因素以确定需获取的补充证据：（1）管理层评估日之前测试的特定控制，包括与控制相关的风险、控制的性质和测试的结果；（2）期中获取的有关证据的充分性、适当性；（3）剩余期间的长短；（4）期中测试之后，内部控制发生重大变化的可能性。

（五）控制发生变化时的处理

在管理层评估日之前，管理层可能为提高控制效率、效果或弥补控制缺陷而改变企业的控制。

如果新控制实现了相关控制目标，且运行足够长的时间，注册会计师能够通过对控制进行测试评价其设计和运行的有效性，则无须测试被取代的控制。

如果被取代控制的运行有效性对控制风险的评估有重大影响，注册会计师应当测试被取代控制的设计和运行的有效性。

（六）发现控制偏差时的处理

由于有效的内部控制不能为实现控制目标提供绝对保证，单项控制并非一定要毫无偏差地运行才被认为是有效的。如果发现控制偏差，注册会计师应当确定其对与所测试控制相关的风险评估、需要获取的证据以及控制运行有效性结论的影响。

【知识拓展11-4】针对发现偏差的应对措施

如果发现控制偏差，注册会计师应该考虑偏差的原因及性质，并考虑采用扩大样本规模等适当的应对措施以判断该偏差是否总体不具有代表性。

例如，每日发生多次的控制，如果初始样本规模为25个，当测试发现一项控制偏差，且该偏差不是系统性偏差时，所增加的样本规模至少为15个。如果测试后再次发现偏差，则注册会计师可以得出该控制无效的结论。如果扩大样本规模没有再次发现偏差，则注册会计师可以得出控制有效的结论。

八、连续审计时的特殊考虑

在连续审计中，注册会计师在确定测试的性质、时间安排和范围时，还需要考虑以前年度执行内部控制审计时了解的情况。

（一）影响连续审计中与某项控制相关的风险的因素

除前文所列因素外，在连续审计中，与某项控制相关的风险还包括：（1）以前年度审计中所实施程序的性质、时间安排和范围；（2）以前年度对控制的测试结果；（3）上次审计之后，控制或其运行流程是否发生变化，尤其是考虑IT环境的变化。

在考虑上述所列的风险因素以及连续审计中可获取的进一步信息之后，只有当认为与控制相关的风险水平比以前年度有所下降时，注册会计师在本年度审计中才可以减少测试。

【小思考11-3】一家会计师事务所可以一直连续审计同一家被审计单位吗？

（二）实施对标策略

通常，完全自动化的应用控制不会因人为失误而失效。在连续审计中，对这类控制，注册会计师可以某一年度为测试基准，重点考虑该年度后内部控制发生的变化，即实施对标策略。

如果认为程序变更、访问权限及计算机操作方面的一般控制有效，且可持续对其进行测试，并能证实自动化应用控制自最近一次测试之后未发生变化，则注册会计师不必重复执行测试，就可以认为自动化应用控制持续有效。注册会计师为证实控制未发生变化而需获取证据的性质和范围，可能随情况的变化而变化。自动化应用控制能否一贯有效地运行可能取决于所使用的相关文件、表格、数据和参数的正确性。例如，计算利息收入的自动化应用控制的运行有效性可能取决于计算所使用利率表的一贯正确性。

注册会计师在确定是否使用对标策略时，首先要评价下列风险因素：(1) 应用控制与相关应用程序直接对应的程度；(2) 应用系统的稳定性，即各期间的变化大小；(3) 有关投入使用的程序，其汇编日期报告的可获得性和可靠性，该信息可作为此程序中的控制未发生变化的证据。

当上述因素表明风险较低时，对所评价的控制可能比较适合使用对标策略。当这些因素表明风险较高时，对所评价的控制不宜使用对标策略。

当程序发生变化的可能性很小时，例如在卖方不允许访问或修改源代码时，对使用外购软件的企业采取自动化应用控制对标策略尤其有效。

在一段时期之后，注册会计师应重新设置自动化应用控制运行的测试基准。在确定何时重设测试基准时，注册会计师应当评价下列因素：(1) 信息技术控制环境的有效性，包括针对应用及操作系统的开发与维护、访问权限以及计算机操作实施的控制的有效性；(2) 如果含有控制的具体程序发生变化，注册会计师对该变化性质的了解；(3) 其他相关测试的性质和时间安排；(4) 与被设为测试基准的应用控制相关的错误导致的后果；(5) 控制是否易于受到其他可能变化的经营因素的影响。例如，一项自动化控制的设计可能基于文件中仅存在正数的假设，如果有负数（贷项）过入账户，此控制可能失效。

（三）增加测试的不可预见性

为保证控制测试的有效性，使测试具有不可预见性，并能应对环境的变化，注册会计师需要每年改变控制测试的性质、时间安排和范围。每年在期中不同的时段测试控制，并增加或减少所执行测试的数量和种类，或者改变所使用测试程序的组合等。

【小思考 11-4】增加测试不可预见性的具体措施有哪些？

第四节　完成审计工作

一、评价控制缺陷

如果某项控制的设计、实施或运行不能及时防止或发现并纠正财务报表错报，则表明内部控制存在缺陷。如果企业缺少用以及时防止或发现并纠正财务报表错报的必要控制，同样表明存在内部控制缺陷。

（一）设计缺陷和运行缺陷

内部控制缺陷包括设计缺陷和运行缺陷。设计缺陷是指缺少为实现控制目标所必需的控制，或者现有控制设计不适当，即使正常运行也难以实现控制目标。运行缺陷是指设计适当的控制没有按设计意图运行，或者执行人员缺乏必要授权或专业胜任能力，无法有效实施控制。

（二）重大缺陷、重要缺陷和一般缺陷

内部控制存在的缺陷，按严重程度分为重大缺陷、重要缺陷和一般缺陷。

重大缺陷，是指一个或多个控制缺陷的组合，可能导致企业严重偏离控制目标。具体到财务报告内部控制上，就是内部控制中存在的、可能导致不能及时防止或发现并纠正财务报表重大错报的一个或多个控制缺陷的组合。

重要缺陷，是指一个或多个控制缺陷的组合，其严重程度和经济后果低于重大缺陷，但仍有可能导致企业偏离控制目标。具体就是内部控制中存在的、其严重程度不如重大缺陷、但足以引起企业财务报告监督人员关注的一个或多个控制缺陷的组合。

一般缺陷，是指除重大缺陷、重要缺陷之外的其他缺陷。

注册会计师需要评价其注意到的各项控制缺陷的严重程度，以确定这些缺陷单独或组合起来，是否构成重大缺陷。但是，在计划和实施审计工作时，不要求注册会计师寻找单独或组合起来不构成重大缺陷的控制缺陷。在确定一项内部控制缺陷或多项内部控制缺陷的组合是否构成重大缺陷时，注册会计师应当评价补偿性控制（替代性控制）的影响。企业执行的补偿性控制应当具有同样的效果。

财务报告内部控制缺陷的严重程度取决于以下因素：（1）控制缺陷导致账户余额或列报错报的可能性；（2）因一个或多个控制缺陷的组合导致潜在错报的金额大小。

下列迹象可能表明企业的内部控制存在重大缺陷：（1）注册会计师发现董事、监事和高级管理人员舞弊；（2）企业更正已经公布的财务报表；（3）注册会计师发现当期财务报表存在重大错报，而内部控制在运行过程中未能发现该错报；（4）企业审计委员会和内部审计机构对内部控制的监督无效。

例如，某公司每月处理大量的公司间常规交易。公司间的单项交易并不重大，主要是涉及资产负债表的活动。公司制度要求逐月进行公司间对账，并在业务单元间函证余额。注册会计师了解到，目前公司没有按时开展对账，但公司管理层每月执行相应的程序对挑选出的大额公司间账目进行调查，并编制详细的营业费用差异分析表来评估其合理性。

基于上述情况，注册会计师可以确定此控制缺陷为重要缺陷。因为，由于该控制缺陷引起的财务报表错报可以被合理地预计为介于重要和重大之间，由于公司间单向交易并不重大，这些交易限于资产负债表科目，而且每月执行的补偿性控制应该能够发现重大错报。

仍用上例资料，如果公司每月处理的大量公司间交易涉及广泛的业务活动，包括涉及公司间利润的存货转移，研究开发成本向业务单元的分摊，公司间单项交易常常是重大

的。公司制度要求逐月进行公司间对账，并在业务单元间函证余额。注册会计师了解到，目前公司没有按时进行对账工作，这些账目经常出现重大差异，而且公司管理层没有执行任何补偿性控制来调查重大的公司间账目差异。

基于上述情况，注册会计师可以确定此控制缺陷为重大缺陷，因为由于该控制缺陷引起的财务报表错报可以被合理地预计为是重大的，由于公司间单项交易，常常是重大的，而且涉及大范围活动，另外在公司间账目上尚未对账的差异是重要的，由于这种错报经常发生，财务报表错报可能出现，而且补偿性控制无效。

二、形成审计意见

注册会计师需要评价从各种来源获取的证据，包括对控制的测试结果、财务报表审计中发现的错报以及已识别的所有控制缺陷，以形成对内部控制有效性的某意见。在评价证据时，注册会计师需要查阅本年度与内部控制相关的内部审计报告或类似报告，并评价这些报告中提到的控制缺陷。

只有在审计范围没有受到限制时，注册会计师才能对内部控制的有效性形成意见。如果审计范围受到限制，注册会计师需要解除业务约定或出具无法表示意见的内部控制审计报告。

【知识拓展11-5】审计范围受到限制时的处理

1.解除业务约定书或出具无法表示意见

注册会计师只有实施了必要的审计程序，才能对内部控制的有效性发表意见。如果审计范围受到限制，注册会计师应当解除业务约定书或出具无法表示意见的内部控制审计报告。

2.考虑相关豁免规定

（1）不构成审计范围受到限制

如果法律法规的相关豁免规定允许被审计单位不将某些实体纳入内部控制的评价范围，注册会计师可以不将这些实体纳入内部控制审计的范围。这种情况不构成审计范围受到限制，但注册会计师应在内部控制审计报告中增加强调事项段或者在注册会计师责任段中就这些实体未被纳入评价范围和内部控制审计范围这一情况，作出与被审计单位类似的恰当陈述。

（2）豁免权的陈述不恰当

如果认为被审计单位有关该项豁免权的陈述不恰当，注册会计师应当提请作出适当修改。如果被审计单位未作出适当修改，注册会计师应当在内部控制审计报告的强调事项段中说明被审计单位的陈述需要修改的事由。

三、获取管理层书面声明

注册会计师完成审计工作后，应当取得经企业签署的书面声明。书面声明需要包括下列内容：(1) 企业董事会认可其对建立健全和有效实施内部控制负责；(2) 企业已对内部控制的有效性作出自我评价，并说明评价时采用的标准以及得出的结论；(3) 企业没有利用注册会计师执行的审计程序及其结果作为自我评价的基础；(4) 企业已向注册会计师披露识别出的内部控制所有缺陷，并单独披露其中的重大缺陷和重要缺陷；(5) 对于注册会计师在以前年度审计中识别的、已与审计委员会沟通的重大缺陷和重要缺陷，企业是否已经采取措施予以解决；(6) 在企业内部控制自我评价基准日后，内部控制是否发生重大变化，或者存在对内部控制具有重要影响的其他因素；(7) 导致财务报表重大错报的所有舞弊，以及不会导致财务报表重大错报，但涉及管理层和其他在内部控制中具有重要作用的员工的所有舞弊。

如果企业拒绝提供或以其他不当理由回避书面声明，注册会计师需要将其视为审计范围受到限制，解除业务约定或出具无法表示意见的内部控制审计报告。同时，注册会计师需要评价，企业拒绝提供书面声明对其他声明（包括在财务报表审计中获取的声明）的可靠性产生的影响。

注册会计师需要按照《中国注册会计师审计准则第1341号——书面声明》的规定，确定声明书的签署者、声明书涵盖的期间以及何时获取更新的声明书等。

四、沟通相关事项

注册会计师应当与企业沟通审计过程中识别的所有控制缺陷。对于其中的重大缺陷和重要缺陷，应当以书面形式与董事会和经理层沟通。注册会计师认为审计委员会和内部审计机构对内部控制的监督无效的，应当就此以书面形式直接与董事会和经理层沟通。书面沟通应当在注册会计师出具内部控制审计报告之前进行。

五、出具审计报告

注册会计师在完成内部控制审计工作后，应当出具内部控制审计报告。

（一）总体要求

注册会计师需要评价根据审计证据得出的结论，以作为对内部控制的有效性形成审计意见的基础。

注册会计师需要在审计报告中清楚地表达对内部控制有效性的意见，并对出具的审计报告负责。

注册会计师在整合完成内部控制审计和财务报表审计后，需要分别对内部控制和财务报表出具审计报告。

（二）标准内部控制审计报告

当注册会计师出具的无保留意见的内部控制审计报告不附加说明段、强调事项段等任何修饰性用语时，该报告称为标准内部控制审计报告。

符合下列所有条件的，注册会计师应当对财务报告内部控制出具无保留意见的内部控制审计报告：(1) 企业按照《企业内部控制基本规范》《企业内部控制应用指引》《企业内部控制评价指引》以及企业自身内部控制制度的要求，在所有重大方面保持了有效的内部控制；(2) 注册会计师已经按照《企业内部控制审计指引》的要求计划和实施审计工作，在审计过程中未受到限制。

标准内部控制审计报告包括下列要素：

1.标题。内部控制审计报告的标题统一规范为“内部控制审计报告”。

2.收件人。内部控制审计报告的收件人是指注册会计师按照业务约定书的要求致送内部控制审计报告的对象，一般是指审计业务的委托人。内部控制审计报告需要载明收件人的全称。

3.引言段。内部控制审计报告的引言段说明企业的名称和内部控制已经过审计。

4.企业对内部控制的责任段。企业对内部控制的责任段说明，按照《企业内部控制基本规范》《企业内部控制应用指引》《企业内部控制评价指引》的规定，建立健全和有效实施内部控制，并评价其有效性是企业董事会的责任。

5.注册会计师的责任段。注册会计师的责任段说明，在实施审计工作的基础上，对财务报告内部控制的有效性发表审计意见，并对注意到的非财务报告内部控制的重大缺陷进行披露是注册会计师的责任。

6.内部控制固有局限性的说明段。内部控制无论如何有效，都只能为企业实现控制目标提供合理保证。内部控制实现目标的可能性受其固有限制的影响，包括：(1) 在决策时人为判断可能出现错误和因人为失误而导致内部控制失效。例如，控制的设计和修改可能存在失误。(2) 控制的运行也可能无效。例如，负责复核信息的人员不了解复核的目的或没有采取适当的措施，使内部控制生成的信息（如例外报告）没有得到有效使用。(3) 控制可能由于更多的人员进行串通舞弊或管理层不当地凌驾于内部控制之上而被规避。例如，管理层可能与客户签订背后协议，修改标准的销售合同条款和条件，从而导致不适当的收入确认。再如，软件中的编辑控制旨在识别和报告超过赊销信用额度的交易，但这一控制可能被凌驾。(4) 在设计和执行控制时，如果存在选择执行的控制以及选择承担的风险，管理层在确定控制的性质和范围时需要作出主观判断。

因此，注册会计师需要在内部控制固有局限性的说明段说明，内部控制具有固有局限性，存在不能防止和发现错报的可能性。此外，由于情况的变化可能导致内部控制变得不恰当，或对控制政策和程序遵循的程度降低，根据内部控制审计结果推测未来内部控制的有效性具有一定风险。

7.财务报告内部控制审计意见段。如果符合下列所有条件的，注册会计师应当对财务报告内部控制出具无保留意见的内部控制审计报告：(1) 企业按照《企业内部控制基本规范》《企业内部控制应用指引》《企业内部控制评价指引》以及企业自身内部控制制度的要求，在所有重大方面保持了有效的内部控制；(2) 注册会计师已经按照《企业内部控制审计指引》的要求计划和实施了审计工作，在审计过程中并未受到限制。

8.非财务报告内部控制重大缺陷描述段。对于审计过程中注意到的非财务报告内部控制缺陷，如果发现某项或某些控制对企业发展战略、法规遵循、经营的效率效果等控制目标的实现有重大不利影响，确定该项非财务报告内部控制缺陷为重大缺陷的，应当以书面形式与企业董事会和经理层沟通，提醒企业加以改进；同时在内部控制审计报告中增加非财务报告内部控制重大缺陷描述段，对重大缺陷的性质及其对实现相关控制目标的影响程度进行披露，提示内部控制审计报告使用者注意相关风险，但无须对其发表审计意见。

9.注册会计师的签名和盖章。

10.会计师事务所的名称、地址及盖章。

11.报告日期。

【同步案例11-1】王府井集团股份有限公司内部控制审计报告

信永中和会计师事务所对王府井集团股份有限公司2017年12月31日的财务报告内部控制的有效性进行审计。注册会计师已经按照《企业内部控制审计指引》的要求计划和实施审计工作，在审计过程中未受到限制，且发现企业按照《企业内部控制基本规范》《企业内部控制应用指引》《企业内部控制评价指引》以及企业自身内部控制制度的要求，在所有重大方面保持了有效的内部控制，所以出具标准的内部控制审计报告，如下所示。

内部控制审计报告

XYZH/2018BJA10311

王府井集团股份有限公司全体股东：

按照《企业内部控制审计指引》及中国注册会计师执业准则的相关要求，我们审计了王府井集团股份有限公司（以下简称王府井股份）2017年12月31日的财务报告内部控制的有效性。

一、企业对内部控制的责任

按照《企业内部控制基本规范》《企业内部控制应用指引》《企业内部控制评价指引》的规定，建立健全和有效实施内部控制，并评价其有效性是贵公司董事会的责任。

二、注册会计师的责任

我们的责任是在实施审计工作的基础上，对财务报告内部控制的有效性发表审计意见，并对注意到的非财务报告内部控制的重大缺陷进行披露。

三、内部控制的固有局限性

内部控制具有固有局限性，存在不能防止和发现错报的可能性。此外，由于情况的变化可能导致内部控制变得不恰当，或对控制政策和程序遵循的程度降低，根据内部控制审计结果推测未来内部控制的有效性具有一定风险。

四、财务报告内部控制审计意见

我们认为，王府井股份于2017年12月31日按照《企业内部控制基本规范》和相关规定在所有重大方面保持了有效的财务报告内部控制。

信永中和　　　　　　　　　　　注册会计师　×××

会计师事务所（特殊普通合伙）　注册会计师　×××

中国·北京市

2018年3月22日

资料来源：摘自该公司在证券交易所披露的2017年年度报告.

思考：内部控制审计的目标是什么？

解答：内部控制审计的目标是检查并评价内部控制的合法性、充分性、有效性及适宜性。内部控制的合法性、充分性、有效性及适宜性，具体表现为其能够保障资产、资金的安全，即保障资产、资金的存在、完整、为我所有、金额正确、处于增值状态。所以，我们可以将内部控制审计的具体目标概括为：检查并评价内部控制能否确保资产、资金的安全，即检查并评价内部控制能否保障资产、资金的存在、完整、为我所有、金额正确、处于增值状态。

（三）非标准内部控制审计报告

1.带强调事项段的非标准内部控制审计报告

注册会计师认为财务报告内部控制虽不存在重大缺陷，但仍有一项或者多项重大事项需要提请内部控制审计报告使用人注意的，需要在内部控制审计报告中增加强调事项段予以说明。注册会计师需要在强调事项段中指明，该段内容仅用于提醒内部控制审计报告使用者关注，并不影响对财务报告内部控制发表的审计意见。

【同步案例 11-2】上海三毛企业（集团）股份有限公司内部控制审计报告

立信会计师事务所对上海三毛股份有限公司2013年12月31日的财务报告内部控制的有效性进行审计。注册会计师庄继宁和吴海燕已经按照《企业内部控制审计指引》的要求计划和实施审计工作，在审计过程中未受到限制，且发现企业按照《企业内部控制基本规范》《企业内部控制应用指引》《企业内部控制评价指引》以及企业自身内部控制制度的要求，在所有重大方面保持了有效的内部控制，但是，因上海三毛公司涉嫌信息披露违法违规，根据《中华人民共和国证券法》的有关规定，中国证券监督管理委员会决定对上海三毛公司立案稽查。所以出具带强调事项段的内部控制审计报告，如下所示。

内部控制审计报告

信会师报字（2014）第111809号

上海三毛企业（集团）股份有限公司全体股东：

按照《企业内部控制审计指引》及中国注册会计师执业准则的相关要求，我们审计了上海三毛企业（集团）股份有限公司（以下简称上海三毛公司）2013年12月31日的财务报告内部控制的有效性。

一、企业对内部控制的责任

按照《企业内部控制基本规范》《企业内部控制应用指引》《企业内部控制评价指引》的规定，建立健全和有效实施内部控制并评价其有效性是上海三毛公司董事会的责任。

二、注册会计师的责任

我们的责任是在实施审计工作的基础上，对财务报告内部控制的有效性发表审计意见，并对注意到的非财务报告内部控制的重大缺陷进行披露。

三、内部控制的固有局限性

内部控制具有固有局限性，存在不能防止和发现错报的可能性。此外，由于情况的变化可能导致内部控制变得不恰当，或对控制政策和程序遵循的程度降低，根据内部控制审计结果推测未来内部控制的有效性具有一定风险。

四、财务报告内部控制审计意见

我们认为，截至2013年12月31日，上海三毛公司按照《企业内部控制基本规范》和相关规定在所有重大方面保持了有效的财务报告内部控制。

五、非财务报告内部控制的重大缺陷

在内部控制审计过程中，我们注意到上海三毛公司的非财务报告内部控制存在如下重大缺陷：

上海三毛公司原控股子公司上海三毛进出口有限公司因受美梭案影响（公司重要供应商上海美梭羊绒纺织品有限公司涉嫌刑事犯罪），导致上海市浦东新区国家税务局对涉案商品未退税的于2013年2月1日起暂不办理退税、已退税的采取税收保全措施，同时该公司大额应收账款逾期未能收回、大额银行贷款逾期未能归还，无法继续经营，已于2013年6月1日开始清算。虽然美梭案目前尚未有司法结论，但上海三毛公司自行对内部控制进行检查，发现上海三毛进出口有限公司过分依赖新引入的中国进出口信用保险业务，而对海外客户和实际贸易方的调查有所放松，从而被非善意的贸易对象利用贸易习惯，造成公司损失。截至2013年5月31日，上海三毛进出口有限公司账面净资产为人民币-5 778.77万元，已严重资不抵债，进而对上海三毛公司2013年度财务报表造成重大影响。根据非财务报告内部控制缺陷的认定标准，与此相关的内部控制认定为重大缺陷。

上海三毛公司2013年度新成立上海三进进出口有限公司，主要从事外贸业务。通过对上海三进进出口有限公司的内部控制进行审计，我们发现该公司也同样存在对海外客户和实际贸易方进行调查的力度和管控不够的缺陷。上海三进进出口有限公司已识别出上述缺陷并开始整改，但截至2013年12月31日，整改尚未全部完成，部分整改措施尚未运行足够长时间。

由于存在上述重大缺陷，我们提醒本报告使用者注意相关风险。需要指出的是，我们并不对上海三毛公司的非财务报告内部控制发表意见或提供保证。本段内容不影响对财务报告内部控制有效性发表的审计意见。

六、强调事项

我们提醒内部控制审计报告使用者关注：

上海三毛公司于2014年3月13日收到《中国证券监督管理委员会调查通知书》（编号：沪调查通字2014-1-18号），因上海三毛公司涉嫌信息披露违法违规，根据《中华人民共和国证券法》的有关规定，中国证券监督管理委员会决定对上海三毛公司立案稽查。

本段内容不影响已对财务报告内部控制发表的审计意见。

立信会计师事务所　　　　　　中国注册会计师：庄继宁
（特殊普通合伙）　　　　　　中国注册会计师：吴海燕
中国·上海　　　　　　　　　2014年4月10日

资料来源：摘自该公司在证券交易所披露的2013年年度报告.

思考：注册会计师为什么不对上海三毛公司的非财务报告内部控制发表意见或提供保证？

解答：《企业内部控制审计指引》第四条规定：注册会计师执行内部控制审计工作，应当获取充分、适当的证据，为发表内部控制审计意见提供合理保证。注册会计师应当对财务报告内部控制的有效性发表审计意见，并对内部控制审计过程中注意到的非财务报告内部控制的重大缺陷，在内部控制审计报告中增加“非财务报告内部控制重大缺陷描述段”予以披露。

2.否定意见的内部控制审计报告

注册会计师认为财务报告内部控制存在一项或多项重大缺陷的，除非审计范围受到限制，需要对财务报告内部控制发表否定意见。注册会计师出具否定意见的内部控制审计报告，还需要包括重大缺陷的定义、重大缺陷的性质及其对财务报告内部控制的影响程度。

【同步案例11-3】中水集团远洋股份有限公司内部控制审计报告

中审亚太会计师事务所对中水集团远洋股份有限公司2015年12月31日的财务报告内部控制的有效性进行审计。注册会计师李敏和周燕已经按照《企业内部控制审计指引》的要求计划和实施审计工作，在审计过程中未受到限制，且发现企业未按照《企业内部控制基本规范》《企业内部控制应用指引》《企业内部控制评价指引》及企业自身内部控制制度的要求，在所有重大方面保持有效的内部控制。所以，出具否定意见的内部控制审计报告，如下所示。

内部控制审计报告

中审亚太审字（2016）010250号

中水集团远洋股份有限公司全体股东：

按照《企业内部控制审计指引》及中国注册会计师执业准则的相关要求，我们审计了中水集团远洋股份有限公司（以下简称中水渔业公司）2015年12月31日的财务报告内部控制的有效性。

一、企业对内部控制的责任

按照《企业内部控制基本规范》《企业内部控制应用指引》《企业内部控制评价指引》的规定，建立健全和有效实施内部控制，并评价其有效性是中水渔业公司董事会的责任。

二、注册会计师的责任

我们的责任是在实施审计工作的基础上，对财务报告内部控制的有效性发表审计意见，并对注意到的非财务报告内部控制的重大缺陷进行披露。

三、内部控制的固有局限性

内部控制具有固有局限性，存在不能防止和发现错报的可能性。此外，由于情况的变化可能导致内部控制变得不恰当，或对控制政策和程序遵循的程度降低，根据内部控制审计结果推测未来内部控制的有效性具有一定风险。

四、导致否定意见的事项

重大缺陷是内部控制中存在的、可能导致不能及时防止或发现并纠正财务报表出现重大错报的一项控制缺陷或多项控制缺陷的组合。在本次内部控制审计中，我们注意到中水渔业公司的财务报告内部控制存在以下重大缺陷：

1. 中水渔业公司新并购的子公司厦门新阳洲水产品工贸有限公司（以下简称新阳洲公司）未执行与客户、供应商对账的制度，未取得经对方单位确认的对账单。同时未能有效执行《货款回收管理制度》，无赊销回款控制措施，与之相关的财务报告内部控制失效。上述重大缺陷可能会对财务报表中应收款项的会计处理产生影响，公司在编制2015年度财务报表时已对这些可能存在的减值予以估计。

2. 新阳洲公司未对合同进行连续编号，部分销售、采购业务未签订合同，公司开具的部分发货单未经收货人签字。上述重大缺陷可能影响财务报表营业收入、营业成本的准确性认定。

3. 新阳洲公司未对部分存货的出、入库实施有效控制，致使部分存货的出、入库信息与财务账簿记录不符，存货出现账实不符现象。上述重大缺陷可能影响财务报表存货的存在性认定。公司在编制2015年度财务报表时已对账实不符予以调整。

4. 中水渔业公司未能对重大投资进展情况实施有效管控，未能识别重大投资过渡期存在的风险，新并购的新阳洲公司在股权交接期初，原股东已占用公司巨额资金，截至2015年年底尚未收回；且原股东存在未告知中水渔业公司的以张福赐个人或其关联人对外借款（含以新阳洲公司名义借款或担保），中水渔业公司尚未在2015年年底完成对上述存在重大缺陷的内部控制的整改工作。目前，新阳洲公司对张福赐以涉嫌挪用资金罪、职务侵占罪等提起控告，已由厦门市公安局受理。由于未取得有效证据，对此类业务在会计期末无法作出合理的估计和会计处理。

有效的内部控制能够为财务报告及相关信息的真实完整提供合理保证，而上述重大缺陷使中水渔业公司内部控制失去这一功能。

中水渔业公司管理层已识别出上述重大缺陷，并将其包含在企业内部控制评价报告中。上述缺陷在所有重大方面得到公允反映。在中水渔业公司2015年财务报表审计中，我们已经考虑了上述重大缺陷对审计程序的性质、时间安排和范围的影响。本报告并未对我们在2016年4月27日对中水渔业公司2015年财务报表出具的审计报告产生影响。

五、财务报告内部控制审计意见

我们认为，由于存在上述重大缺陷及其对实现控制目标的影响，中水渔业公司于2015年12月31日未能按照《企业内部控制基本规范》和相关规定在所有重大方面保持有效的财务报告内部控制。

六、非财务报告内部控制的重大缺陷

在内部控制审计的过程中，我们注意到中水渔业公司非财务报告内部控制存在重大缺陷，主要表现在：

中水渔业公司收购标的披露信息存在违规事项，于2016年3月18日收到中国证券监督管理委员会北京监管局行政监管措施决定书《关于对中水集团远洋股份有限公司采取责令改正措施的决定》，违规事项主要有：中水渔业公司2014年实施以现金方式收购张福赐持有的新阳洲公司55%股权这一重大资产重组过程中，在知悉重组收购标的资金资产涉嫌被占用后未及时将重大事件有关情况予以公告，在此之后对该重大事件进行了选择性披露。

由于存在上述重大缺陷，我们提醒本报告使用者注意相关风险。需要指出的是：我们并不对中水渔业公司非财务报告内部控制发表意见或提供保证，本段内容不影响对财务报告内部控制有效性发表的审计意见。

中审亚太会计师事务所（特殊普通合伙） 中国注册会计师：李敏

中国·北京市 中国注册会计师：周燕

二〇一六年四月二十七日

资料来源：摘自该公司在证券交易所披露的2015年年度报告.

思考：注册会计师对中水渔业出具否定意见的内部控制审计报告的依据是什么？

解答：注册会计师认为中水渔业财务报告内部控制存在多项重大缺陷，由于存在上述重大缺陷及其对实现控制目标的影响，中水渔业公司于2015年12月31日未能按照《企业内部控制基本规范》和相关规定在所有重大方面保持有效的财务报告内部控制。

3.无法表示意见的内部控制审计报告

注册会计师只有实施了必要的审计程序，才能对内部控制的有效性发表意见。注册会计师审计范围受到限制的，需要解除业务约定或出具无法表示意见的内部控制审计报告，并就审计范围受到限制的情况，以书面形式与董事会进行沟通。

注册会计师在出具无法表示意见的内部控制审计报告时，需要在内部控制审计报告中指明审计范围受到限制，无法对内部控制的有效性发表意见，并单设段落说明无法表示意见的实质性理由。注册会计师不应在内部控制审计报告中指明所执行的程序，也不应描述内部控制审计的特征，以避免对无法表示意见的误解。注册会计师在已执行的有限程序中发现财务报告内部控制存在重大缺陷的，需要在内部控制审计报告中对重大缺陷作出详细说明。

【同步案例11-4】潍坊北大青鸟华光科技股份有限公司内部控制审计报告

中兴华会计师事务所对潍坊北大青鸟华光科技股份有限公司2013年12月31日的财务报告内部控制的有效性进行审计。由于在审计过程中受到限制，注册会计师未能实施必要的审计程序以获取发表意见所需的充分、适当证据。所以出具无法表示意见的内部控制审计报告，如下所示。

内部控制审计报告

潍坊北大青鸟华光科技股份有限公司全体股东：

我们接受委托，对潍坊北大青鸟华光科技股份有限公司（以下简称青鸟华光公司）2013年12月31日的财务报告内部控制进行审计。

一、企业对内部控制的责任

按照《企业内部控制基本规范》《企业内部控制应用指引》《企业内部控制评价指引》的规定，建立健全和有效实施内部控制，并评价其有效性是新华制药董事会的责任。

二、内部控制的固有局限性

内部控制具有固有局限性，存在不能防止和发现错报的可能性。此外，由于情况的变化可能导致内部控制变得不恰当，或对控制政策和程序遵循的程度降低，根据内部控制审计结果推测未来内部控制的有效性具有一定风险。

三、导致无法表示意见的事项

2013年12月1日，青鸟华光公司的《内部控制手册》才编制完成并开始实施，没有经过充分的运行时间。

四、财务报告内部控制审计意见

由于存在上述情况，我们未能实施必要的审计程序以获取发表意见所需的充分、适当证据，因此，我们无法对青鸟华光公司财务报告内部控制的有效性发表意见。

五、识别的财务报告内部控制重大缺陷

重大缺陷，是内部控制中存在的、可能导致不能及时发现并纠正财务报表出现重大错报的一项控制缺陷或多项控制缺陷的组合。

尽管我们无法对青鸟华光公司财务报告内部控制的有效性发表意见，但在我们实施的有限程序过程中，发现了以下重大缺陷：

我们注意到，青鸟华光公司在2013年度前没有按照《关联方交易决策制度》的规定及时识别关联方，公司实际控制人确认有误，从而导致识别关联方不完整、不准确。2013年8月，中国证券监督管理委员会山东证监局对青鸟华光公司下达《关于对潍坊北大青鸟华光科技股份有限公司采取责令改正措施的规定》后，青鸟华光公司才进行更正及相关信息披露。青鸟华光公司在2013年度的财务报告中对年初数进行了重大会计差错更正。

有效的内部控制能够为财务报告及相关信息的真实完整提供合理保证，而上述重大缺陷使青鸟华光公司内部控制失去这一功能。

中兴华会计师事务所
（特殊普通合伙）

中国注册会计师：谢　维

中国·北京　　中国注册会计师：王雪梅

2014年4月28日

资料来源：摘自该公司在证券交易所披露的2013年年度报告。

思考：注册会计师对青鸟华光出具无法表示意见的内部控制审计报告的依据是什么？

解答：2013年12月1日，青鸟华光公司的《内部控制手册》才编制完成并开始实施，没有经过足够时间的运行，致使审计范围受到限制，因而出具无法表示意见的内部控制审计报告。

六、期后事项与非标准内部控制审计报告

在企业内部控制自我评价基准日并不存在、但在该基准日之后至审计报告日之前（以下简称期后期间）内部控制可能发生变化，或出现其他可能对内部控制产生重要影响的因素。注册会计师需要询问是否存在这类变化或影响因素，并获取企业关于这些情况的书面声明。

注册会计师需要针对期后期间，询问并检查下列信息：在期后期间出具的内部审计报告或类似报告；其他注册会计师出具的涉及企业内部控制缺陷的报告；监管机构发布的涉及企业内部控制的报告；注册会计师在执行其他业务中获取的、有关企业内部控制有效性的信息。

注册会计师还需要考虑获取期后期间的其他文件，并按照《中国注册会计师审计准则第1332号——期后事项》的规定，对其进行检查。

注册会计师知悉对企业内部控制自我评价基准日内部控制有效性有重大负面影响的期后事项的，需要对财务报告内部控制发表否定意见。注册会计师不能确定期后事项对内部控制有效性的影响程度的，需要出具无法表示意见的内部控制审计报告。

在出具内部控制审计报告之后，如果知悉在审计报告日已存在的、可能对审计意见产生影响的情况，注册会计师需要按照《中国注册会计师审计准则1332号——期后事项》的规定办理。

七、记录审计工作

注册会计师需要按照《中国注册会计师审计准则第1131号——审计工作底稿》的规

定，编制内部控制审计工作底稿，完整记录审计工作情况。

内部控制审计工作底稿为注册会计师提供证据，作为得出企业内控有效性结论的基础，同时证明注册会计师按照《企业内部控制审计指引》、相关执业准则和相关法律法规的规定计划和执行了审计工作。

记录完备的内部控制审计工作底稿有助于项目组计划和实施审计工作；有助于负责督导的项目组成员按照《中国注册会计师审计准则第1121号——对财务报表审计实施的质量控制》的规定，履行指导、监督与复核审计工作的责任；有助于项目组说明其执行审计工作的情况；有助于保留对未来审计工作持续产生重大影响的事项的记录；有助于会计师事务所按照《质量控制准则第5101号——会计师事务所对执行财务报表审计和审阅、其他鉴证和相关服务业实施的质量控制》的规定，实施质量控制复核与检查；有助于会计师事务所接受来自政府监管部门和注册会计师协会的执业质量检查。

注册会计师需要在内部控制审计工作底稿中记录下列内容：

（1）内部控制审计目标及重大修改情况。

（2）相关风险评估和选择拟测试的内部控制的主要过程及结果。

（3）测试内部控制设计与运行有效性的程序及结果。

（4）对识别的控制缺陷的评价。

（5）形成的审计结论和意见。

（6）其他重要事项。

本章小结

注册会计师应当恰当地计划内部控制审计工作，以风险评估为基础，确定重要账户、列报及其相关认定，选择拟测试的控制，以及确定针对所选定控制所需收集的证据。在内部控制审计中，注册会计师应当运用自上而下的方法选择拟测试的控制。自上而下的方法是注册会计师识别风险及选择拟测试的控制的思路，但并不一定是实施审计工作的顺序。注册会计师应当测试控制运行的有效性。如果某项控制的设计、实施或运行不能及时防止或发现并纠正财务报表错报，则表明内部控制存在缺陷。如果企业缺少用以及时防止或发现并纠正财务报表错报的必要控制，同样表明存在内部控制缺陷。注册会计师需要评价从各种来源获取的证据，包括对控制的测试结果、财务报表审计中发现的错报以及已识别的所有控制缺陷，以形成对内部控制有效性的意见。只有在审计范围没有受到限制时，注册会计师才能对内部控制的有效性形成意见。如果审计范围受到限制，注册会计师需要解除业务约定或出具无法表示意见的内部控制审计报告。

本章主题词

内部控制　财务报告内部控制　非财务报告内部控制　控制测试　审计报告

复习思考题

1.财务报告的内部控制包括哪些政策和程序？

2.简述在内部控制审计中自上而下审计方法的基本思路。

3.为识别重要账户、列报及其相关认定，注册会计师应当从哪些方面评价财务报表项目及附注的错报风险因素？

4.举例说明什么是设计缺陷和运行缺陷。

5.举例说明什么是重大缺陷、重要缺陷和一般缺陷。

6.标准内部控制审计报告应该包括哪些要素？

案例讨论

2017年被出具否定意见的内部控制审计报告的公司有大连港和新疆浩源。

1.大连港

大连港下属子公司大连金港联合汽车国际贸易有限公司对资产减值迹象的评估或测试仅在年末进行，减值评估和测试的执行频率不够，并且在评估中没有分析这些款项的预计未来现金流量的现值，按照应收款项的预计未来现金流量现值低于其账面价值的差额计提坏账准备。同时，大连港财务报告流程中的期末财务报告检查也未能发现该事项。上述重大缺陷影响财务报表中应收账款和其他应收款的计价，与之相关的财务报告内部控制设计和执行失效。大连港尚未在2017年度完成对上述存在重大缺陷的内部控制的整改工作。

2.新疆浩源

根据新疆浩源公司与关联方新疆友邦数贸贸易有限公司签署的借款协议，2017年度新疆浩源公司累计为其提供借款170 000 000.00元，借款年利率为4.35%，该借款已于2017年12月29日前全部收回；2017年度新疆浩源公司对其计提利息2 403 821.92元，该利息已于2018年3月13日全部收回。

根据与关联方公司新疆友邦数贸贸易有限公司签署的借款协议，新疆浩源公司及其子公司上海源晗能源技术有限公司在2018年1月1日至2018年3月29日期间分别为其提供借款140 000 000.00元和220 000 000.00元，同期新疆友邦数贸贸易有限公司已归还上海源晗能源技术有限公司30 000 000.00元。截至2018年3月29日，新疆友邦数贸贸易有限公司尚欠新疆浩源公司及其子公司上海源晗能源技术有限公司的借款330 000 000.00元。

资料来源：摘自中注协发布的上市公司2017年年报审计情况快报（第八期）.

要求：请分析，为什么普华永道中天会计师事务所会给大连港2017年度内部控制审计报告出具否定意见，为什么中勤万信会计师事务所会给新疆浩源2017年度内部控制审计报告出具否定意见。

主要参考文献

［1］中国注册会计师协会．审计［M］．北京：经济科学出版社，2018.

［2］中华人民共和国财政部．中国注册会计师执业准则2017［M］．北京：中国财政经济出版社，2017.

［3］中国财政科学研究院．会计、审计与国家治理［M］．北京：中国财政经济出版社，2017.

［4］张莉．云时代的舞弊审计——基于国家治理的新战略［M］．北京：清华大学出版社，2017.

［5］杨志国．风险导向审计方法与案例［M］．北京：中国财政经济出版社，2017.

［6］王砚书，董丽英．审计学［M］．北京：中国商务出版社，2016.

［7］夏灿华，张笑，皮军华．会计舞弊审计实务与案例分析［M］．长沙：湖南人民出版社，2016.

［8］王砚书，董丽英，等．审计案例［M］．2版．大连：东北财经大学出版社，2015.

［9］秦荣生，卢春泉．审计学［M］．8版．北京：中国人民大学出版社，2014.

［10］李凤鸣．审计学原理［M］．6版．上海：复旦大学出版社，2014.

［11］李晓慧．审计学实务与案例［M］．3版．北京：人民大学出版社，2014.

［12］王光远，黄京菁．审计学［M］．大连：东北财经大学出版社，2014.

［13］杨艳琴．审计学［M］．天津：南开大学出版社，2014.

［14］尹平，郑石桥．国家治理与国家审计［M］．北京：中国时代经济出版社，2014.

［15］中国内部审计准则释义编写组．中国内部审计准则释义（2014版）［M］．北京：中国时代经济出版社，2014.

［16］阿伦斯．审计学：一种整合方法［M］．北京：中国人民大学出版社，2013.

［17］刘明辉．高级审计理论与实务［M］．大连：东北财经大学出版社，2006.

［18］朱荣恩，应唯，袁敏．企业内部控制制度设计与实践［M］．上海：上海财经大学出版社，2005.

［19］徐政旦，谢荣，朱荣恩，等．审计研究前沿［M］．上海：上海财经大学出版社，2002.

［20］胡春元．风险基础审计［M］．大连：东北财经大学出版社，2001.

［21］李若山，刘大贤．审计学——案例与教学［M］．北京：经济科学出版社，2000.

［22］康钟琦．现代审计学原理［M］．上海：立信会计出版社，1999.

［23］石人瑾，吕秋萍．年度会计报表审计实务［M］．上海：上海财经大学出版社，1998.

［24］尚德尔．审计理论［M］．汤云为，等，译．北京：中国财政经济出版社，1992.